田园松阳
文化丛书
第七辑

松阳县档案馆（党史和地方志研究室）编

# 张玉娘诗词赏析

■ 陆宝良 著

浙江工商大学 出版社
ZHEJIANG GONGSHANG UNIVERSITY PRESS

·杭州·

图书在版编目（CIP）数据

张玉娘诗词赏析/陆宝良著．—杭州：浙江工商
大学出版社，2024.7
　（田园松阳文化丛书．第七辑）
　ISBN 978-7-5178-5991-8

Ⅰ.①张… Ⅱ.①陆… Ⅲ.①宋词－诗歌欣赏 Ⅳ.
① I207.23

中国国家版本馆 CIP 数据核字（2024）第 072425 号

张玉娘诗词赏析

ZHANG YUNIANG SHICI SHANGXI

陆宝良　著

| | |
|---|---|
| **责任编辑** | 张晶晶 |
| **责任校对** | 都青青 |
| **封面设计** | 杭州富阳正大彩印有限公司 |
| **责任印制** | 包建辉 |
| **出版发行** | 浙江工商大学出版社 |
| | （杭州市教工路 198 号　邮政编码 310012） |
| | （E-mail: zjgsupress@163.com） |
| | （网址：http://www.zjgsupress.com） |
| | 电话：0571-88904980，88831806（传真） |
| **排　　版** | 杭州富阳正大彩印有限公司 |
| **印　　刷** | 杭州富阳正大彩印有限公司 |
| **开　　本** | 710×1000mm　1/16 |
| **总 印 张** | 141 |
| **总 字 数** | 1744 千 |
| **版 印 次** | 2024 年 7 月第 1 版　2024 年 7 月第 1 次印刷 |
| **书　　号** | ISBN 978-7-5178-5991-8 |
| **定　　价** | 400.00 元（全 5 册） |

# 总 序

古之君子，有"见礼而知俗，闻乐而知政"之说。故积句成章，积章成篇，发为文章。若能感于性情而动于声音，则文章与"乐"同出，可以知政；若能融心三才而游步千古，则文章与"礼"同出，可以知俗。自"田园松阳"发展战略实施以来，"田园松阳文化丛书"一直立足松阳乡土文化底蕴，致力于知俗知政，匡矫时弊，宣化承流。

本丛书前五辑，在一定层面上提升了"田园松阳"文化发展之动力和活力。归而纳之，有特征四。

一曰包容。包容何在？在体裁也，在门类也。论体裁，有汇编如《松阳历代书目》《松阳历代文选》《松阳历史人物》，有诗词如《松阳历代诗词》，有书法如《松阳历代书法》，有散文杂记如《松阳乡俗散记》，还有古籍校注如《午溪集校注》。论门类，有涉及历史学的《松阳从历史走来》、涉及风俗学的《松阳民俗·岁时节令》、涉及姓氏学的《松阳祠堂志》、涉及金石学的《松阳金石志》等。

二曰自信。文化自信，是更基础、更广泛、更深厚之自信，是更基础、更深沉、更持久之力量，如《松阳百姓族规家训》彰显了松阳的深厚文化底蕴和人文荟萃，《松阳·中国传统村落》介绍了众多格局完整的传统村落，《松阳农家器用》体现了绵延千年的耕读文化，这都是祖辈留给当代松阳之宝贵精神财富。《民国松阳往事》《民国松阳记忆》则在往事记忆中透露出松阳的独特魅力和价值，唤醒群众之文化自觉，增强群众之文化自信，这也进一步坚定了本丛书推动乡土文化繁荣复兴的信心和底气。

三曰传承。发掘、整理、弘扬"田园松阳"文化，传承松阳文脉，讲好松阳故事，达到繁荣松阳文化、培育社会正气之目的。本丛书之分册，多以"历代"冠之，尤其彰显传承。本丛书为全县的乡村博物馆建设、农村文化礼堂建设，拯救老屋行动、古村落保护，以及古祠堂和古道修复等工作，起到示范提示的作用。

四曰创新。团结、凝聚、联合社会力量，加强"田园松阳"文化的对外交流，使"田园松阳"文化内生动力越来越足，发展后劲不断增强。本丛书在某种意义上成为松阳地方对外交流之书籍。

复览本丛书第六辑与第七辑，上述四特征，皆有所进。

包容愈广。第六辑中，新增门类，《松阳藏石》属工艺学；新增体裁，《烽火浙西南》是小说。《二〇〇〇年的冬天》虽是散文，但主线贯彻全书，有别前辑。第七辑中，新增门类，《松阳舆地图志》属方志学；新增体裁，《张玉娘诗词赏析》是文学鉴赏。《闲时乐着》虽是杂文体裁，但全书涵盖风俗、教育、医药、矿石等方面。除体裁、门类之外，本丛书最新两辑，个中论著，不求放意寓言，不求僭称法言，不求苟同，不求苟异。

自信愈固。丛书第六、七两辑有望激发县域文化界人士对松阳文化底蕴的高度自信，以及对乡土文化生命力、创造力的高度自信，如《松阴溪帆影》《桃源诗藻撷萃》，是继本丛书第三辑中的《松阳乡村诗歌三百首》和本丛书第四辑中的《松阳田园诗藻选辑》之后的又两部诗歌集。作者积极从"田园松阳"文化沃土中汲取养分、激发灵感，在新时代的文艺创作舞台上自信满满。

传承愈坚。包容才可会异归同，传承方能涵揉充畅。本丛书编纂委员会认为，儒、释、道同为古县松阳璀璨文明之写照。千年传之承之，总是金鸣石应；一如刊之版之，亦得激浊扬清。

创新愈勇。时下，中国文化事业正迎来大发展大繁荣之黄金时代，松阳，则把文化上升到了指引县域发展的战略地位。大好机遇，来之不易。本丛书第六、七两辑，展示了松阳良好形象，弘扬了时代精神。如《闲说松阳话》非但保留了生活化的方言，还原了语境的趣味性，并且有意识地将文字的意义向外拓展。这种对品质与内涵的追求，就是一种创新。

总之，感于性情而动于声音，融心三才而游步千古。"田园松阳"文化，孕育于松阳璀璨的历史文明之中，体现在当下全县人民建设"田园松阳"升级版的火热实践中，展现在每一个优秀的古今松阳人、新老松阳人身上。愿松阳文化界人士，永葆胸中有大义、心里有人民、肩头有责任、笔下有乾坤。更愿"田园松阳文化丛书"，能久经历史和人民检验，推动地方文化事业发展，推出更多反映时代呼声、振奋松阳精神之优秀作品。匡矫时弊，宣化承流，无患知俗知政之用。

编 者

2023 年 5 月

# 序　言

陆宝良先生这部《张玉娘诗词赏析》，我关注已久，而今终于付梓，可喜可贺。

我之所以关注《张玉娘诗词赏析》，出于一种特殊的敬老情结。由于新时期史志修编、文史抢救的需要，松阳县史志办返聘多位德高望重且有一定写作能力的退休干部，其中陆宝良先生是我亲自邀请的，约定他一旦办妥退休手续，就参与史志编纂工作。对这些老同志，我尊之为长辈，敬为师长，既要求他们修好党史、编好方志，又希望他们能够"立言"出书，传于后人。陆先生曾在部队从事新闻工作、在地方长期从事机关文秘工作，应当具备著述条件。当我从交谈中得知他手头有一部《张玉娘诗词赏析》初稿，就年年问他是否可以出书了。而他总以公事为先，一再令我"失望"。后来，年逾八旬的何为松老先生推出《民国松阳往事》，我又催他出书。他还是改稿未毕。2019年，"张玉娘诗文馆"动建，我便做最后一次催促。为了献礼以配合馆展，他闭门谢客，加班加点，埋头改稿。那种专心，那种投入，我看在眼里，铭记在心。每见他过了下班时间还不知回家，我就甘当"车夫"。而今书稿付梓，我除了欣喜，就剩"感慨万千"，真不知他为此付出多少。

我之所以关注《张玉娘诗词赏析》，还出于一种对张玉娘文化研究难以深化的真切体味。张玉娘，南宋末期松阳大家闺秀，天生丽质，蕙心似缕，兰操坚贞，与表哥沈佺的爱情悲剧之凄美堪比"梁祝"，又满腔家国情怀，系"处州十大历史名人"之一；她天资聪颖，承继家学，文章蕴藉，尤工诗词，时称"班姬"，著《兰雪集》二卷，系"宋代四大女词人"之一、"松阳第一文化名片"。多少年来，本县文化人士研究张玉娘不可谓不努力，而成果甚少。谁无"无米之炊"之感？内力不足，就借"外脑"，"走出去""请进来"。请来的文艺团体、出版单位不可谓层次不高、阵容不大。每每推出成果，我都应邀参加研讨会，总觉得新编大作像模像样却似乎缺点什么，难以使人"喜闻乐见"。缺什么？缺少张玉娘的生活细节，尤其是缺少生动的故事。其实，这就是张玉娘文化研究陷入困境、难以深入的主要原因。我由此感到陆先生赏析张玉娘诗词太滞后了，便加紧催促出书。然而，由于古今语言环境不同、古人今人知识结构不同，今人赏析古典诗词犹如猜谜，要从景物描写中析出所表之事、所寄之情，要从所表之事中析出所蕴之理、所含之情，进而概括出作品意境、主题、艺术、价值等，实非易事，只能细嚼慢咽，时间服从质量。由此看来，所谓"赏析滞后"，实在情有可原。

那么，张玉娘的生活故事在哪里？陆先生根据"生活是文艺创作的唯一源泉"这一论断，认定就在她的诗词中。也就是说，张玉娘诗词记录着她自己的生活场景。这种认知为他内生出十多年如一日反复赏析张玉娘诗词的不竭动力。万丈高楼平地起，赏析张玉娘诗词是张玉娘文化研究的唯一的基础性工作，不仅有助于引导大家阅读张玉娘诗词，还有助于发掘张玉娘的所见所闻、性格特点、心路历程等，积累张玉娘生活素材、把握张玉娘思想情感脉搏，推动张玉娘文化研究的细化、深化，不断获得新成果。由此，我对《张玉娘诗词赏析》期望多多。

一、期望《张玉娘诗词赏析》引导大众吟诵张玉娘诗词，领悟诗词艺术，培育蔚然诗风，以告慰张大家英灵，弘扬中华诗词文化。

二、期望《张玉娘诗词赏析》在"张玉娘诗词进校园活动"中发挥辅导教材的作用，帮助广大中学生读懂张玉娘诗词，从而掌握古典诗词的相关知识，养成吟咏习惯，传承诗词文化。

三、期望广大文化人士借助《张玉娘诗词赏析》，努力发掘张玉娘生活素材，细化、深化张玉娘文化研究，推出更多研究成果，讲好张玉娘故事，将丰富多彩的张玉娘艺术形象呈现于舞台、图书、屏幕，使其深入人心。

四、期望《张玉娘诗词赏析》有助于"田园松阳"战略的贯彻实施，打响张玉娘名人品牌，扮靓张玉娘名人形象，提升张玉娘名人地位，让"松阳第一文化名片"更加精彩纷呈、光彩夺目，引来宾客云集，美誉松阳家园。

但愿期望成真，特为此序。

洪关旺

2020 年 5 月

（本文作者系松阳县史志办公室原主任）

# 代自序：兰雪诗词好传唱

好事多磨。这部琢磨 15 年之久的《张玉娘诗词赏析》终于在我古稀之年得以问世，犹如一个大大超过"怀孕期"的胎儿呱呱落地，令我欣喜之余感慨良多，遐思联翩……

## （一）

2004 年，经同学、同事、战友李德贵先生介绍，我申请加入浙江全省唯一以历史名人著作名称命名的诗词学会——松阳县兰雪诗社，从而有幸"认识""宋代四大女词人"之一、松阳才女张玉娘，并开始研究其人其事其著作。

南宋淳祐十年（1250），松阳城南官塘西面相隔一片竹林的两座府邸主人沈元、张懋因两人妻子同时怀孕而商约：若得龙凤，指腹为婚，亲上加亲。当年七月初四日卯时，沈家诞生男婴，名沈佺；午时，张家诞生女婴，名张玉娘。金童玉女一对，天造地设一般，一个俊俏机灵，一个天生丽质，朝夕相处，志趣相投，青案共读，青梅竹马，两小无猜。年及十五，张刘氏为玉娘行过笄礼，两家定婚。不久，沈元家道中落，张懋悔婚毁约，提出"非乘龙不婿"。为挽回婚姻，沈佺外出深造。玉娘苦等数年，备受相思煎熬。年及 22，沈佺高中榜眼，染疾还乡，英年早逝。玉娘以泪洗面、悲痛欲绝。张家欲另择佳婿，玉娘誓不他嫁，决意孀居度余生，于南宋景炎二年（1277）正月十六日辰时去世，时年 28 岁，演绎了一曲感天动地、凄美胜于"梁祝"的爱情悲剧。玉娘的两位婢女、能言鹦鹉相继悲亡。经沈家同意，玉娘得与沈佺合墓于城西枫林地，号"鹦鹉冢"。

清顺治间训导孟称舜创作 35 阕传奇剧本《张玉娘闺房三清鹦鹉墓贞文记》，倡捐建祠，号贞文祠，以此为公祠，供士民景仰礼拜。

（二）

张玉娘不仅操守洁如冰雪，而且敏慧绝伦，上藉世泽，承继家学，文章蕴藉，尤工诗词，时人以"班大家"比之。她留下 117 首诗、16 首词，鉴于古人以节自励者多托幽兰白雪以见志，其作名为《兰雪集》。

《兰雪集》卷一为诗集，共计 117 首诗，具有两个显著特色。

其一，形式多样，几乎囊括中国古典诗歌所有体裁。中国古典诗歌既有限制较少、行文自由的古体诗，又有限制严格的格律诗。

《兰雪集》117 首诗中，有古体诗 29 首、格律诗 88 首。古体诗中，有四言诗 2 首（2 章）、五言诗 13 首、七言诗 5 首、杂言诗 9 首；按体裁分有古诗（如《鸣雁二章》等）、楚调（如《班婕妤——和王摩诘韵二首》）、乐府（如《古别离》等）、歌行（如《秋江辞》等）、引（如《明月引》）、曲（如《白雪曲》等），还有"凯歌""笛曲"等。格律诗中，有绝句 55 首、律诗 33 首。55 首绝句有五绝 13 首、六绝 5 首、七绝 37 首。33 首律诗中有五律 12 首，其中六句三联小律 2 首（如《池边待月》《秋思》）、八句四联以上排律 2 首（《石榴亭与诸妇夜酌》《游春》）；七律 21 首，其中有六句三联的小律 1 首、八句四联以上排律 1 首。尤其难能可贵的是，妙龄青春的她竟然长于古体诗，《鸣雁二章》《班婕妤——和王摩诘韵二首》《山之高三章》《明月引》等作品洋溢着浓郁的《诗经》韵味。由于写作六绝易患"短撅"之病，古代诗人鲜有涉及。张玉娘却长于六绝，《春晓》《春残》《幽居漫赋》《咏杨柳》《闲谣》通顺流畅、风致嫣然，为相对贫乏的六绝文库充实了弥足珍贵的华章。综上可以知道，张玉娘在短暂的一生中尝试了各种诗歌形式，尽管数量算不上多，然而体裁类型较为全面，堪称"中国古典诗歌百花园"。遍读张玉娘诗作，犹如浏览古典诗歌的瑰丽宝库。

其二，题材广泛，诗情丰富多彩。张玉娘诗词取材广泛，反映大千世界。按题材粗分，约计10大类。第一类爱情诗，涉及初恋、别离、悼亡、殉情等，表现专一、纯真、坚贞、凄美的爱情，如诉如泣，感天动地。第二类咏物诗，涉及竹、水、风、烟、雪、山色、山寺、杨柳、蛮音、鸣雁、白鹭、渔舟、龙鳞石、桃花扇、梅花枕、紫香囊、青鸾镜、凤头钗、鹊尾炉、鲛绡帨、凌波袜、凤尾笔、珠麝墨、马肝砚、锦花笺等，状物明志抒情，给人启迪教益。第三类风情诗，涉及待月、拜月、琴笛、书画、夜酌、昼寝、春游、纳凉、沐发、绣枕、压衾、荡秋千等，叙事说理抒情，饶有趣味。第四类节气节日诗，涉及元旦、元宵、端午、中秋等，展现节令节日习俗，乡土气息浓郁。第五类咏史诗，涉及历史人物汉太后、班婕妤、乐羊妻、胡太后、杨贵妃、孟浩然、陈图南、西施、马融、绿珠、茜桃、伯牙、谢安、党奴、伏生、蔡确、贾岛、苏轼、林逋等20余人，鉴古喻今，发人深省。第六类是民情诗，涉及采莲女、牧童、艄公、制墨工人、婢女、弟弟三一、妹妹京娘等，抒发亲情，讴歌人民，赞美劳动，感人肺腑。第七类神灵诗，涉及龙阙、鲛人、嫦娥、紫姑神、灵龟等，歌颂真善美。第八类文论诗。《清昼》《贾浪仙》《凤尾笔》等从不同角度论述写诗要有偿债的紧迫感、要有"敲推"精神、要靠读书积累等治学道理。第九类爱国诗。张玉娘，大家闺秀，并无军旅生涯，却有大忠大义，在国难当头、民族危亡之际，博采、揉和古代和当代的英雄事迹，创作《塞上曲》《塞下曲》《古别离》《从军行》《幽州胡马客》《捣衣秋》《王将军墓》等系列边塞诗，塑造出戍边老将军、新战士、贩马客、军人妻子等英烈群像，咏颂爱国主义精神，鼓舞军民保家卫国。第十类功业诗。张玉娘一介女子，却梦想投笔从戎。词作《玉女摇仙佩·秋情》写自己在山城"戍笳悲诉"之际，强打精神，"双驾香车"，杀敌建功，最终完婚。《烛影摇红·又用张材甫韵》写自己听到"单于吹彻"，便在灯下"翦春幡"（战旗），"放嫦娥"（比喻解救被掳的宋皇帝），并总结朝代灭亡的历史教训。张玉娘不少诗词难以纯粹归于某一类，如有的咏物诗抒发爱情，可归于爱情诗；有的咏物诗吟咏历史人物，可归于咏史诗；有的爱情诗还抒发保家卫国之情，可归于爱国诗；有的神灵诗同情劳动人民，有的风情诗描写劳动场景，都可视为劳动者之歌。

《兰雪集》卷二为词集。共计 16 首词作，首首精彩纷呈，臻于完美。

词，是中国古典诗歌的变体，源自诗，故称"诗余"。它是作者按照已有词牌的字句定额、声韵安排等填写的歌词。从字句定额分，有各句字数不同、句子有长有短的词（俗称"长短句"），也有各句字数相同、形式整齐的词。58 字以内的词称"小令"，59 字至 90 字的词称"中调"，91 字及以上的词称"长调"。从声韵安排分，有多少个词牌就有多少种词作。在词盛的宋代，词人共用 1600 多个词牌填词，然而常用词牌只有一两百个。古代词人大多偏好自己娴熟的几个或十几个词牌，张玉娘却喜好逐个词牌试笔，各种形式的词都写。《兰雪集》16 首词中，句式整齐者 2 首，长短句 14 首；小令 7 首、中调 2 首、长调 7 首。16 首词用 16 个词牌，没有重复的词牌。由此推测，张玉娘如果不是红颜薄命，也许会创作几十上百甚至上千首不同词牌的词作，创造用词牌最多的历史纪录。这 16 首词，其中 14 首表现爱情生活，每首词所表现的爱情生活迥然不同，毫无雷同。另 2 首《烛影摇红·又用张材甫韵》《玉女摇仙佩·秋情》

则艺术地表现自己抗击外敌、杀敌建功然后完婚之事，并总结历史教训，抒发家国情怀。她匠心天成，一试填一成功，首首精美绝伦，以至于其"词人"名气似乎盖过"诗人"名气。

上述表明，张玉娘不仅酷爱文学，喜好创作，而且敢闯敢试，娴熟掌握吟诗填词的"十八般武艺"，堪称全能型诗人。她身在闺房，面向社会，眼观八方，格物致知，处事究理，心系庶民，情怀家国，堪称"人民诗人"。

# （三）

中国作为文明古国，历来诗风蔚然，群星灿烂。然而，女性诗词大家寥若晨星。两汉至清末 2100 多年间，涌现 1530 多位诗词大家，其中女性不足 30 人。两汉唐山夫人有《安世房中歌》，班婕妤有《自悼赋》《捣素赋》《怨歌行》，班昭有《东征赋》《大雀赋》《针缕赋》，徐淑有《答秦嘉诗》，蔡文姬有《悲愤诗》与《胡笳十八拍》，甄皇后有《塘上行》。两晋左芬有《离思赋》及答兄思诗、杂赋颂等数十首（篇），谢道韫有《登山》《拟嵇中散咏松诗》等，苏蕙有回文《璇玑图》诗系列。唐代上官婉儿、李季兰、薛涛、鱼玄机、刘采春皆有不少诗词存世。五代花蕊夫人，两宋鲁国夫人魏玩、李清照、严蕊、朱淑真、徐君宝妻、王清惠、吴淑姬等，存世诗词颇丰，张玉娘有《兰雪集》2 卷存世。元代珠帘秀存小令及套曲，叶小鸾存诗词曲，席佩兰存《长真阁诗稿》七卷。两宋以 8 人之多占历代女性诗词大家总数的近三分之一，其中李清照、朱淑真、吴淑姬、张玉娘为"宋代四大女词人"，李清照以"婉约词宗"独占鳌头，朱淑真以"《断肠集》为李清照《漱玉词》后第一词集"之誉而胜吴、张一筹，吴淑姬则因出名早而胜张玉娘一筹。然而世事多变，近代以来，中国文坛研究《兰雪集》渐成风气，方兴未艾。

鉴于张玉娘诗词在体裁、题材、诗情的多样性方面，在婉约、豪放词风兼具方面，在表现劳动人民和表达家国情怀方面的特色和优势，当今不少诗词家认为"《兰雪集》为李清照《漱玉词》后的第一词集"，张玉娘随之声名鹊起，文学地位日益崇高。

《兰雪集》值得世代传唱。

# （四）

中国古典诗词讲究凝练语句，讲究移情于景物、寓理于事物，具有内容含蓄、叙述委婉、思情深藏不露的特点，因此令人难以读懂。同样，读懂张玉娘诗词也很不易。不清楚张玉娘诗词的具体内容，势必难以细化、深化张玉娘研究工作。张玉娘诗词来源于她生前的生活，也必然反映她生前的生活。要深入研究张玉娘，只能在张玉娘诗词中寻找她生前的生活情景——所见所闻、所感所言、所作所为、所思所想。如能逐篇解读张玉娘诗词，从中发掘张玉娘的生活素材、生动故事，不仅有助于人们阅读张玉娘诗词，而且有助于研究张玉娘的行事为人、心路历程。于是，我不自量力，开始赏析《兰雪集》。

由于"文化大革命"，我无缘上大学。幸运的是，我参军后的第一次投稿就登上大报而得以十年从事新闻工作，转业地方后又十年从事机关文字工作，在长期的"干"中学得一些写作知识，现买现卖写出一些文章，竟然被重视为"笔杆子"，被抬举为"文化人"，其实盛名难副。对于古典诗词，我尽管爱好，却不甚懂"经"，可称"门外汉"。为了提高诗词赏析能力，我仍然秉持"干中学"，在赏析张玉娘诗词的过程中，先后研读《唐宋诗词鉴赏》《中国历代才女诗歌鉴赏辞典》选录的李英、赵慧文、郑光仪、徐育民等人鉴赏张玉娘诗词的文章共15篇，丰富了古典诗词知识，增强了赏析能力，受益匪浅。由于所读鉴赏文章详在"鉴"——鉴定评价，而略于"赏"——在分析方面太惜笔墨，像我这般学历不高的人自会感到不够"解渴"。于是，我在撰写本书时设定了一个较为广泛的受众目标——中学文化程度的读者能借助赏析文章读懂领会张玉娘诗词的基本内容，并设计出"四步走"的赏析方案。第一步，写出译文。译文力求形式上保持诗词原貌，即诗词原文句式整齐，则译文的句式也整齐，诗词原文为长短句，则译文也为长短句，诗词原文每句末尾用何字则译文相应各句的末尾也用该字；在内容上精准反映字词原义，使人读了译文后基本了解原作大意。第二步，在赏析部分，随文注解，凡生僻字、疑难词、典故应注尽注，力求诠释详细。第三步，在注释的基础上，写出句子或层次的内容大意，力求比译文更加具体、通俗易懂。第四步，分析点评，综述全诗（词）内容，分析结构特色、写作方法、主题思想、文学价值、社会意义等。而赏析文章的标题，皆为提炼、浓缩主要内容或主题思想的七言句子。我如此赏析张玉娘诗词，可能显得形式呆板、程序单一，不够生动活泼，但这却属导读之必需，我乐此不疲。2005年，《松阳报》发表我的赏析文章《诗情入画画吟诗　画意如诗诗唱画——读张玉娘〈题画六首〉》，获得广泛好评。松阳县书画社几位画师据此创作出以张玉娘为题材的画作六幅，其动机是为了导读张玉娘诗词。

于是，我凭着一股热情，经过年余努力，在退休前完成《张玉娘诗词赏析》初稿，自我感觉"良好"。而当我回头润色文字时，深感问题"良多"：或多义字词取义欠当，或景物寓情表述不清，或漏解典故，或揭示诗意有误，至于错字、别字、病句等"低级错误"更是为数不少。我由此深感，"导读"是一项沉甸甸的苦差，决不可掉以轻心。

为了正确导读，我又为赏析文章设定一条底线——力避误导。于是，我决定"沉淀"，对书稿进行"冷处理"。不料，这一"沉"

就是十五年。然而"沉"而不静，断断续续三易其稿。其间，我翻破数部词典，查得大量资料，纠正不少错误，解开不少疑团，订正不少语病，翻工不少篇目，总算完稿。有人说我"追求完美"。非也！实在不敢出差错、误导人、留遗憾。今此所谓"完稿"，错误难免，为此专门请教专家斧正，然后才敢付梓。

这部《张玉娘诗词赏析》，对那些早就知情而期待已久者来说，实在是一份迟到的礼物。如能有助于大家读懂张玉娘诗词，理解其基本内容，并体验到张玉娘的生活场景，领悟到张玉娘的思想情感，获得审美享受、启发受益，我将欣慰至极。

然而，著书犹如烹饪，自古"众口难调"。《张玉娘诗词赏析》也可能不尽如人意，如果有人觉得赏析文章不合自己的口味，那么，我只能叹自己水平有限，余力不足。文化程度高、诗词造诣深的读者可能会觉得赏析文章太唠叨、太肤浅，这在我的意料之中，在此深深致歉：可能对文化程度偏低的广大读者顾及多了一些，敬请赐教斧正。

在《张玉娘诗词赏析》成稿、出版的过程中，松阳县档案馆（党史和地方志研究室）、松阳县文联、兰雪诗社及诗友们曾予以长期关心和支持，一并礼谢！

张玉娘像（蔡夏英作）

# 张玉娘传

明·王诏

张玉娘，字若琼，宋仕族女也。父曰懋，字可翁，号龙岩野父，时举孝行，仕为提举官。母刘氏，亦贤淑，翊内政，年将艾，唯生玉娘。

玉娘生有殊姿，敏慧绝伦，父母益爱之。大父曰继烨，字光大，由贡生仕为登仕郎。曾大父，曰再兴，字舜臣，登宋淳熙八年进士，仕为科院左迪功郎。高祖父如砥，字京固，以庆恩，诰下，为承务郎。世以宦为家。

玉娘籍世泽，窥家学，日肆以宏。结发相媪，视祀事斋沐，以从共宾馈职。妇红多伎，能文章，蕴藉诗辞，尤得风人体。时人以"班大家"比之，尝自号一贞居士。侍儿二人，曰紫娥、霜娥，皆有才色，善笔札。所畜鹦鹉亦辩慧，能知人意，因号曰"闺房三清"。

及笄，许字沈生佺。佺，宋宣和对策第一人晦之七世孙，与玉娘为中表。未几，张父有违言。佺与玉娘不忍负。佺俊茂不群，尝宦游京师。年二十有二，时感寒疾，不治，疾革。媵侍通问者，或附耳咕哝，语张曰："积思于主所致。"张心益伤之。间折简于沈，以死矢之，曰："妾不偶于君，愿死以同穴也。"沈视之曰："若琼能卒我乎！"嘘唏长潸，遂瞑以死。

张哀恸，郁郁不乐。父母察之，间将卜佳婿偶之。张闻，益不自安，曰："妾所未亡者，为有二亲耳。"

时值元夕，父媪出观灯，呼诏女伴强之行。不可，托疾隐几。忽烛影挥霍，下见沈郎，嘱曰："若琼宜自重。幸不寒凤盟，固所愿也。"张且惊且喜，往握其衣，不相迎。顾视烛影，以手拥髻，凄然泣下，曰："所不与沈郎者，有如此烛。"语绝，竟不见。张悲绝，久乃苏，曰："郎舍我乎？"遂得阴疾以卒，时年二十有八。

父媪哀其志，请于沈氏，得合窆于附郭之枫林。侍儿皆哭之，恸逾月。霜娥以忧死。紫娥曰："儿忍独生乎？义当以殉主也！"遂自经而殒。诘旦，鹦鹉亦悲鸣而降。

家人异之，咸从殉于张，时或称张墓为"鹦鹉冢"云。

慕朔先生曰："张大家，翩翩浊世之佳女子也。或者乃以私通问为违礼，固矣。昔钟离抗谇于齐廷，孟光自择于梁氏，匪赖当世君子表而章之，一则不免于自献，一则不从于亲命，岂切切然绳检于礼文之经者哉。"

按，邑乘载："王诏，号龙溪，邑诸生。尝游治平寺，闻藏顶嘤嘤有声，缘梯上视，乃抄本一帙，记革除时事，其字多断烂不可读，止得梁、郭十数人各赞数语，题曰《忠贤奇秘录》，载《吾学编》中。观此，则龙溪必成、弘间人。异时，当于郑端简公《吾学编》中，一考之。顺治癸巳夏，五录《张玉娘传》，牵连记此。"

# 祭张玉娘文

清·孟称舜

维年月日时，会稽孟称舜偕松邑诸子，酌月泉之水，采云岩之芝，致祭于贞女"一贞居士"张玉娘之墓。

呜呼！吾闻天下之贞女者，必天下之情女也。从一以终，之死不二，非天下之大钟情者能之乎？抑古之女子，美于色者有之，丰于才者有之。美于色者或绌于才，丰于才者或薄于行。才与色合而以一贞自命，不食其言者，千古以来一人而已。

呜呼！彼以卓临邛之色而琴心暗引，遂成一世之瑕。以李清照之才而琼琚误投，难铸九州之错。孰如居士者，饰绣云以作肝，琢冰玉而为骨。贞而不字，卓为女士之师。矢以靡他，特著共姜之节。文回织锦，夺异巧于天孙；泪洒成斑，追幽思于尧女。天禄校书，视班姬而无愧；胡地流笳，笑蔡女以多惭。心坚金石，志格豚鱼，遂使翠颊双娥，灵泣西川之魄；绿衣好鸟，精通东海之魂。此诚情独钟于一人，而义足风于千载者也。

呜呼！憾血枫林赤，恨骨枫林白。可惜笼中旧鹦鹉，化作春规号日夕。

跪陈词而荐觞魂，仿佛其来格，尚享。

注：孟称舜，字子塞，会稽（今浙江绍兴）人，贡生，明末清初著名剧作家，著有《娇红记》《桃花人面》等。清顺治年间出任松阳训导，重修扩建贞文祠，恢复鹦鹉冢。卸任后重刊《兰雪集》，著《张玉娘闺房三清鹦鹉墓贞文记》。

# 评张玉娘

虞伯生极赏此诗，当以其无脂粉气耳。龙溪子曰："此诗三章，元时盛传于京师。诗人虞伯生谓有'三百篇'之风，虽《卷耳》《草虫》不能过也。观'我操冰雪洁'之语，真贞女也，真才女也。"

　　　　　　　　　　　　　　——松阳《吴兴沈氏宗谱》

注：虞集（1272—1348），字伯生，号道园，四川仁寿人，翰林待制、奎章阁侍书学士，"元儒四家"之一，著《道园学古录》《道园遗稿》等。

元代闺秀寥寥，绿窗遗集，端赖贤夫。兰蕙联芳（薛兰英、蕙英有苏台竹枝词十首），亦以铁崖知名耳。张若琼事既伤心，诗亦清婉，论其节义倍过易安。

　　　　　　　　　　　　　　——清顾嗣立《元诗选》

张玉娘，字若琼，自号一贞居士，松阳仕族女。传云敏慧绝伦，作为文章，蕴藉若文学高第，诗词尤得风人体，时以"班大家"比之。字沈佺，以父有违言，邑郁死。所著有《兰雪集》二卷。《彤管遗编》作张氏女，不著名。《玉镜阳秋》云："玉集历三百年而后显于世，奇矣！其拟乐府及古诗，间有胜语。"

　　　　　　　　　　　　　　——胡文楷《历代妇女著作考》

注：胡文楷，江苏昆山人，喜文史，毕生与妻子一起研究中国

历代女性文献，著有《历代妇女著作考》，选订《历代名媛文苑简编》。

宋代女士以诗词著，流传至今者，《漱玉》《断肠》两集而已。余则杨吉之《登瀛集》、王纶之《瑶台集》等，悉皆湮没，不多概见。张玉娘，宋仕族女，矢志守贞，殉志而终。所著《兰雪集》，几欲继轨《漱玉》《断肠》。……周姬爱读此集，兼景慕其为人，怂恿付刊，并任刊资，亦艺林佳话也。

——《宋人小集·丙编·李之鼎跋》

注：李之鼎，字振堂，江西南城人，民国藏书家，印有"宜秋馆藏书""舒啸轩珍藏"，家富藏书，宋元与明清刊本居半，撰有《宜秋馆书目》。

入宋以后，女词人遂多，唯大都在南渡前后。北宋时，在北方的辽国，倒出了萧皇后那样的一位女词人，也算奇异。宋代女词人以地位著名的，有魏夫人和孙夫人；以作品著名的，有李清照、朱淑真、吴淑姬、张玉娘，被称为四大词家。

——谭正璧《中国女性文学史话》

中国文学里有无尽藏的宝藏，正待着我们去开掘。我们写到宋末女作家张玉娘，愈使我们觉得这些未开掘的宝藏的可贵。张玉娘著有《兰雪集》两卷，也是中国文学史上难得的女作家。

……　……

集中共有词十六阕，首首都有她寄托的生命，首首都是她生活的写照……在"词匠的词"风行而词将走入坟墓之门的时代，她仍能保持着清新婉丽的风格，可见她不是个没有主见而随波逐流的人。

在当时一切词人中，也可算得"独具只眼"了。

——谭正璧《中国女性文学史》

注：谭正璧（1901—1991），青年时参加革命斗争，在多校任教，研究中国文学史，出版有《国学概论讲话》《文学概论讲话》等著作。

李之鼎刻宋人甲乙丙丁四集，才据孔荭谷所藏钞本印出，从此我们知道宋代女子词集除《漱玉》《断肠》而外，还有《兰雪集》昭著人间呢！一般文学史家，应该留出一点篇幅，叙述这已经隐埋了六百多年的女作家。

——唐圭璋《名家谈诗词·词的真伪与高下》

注：唐圭璋（1901—1990），字季特，文史学家、词学家，曾任中华诗词学会名誉会长，《全宋词》主编，著有《唐宋词鉴赏辞典》《词学论丛》等。

《兰雪集》中共有词十六阕，差不多首首臻于妙境，典雅可诵。有人认为，其清丽绝俗之气并不亚于《漱玉词》，也有人称之为"《漱玉词》后第一词集"。比如，抒写哀愁的《苏幕遮·春晓》，便是一篇清丽、隽美之作。

…… ……

作者在《凯歌乐辞》诗注中说："丈夫则以忠勇自期，妇人则以贞节自许，妾深有意焉！"张玉娘的作品，多是贞节自誓之词，就连《兰雪集》的题名，也是寓有作者的深意的。据说："古人以节而自励者，多托于幽兰白雪以见志，因名之曰《兰雪集》。"如果撇开"贞节"的封建观念不谈，那么，可以这样说，所谓"贞"，正反映了她对爱情的忠贞不渝；所谓'节'，也表现了她的爱国主义热情以及对富于民族气节的英雄烈士的赞颂和向往。

——江民繁、王瑞芳《中国历代才女小传》

注：江民繁，笔名江帆，浙江日报记者，兼研中国历代才女，与王瑞芳合著《中国历代才女小传》，著有《西溪散文》。

钱塘（杭州）的朱淑贞（真），她的《断肠集》水平就比魏夫人的作品高。张玉娘写的《兰雪集》，则可以与《断肠集》媲美。

……　……

在历代庞大的作家队伍中，女作家寥若晨星，而像张玉娘这样的女诗人更不多见……我们认为，在中国古代文学史上，她的《兰雪集》，尽管不可能占据重要的地位，却也应该有它的一席之地。张玉娘的文学地位，应不在朱淑贞（真）之下。

——苏振元《略论诗人张玉娘和她的作品》，《杭州大学学报》（哲学社会科学版）1981年第2期

注：苏振元，浙江松阳人，中国当代文学研究会会员、中国写作学会会员，发表有《论鲁迅茅盾象征散文的结构艺术》等70余篇论文，与人合著《二十世纪中国文学》等。

# 前贤吟颂

## 鹦鹉墓

孟称舜

青云夜载美人去，鹦鹉朝来堕翠楼。

鹦鹉一去春寂寂，荒城千载云悠悠。

香魂欲问梨花月，幽思空余芳杜洲。

兰雪有辞君莫唱，夕阳烟树不胜愁。

## 吊张大家

刘仁嵩

稗史凋零久未闻，但传英爽式荒坟。

不因断简留珠玉，那识芳邻女广文。

## 鹦鹉冢

曹立身

漫向空山吊一贞，枫林漠漠暮烟横。

深闺未遂鸳鸯愿，荒冢犹传鹦鹉名。

自比松筠霜后节，何来车马梦中迎？

草虫遗韵多悲思，留待诗人有定评。

## 鹦鹉冢

潘茂才

月小山高绝妙辞，几回读罢不胜悲。

空林宿雾迷荒草，古木寒烟锁旧枝。

魂逐沈郎留劲节，冢题鹦鹉有残碑。

至今莫问埋香处，谁奠梨花酒一卮。

## 一贞居士

刘　杰

城西一带斜阳路，千古伤心鹦鹉冢。

冢中香骨号一贞，梦逐故夫魂齐赴。

兰雪新诗手编成，山高月小好传句。

鸳鸯寂寞燕空飞，憔悴花容冷晓露。

二婢从之事更奇，闺门亮节人争慕。

就中鹦鹉也钟情，悲啼墓道亦僵仆。

至今犹存鹦鹉名，劲节凌霜推独步。

我来吊古近深秋，寒烟漠漠丹枫树。

# 目　录

## ※ 古体诗赏析 ※

**杂 言**

## ※ 近体诗赏析 ※

**五 绝**

**六 绝**

## ※ 词赏析 ※

古体诗赏析

GUTISHI
SHANGXI

# 四 言

## 鸣雁二章

鸣雁征征，白露既零。
猗嗟清兮，怀彼春冰。

鸣雁嗷嗷，凉风飘摇。
猗嗟娈兮，怀彼春宵。

【译文】

天空传来小雁鸣叫声"征征"，
只见白雾茫茫露水停止飘零。
啊，你多么清秀清纯又矜清！
可要多多思怀前程如履薄冰。

天空传来老雁鸣叫声"嗷嗷"，
只见它在清凉的秋风中飘摇。
啊，你年老体弱而不失婉娈！
可要多多思怀晚景如度春宵。

## 【赏析】

## 劝耶慰耶皆善意

　　这是一首由两章组成的四言古体诗，分别描述小雁和老雁的鸣叫声音、体态特征、飞翔状态，在热情赞美的同时，劝导小雁要多多思想前程，劝慰老雁要多多思想晚景。

　　第一章描写小雁搏击白雾，赞美之余，谆谆劝导。

　　"鸣雁征征，白露既零。"描写小雁的状态。"征"，象声词。由生长规律所决定，雁鸟鸣叫声随着年龄增长而变化，小雁鸣声清脆嘹亮，因此，"征征"之声应为小雁鸣声。"露"，指白雾中的水汽液化成水滴。"既零"，意为露水停止了滴落。语出先秦《定之方中》："灵雨既零，命彼倌人。""既"，多义词，此指停止，结束。如《庄子·应帝王》："吾与汝既其文，未既其实。""零"，本义为零星雨点，引申为滴落。

　　诗句大意是：（空中传来）"征征"的雁鸣声，清脆悦耳，我断定为小雁鸣声，便循声望去，只见白雾弥漫不见雁，所幸露水停止飘零，从而消除了险象。

　　张玉娘笔下的小雁，只闻其声音，不见其身姿，这是因为白雾遮蔽了小雁的身姿。"白露既零"不仅呈现白雾蔽天露水停止飘零的天气，而且暗示小雁穿飞白雾之中，也许羽毛已被淋湿，多么危险！真可谓不显现小雁之身影而隐现小雁之处境。

　　"猗嗟清兮，怀彼春冰。"表达对小雁的赞美与劝导。"猗嗟"，叹词，常置于句首，表示赞赏。语出《诗经·齐风·猗嗟》："猗嗟名兮，美目清兮。""清"，多义词，联系前文小雁搏击白雾视若无事的情景，这"清"应当是容貌清秀、品质清纯、性格矜清之意。"兮"，古时辞赋用字，相当于现代汉语的"啊"。"怀彼"，意为"思怀那"，语出《兰亭诗》"怀彼伐木，宿此良俦"句。"怀"，即思、想。"彼"，意为那、那边、那个等。"春冰"，即春天的薄冰，比喻危险，语出《尚书·君牙》"心之忧危，若蹈虎尾，涉于春冰"句。

诗句大意是：啊，你多么清秀，多么清纯，多么矜清，可要多多思想前方征程险象环生、如履薄冰啊！

张玉娘面对少不更事、年轻气盛、无畏无惧、搏击白雾的小雁，用"居安思危""如履薄冰"的道理教导之，劝导之，显然是合适的，犹如智者长辈一般循循善诱、语重心长。

第二章，描写老雁不胜风力，赞美之余，殷殷劝慰。

"鸣雁嗷嗷，凉风飘摇。"描写老雁的状态。"嗷嗷"，粗哑的声音。雁鸟从小到大到老，鸣声由清脆嘹亮变为粗哑浑厚，因此，鸣声"嗷嗷"者当为老雁。"飘摇"，飞翔貌，形容摇晃不定的状态，如《战国策·楚策四》："（黄鹄）奋其六翮而凌清风，飘摇乎高翔，自以为无患，与人无争也。"

诗句大意是：（当白雾消散）空中传来浑厚粗哑的雁鸣声"嗷嗷"。我便循声望去，只见老雁在习习凉风中扑腾双翅，上下飘摇。

张玉娘笔下的老雁，既闻其声音，又见其身姿。她仅仅用"凉风飘摇"四个字，就描绘出老雁不胜风力，在空中飘摇不定的状态。

"猗嗟姿兮，怀彼春宵。"表达对老雁的赞美、劝慰之意。"姿"，语出《诗经·邶风·静女》："静女其姝，贻我彤管。"本义美好，形容女子相貌姣好，对老雁而言，当为体态雍容华丽之美。"春宵"，字面意思即春天夜晚，比喻男女欢爱之夜，泛指良辰美景，语出白居易《长恨歌》："春宵苦短日高起，从此君王不早朝。"

诗句大意是：（我不禁赞道）啊，你尽管年老体弱，却是那么雍容华丽、婉姿可人！要多想想晚年光景美如春宵。

张玉娘面对年老体弱、疲于奔命的老雁，用乐观主义、良辰美景劝慰之、激励之，犹如孝顺女儿尊长敬老，软语宽慰，情深谊长。

读罢《鸣雁二章》，眼前仿佛浮现两幅图景。第一幅：当空中传来清脆悦耳的"征征"声，张玉娘断定是小雁的鸣叫声，便循声望去，只见漫天白雾，所幸露水不再飘零。她想，小雁年轻气盛，此前穿飞白雾，如果露水沾湿羽毛，那多危险呀！不禁赞美劝导：小雁啊！你形象清秀，品质清纯，性子矜清，千万不能掉以轻心，而要居安思危，多想想前程险象环生、如履薄冰啊！第二幅：当空中传来浑厚粗哑的"嗥嗥"声，张玉娘断定是老雁的鸣叫声，便循声望去，只见老雁在习习凉风中上下扑腾、飘摇不定。她想，老雁年老体弱，不胜风力，哪里吃得消长途飞行？它一定疲惫不堪了吧！不禁赞美劝慰：老雁啊，你尽管年老体弱，却仍然体态雍容华丽，形象秀气婉娈！千万不要悲观失望，而要保持乐观，多想想晚年美景如度春宵。点睛般的描写，显示出张玉娘高超的表现之技。由衷的赞美，得体的劝告，则显示出张玉娘至真至善的人性之美。

《鸣雁二章》在写作艺术上有两个鲜明特点。

第一，重章叠句的表现形式。所谓重章叠句，就是各章在结构和语言上基本相同，仅仅相应地更换几个字甚至一两个字，构成诗句重复，可以反复咏唱，从而分清层次、加强节奏、深化主题、强化抒情，倍增感染力。《诗经》中的《蒹葭》《采薇》《芣苢》等名篇皆为频繁运用重章叠句复沓艺术的代表。张玉娘熟读《诗经》，娴熟运用重章叠句复沓艺术于《鸣雁二章》，其第一章四句十六个字与第二章四句十六个字中有八个相同的字、八个不同的字。正是这相同、不同的各八个字，分别将小雁、老雁不同的鸣声、翔姿、体态、性情表现得淋漓尽致，又分别将对小雁、老雁不同的劝导、劝慰之意表达得十分得体。由此可见她用字之精当、遣词之巧妙。

第二，字断意连的语言艺术。《鸣雁二章》作为四言古体诗，一句四字，四句一章。由于语言极其简洁，诗句难免或缺少表示主语的字词，或缺少表示谓语的字词，或缺少表示宾语的字词，或缺少表示状语的字词，从而造成句子或失句首字词，或失句尾字词，或失句中字词等字词之间形似互断的现象。由于一章只有四句、一句只有四字，难以安排联系字词，从而造成层次之间形似互断的现象。然而，作者精于文思、善于遣词用字造句，总使字词之间、层次之间似断非断、意义相连，能使读者从现有文字大意出发，合理想象出所缺的文字的意思，从而使整首诗"藕断丝连"，浑然一体。如第一章首句"鸣雁征征"与第二句"白露既零"似乎没有关联，但如果想到有雁鸣声必有雁在飞，那就可知雁在搏击浓雾，从而理解两句之间似断非断，犹如藕断丝连、骨折筋连。又如，描写"白露既零"与劝导"怀彼春冰"之间也似乎没有关联，其实作者也留有合理想象的空间，即如果想到雁飞雾里沾湿羽毛的危险性，就会觉得劝以"居安思危"的道理顺理成章。第二章也有类似情形让人领略似断非断、意思相连的语言艺术之美。

品读张玉娘《鸣雁二章》，令人如临西周春秋时代，尽情领略那朗朗上口、古风浓郁的《诗经》韵味；又令人如置身当今时代，尽情欣赏那情景交融、声情并茂的散文诗风味。

# 五 言

## 塞上曲 　横吹曲辞

为国劳戎事，迢迢出玉关。
虎帐春风远，铠甲清霜寒。
落雁行银箭，开月响镰环。
三更豪鼓角，频催乡梦残。
勒兵严铁骑，破虏燕然山。
宵传前路捷，游马斩楼兰。
归书语孀妇，一宵私昵难。

## 【译文】

他一心为国家操劳戍守边疆的防务大事，
行程千里迢迢再出春风不度的玉门雄关。
由于虎皮营帐与江南春风之间相距遥远，
他身披铠甲朝朝暮暮凝结清秋白霜之寒。
他射落一只大雁继续飞行还是那支银箭，
开弓满如圆月箭头一声鸣响他射中靶环。
三更时分响起豪壮的号令出自金鼓画角，
频繁催促将他那个思念家乡的美梦断残。
治军严格纪律严明他的部队号称"铁骑"，
大破鞑虏之后他乘兴登上巍峨的燕然山。
当天夜里又传来前路部队报告一个大捷，
说是巡游马队竟然一举斩首敌酋于楼兰。

不幸从边关寄归一纸家书对话一位孀妇，

一个整宵想与他亲昵私语却已难上加难。

## 【赏析】

## 戍边殉职老将军

"塞上曲"，古套曲之一，最早见于《李芳园琵琶谱》，后人将"塞上曲"用于创作边塞诗歌。

张玉娘借用琵琶曲谱名"塞上曲"，填入五言诗文为歌词，并将军队凯旋的行进节奏谱成乐曲，用笛曲吹奏，塑造了一位老将军应召出征戍边、严格治军、克敌制胜，最终却不幸为国捐躯的英雄形象。

全诗按照事情发展先后顺序可分为四个部分。

第一部分为开头两句，交代将军应征戍边。

"为国劳戎事，迢迢出玉关。"描述将军出关戍边。"戎事"，指边关防务事项。"迢迢"，形容路途遥远漫长。"玉关"，即今甘肃省玉门市。这两句大意是，他因一心为国家操劳戍边大事，不顾千里迢迢，毅然出关。尽管字少词浅，却传递出不少信息。一是主人公的身份。称得上"为国劳戎事"的人，应当权重位高，职在将军这级之上。二是主人公的品格。"为国劳戎事"的人，一定爱国如家。三是主人公的行为。由"出玉关"可知，将军请缨成功，赴任戍边。这就表明，这位将军是一位公而忘私、敢于担当、堪当重任的热血男儿。

第二部分，第三句至第六句，描述将军练武备战。

"虎帐春风远，铠甲清霜寒。落雁行银箭，开月响镰环。"描写将军冒着严寒带头军训的情景。"虎帐"，用虎皮编成的大幄，见宋陆游《南唐书·徐知谔传》:"一日游蒜山,除地为场,连虎皮为大幄,号虎帐。"旧时指将军的营帐,又见唐王建《寄汴州令狐相公》诗:"三军江口拥双旌,虎帐长开自教兵。""春风"代表温暖,此代指长江以南地区。"落雁",指中箭坠落的大雁。"开月",比喻拉弦弯弓成圆月状,形容用力很大。"镰环",指靶环中央的圆孔。这四句描述出北国军训的情景:尽管时值温暖的春天,然而,由于将军那用虎皮编制的营帐与江南相距遥远,因此,他一身铠甲仍然凝结白霜;尽管天寒地冻,但将军刻苦军训,开弓如圆月,弓响镝中靶,射落飞雁,箭还在飞。这就表明,这位将军是位身强力壮、不辞辛劳、武艺精湛的军事统帅。

第三部分,第七句至第十二句,描述将军指挥两场战事。

"三更豪鼓角,频催乡梦残。勒兵严铁骑,破虏燕然山。"描写燕然山战役。"鼓角",指大鼓和画角。"乡梦",即思乡梦。"勒兵",治军,即操练、教勒、统领军队,见《史记·孝武本纪》:"乃遂北巡朔方,勒兵十余万。""燕然山",又名"杭爱山",在今蒙古国境内。公元89年,汉将窦宪率军大破单于,登临燕然山,勒石铭刻纪功。这四句讲清了攻打燕然山的过程。半夜三更,号角吹响,战鼓擂响,军令频催,打破将士的思乡梦。将军严格教勒部下,严明军事纪律,将部队练成铁骑,突破鞑虏防线,攻下燕然山。这就表明,这位将军是一位严于治军,善于领兵打仗的优秀指挥员。"乡梦残"表明,这位将军又与普通军人一样,是一位有血有肉、有情有爱、常做乡梦的柔情丈夫。

"宵传前路捷,游马斩楼兰。"描写前路部队破楼兰国。"前路",指先头部队或先遣队。"游马",指游离于主力部队单独执行侦察任务的小股骑兵。"楼兰",古国名,后改为鄯善国,在今新疆吐鲁番盆地的东部。汉昭帝时,平乐监傅介子出使楼兰国,刺杀国王。

这两句大意是：夜里传来先遣部队的捷报，说我骑兵小分队斩首楼兰国王。这就表明，这位将军是一位精于计谋，具文韬武略，能出奇制胜的儒将。

第四部分为最后两句。

"归书语孀妇，一宵私昵难。"暗示将军以身殉职。"归书"，指寄回家的书信。"一宵"，此指整夜。"一"，"全""满"之意，如宋范仲淹《岳阳楼记》"洞庭一湖""长烟一空"。"私昵"，私下里表示亲昵。诗句意味深长，给人以丰富的想象：其一，胜利以后驰"归书"，示意将军不是战死沙场，而是死于劳累或疾病，从而有时间写遗书；其二，孀妇"私昵难"，示意将军夫妻感情十分融洽，却不惜牺牲个人幸福为国戍边，从而令人油然而生敬意，又深深惋惜。这两句大意是：胜利后，从边关归来的不是将军，而是他的一封遗书。这样一来整整一个宵夜，将军只能用遗言对语一位寡妇。因此，在整整一个宵夜里，这位妻子要像以前那样面对丈夫亲昵地窃窃私语就难了。这就表明，这位将军是一位不辞劳苦、拼命工作，鞠躬尽瘁，努力践行"为国劳戎事"的英雄楷模。

在张玉娘的笔下，这位"将军"汇集了"飞将军"李广的精湛箭术、大将军窦宪破燕然山的文韬武略、平乐监傅介子破楼兰的智慧胆略以及诸多英雄舍生成仁的报国情怀，高大完美，可敬可爱。她之所以这样塑造主人公，也许是由于在强元压境、国难当头之际，南宋缺乏杰出良将，她便将心仪已久的具备忠义双全、艺高胆大、文韬武略、足智多谋、治军有方、克敌制胜、力挽狂澜、安国定邦等品质和能力的将帅艺术形象塑造出来，以表忠贞家国的情怀。由此看来，张玉娘绝非一般的大家闺秀，而是才气横溢、赤诚为国的女中豪杰。

这是一首以人物为中心，以时间为顺序的叙事诗，从"劳戎事"起笔，"出玉关"、居"虎帐"、行"银箭"、"响镰环"、"豪鼓角"、

"严铁骑"、破"燕然"、"斩楼兰"、"归书语",直到"私昵难"落笔,文思通顺,条理清楚,前后连贯,过程完整,结构严谨,犹如说书一般,侃侃而谈将军为国戍边捐躯的故事。

## 幽州胡马客

幽州胡马客,莲剑寒锋清。

笑看华海静,怒振山河倾。

金鞍试风雪,千里一宵征。

帐底揪羽箭,弯弓新月明。

仰天坠雕鹄,回首贯长鲸。

慷慨激忠烈,许国一身轻。

愿系匈奴颈,狼烟夜不惊。

## 【译文】

幽州地带有一位贩运胡马的商客,

身佩莲花宝剑寒锋透光冷冷清清。

当他微笑相看中原大地风平浪静,

当他愤怒振臂高山大河上下倒倾。

他跨上饰金马鞍试比那疾风暴雪,

奔走千里迢迢路程只需一宵之征。

他从皮袋里揪出带有羽毛的银箭,

往后拉弦弯弓犹如一轮圆月皎明。

他一仰头就一箭射落那大雕鸿鹄,

他一回首就一箭贯穿那硕大巨鲸。

慷慨陈词时他激情昂扬显出忠烈,

以身许国时他反而觉得一身清轻。

他自愿潜入敌营用索套住匈奴颈，

尽管烽火台报警却一夜安然不惊。

## 【赏析】

### 幽州马客亦英雄

"幽州胡马客"，古曲名之一。张玉娘借用"幽州胡马客"为题作诗，并配以"凯歌"乐曲吟唱，塑造一位专门从胡地贩运良马到中原地区出售的商客忠贞爱国、刻苦习武、机智擒敌的豪侠形象。

全诗十四句，可分为基本情况、精湛武艺、擒敌报国三个部分。

第一部分四句："幽州胡马客，莲剑寒锋清。笑看华海静，怒振山河倾。"描写胡马客的装束气度。"幽州"，战国时期为燕地，汉武帝所置十三刺史部之一，治所蓟县（今北京城西南），辖境相当于今河北省北部和辽宁省大部。"胡马客"，指从胡地长途贩运马匹的商人。"胡"，旧指我国西北部少数民族地区，多产良马。为了补充骑师，历朝鼓励商人从胡地贩运良马，胡马客应运而生。"莲剑"，镌刻莲花图纹的宝剑。"华海"，指中原地带。"山河倾"，指山与河上下位置颠倒。

诗句大意是：这位胡马客是幽州人氏，随身佩戴一把锋刃凝寒光、把柄刻莲花的宝剑。当他微笑相看时，中原大地平平静静。当他愤怒振臂时，高山大河相互颠倒。

前两句介绍胡马客的身份、籍贯、装束。后两句描述胡马客的非凡风度，呈现出一位英武、豪爽、颇有社会影响力的侠客形象。诗人以极其夸张的笔法描写胡马客谈笑则大地平静、震怒则山河颠倒，既展现其和蔼可亲的一面，又展现其大气磅礴的一面，给人留下极为深刻的印象。

第二部分六句:"金鞍试风雪,千里一宵征。韔底揪羽箭,弯弓新月明。仰天坠雕鹄,回首贯长鲸。"描述胡马客力气过人、武艺精湛。"韔",皮制的弓袋。"揪",用手抓住或扭住。"雕鹄",指雕鸟和天鹅。雕,鸟纲鹰科,大体型猛禽。鹄,即天鹅,鸟纲鸭科,大体型候鸟。

诗句大意是:这位胡马客骑术高超,跨上金鞍马可与风雪试比快,千里之遥只需一宵之征;他力气过人,抽箭搭弓,往后拉弦,弯弓犹如一轮圆月;他箭法精湛,仰天一箭,射落大体型的大雕与天鹅,接着回首一箭,贯穿长体型的鲸鱼。

那日行千里的高超骑术、弯弓如月的过人力气、百发百中的精湛箭术,无一不在表明胡马客身手不凡,又无一不在暗示胡马客平时注重习武。诗人用夸张的笔法,使得胡马客这位北方优秀民兵的英武形象跃然纸上,为下文其擒敌立功埋下伏笔。

第三部分四句:"慷慨激忠烈,许国一身轻。愿系匈奴颈,狼烟夜不惊。"描述胡马客以身许国的情景。"忠烈",忠诚刚烈。"许国",即以身许国,指把身体献给国家,尽忠而临难不顾。语出《南史·羊侃传》:"久以汝为死,犹在邪?吾以身许国,誓死行阵,终不以尔而生进退。""许",预先答应给予。"狼烟",军事名词,指边防兵发现敌情时在烽火台点燃的烟火信号。古时北方人用晒干的马粪狼粪作为燃料,军队将其用于生火报警,故名。

诗句大意是:胡马客满腔忠烈气节,言语慷慨激昂,一旦以身许国,反而觉得一身轻松无牵挂。有一天,他自告奋勇潜入敌营,用绳索套住敌方首领的脖颈儿带回来,敌军烽火台升起狼烟报警,幸运的是一夜没有什么惊险。

诗人以平实的语言表现胡马客以身许国:既有慷慨激昂的陈词,

又有许国后的轻松；既有自告奋勇的誓愿，又有"系匈奴颈"的行动；既有烽火狼烟报警，又有"夜无惊"的幸运。情节跌宕起伏，扣人心弦。至此，一位英姿飒爽、气质大度、武艺高强、以身许国、有勇有谋、胆大心细、豪爽式的胡马客英雄形象犹如一尊丰碑巍然矗立，令人仰望观瞻。

张玉娘笔下的胡马客，身份低贱却"位卑未敢忘忧国"，以身许国慷慨而付诸践行，是我国古代北疆千千万万边民形象的艺术缩影。她之所以要精心塑造胡马客英雄形象、纵情讴歌忠勇报国精神，也许与当时危局有关。那时，强元南下，宋室摇坠，国难当头。她多么希望广大军民胸怀民族大义，众志成城，共同御敌，保家卫国！于是，《幽州胡马客》应运而生。

# 古别离　古乐府

把酒上河梁，送君灞陵道。
去去不复返，古道生秋草。
迢递山河长，缥缈音书杳。
愁结雨冥冥，情深天浩浩。
人云松菊荒，不言桃李好。
淡泊罗衣裳，容颜萎枯槁。
不见镜中人，愁向镜中老。

## 【译文】

她与夫君手把酒盏登上灞河桥梁，
又送夫君来到那宽长的灞陵大道。
他这一去呀也许永远不可能复返，

若能回来除非这条古道秋生青草。

河山千里迢迢路程实在太长太长，

她心思渺茫为等夫君家书总音杳。

她忧愁万丈之长连接着阴雨冥冥，

她情意千层之深犹如那蓝天浩浩。

人们称道松树秋菊生在土瘦地荒，

从来不说桃树李树繁花如何美好。

她早已淡泊绫罗绸缎的锦衣绣裳，

因为容颜憔悴就像秋天枯萎槁草。

她每天看不见青鸾镜中心爱之人，

只能忧愁面对镜中人儿渐渐衰老。

## 【赏析】

### 征妇高节伴离愁

"古乐府"，古代体裁之一，狭义指两汉乐府官署搜集的民歌通俗曲、词，广义指两汉特别是魏晋以后历代文人作家仿制而不入乐的诗歌，主要特色是叙事性即"缘事而发"、语言朴素亲切、押韵灵活多变、情调色彩浪漫等。乐府杂曲歌辞以南北朝时期江淹的最负盛名，其中"君行在天涯，妾身长别离"句，抒男女别离之情。后人拟之，名为《古别离》。

张玉娘借用"古别离"篇名，塑造了一位送别丈夫以后忧愁度日、洁身自好、孤老终生的戍边军人妻子的艺术形象，赞美她忠于爱情、忠贞爱国、舍小家为国家的崇高品质。

全诗可分为四个层次。

第一层次："把酒上河梁，送君灞陵道。去去不复返，古道生秋草。"描写女主人公送夫出征的情景。"河梁",即架设在河流上的桥梁,此指灞桥,在今西安市东十公里处的灞水上。汉唐时,人们在灞桥送亲朋好友出关,多以酒壮行,折柳作别。"灞陵道",指通往灞陵的大道。"灞陵",指汉文帝陵墓。"去去",口语"去一去"的简略,意为"去一会儿就回来"。"生秋草",即秋天生青草,意为不可能发生的事。

诗句大意是:我手持满斝的酒杯,陪伴夫君登上灞河大桥;饯行之后,我一边送夫君走上灞陵大道,一边听他话别:"再见吧,我去一去就回家。"我却心想,夫君这一去将不复返,如果回得来,那古道秋天也长青草。

这一幕灞桥分别多么依依不舍、难解难分,送了一程又一程。这一番灞桥话别多么凄凄楚楚、感人肺腑,既道出夫妻恩爱情深,又道出夫妻重逢的期望与绝望。

第二层次:"迢递山河长,缥缈音书杳。愁结雨冥冥,情深天浩浩。"描写女主人公在家思念戍边夫君的情景。"迢递",意思同"迢迢",形容遥远,也用于表述漫长,如晋代陆机《拟西北有高楼》:"高楼一何峻,迢迢峻而安。"又如潘岳《内顾诗》:"漫漫三千里,迢迢远行客。""缥缈",形容渺茫无际。"愁结",忧愁郁结。"冥冥",形容昏暗阴沉,如《楚辞·九章·涉江》:"深林杳以冥冥兮,乃猿狖之所居。""浩浩",形容广阔无边,如《诗经·小雅·雨无正》:"浩浩昊天。"

诗句大意是:我一直等待你寄来家书,却由于山河迢迢千里漫长而音讯渺茫。我终日忧愁郁结,就像昏暗的阴雨天色。然而,我对夫君一往情深,就像那浩浩高天万丈深厚。

前四句叙述两件心事:其一,自问"夫君能否回来",自答"不复返",除非"生秋草",有含蓄绝望之意;其二,期待夫君信息,因"山河长"而"音书杳",表达无限牵挂之情。后两句抒发两种感情:忧愁郁结、爱情如故。叙事与抒情紧密结合,显得叙事有后果、抒情有前因。

第三层次:"人云松菊荒,不言桃李好。淡泊罗衣裳,容貌萎枯槁。"描述女主人公清苦有志。"松菊荒",语出晋代陶潜《归去来兮辞》:"三径就荒,松菊犹存。"其意是尽管土地荒瘠,松、菊却能存活,生命力多强。"桃李好",取意于唐代李白《赠韦侍御黄裳二首》之一:"桃李卖阳艳,路人行且迷。春光扫地尽,碧叶成黄泥。愿君学长松,慎勿作桃李。"其意是桃李只能卖弄艳丽,却经不起人踩日晒。"罗衣",绫罗绸缎做的衣裳。古人以"罗衣"比喻富贵,以"布衣"比喻贫穷。

诗句大意是:前人曾说青松和秋菊能在荒瘠的土地上苗壮生长,而不说那些桃花李花卖弄艳丽。我要以松菊为鉴,以桃李为诫,淡泊荣华富贵,不思绫罗衣裳,艰苦度日,以致容貌憔悴如同枯草。

诗文既有思想务虚,如前两句写女主人公以松菊自励,立志高洁;又有生活务实,如后两句写女主人公淡泊富贵,过苦日子,以至于憔悴不堪。前后句形成因果关系,犹如水到渠成,自然而然。

第四层次:"不见镜中人,愁向镜中老。"描述女主人公终老境况。"镜中人",其实是"镜中人影",此指镜中夫君人影。"镜中老",意为"人在镜中老去"。

诗句大意是:在镜中看不见夫君的人影,我只能忧愁地眼看镜中女子渐渐老去。

这就表明,这对夫妻在家时十分恩爱,当妻子清晨梳妆时,丈夫常为妻子梳头发,从而镜中映出男女两个人影,渐渐成习惯,直到垂暮之年。她每次照镜子都希望看见镜中夫君的人影,却又不见,只能看着镜中女子人影渐渐老去。由此可以预见,这位戍边军人妻子的人生结局是四个字：孤老终生！并印证和呼应了她与夫君灞桥话别时的预感——"去去不复返"。

张玉娘写这首《古别离》应当"合为事而作"，与她所处的时局国事有关。当时元军挥师南下，南宋王朝为了御敌于国门之外，大肆征兵，迫使成千上万夫妻苦别离。她在诗中塑造的送郎参军的妻子艺术形象就是那个兵荒马乱年代万千军嫂的化身，既讴歌了军人妻子为国家牺牲美满婚姻与家庭幸福，又倾注了自己对国难的担忧、对国家的担当。

## 王将军墓

宋王将军名远宜，松阳人。宋亡，与元兵战于望松岭。死之，遂葬于此。

岭上松如旗，扶疏铁石姿。
下有烈士魂，上有青菟丝。
烈士节不改，青松色愈滋，
欲试烈士心，请看青松枝。

【译文】

望松岭上棵棵青松犹如竿竿旌旗，
繁枝分披针叶茂密宛若铁石雄姿。
望松岭下埋葬一位烈士忠贞英魂，
坟墓顶上覆盖一片青绿菟草蔓丝。
尽管烈士长眠地下然而气节未改，
就像青松愈是生长愈加葱绿润滋。
如果谁人想与烈士比试一片壮心，

那么就请他看看郁郁葱葱青松枝。

## 【赏析】

# 烈士壮心化青松

关于标题，清顺治《松阳县志》"望松山"条目下载本诗，按常识诗题应当是"望松山"。现存最早的戏剧文学家、清顺治年间松阳训导孟称舜重刊的《兰雪集》将本诗冠以"王将军墓"并做题记。查本县志乘、王氏宗谱，均无关于王宜远的记载。孟氏传奇剧《张玉娘闺房三清鹦鹉墓贞文记》中的张家"院公"名"王远宜"，乃一个艺术形象。

在这首诗中，张玉娘纵情吟咏青松之形、青松之姿、青松之茂、青松之色，热情赞颂以"王将军"为代表的为国捐躯的英烈们及其忠贞品质和刚强气节。

全诗可分为两部分。

第一部分为前四句，描写青松岭下烈士陵墓。

"岭上松如旗，扶疏铁石姿。"描写青松的形象。"岭上"，此指望松岭上。"望松岭"，在松阳县城西去一里许。相传东晋时王羲之莅临松阳，上岭望松，故名。"松如旗"，形容青松像旗帜。"扶疏"，形容枝繁叶茂、疏密有致呈披散状。"铁石姿"，形容青松如铁石般坚定。

诗句大意是：岭上一棵棵青松犹如一竿竿绿色的旗帜，它们枝繁叶茂、疏密有致、呈披散状的姿势若铁石坚定不移。

张玉娘用一连串喻体比对本体，浓墨重彩地描写青松苍劲挺立、枝叶茂盛、姿势坚定的形象，整体上以旗帜比喻青松，令人仰望青松而联想到岭上曾经的猎猎战旗，联想到岭下一座座烈士墓里的英灵，从而油然而生敬意。

"下有烈士魂，上有青菟丝。""菟丝"，即菟丝子，一年生缠绕寄生草本，蔓子细长柔软如丝状，生长蔓延极快。

诗句大意是：烈士墓的下面埋有烈士的英魂，烈士墓的上面长有菟丝草。

张玉娘不说"坟墓里埋有烈士的尸体"，而是说"坟墓里埋有烈士的灵魂"，说法新颖，自有新意，含有对烈士的尊敬与崇仰。"上有青菟丝"，则有荫佑庇护的象征意义。

上文表明，张玉娘在望松岭下观瞻、拜谒烈士陵墓时，先将视线投向岭上，只见一株株参天挺立的青松横枝分披，疏密有致，针叶葱绿，茂盛繁荣，姿势坚定，犹如一竿竿旌旗；后将视线缓缓移到岭下，只见地上凸起一座座坟墓，墓上覆有菟丝，墓下长眠烈士，心想现在坟里应当有烈士的灵魂吧。

第二部分为后四句，赞美烈士英灵万古长青。

"烈士节不改，青松色愈滋。"赞颂烈士气节。"滋"，此指滋润光泽。

诗句大意是：在我看来，烈士们的气节永远不会改变，就像青松枝叶的翠绿色彩越来越滋润油亮。

张玉娘用"比拟"的修辞方法，将青松叶色越来越翠绿油润的特性移放到烈士身上，赞其气节坚定不移、永远不变，非常恰当。

"欲试烈士心，请看青松枝。"这两句赞颂烈士壮心。"欲试"，意为想试验一下。

诗句大意是：我说"烈士节不改"，你说"我想试一试烈士心"，我说"好的，那就请你看看青松的繁枝吧"！

张玉娘采取与他人对话的口气，赞美烈士壮心不变、气节不改。涉及心灵与气节的关系，应是心灵决定气节，气节生自心灵、反映心灵。因此，验节就得试心。由此看来，诗句逻辑联系严密，顺理成章。

松、竹、梅并称"岁寒三友"。古人云："松柏风度，梅竹情操。"青松象征风度潇洒、品质坚强。在这首诗里，张玉娘以松喻人，逐层吟咏青松"如旗"，如"铁石姿""色愈滋"。可以说，全诗就像一个比喻，喻体就是青松，本体就是烈士。在比喻形象的基础上，张玉娘盛情赞美烈士气节不改、壮心不已。可以说，全诗就是一个"比兴"。"比"，就是以青松比喻烈士，"兴"，就是张玉娘兴叹气节不改、壮心不已、品质高尚。她作为深闺女子，无比关心国家和民族的命运，把热爱、崇敬英烈的激情寄托在颂扬青松之中，十分难能可贵。因此，这首诗堪称一曲感情真挚、格调壮烈的英雄赞歌，尽管"青松""烈士"二词多次重复，却无累赘之感，反而让人觉得恰到好处、倍增美感。

## 班婕妤 楚调曲

——和王摩诘韵二首

一自怜捐弃，香迹玉街疏。
闻道西宫路，近亦绝銮舆。

翠箔玉蟾窥，天街仙籁绝。
抱憾坐夜长，银钉半明灭。

## 【译文】

自从怜悯自己被皇帝夫君所抛弃，
她留在宫道上的足迹便稀稀疏疏。
听说近来通往赵所在西宫的道路，
也已经断绝饰有鸾凤图案的乘舆。

寂寞嫦娥从翠箔宫帘的间隙下窥，
京城街市早已歌舞停歇乐音声绝。
只见她独自抱憾长吁短叹黑夜长，
随身相伴唯有银缸灯花半明半灭。

## 【赏析】

### 无限同情寄楚调

"班婕妤"，东汉著名史学家班固的祖姑，左曹越骑校尉班况之女。少露才学，工诗善赋，长于音律。汉成帝初年，她以才德姿容兼备入宫，初为少使，未几立为婕妤，深受皇宠，却能以理止情，矜持自重，谨守礼义，端正行事，不争宠幸，不干朝政，颇有贤德口碑。而过分庄重自持也会埋下隐患。容貌姣好、能歌善舞的赵飞燕和赵合德姐妹进宫，很快得宠，其中赵飞燕得封婕妤，权倾后宫。班婕妤失幸，身陷囹圄，过着孤灯只影、寂寞凄苦的生活。

班婕妤失宠，赵婕妤得宠，这一历史事件成为历代文人的写作题材。唐代诗人王维，字摩诘，曾以古乐府体裁作《班婕妤》诗三首，对班婕妤寄予同情。约六百年后松阳才女张玉娘作《班婕妤》二首，以和王维《班婕妤》三首中的二首，也对班婕妤寄予同情。

王维诗之一："宫殿生秋草，君王恩幸疏。那堪闻凤吹，门外度金舆。"

其大意是：班婕妤失宠后，宫殿里竟然秋天长出青草，那是因为君王宠幸稀疏了。君王金色的车轿从门外通过，她哪里承受得了这夹带车轮滚动声的笙箫声啊！

王诗夹叙夹议，描写女主人公班婕妤在"生秋草"的宫殿里眼睁睁地看着"金舆"从门口经过时情何以堪的情景，可谓"诗中有画"。

张玉娘以"一自怜捐弃，香迹玉街疏。闻道西宫路，近亦绝銮舆"应和王维诗。"一自"，意为"自从"。"捐弃"，即抛弃、舍弃，语出班婕妤《团扇诗》（也称《怨歌行》）"弃捐箧笥中，恩情中道绝"句。"香迹"，喻指青年女子的足迹，此指班婕妤的足迹。"玉街"，玉石铺成的街道，此指宫廷大道。"闻道"，相当于"听说"。"西宫"，嫔妃居住的宫宇。"銮舆"，古代饰有金凤图案、专供后妃乘坐的辇车。

诗句大意是：班婕妤自从被君王抛弃，留在玉石街上的足迹就稀疏了。听说通往西宫的大道上，近来也绝迹了赵婕妤的凤鸾车轿。

对照唱诗与和诗，两诗不仅韵脚字相同，还有若干不同角度的对应。其一，同样交代班婕妤失宠，王维用宫殿"生秋草"的荒凉景象来表现，张玉娘则用玉街"香迹疏"的冷落景象来表现。其二，同样写西宫道上车轿，王诗写"度金舆"，表示其得宠；张诗写"绝銮舆"，表示赵婕妤也已失宠。其三，同样写班婕妤对西宫道上车轿声音的感受，王诗写班婕妤不"堪闻凤吹"，似有自怜与嫉妒之义；张诗写班婕妤听说赵婕妤处"近亦绝銮舆"，似有"早知今日（下场）何必当初（争宠）"的嘲讽之意。如此相应和，精彩绝伦。

王维诗之二："玉窗萤影度，金殿人声绝。秋夜守罗帷，孤灯耿不灭。"

其大意是：宫殿里寂无人声，只有萤火虫从窗口飞进来；班婕好秋夜独守罗帐，唯有油灯半明半灭。诗句全是景物描写，犹如画卷：殿宇空荡、窗口飞萤，孤灯隐约里，班婕妤独守罗帷，彻夜难眠。画面可题"冷宫孤影"。

张玉娘则以"翠箔玉蟾窥，天街仙籁绝。抱憾坐夜长，银缸半明灭"相和。"翠箔"，用翠竹片编的门帘。"玉蟾"，代指嫦娥。传说嫦娥偷食长生药后飞往月宫，化为蟾蜍，故称。"天街"，帝都街市的旧称。"仙籁"，仙界乐音，泛指优美乐音。"银缸"，即灯盏，代指油灯。"明灭"，指灯火忽明忽暗、半明半灭的状况。

诗句大意是：月中嫦娥撩开翠竹门帘向下窥视，看见京城大街原本响彻云天的歌乐声已经断绝，又看见班婕妤抱憾独坐，长叹夜太长，陪伴在侧的只有油灯那半明半灭的火光。

对照唱诗和诗，两诗不仅韵脚字相同，也还有若干不同角度的对应。其一，同样描写后宫冷冷清清景象，王维用自己的目光直视，张玉娘则借助嫦娥的目光俯视。两相比较，前者难以置信，因为王维作为人不可能亲眼看到约六百年前身在冷宫的班婕妤，所以，其"目光"只能理解为想象的目光；而后者真实可信，因为嫦娥作为神，可以穿越时空，将西汉人士班婕妤身处冷宫的情景传给南宋人士张玉娘。其二，同样写冷宫寂寞，王维描述殿内"萤影度""人声绝"，张玉娘既描述殿外"仙籁绝"，又描述殿内人"坐夜长"，从而显得更冷清。其三，同写冷宫寂寞人，王维描述班婕妤独"守罗帷"；张玉娘描写班婕妤独对"银缸"。其四，同样抒发孤苦之情，王维用画面言意；张玉娘则明言班婕妤"抱憾"长叹。如此应和，异彩纷呈。

综上所述，王维诗、张玉娘和诗各有千秋。简而言之，王诗以画意见长，张诗以诗情见长。众所周知，文学创作在于叙述人物故事，塑造人物形象，揭示性格心理，抒发思想感情。作为短小诗歌，似乎不可能讲故事、立形象，然而思想感情不可不抒。张玉娘这两首《班婕妤》诗揭示出班婕妤失宠后复杂的心理活动，替班婕妤抒发了丰富的思想感情。"一自怜"反映出班婕妤做人低调、与世无争、逆来顺受、暗暗伤心的性格，流露出自卑自弃的思想感情。"香迹玉街疏"反映出班婕妤失宠后不敢出户、顾全面子的内向性格，流露出羞于见人的思想感情。"闻道西宫路，近亦绝銮舆"句反映出班婕妤对赵婕妤失宠暗自幸灾乐祸的心理。"抱憾"二字反映出班婕妤觉得人生美中不足的思想感情。上述种种性格特点和思想感情，有优点有缺点，决定她为人处世，左右她人生命运，从而使她成为一位有血有肉有灵的真实的班婕妤。两首小诗能如此多角度地刻画人物心理、抒发情感，实属不易。

## 秋夜长

秋风生夜凉，风凉秋夜长。
贪看山月白，清露湿衣裳。

### 【译文】

秋风生起使得夜气透心凉，
夜风凉便觉得秋夜特漫长。
贪婪相看山边月亮皎洁白，
任由清凉露水沾湿绫罗裳。

### 【赏析】

### 为何这个秋夜长

"秋夜长"，乐府杂曲歌名，系南朝王融根据魏文帝曹丕的游子思妇组诗所拟制的曲名。

张玉娘借用乐府曲名吟诗《秋夜长》，表达离情长、相思长。

"秋风生夜凉，风凉秋夜长。"破题"秋夜长"。"秋夜长"，语出曹丕《杂诗》"漫漫秋夜长，烈烈北风凉"句。

诗句大意是：入夜时分，清凉秋风催生出一个凉人的消夜，由于秋风太凉难以忍受，便觉得这个秋夜特别漫长。

秋夜时长约十二个小时，说其长则长，说其短则短，全凭感觉。秋气宜人，就觉得秋夜不长。秋气逼人，就觉得秋夜太长。所谓"良宵苦短""一日三秋""度日如年"，都是人在不同条件下对时间的不同感受。因此，张玉娘从"秋风生夜凉"角度感觉"秋夜长"，符合事理，顺理成章。

"贪看山月白，清露湿衣裳。"描述赏月寄情长。"清露"，本指洁净的露水，此指清凉的露水。

诗句大意是：我贪婪地看着山边那轮光明洁白的月亮，便任由清凉的露水沾湿绫罗衣裳。"山月"表明，张玉娘在月亮出山之前感到"秋夜长"是因为她在苦苦等待，感到度时如日。一旦月亮出山，她就不顾清露湿衣，专注"贪看"，赏月寄情，从而觉得月夜不长。同一个夜晚，前说长，后说不长，岂不矛盾？不矛盾，这是因为月亮直到三更以后露水淋漓才从山边升起，她大半夜时间都在等待月亮出山，怎能不难？怎能不感到夜长？由此看来，诗题"秋夜长"并无不当。

这首诗标题写"秋夜长"，主题思想却不是"秋夜长"，而应当是寄情长。这是因为，张玉娘"贪看山月"，其实是在对月寄情。为了彰显"寄情长"，她必须写好"秋夜长"，因为只有"秋夜长"，才能衬托出"寄情长"。于是，她从"秋风"起笔，写秋风生凉夜，凉夜难度过，自然会感到"秋夜长"，一环扣一环，层层递进，有因得果，若"瓜熟蒂落"。由于有"秋夜长"作铺垫，"寄情长"就顺理成章。她"寄情长"，则表明离愁长、相思长。

张玉娘这首《秋夜长》短小精干，音韵流畅，可读性强，情感含蓄，很耐琢磨，一旦领悟，回味无穷。

# 白雪曲

帘白明窗雪，风急寒威冽。

欲起理冰弦，如疑指尖折。

孀帏眠不稳，愁重肠千结。

闲看蜡梅梢，埋没清尘绝。

## 【译文】

雪白的窗帘映明窗外皑皑白雪，
北风急骤加剧寒气更加逞威冽。
起来调理那瑶琴上的冰冷丝弦，
心生疑虑十只手指尖冻僵断折。
一位孀妇身在帐帏却睡不安稳，
忧愁重重一寸柔肠交织千个结。
趁闲看见蜡梅树的茎干与枝梢，
全部埋没雪里从而与世尘隔绝。

## 【赏析】

### 孀妇愁重厌世尘

"白雪曲"，出自战国时期楚国诗人宋玉《讽赋》："中有鸣琴焉，臣援而鼓之，为《幽兰》《白雪》之曲。"又《淮南子·览冥训》："昔者师旷奏《白雪》之音，而神物为之下降。""白雪曲"与"阳春曲"齐名，合称"阳春白雪"。由于这种表达高雅情调的古琴曲不是一般人所能够欣赏领会的，因此"和者盖寡"。

张玉娘借"白雪曲"为题吟诗，自述雪夜守丧、忧愁重重、孤寂难眠的情景，表达意欲摆脱世俗、不染凡尘、洁身自好、清静度日、孤独终老的凄楚情愫。

"帘白明窗雪，风急寒威冽。"描写闺房内外寒冷的情景。"帘白"，即白色窗帘。"明"，在此作动词，是映明照亮的意思。

诗句大意是：窗帘冰雪一般洁白，反过去映明照亮那窗台上的白雪，窗外北风急匆匆，吹得屋内寒气凛冽。

前句描写窗帘之白，张玉娘不按照常识描写窗外白雪映明白色窗帘，而是突破常识，描写雪白的窗帘反过来映明窗外的白雪，以显示窗帘比雪还白，很有新意，饶有趣味。后句描写北风骤急，张玉娘也是手法高明，仅用"威冽"二字将寒气拟人化，即赋予寒气以威势，俨然一个大发淫威者，从而将北风之急之冷突显出来。

"欲起理冰弦，如疑指尖折。"描述寒夜情景。"冰弦"，此指冷冰的琴弦。"如疑"，随即怀疑。"如"，多义字，此指顺从、随从，如《说文解字》："如，从随也。"

诗句大意是：由于天气寒冷，夜不能寐，我就起来梳理瑶琴上雪白冰冷的丝弦。一旦触及琴弦，我随即心生疑虑：难道十根僵硬麻木的手指折断了？

前句由"欲起"二字引出"理冰弦"之事，表明女主人公由于孤独难眠而想起床弄琴，以打发时间。后句"如疑"二字引出手指冻僵不能弹琴，从而打发不了令人厌倦的时间。这是多么孤单苦涩、枯燥无聊的生活！

"孀帏眠不稳,愁重肠千结。"描述忧愁深重的状态。"孀帏",孀妇家里的帷幕。"孀"字,寓意女子白衣守丧。"结",多义字,此指在条状物上打疙瘩,如"打结""绳结""眉结"等。

诗句大意是:一位身穿白色丧服的女子独自睡在帷帐里,翻来覆去睡不着。她那忧愁重重的神情,好像温和柔软、情意缠绵的肠子上打着上千个结子。

"孀帏"二字表明,本诗的女主人公是一位孀妇。她由于弹琴不成,打发不了时间而再次入帐睡觉,却由于"愁重"而睡不安稳。张玉娘用"肠千结"形容孀妇忧愁的程度,是分量十足,无以复加的。"孀帏"加上前述的"帘白",构成一种悲戚、肃穆的吊丧氛围。这与松阳沈氏宗谱有关记载相吻合:"佺公,榜眼……宋淳祐十年庚戌七月初四卯时生,宋咸淳七年辛未十二月廿五日丑时终。"腊月廿五以后吊丧期间天冷下雪实属正常。"理冰弦""如疑指尖折"也属正常。因此,本诗的女主人公是"孀妇",这位"孀妇",就是本诗的作者张玉娘。张玉娘以"孀妇"自称,表明她为已故未婚郎君吊丧之真诚。

"闲看蜡梅梢,埋没清尘绝。"抒发贞洁守节之情。"闲看",趁空闲探望。"清尘绝",与尘世相隔绝。"清尘",多义词,此指尘埃,语出《汉书·司马相如传》:"犯属车之清尘。"颜师古注:"尘,谓行而起尘也。"

诗句大意是:趁着忧愁频生的空闲时间,我看见蜡梅的枝枝梢梢已经埋没于白雪之中,完全与世间尘埃隔绝了。

张玉娘用"闲看"二字,表明在此之前自己一直为事所忙,为愁所困,没有空闲。"埋没清尘绝"句,一语双关,一方面表现蜡梅枝干为白雪所覆盖而与自然的"清尘"隔绝,一方面自比蜡梅,寓意自己希望像蜡梅一样为白雪所埋没,从而与世俗的"清尘"隔绝。

二者相比，后者更符合她的本意，因为"埋没"二字用于直立的"蜡梅梢"不合适，用于横躺的人体更合适。由此推想，她也许从白雪覆盖蜡梅枝梢的美景里得到了启示：将甘守活寡、远离世尘、孤苦终身。这首《白雪曲》是一首记述吊丧之夜的叙事诗，却未具体描述吊丧情景，仅用"帘白""媚帏"二词象征性地烘托氛围，着重描述吊丧后的情景，按时间顺序从白帘映雪、寒气发威起笔，继述"理冰弦""指尖折""眠不稳""肠千结""看蜡梅"，直到"清尘绝"落笔，叙事娓娓动听，抒情波波相连。

# 竹亭纳凉

独坐幽篁阴，停绣更鸣琴。
叶齐林影密，唯有清风心。

## 【译文】

我独坐竹亭面对幽深篁竹绿荫，
停下手头绣活改为鸣奏古桐琴。
竹叶形如剪刀剪落竹林光影密，
顿感只有丝丝清爽凉风沁溢心。

## 【赏析】

### 纳凉只需清风心

纳凉，指人们为避暑热而在阴凉处歇息。古人夏日纳凉或谈笑风生，或读书静思，或赏月寄情，或抚琴弹奏，或吟诗唱和，于是纳凉诗歌应运而生，成为纳凉文化之一。

在这首《竹亭纳凉》中，也展现出纳凉生活的丰富多彩，张玉娘描述自己独自坐在凉亭里面对竹林做绣活、弹瑶琴而纳凉不得，后来专心观赏、享受到竹影之美，终于纳得清凉，从而懂得一个道理：欲纳夏日凉，须有清风心。

"独坐幽篁阴，停绣更鸣琴。"描述纳凉诸事不顺的情形。"幽篁"，意为幽深的竹林。"篁"，从"竹"从"皇"，"皇"意为大，"竹"与"皇"联合，本义为大竹林，也泛指竹。

诗句大意是：我独自坐在位于幽深竹林的凉亭里一边纳凉，一边做绣活，绣事不成，停止绣活，改为弹琴。

前句破题"竹亭纳凉"。张玉娘纳得凉爽没有？按常理，她在幽深的竹林里应能纳得凉爽。然而，后句"停绣"与"更鸣琴"表明，她在纳凉的同时做绣活，不成就停止绣活，停了绣活还是不成，就改为弹琴，显得诸事不顺。至于她诸事不顺的原因以及是否纳得清凉，有待下文分析。

"叶齐林影密，唯有清风心。"描述纳得清凉的情形。"叶齐"，顾名思义，指叶子整齐，具体到竹叶，是指剪刀形的竹叶好似剪刀剪出来一般整齐划一。"齐"，断，通"剪"。《仪礼·既夕礼》："马不齐髦。""清风心"，清风般清净的心。

诗句大意是：盛夏阳光将剪刀形的竹叶的阴影投射到地上，就像剪刀将无数竹叶剪落地上，整齐划一，密密麻麻。此时此刻，我心无旁骛，唯有清风般的清净。

张玉娘用"叶齐"二字比喻竹叶似剪刀，喻剪刀剪竹叶，形象生动，与唐代诗人贺知章名句"不知细叶谁裁出，二月春风似剪刀"有同功之妙趣。她又用"林影密"三个字，不仅描绘出竹林地上竹叶阴影密布的奇妙景象，还间接表明当时太阳当空。后句表明，张玉娘对竹做绣活、弹瑶琴时未能纳得清凉，很有可能是绣事引人伤心、弹琴不能寄情，以致心烦意乱、热血沸腾、体温升高。因此，与其说她到竹亭纳凉，不如说是为了排忧。同时表明，她一旦陶醉于犹如剪刀剪落地上、密密麻麻、形状划一的竹叶阴影，便觉得如沐清风，心里清净，达到纳凉目的。同时暗示，她在竹亭清凉处却纳凉不得，乃忧愁之多之重所致。这就印证了一句俗语："心静自然凉。"

由此看来，这首《竹亭纳凉》既是纳凉诗，又是咏竹诗，还是抒情诗、哲理诗。

## 春晓谣

到枕一声莺，晓窗生虚白。

烟柳影参差，蔷薇红半拆。

乘风双蛱蝶，欲入珠帘隔。

独向花下吟，翠条刺罗襟。

徘徊吟不就，婢子整瑶琴。

抚弦不堪弹，调别无好音。

一弦一肠断，断尽几回心。

【译文】

一声啼鸣传到枕边发自那只黄莺，

晓色入窗空虚闺房生发淡淡色白。

烟雾迷茫柳林影子显得高低参差，

蔷薇盛开鲜红花簇压塌围墙半拆。

乘着春风翩翩飞来一双彩色蝴蝶，

想飞入闺房却被串珠的窗帘阻隔。

当我独自走向蔷薇花下低声沉吟，

却被那翠绿枝条扎破了绫罗衣襟。

见我徘徊来徘徊去几度吟咏不就,

知心婢女便精心调理那精美月琴。

我手抚琴弦却又担心弦细不经弹,

调成别的乐器仍然奏不出好声音。

重新弹琴每断一条弦柔肠一痛断,

直至断尽了琴弦我该痛断几回心?

## 【赏析】

### 春晓歌谣唱断肠

"春晓谣",顾名思义,是指由春晓美景起兴吟唱歌谣。"谣",古代指没有乐器伴奏只是唱歌,如《毛传》:"曲合乐曰歌,徒歌曰谣。"现代指大众编写民间传唱的歌曲,如"民谣""童谣"等。总之,"谣"的歌词不比诗词之深奥含蓄,比较通俗明白,人们由此而认为歌谣档次低于诗词。其实二者各有千秋,不可简单类比,妄言优劣。

张玉娘这首《春晓谣》是由春晓美景引出悲伤感情的歌词。按照"伤春悲秋"的说法,应当是"伤春诗"。所谓"伤春",一指因春天到来或见美好春景而忧伤、苦闷,如唐代司空曙《送郑明府贬岭南》:"青枫江色晚,楚客独伤春。"二指春日不顺天时,故谓之伤春,如《旧唐书·于志宁传》:"今时属阳和,万物生育而特行刑罚,此谓伤春。"她在这个春晓美景里表达出何种名目的悲伤之情?且看诗文。

全诗分为两部分。

第一部分为前四句,描述春晓景象。

"到枕一声莺，晓窗生虚白。"描写室内春晓景象。"虚白"，"虚室生白"的简化，形容微微淡白的天色，也形容吉祥之兆。

诗句大意是：一声黄莺的啼鸣传到枕边，我睁眼一看，只见晓光透入窗里，催生出空荡闺房里的淡淡白色。

前句描述春晓所闻："一声莺。"莺以"声"作量词，似乎不太合适，却又意思明了，是指"一声莺叫"。这也许是因为受到一句五言的限制而省略了"叫"字吧。后句描述春晓所见："生虚白。""虚白"二字用得妙，其一妙在形容拂晓微明天色十分恰当，似无其他词汇可以代替；其二妙在寓意吉祥。张玉娘博览群书，看见微微淡白的天色，也许想起《庄子·人间世》："虚室生白，吉祥止止。"便认为是好兆头，应该心里喜滋滋的。

"烟柳影参差，蔷薇红半拆。"描写窗外春晓景象。"烟柳"，顾名思义，烟雾笼罩的柳林，也指清明时节柳叶嫩黄未绿，远远望去仿佛轻烟笼罩。"参差"，长短不齐、高低不一的样子，语出《诗经·周南·关雎》"参差荇菜，左右流之"句。"半拆"，指拆毁一半。"拆"，指拆墙。

诗句大意是：我走到窗口，远远看见烟雾茫茫中，杨柳树影高高低低，参差不齐；近看庭院围墙边，蔷薇花正当盛开，一簇簇花沉甸甸地压在院墙上，仿佛拆掉了院墙的上半部分。

前句描写春晓所见之一，"烟柳影"。白雾迷蒙中，柳林影子高低错落、参差不齐，那种朦胧之美，别有一番风味！后句描写春晓所见之二，"蔷薇红"。蔷薇花簇掩压着院墙的上半部分，好似把院墙拆了一半。张玉娘用夸张笔法形象地表现出蔷薇花开之繁盛，令人记忆尤深，永志不忘。红色寓意顺利、喜庆、吉祥。她一早就看见蔷薇花开红半墙，又该心里喜滋滋的。一个春晓，两个吉兆，预示一日事事顺利。

第二部分为后十句,描述诸事不顺。

"乘风双蛱蝶,欲入珠帘隔。"描写珠帘隔蝶。"双蛱蝶",即一对蝴蝶,引申为多情物,比喻夫妻。"珠帘",用线穿成一条条串珠构成的垂直帘幕。

诗句大意是:隔窗观赏蔷薇花时,我看见两只彩蝶乘风翩翩飞来,想入闺房,却被串珠窗帘隔住了。

这是第一件不顺心的事。张玉娘作为闺中女子,孤独时需要有人陪伴。这时,"双蛱蝶"乘风而来,想入帘做伴,却被门帘挡住了,从而坏了她的心情。因此,她对这个生活细节自然会视为不祥之兆。"欲入"二字,赋予蛱蝶善解人意,赶来做伴的人情味,很有意思。

"独向花下吟,翠条刺罗襟。"描述吟诗不成的情景。"翠条",此指蔷薇绿枝。"罗襟",即绫罗衣裳。

诗句大意是:眼看双蝶由于珠帘阻隔而飞回去,我便独自到蔷薇花下吟咏诗歌,却被那翠绿枝条上的刺儿扎破绫罗衣襟,从而坏了心情,吟诗不成。

这是第二件不顺心的事。张玉娘本想借"花下吟"以释怀前事("珠帘隔"蝶),却由于翠条刺破衣裳而吟诗不成,不仅不能释怀前事,而且叠加不顺心。这意味着她心情更坏。

"徘徊吟不就,婢子整瑶琴。抚弦不堪弹,调别无好音。"描写弹琴不成的情景。"抚弦",拨弄琴弦,语出《淮南子·修务训》:"今夫盲目者不能别昼夜、分白黑,然搏琴抚弦,参弹复徽,攫援摽拂,手若蔑蒙,不失一弦。"此指弹琴。"调",多义字,此指调换。

诗句大意是:婢女伶俐敏感,见我在花下踱步徘徊吟不成诗,就赶紧取来瑶琴,调整琴弦;我先用手抚摸琴弦,然后弹奏高亢曲调,却又生怕琴弦经不住弹拨,只好中止演奏;调换成其他曲子,也不能弹出好声音。

　　这是第三件不顺心的事。张玉娘描写弹琴十分细腻,有弹琴的原因——"吟不就",有婢女的烘托——"整瑶琴",有弹琴的动作——"抚弦""调别",有弹琴的心情——"不堪弹",有弹琴的结果——"无好音"。"不堪弹"三个字准确地表现出她由于不顺心而用激烈心情演奏激烈曲调又怕弹断琴弦的矛盾心情。"调别无好音"句意味深长,暗示她多个曲子弹得不好听,可见心情多么烦乱!因为调好的琴是不可能"无好音"的,岂能怪罪瑶琴本身音质不好?弹曲不成,意味着她再次释怀不成。

　　"一弦一肠断,断尽几回心。"描写弹断琴弦的情景。

　　诗句大意是:虽然弹不出好声音,但为了释怀多事不顺心,我继续弹琴,却是拨一次弦就像痛断一寸肠,一曲弹完那该痛断多少次心肠?

　　这是第四件不顺心的事。对比前三件事,这弹断琴弦岂止不顺心?乃断尽柔肠之痛。诗句平淡无奇,情感汹涌澎湃。这得益于巧用数字说话。前句"一弦"对"肠一断",按正比例关系,则"二弦"对"肠二断"……以致断尽琴弦,"断尽几回心"。这样,"断尽几回心"就不显得夸张,而是一是一、二是二,实实在在,能为人所接受的。

　　一个春晓,两个吉兆,结果却是诸事不顺心,乃至痛断心肠。因此,这个春晓本身就是不祥之兆,预示女主人公从这个春晓起,以后个个春晓都会事事不顺心。而这个不顺心不顺意的春晓,只是她成百上千个不顺心不顺意的春晓之一。

　　有趣的是,张玉娘将这个春晓所见所闻所为所感有序地整理出来,便成了一首歌谣,名为《春晓谣》。这个"有序"就是事情发展的时间顺序、吉祥预兆与事不顺心的先后顺序。由于篇幅有限,诗文未能道明诸多事件背后的隐情,例如她为什么乐见双蝶"欲入"?

"花下吟""抚弦"要寄什么情？弹断弦为什么会"断一肠"？要揭开谜底，只能在她的爱情悲剧里找答案。而她的爱情悲剧一是悲在久别相思苦，二是悲在人亡守孀苦。从本诗内容看，诸多事情不顺心的共同隐情是久别相思苦。正是往年某个春晓，她送别未婚夫到外地求学，从此相思缠绵，日日盼团聚，从此怨恨伤感春晓。今有春晓美景，她却吟诗不就、弹琴不成，寄托不了相思，而且弹琴断弦兆头不祥，怎能不有断肠伤心之痛？由此可见，这首《春晓谣》作为伤春诗，实至名归；作为歌谣，并无"谣"之土俗，而有"诗"之优雅，令人百唱不厌。

## 闲坐口谣

独坐看花枝，无言双泪垂。
痴婢不知春，问我心恨谁？

### 【译文】

每当独自坐看繁花开满树枝，
我无言以对任由两行泪珠垂。
傻婢女尚不知道少女会怀春，
于是问我心里头到底在恨谁？

### 【赏析】

#### 少女怀春思怀谁

"口谣"，随口吟唱的歌曲。所谓"谣"，指清唱的歌曲。民间流传的歌通常称"谣"，如"民谣""童谣"等在这首《闲坐口谣》诗中，妙龄少女张玉娘描述自己在孤独赏花时，暗自思念同龄表哥、未婚夫沈佺的情景，流露出一种既暗自思念又心里埋怨的复杂心情。

"独坐看花枝，无言双泪垂。"描写孤单赏花的情景。"双泪"，指两眼流下两行泪水。

诗句大意是：我独自坐在庭院观赏那绚丽花枝，默默无语，任由两行热泪簌簌地垂流。

花枝绚丽多彩，本可悦目赏心。而张玉娘却看花垂泪，其原因隐含在"独坐"二字中。坠入爱河的少男少女成双成对地观赏春花，有说有笑，那才开心愉悦。张玉娘与沈佺曾被指腹为婚，自幼青梅竹马、两小无猜，也有双双赏花的欢快经历。而今她独坐看花，感觉不是滋味，于是伤心流泪。"双泪垂"就是她当时对心仪之人暗自相思情感的外化状态，而"无言"则是她不便诉说暗恋的唯一选择。

"痴婢不知春，问我心恨谁？"描述赏花伤心的原因。"痴婢"，因尚不懂风情而显得有些痴傻的婢女，此指张玉娘的两个丫鬟紫娥、霜娥。"春"，多义字，此指男女情欲，婚嫁情事，如春情、怀春。

诗句大意是：稚气可爱的两个婢女由于尚不懂得男女爱情婚嫁之事，一见我伤心流泪，竟然问我为何流泪、心里恨谁。

王诏《张玉娘传》载，玉娘"及笄，许字沈生佺"。女子懂"事"早，张玉娘在"许字沈生佺"前应当已春情萌动。少女怀春，纯属个人隐私，难以启齿。她便巧借"不知春"的"痴婢"之口，道出自己"双泪垂"的原因——"知春"，即爱上英俊表哥沈佺了，就待沈家上门提亲，可是总等不到，不禁心生"怨"气"恨"意，导致"双泪垂"。"不知春"的"痴婢"却问"心恨谁"，问得多有情趣！张玉娘该如何回答？只能秘而不言。

这首《闲坐口谣》应当是张玉娘诗词人生的处女作，是她爱情人生的第一首爱情诗，也是她诸多伤感春天的"伤春诗"中的第一首。然而，她却将这首诗冠以"闲坐口谣"的标题，意为趁闲坐在庭院里赏花时随口吟出的歌谣。这也许是真的，因为她天生丽质，自幼聪慧，工于诗词，有出口成章之才。只是以"谣"称之，值得一议。说其为"谣"，倒也不假，因为该诗一无深奥字词，二无生僻字词，三无华丽辞藻，四无引经据典，语句通俗明白如话，全是歌谣语言。然而细品文字，绝对在"谣"的档次之上，实乃绝妙好诗。退一万步讲，这首《闲坐口谣》也是诗化的"口谣"。

# 秋　夜

暮声杂鸣叶，灵籁生郊墟。
白雾脆杨柳，秋水翻芙蕖。
蟾蜍淡帘箔，机杼织寒虚。
几度思蘋藻，茫然愧鹿车。

附沈佺赠张玉娘诗

隔水度仙妃，清绝雪争飞。
娇花羞素质，秋月见寒辉。
高情春不染，心镜尘难依。
何当饮云液，共跨双鸾归。

## 【张诗译文】

暮鼓之声夹杂秋风吹拂树叶之鸣，
天籁之音竟生自郊野那荒废之墟。
我很欣慰就像松脆杨柳恰逢白雾，

我很激动好似翻滚秋水荡漾芙蕖。
我甘于清贫就像嫦娥淡漠帘珠箔，
我勤于劳作好似织女不顾体寒虚。
我曾几度思量女德妇道言行节操，
生怕一度茫然愧对夫妻共乘鹿车。

## 【沈诗译文】

隔着银河水牛郎渡向织女仙妃，
尽管清冷至极漫天雪花争相飞。
娇艳鲜花羞于面对你素雅丽质，
清秋明月现得像一抹寒碜光辉。
你情操高尚蠢妇俗气从不沾染，
你心明如镜灰土尘埃无所附依。
我们应当何时同饮交杯之琼液，
共同跨上一双鸾鸟向新巢飞归。

## 【赏析】

### 玉娘巧答求婚诗

　　张玉娘这首诗是对沈佺《赠张玉娘诗》的答复，极其委婉、含蓄地表达了接受求婚的意愿。

　　张玉娘与沈佺互为中表，青梅竹马，两小无猜，同案共读，情投意合，十五岁订婚。不久，沈氏家道中落，张家主人悔婚。为了成全婚姻，沈佺被迫外出深造求功名，二十二岁高中榜眼，却染疾还乡。当时，也许沈佺觉得身体并无大碍，又受男女"授受不亲"思想束缚，就作诗求婚。张玉娘便以《秋夜》诗作答。

沈诗："隔水度仙妃，清绝雪争飞。"描述秋夜赠诗时的景象：天上河汉，星繁如雪，天气极冷，牛郎（星）欲渡河约会织女（星）。沈佺借牛郎织女的典故，并以牛郎自比，以织女比玉娘，托景寄情：即使天冷至极，雪花纷飞，我也要像"牛郎"渡过天河会织女那样去会见玉娘。

张诗："暮声杂鸣叶，灵籁生郊墟。"描述收到沈诗时的情景。"暮声"，暮鼓声，古代寺庙傍晚一更击鼓报时。"鸣叶"，风吹树叶发出的沙沙声。"灵籁"，自然界的声响，引申为优美乐音。

诗句大意是：深秋傍晚，暮鼓声夹杂着风吹树叶的沙沙鸣声，如同灵爽优美的天籁之声从城郊废墟传来。言下之意是：我在心境极度空虚之际得到佳声。很显然，张玉娘借助耳闻的"灵籁"来暗示收到沈佺赠诗。

沈诗："娇花羞素质，秋月见寒辉。"称赞玉娘容貌之美。诗句大意是：你天生丽质使得娇艳鲜花羞于面对、使得清秋明月掩面而视，只露双眼透出清冷光辉。沈佺化用杨贵妃美貌令鲜花羞涩枯萎的典故，化用貂蝉美貌令明月掩闭面目的典故，盛赞玉娘有"羞花闭月"之美，形容之功，可谓登峰造极，不可复加。反过来，沈佺能将成语"羞花闭月"分析化为如此优美的联句，且不露丝毫斧凿痕迹，表明其才华之卓越，非常人所能比拟，难怪一举高中"榜眼"。

张诗："白雾脆杨柳，秋水翻芙蕖。"回应沈佺之赞美。"脆"，与"韧"相对，指材质易折易碎。"芙蕖"，古代对莲花的称呼。诗句大意是：你夸我有"羞花闭月"之貌，我感到欣慰，就像白雾露水滋润那干枯发脆的松柳；我感到激动，就像秋水波浪翻动那荡漾的荷叶。爱美之心，人皆有之。爱听赞美，人之常情。张玉娘也不例外，况且是恋人赞美，能不欣慰激动？

沈诗："高情春不染，心镜尘难依。"称赞玉娘道德之美。"春"，通"蠢"，指愚昧无知，如《考工记·梓人》："张皮侯而栖鹄，则春以功。"郑玄注："春读为蠢。"其意是：你情操美好高尚，因此，蠢妇俗气尚未沾染；你心灵明镜般洁净，因此，灰土尘埃无所依附。如此称赞玉娘美德，简直无以复加。

张诗："蟾蜍淡帘箔，机杼织寒虚。"回应沈佺之赞美。"蟾蜍"，癞蛤蟆。传说嫦娥偷食不死药后，受惩处而成为癞蛤蟆，后以"蟾蜍"代指嫦娥。"帘箔"，装饰金箔片的帘子，比喻富贵。"机杼"，指织机、梭子，代指织女。"寒虚"，中医病理学名词，指阳虚畏寒。诗句大意是：你夸我情操高尚、心明如镜，都不敢担。尽管你会试及第，我还要像月中嫦娥淡漠宫帘金箔那样淡泊荣华富贵，像天仙织女一上织机就不顾体质寒虚辛勤纺织。如此回应，意在暗示沈佺，不论你日后为官为民、富贵贫穷，我都会与你同甘苦、共患难。

沈诗："何当饮云液，共跨双鸾归。"表达求婚之意。"何当"，该在何时，如李商隐《夜雨寄北》诗："何当共剪西窗烛，却话巴山夜雨时。""云液"，本指古代扬州名酒，泛指美酒，如白居易《对酒闲吟赠同老者》："云液洒六腑，阳和生四肢。""双鸾"，一对鸾鸟，喻恩爱夫妻。其意是：我们当在何时同饮交杯喜酒，然后共跨双鸾飞归新巢？很显然，沈佺在用商量的口气正式求婚。

张诗："几度思蘋藻，茫然愧鹿车。"回应沈佺的求婚。"蘋藻"，语出《诗经·召南·采蘋》："于以采蘋？南涧之滨；于以采藻？于彼行潦。"郑玄："古者妇人先嫁三月，祖庙未毁，教于公宫；祖庙既毁，教于宗室。教以妇德、妇言、妇容、妇功。教成，祭之牲用鱼，芼之以蘋藻，所以成妇顺也。"蘋藻与"品操"谐音，用以指妇女言行规范，也称"妇道"。"鹿车"，古时用鹿拉的小车，表示一种安贫乐道的生活状况，如《后汉书·鲍宣妻传》："妻乃悉归侍御服饰,更着短布裳,与宣共挽鹿车归乡里。"旧时用以称赞夫妻同心同行。诗句大意是:关于何时结婚喝交杯酒,我曾几度思考关于妇道的言行规范,生怕由于茫然不解而愧对夫妻共乘的鹿车。如此回应,看似婉拒,其实应允:待到不"愧鹿车"之时就会同意结婚。由"思蘋藻""愧鹿车"可知,张玉娘多么看重自己的婚姻大事,对心爱之人多么高度负责!

读罢沈佺赠诗与张玉娘复诗,令人身临南宋咸淳七年(1271)的那个秋夜,张玉娘在闺房窗口,一边品读沈佺赠诗,一边凝神思忖复诗,然后秉笔蘸墨,一挥而就《秋夜》,一一对应、丝丝相扣、珠联璧合。从描写的景物看,沈佺当于一个深秋之夜吟成求婚诗,张玉娘当于另一个深秋之夜吟成应答诗,共同演绎了一曲短小的爱情佳话。不幸的是,沈佺求婚不久,风寒愈重,于南宋咸淳七年腊月二十五日不治身亡。玉娘守贞,不久身亡,二人终究演出一部无比凄美的爱情悲剧。

## 哭沈生（仙郎久未归）

仙郎久未归,一归笑春风。
中途成永诀,翠袖染啼红。
怅恨生死别,梦魂还再逢。
宝镜照秋水,明此一寸衷。
素情无所着,怨逐双飞鸿。

【译文】

我的英俊郎君好久好久未曾把家归,
归来时他就像崔护只见桃花笑春风。

还在人生的中途彼此竟然成为永诀，

我的翠绿衣袖上染遍了啼血的鲜红。

好怅惘啊好怨恨面对这生死之离别，

我多么想在梦幻中两个灵魂再相逢。

只要用宝镜照一照我眼中的秋波水，

就可以鉴定出我这一寸心肠之由衷。

## 【赏析】

### 哭悼为表一寸衷

在这首诗中，女诗人张玉娘想象久别归来的表哥沈佺看见自己花容不再时的惆怅情态，又抒发了自己对未婚夫沈佺英年早亡的悲痛心情，表达出孤独无依、渴望梦魂重逢的迫切意愿。

"仙郎久未归，一归笑春风。中途成永诀，翠袖染啼红。"写沈佺久别归来和不幸病故的情景。"仙郎"，一指年轻的男仙人，二指唐人对尚书省各部郎中、员外郎的惯称，三指俊美的青年男子，多用于爱情关系，如《红楼梦》第五回："好好一似霁月光风耀玉堂，厮配得才貌仙郎。"此指俊美的青年男子即沈佺。"笑春风"，语出唐代崔护《题都城南庄》："去年今日此门中，人面桃花相映红。人面不知何处去，桃花依旧笑春风。"说的是崔护考进士未中，清明节独游长安城郊南庄，走到一处桃花盛开的农家门前，一位秀美姑娘出来热情接待他，彼此留下难忘的印象。第二年清明节，崔护再来时，院门紧闭，姑娘不知在何处，只有桃花依旧迎着春风盛开，增人惆怅。"啼红"，顾名思义，啼哭伤心，口吐鲜红血，也喻悲伤的眼泪、女子的眼泪，如宋代幼卿《卖花声》词："扬鞭那忍骤花骢，望断斜阳人不见，满袖啼红。"

诗句大意是：我的未婚夫、英俊表哥沈佺已经好久没有回归，那天，他一回来就到我家，不见我当年的花容月貌，应当像崔护二访农家不见美丽恋人，只见"桃花依旧笑春风"那样无限惆怅吧。如今，他还在人生中途，竟然与我永远诀别。我这翠绿色的衣袖上，染遍了啼哭而吐的红色鲜血。

前两句，张玉娘借用典故人物崔护不见美丽恋人，只见"桃花依旧笑春风"而生的惆怅心情，来揣测久未归的未婚夫不见自己原本的花容月貌，只见自己容颜憔悴，也会有"笑春风"之感，从而也会心生惆怅。这样的对照十分贴切，联想十分自然，犹如"同病相怜"一般。后两句，张玉娘写未婚夫英年早逝后，自己痛哭哀悼的情景。一个"染"字将"翠袖"与"啼红"联系起来，使衣袖的翠绿与啼血的鲜红两种色彩泾渭分明，对比强烈，给人以十分显眼的观感，从而更加理解女主人公哭悼未婚夫的悲伤程度。

"怅恨生死别，梦魂还再逢。宝镜照秋水，明此一寸衷。"表达难舍之情。"宝镜"，指具有特殊功能的镜子。古代传说有照心的宝镜、照骨的宝镜、照肺腑可以发现病症的宝镜、透物如水的宝镜。联系本句末"照秋水"（秋水，比喻女人明澈的眼波）和下句末"一寸衷"（衷，内心，如由衷、苦衷、衷肠），张玉娘所说的宝镜，应当是照眼睛探心事的宝镜。

诗句大意是：面对这突如其来的生死两别，我好怅惘、好怊惆啊！此时此刻，我多么想在梦幻中与你相逢啊！不信吗？只要用神奇的宝镜照一照我的双眼秋波。

前两句表达惆然、惆怅之情和梦魂重逢之愿，后两句用宝镜鉴心之说证明梦魂重逢的迫切意愿，可谓信誓旦旦，不由人不信"一寸衷"的真诚之心，从而形成明确的递进关系——不仅语气加强，而且语意加重。

"素情无所着，怨逐双飞鸿。"表达孤独殉情之意。"素情"，平素的心愿，内心的真情，如《后汉书·列女传·阴瑜妻》："（荀采）谓左右曰：'我本立志与阴氏同穴，而不免逼迫，遂至于此，素情不遂，奈何？'""着"，多义字，此是安放、放置、着落的意思。"鸿"，即鸿雁。

诗句大意是：现在，我连在睡梦中两人灵魂重逢这种平常不过的心愿也无所着落，只能一边抱怨他一边追逐他以便像一双鸿雁那样比翼齐飞。

前句，张玉娘说自己想做两魂相逢的美梦却总是做不成，怎么办？后句，张玉娘说自己只有"怨逐"未婚夫，并随他而去，以便死后完婚。

从想做两魂相逢梦到想死后完婚，显然是一种感情的大递进，将爱情推进到终点——殉情。在这里，张玉娘借用"双飞鸿"来比喻自己死后与未婚夫沈佺结成夫妻，很有想象力，具有象征性。

这首《哭沈生》抒发思想感情既循序渐进，又一波三折，扣人心弦。说其"循序渐进"，是指从仙郎归到"成永诀"到"染啼红"到梦魂"还再逢"到"情无所着"到"逐双飞鸿"，都是按照事件发展的时间顺序排布的，显得井井有条。说其"一波三折"，是指从沈郎"一归笑春风"到"中途成永诀"是一个大波折，谁能想到像崔护那样"只见桃花笑春风"的"仙郎"沈佺会这么快与容颜憔悴的张玉娘"生死别"？张玉娘从"翠袖染啼红"到"梦魂还再逢"再到"怨逐双飞鸿"，都是感情的大波动、大跳跃，荡气回肠，让人叹为观止。

# 七 言

## 秋江辞

烟迷浦口人迹稀，老松瘦竹横斜晖。
舟人鲶切莼羹美，竹叶香清蟹正肥。
醉眠蓬底呼不醒，一任秋风吹鬓影。
起来霜月满江天，淅沥兼葭凉夜静。

【译文】

炊烟弥漫浦口路上行人足迹稀疏。
只有苍老松树精瘦竹子横斜夕晖。
艄公将鲶鱼切片和莼菜烹汤鲜美，
瘦竹细叶以香气清新引来河蟹肥。
他酒醉入眠船篷下久久呼唤不醒，
任凭清凉秋风吹拂双鬓花白发影。
等他起来皎洁月光早已洒满江天，
淅沥露水淋漓芦苇清凉夜晚幽静。

【赏析】

## 风餐露宿老艄公

这是一首七言古体诗，描写松阳城南渡口清秋夜晚的景色和艄公风餐露宿的生活，字里行间透出浓郁的乡土气息。

"烟迷浦口人迹稀，老松瘦竹横斜晖。"描写渡口黄昏的景象。

"浦口",指支流与江河交汇处,此指渡口。

诗句大意是:黄昏,松阴溪上炊烟迷茫,城南浦口来往行人足迹稀疏,只有苍老的松树和精瘦的竹子横斜在夕阳余晖里。

好一派浦口夕照景象!张玉娘家在松阳县城南面,离浦口不远。由于未婚夫久别未归,杳无音讯,她常到浦口迎候未婚夫。一个傍晚,她看到"烟迷""人迹稀""老松""瘦竹""斜晖",即兴吟成诗句,摄入秋日浦口黄昏景象。在她的眼里,青松苍老,竹子瘦弱,且姿势横斜挺不直,多么萧条衰落!

"舟人鲶切莼羹美,竹叶香清蟹正肥。"描写艄公烹饪用餐的景象。"舟人",此指摆渡人,即艄公。"鲶切",切脍鱼。"鲶",鱼名,北方称"脍鱼"。"莼",多年生水草,叶椭圆,浮水面,可烹汤菜。"羹",指糊状的汤。

诗句大意是:艄公将鲶鱼切成片,然后把鱼片和莼菜合烹成味道鲜美的羹汤;正当艄公喝莼菜鱼汤时,游来一只被竹叶清香吸引而至的肥大螃蟹。诗句表明,艄公的渡船停泊在老松瘦竹底下。

有意思的是,前句写莼菜鱼汤之鲜美,艄公食之当觉味美;后句写瘦竹叶子的清香引来肥蟹,而不是鱼汤的鲜美。鱼汤不如竹叶香,暗示艄公烹汤都没有用佐料,生活是多么清苦。

"醉眠蓬底呼不醒,一任秋风吹鬓影。"描写艄公酒后醉态。"蓬底",芦苇底下。"蓬",此指箬叶竹条编的安装在船上用以遮阳遮雨的棚子,俗称"船篷"。"一任",指听任、任凭、听凭,如唐·杜甫《鸥》诗:"雪暗还须落,风生一任飘。"又如陆游《卜算子·咏梅》:"无意苦争春,一任群芳妒。"

诗句大意是:艄公酒足饭饱之后呼呼入眠,连对岸要过渡的人大声叫喊也久呼不醒,任凭秋风吹拂双鬓华发。

张玉娘用"呼不醒""吹鬓影"从声、形两个方面表现艄公入眠之深沉、醉态之潇洒,十分生动。舺公独酌也醉,可见是个豪爽人。

"起来霜月满江天,淅沥蒹葭凉夜静。"描写舺公醒时情景。"霜月",皎洁明月。"霜",比喻白色。"淅沥",细雨滴落树叶的声音,如乔知之《定情篇》:"碧荣始芬敷,黄叶已淅沥。"此指露水滴落叶上的声音。"蒹葭",统指芦苇,有所区分,即"蒹"为未长穗的芦苇,"葭"为初生的芦苇。

诗句大意是:等到舺公酒醒起来时,皎洁的月光已经洒满江面,露水正淅淅沥沥地洒落在芦苇丛上,反而使清凉夜晚显得清静。

这里的"淅沥"声与"夜静"似乎相互矛盾,其实不然,因为,响与静是相对的,二者既互相对立,又互为条件,能将露滴芦苇的"淅沥"声听得清晰,恰恰表明夜里寂静。同样,只有"夜静",才能听清"淅沥"声。由此可见,作者对身边事物的观察和体会是多么细致入微。

这首《秋江辞》是描述舺公生活的咏人诗。张玉娘将舺公置于浦口秋色这一不变的空间背景下,按照时间顺序,从渡口黄昏人稀引出舺公将渡船泊岸、烹煮鱼汤,再从傍晚用餐到酒醉入眠,直至深夜酒醒,循序渐进地展现人物的活动。尽管没有刻画人物形象的笔墨,然而一句"一任秋风吹鬓影"就呈现出一位久经风雨、鬓发飘逸、豪爽随意的舺公形象。尽管没有刻画人物性格的文字,然而一句"醉眠蓬底呼不醒"就使舺公的随意豪放跃然纸上。作为大家闺秀,她显然喜欢上这位风餐露宿、为人摆渡的普通劳动者,便以诗记之。

## 采莲曲

女儿采莲拽画船,船拽水动波摇天。

春风笑隔荷花面,面对荷花更可怜。

## 【译文】

姑娘们一手采摘莲子一手拽住绘彩木船，

绘彩木船摇曳池水涌起水波摇曳水中天。

她们春风满面相互嬉笑隔着荷花的笑脸，

一旦面对荷花那些粉红脸蛋更显得可爱。

## 【赏析】

### 姑娘美在采莲时

采莲，是江南水乡姑娘喜爱的农活之一。那轻轻浮动的团团莲叶，那亭亭玉立的竿竿荷花，那缓缓游移的叶叶扁舟，那洋洋喜气的张张笑靥，那悠悠荡漾的阵阵歌声，煞是令人流连忘返，能诱来骚客蜂拥而至，泼墨吟唱。相传南朝梁武帝就曾为采莲美景所吸引，首制《采莲曲》，为乐府《江南弄》七曲之一。后人仿者甚多，《采莲曲》佳作连连。

在这首七言古诗《采莲曲》中，张玉娘用优美明快的语言描写采莲姑娘的美丽，表现采莲劳动的欢愉，给人以美的享受。

"女儿采莲拽画船，船拽水动波摇天。"描写采莲姑娘拽船采莲的情景。"女儿"，女孩子，此指采莲姑娘。"拽"，牵引、拉住，也通"曳"字。

诗句大意是：采莲姑娘们都一手采摘莲子一手用力拽住绘彩的木船，船儿摇曳湖水泛动起水波连天。

为了表现姑娘们的采莲劳动场景，张玉娘将五个动宾结构的词汇"采莲""拽画船""拽水""动波""摇天"依次串联，从而使人、船、波、天联动起来，形成姑娘拽船采莲的劳动情景和画船摇曳池水、池水泛起水波、水波摇动水中天的奇妙景象，显得真实生动，令人如临其境、感同身受。前后句各有一个"拽"字，且各有意义。前句中的"拽"字是拽拉之意，这种拽船动作有力度，是采莲劳动的一个组成部分；后句的"拽"字通"曳"字，是摇曳之意，这种"船拽水""波摇天"是事物运动现象，而且是前一个"拽"字引起，并将女子采莲的劳动情景和船、水、天等事物的运动现象融合得丝丝入扣、天衣无缝。由此可见，这个"拽"用得多么精妙！

"春风笑隔荷花面，面对荷花更可怜。"赞美采莲姑娘。"春风"，本义为春天的风，也形容喜悦的表情，如《再生缘》第七十二回："一个儿顷刻春风生粉颊，一个儿顿时喜色上眉峰。"又如"满面春风"。"面"，头脸的正颜是面之范式，如"脸面""颜面"等。《说文解字》："面，颜前也。""可怜"，即可爱。

诗句大意是：采莲姑娘们春风满面，相互嬉笑，那一张张面容由于荷花挡隔而显现出各种形状。当她们从莲丛中露出头来，直接面对荷花，那一张张粉红脸蛋显得更加可爱。

前句中的"春风"，应当不是春天的风，因为江南地区夏季开荷花时不可能吹春风，而应当是形容采莲姑娘的喜悦心情。她们笑，是因为大家的脸蛋由于荷花挡隔而显得各种各样，觉得滑稽可笑。这是多么有趣的场面、多么融洽的气氛！后句中的"面对荷花"，应当发生在采莲姑娘从莲丛中露出头来的时候。在荷花的映衬下，她们那粉红色的脸蛋显得更加美丽、更加可爱。"更可怜"三个字，集中彰显出采莲姑娘芳容之美胜于粉红荷花之美。

这首诗能产生如此优美的动感效果，具有如此美妙的诗情画意，得益于"顶针格"修辞法的运用自如。所谓"顶针格"，也称"连珠格"或"接字法"，是旧体诗中的一种特殊格式——将前一句的末字，作为后一句的始字，使诗句首尾相连、承上启下（上递下接）、回环反复，趣味无穷。这首《采莲曲》的第一句的末尾字"船"，下连第二句的开头字"船"，形成采莲姑娘人拽船、船拽水、水摇天的联动景象；第三句末尾字"面"，下连第四句的开头字"面"字，形成春风笑人、人对花、花映人、人更美的美妙画面，共同构成一幅美轮美奂的"淑女采莲图"，堪称一首献给劳动妇女的颂歌。

# 梦游龙阙

香魂夜静趋龙阙，天风吹袂凌波袜。
鲛人愁织雪绡衣，飞琼笑问青华发。
肌澈冰霜玉树寒，步摇环珮琉璃滑。
一声惊觉晓莺啼，帘筛半枕梨花月。

## 【译文】

乘趁着夜深人静我的灵魂直趋龙王宫阙，
高天凉风吹拂罗衫衣袖与凌波不湿之袜。
南海鲛人心怀忧愁还为我织就白丝绡衣，
仙女飞琼脸带微笑问我黑发怎么成白发。
肌肤冷澈如同冰霜由于玉珠满树发光寒，
步摇垂珠晃动作响因为琉璃铺路太溜滑。
一声鸣叫惊动困觉原来拂晓黄莺在悲啼，
只见窗帘筛落半枕梨花一般雪白的明月。

## 【赏析】

### 人间莫如龙宫好

这是一首富有神话色彩的诗作。张玉娘借助梦游龙宫所见到的神奇美妙的仙境风光和各色仙人善待自己的情景，表达出厌倦世间凡尘、摆脱现实生活、向往虚无世界的思想感情。

"香魂夜静趋龙阙，天风吹袂凌波袜。"描写去龙宫途中的情景。破题"梦游龙宫"。"香魂"，美人之魂，语出唐·黄滔《明皇回驾经马嵬赋》："杳鳌阙而难寻艳质，经马嵬而空念香魂。"趋"，此指归附、奔赴，如《汉书·高帝纪》："周苛骂曰：'若不趋降汉，今为虏矣。'""龙阙"，本指帝王宫阙，如唐·岑参《送韦侍御先归京》诗："闻欲朝龙阙，应须拂豸冠。"此指东海龙王宫阙。"袂"，衣袖，如《楚辞·九歌·湘君》："捐余袂兮江中，遗余褋兮醴浦。""凌波袜"，意为踏波踩浪而不湿的丝袜，也用于形容女子步履轻盈。语出曹植《洛神赋》："凌波微步，罗袜生尘。"

诗句大意是：夜深人静时，我的灵魂先期归附东海龙王宫阙，人随后出发；在陆路上，高天来风吹拂我的宽衣水袖；在海面上，我踏波踩浪，轻盈前行，竟然未湿生丝白袜。

开篇之句颇具神话色彩，写的却是现实生活中的真实人物魂"趋龙宫"的梦幻行程，给人以似真似假，似实似虚的朦胧美感，生动有趣，引人入胜。这表明，张玉娘已经厌恶现实社会，决意逃离世俗。

"鲛人愁织雪绡衣，飞琼笑问青华发。肌澈冰霜玉树寒，步摇环珮琉璃滑。"描写龙宫人物景物美好。"鲛人"，神话传说中生活在海里的人鱼，也称蛟人，典出晋代张华《博物志》卷九："南海外有鲛人，水居如鱼，不废织绩，其眼能泣珠。""绡衣"，此指神话传说中鲛人织的薄纱。绡，生丝织的薄绸、薄纱。"飞琼"，神话中的女仙许飞琼，典出《汉武帝内传》："石公子击昆庭之金，许飞琼鼓震灵之簧。""青华发"，指黑发白发交杂。青发，指黑发，古人书面语言也称"青丝"，如李白《将进酒》："君不见高堂明镜悲白发，朝如青丝暮成雪。"华发，指头发花白，如苏轼《念奴娇·赤壁怀古》："多情应笑我，早生华发。""玉树"，神话传说中用珠玉制成的仙树，典出《汉书·扬雄传》："翠玉树之青葱兮。"颜师古注："玉树者，武帝所作，集众宝为之，用供神也。""步摇"，古代妇女的一种首饰，语出汉代刘熙《释名·首饰》："步摇，上有垂珠，步则摇也。"

诗句大意是：当我一到龙宫，那常年靠卖绡度日的鲛人似乎知道我的婚姻受挫的事，便面带忧愁神色，为我织了一件婚礼服——生绡为料的轻薄白纱衣；声如鼓簧的仙女许飞琼轻声细语："你青春妙龄几何，怎么黑发会变成白发？在龙宫里，我这原本干枯的肌肤变得冰霜一般雪白晶莹，那是由于玉树光耀；我轻移细步，发髻上步摇的垂珠摇晃不止，玲珑作响，那是由于琉璃路太光滑了。"

张玉娘化用一连串典故，营造出"龙阙"这个既离奇又美好的神话世界：贫穷老鲛人为之编织绡衣，多么大度！仙女飞琼对其殷勤关爱，多么友善！龙宫珠光宝气，多么美好！这一切皆非现实生活所能比拟，怎能不令人神往、流连忘返？所以她"梦游龙阙"，会厌世脱俗，向往虚无世界。

"一声惊觉晓莺啼，帘筛半枕梨花月。"描写梦醒时的情景。"惊觉"，从睡梦中惊醒。"帘筛"，形容月光透过竹帘篾条间隙的情状。"梨花月"，如梨花布般的溶溶月色，如史达祖词《阳春曲》："杏花烟，梨花月，谁与晕开春色。"

诗句大意是：正当我陶醉于龙宫美景，一阵黄莺啼鸣声将我从美梦中惊醒，才知道此时将近拂晓，那些经过竹帘篾条间隙筛选进来的半枕月光犹如梨花一般雪白。

张玉娘从整夜"游龙阙"的美好长梦中惊醒后，看到半枕月光，看到梨花如雪，便意识到自己重新回到所厌恶的现实生活，从而重新为世俗所围困，是多么凄凉，多么悲伤！

由此看来，张玉娘这首《梦游龙阙》，描写的是龙宫神奇美好的景象，抒发的是看破红尘的绝望情绪，呼出了人间哪有仙境好的心声，表达出追求虚无世界的强烈意愿。这也许与她那深受世俗观念左右的不幸婚姻相关，因而她不满、厌世，向往虚无仙境，这在所难免。呜呼，悲哉！

# 结袜子

闺中女儿兰蕙性，寒冰清澈秋霜莹。

感君恩重不胜情，容光自抱悲明镜。

## 【译文】

虽是闺中女儿但已修成兰蕙一样美好德性，

就像寒冬冰雪般清澈又像深秋白霜般晶莹。

感谢郎君恩爱深重让我不堪承受你的盛情，

而我容颜憔悴羞于见人只能抱头悲对明镜。

## 【赏析】

### 憔悴如何感君恩

"结袜子"，古乐府曲名，南北朝后魏诗人温子升所创，归属杂曲歌辞。唐代诗人李白借用古乐府曲名"结袜子"作诗一首："燕南壮士吴门豪，筑中置铅鱼隐刀。感君恩重许君命，太山一掷轻鸿毛。"表扬燕南壮士高渐离和吴国豪侠专诸为了感谢国君隆恩，分别舍生刺杀秦王、吴王僚，都死得重于泰山。此后文人凡吟咏感恩诗，往往效法李白以"结袜子"为题。

　　张玉娘这首七言诗《结袜子》并非描述织袜子的情景，而是借用古乐府曲名"结袜子"为题作诗，表达对郎君沈佺的感恩之情。

　　"闺中女儿兰蕙性，寒冰清澈秋霜莹。"表达女主人公的纯洁爱情。"闺中女儿"，即"闺女"，指未出嫁的女子。"兰蕙"，指兰草、蕙草，均为香草，一般比喻贤惠女子。

　　诗句大意是：我至今仍然是一个生性如同兰草、蕙草一般美好的待嫁女子，对于郎君的爱情纯洁得就像寒冰一样清澈见底、秋霜一样晶莹剔透。

　　张玉娘连用四个喻体"兰""蕙""冰""霜"，喻示一个本体"闺中女儿"的贤淑德性，可谓用墨甚少而表意丰富。要知道，本诗女主人公其实就是作者张玉娘。在她的诗中，鲜见自我赞颂的溢美之词。而今她如此自卖自夸，当有特别用意。且看下文分析。

　　"感君恩重不胜情，容光自抱悲明镜。"表达羞于感恩之情。"感君恩重"，套用李白诗第三句"感君恩重许君命"的前四个字。"容光自抱"，指双手抱头掩面的样子。"容光"，即仪容丰采、容颜、面容。

　　诗句大意是：感谢郎君对我的恩爱深重得使我承受不起，现在我容颜憔悴，显得苍老，不能让人看见，只能用自己的双手抱头掩面，悲对那面青鸾明镜。

　　很显然，这两句之间是因果关系，后句"容光自抱"是因，前句"不胜情"是果。在后句，作者用"容光自抱"这种肢体动作间接表现"闺中女儿"容颜憔悴，十分具体生动，令人如临其境，如见其人——一位消瘦女子双手抱头，悲对明镜。上文提到，"闺中女儿"已经修成兰蕙一般美好的贤淑德性，爱情又像冰霜一般纯洁，可以说"闺中女儿"不欠人情债。然而即便如此，"闺中女儿"还是感到郎君的恩爱沉重得不堪承受，这就更加彰显出她对郎君爱情之深厚。

　　张玉娘这首《结袜子》是对古乐府"结袜子"体裁诗歌的一次颇为成功的尝试，明显带有学习、借鉴李白《结袜子》诗的痕迹。不同的是，李白写壮士豪侠因"感君恩重"而为知己者死，张玉娘写自己"感君恩重"承受不起。全诗洋溢着女主人公也就是作者对如意郎君的感恩之情，而这种"感君恩重"的不堪之情正是出于作者对郎君的恩爱至深至切，已经达到"为伊消得人憔悴"的地步，却还是处于嫁不出去的"闺中女儿"的窘境。

## 瑶琴怨　歌行

凉蟾吹浪罗衫湿，贪看无眠久延立。
欲将高调寄瑶琴，一声弦断霜风急。
凤胶难煮令人伤，茫然背向西窗泣。
寒机欲把相思织，织又不成心愈戚。
掩泪含羞下阶看，仰见女牛隔河汉。
天河虽隔女牛情，一年一度能相见。
独此弦断无续期，梧桐叶上不胜悲。
抱琴晓对菱花镜，重恨风从手上吹。

【译文】

广寒宫的蟾蜍吹下气浪将一身罗衣沾湿，
我贪婪观赏明月毫无眠意延时久久伫立。
想把一曲高雅的调子寄托于嵌玉的瑶琴，
不料只弹一下琴弦断了响声如同霜风急。
那些鸾凤骨胶却难熬煮真令人五内俱伤，
我只好双眼迷茫面向西窗独自黯然哭泣。

当我操起冰冷织机想把那相思情丝编织，
可是怎么织也织不成心情自然愈益悲戚。
我掩饰泪水含着羞愧走下台阶抬头远看，
仰见织女牛郎两颗明星被隔于银河星汉。
迢迢天河虽然阻隔着牛郎织女互通爱情，
但是她俩毕竟一年一度能够有机会相见。
唯独这把瑶琴的弦断了再无接续的日期，
心中苦楚就像霜雪落于梧桐叶不堪伤悲。
直到拂晓我怀抱断弦瑶琴面对菱花明镜，
重新怨恨起来自月宫的风从手背上劲吹。

## 【赏析】

### 不尽忧怨寄瑶琴

"歌行"，古代诗歌体裁之一，"放情长言，杂而无方者曰歌，步骤驰骋，疏而不滞者曰行，兼之曰歌行"，是南朝鲍照在模拟乐府，得其风骨的基础上，创制的以七言为主的歌行体。刘希夷《代悲白头翁》和张若虚《春江花月夜》标志歌行体形成，初唐起流行。

张玉娘在《瑶琴怨》中，详细叙述自己从半夜赏月，经历弹琴弦断、织锦不成、仰望牛星、接弦不成、抱琴对镜等的过程，直到"重恨"达旦，以整夜不遂心之事，诉说痛失未婚夫之苦，发泄心中之怨，表达殉情之意，凄凄惨惨，令人动容。

按叙事内容，全诗可分为五个部分。

第一部分，秋露湿衫，贪婪赏月。

"凉蟾吹浪罗衫湿，贪看无眠久延立。"描写女主人公夜半赏月的情景。"凉蟾"，即月亮。传说嫦娥因偷食长生药而变成蟾蜍，被囚广寒宫，故称。后人便以"蟾"代指月亮。"罗衫湿"，意为露水沾湿绫罗衣衫，暗示时值半夜以后。"贪看"，贪婪地看，一种看不够想占有的神情。"延立"，延时伫立。《离骚》："悔相道之不察兮，延伫乎吾将反。"王逸注："延，长也；伫，立也。"诗句大意是：夜半时分，来自广寒宫里的光波带着露水倾泻大地，沾湿了我的绫罗衣裳；我怀着无限贪婪的心情，一次次延时伫立，举头仰看那缓行中天的明月。这两句十四个字，详细生动地描写出女子赏月的背景、环境、神态、心态。即由"罗衫湿"可以断定，赏月的背景是在半夜露零之后；由"凉蟾吹浪"及"罗衫湿"可以断定，赏月的环境是明月皎洁、光波带露水倾泻而下；由"贪看"可以断定，赏月人抱着贪婪、独占、丝毫不让他人分赏的心态；由"久延立"可以断定，赏月人的神态是久久伫立不动、抬头仰望、全神贯注，从而将赏月寄情描述得淋漓尽致、无可复加。

第二部分，寄情断弦难，凤胶难煮。

"欲将高调寄瑶琴，一声弦断霜风急。凤胶难煮令人伤，茫然背向西窗泣。"描写女主人公弹琴寄情的情景。"瑶琴"，用玉装饰的琴。宋代何薳《春渚纪闻·古琴品饰》："秦汉之间所制琴品，多饰以犀玉金彩，故有瑶琴绿绮之号。""弦断"，即琴弦断了。"凤胶"，鸾凤骨头熬成的黏胶，典出《海内十洲记》："凤麟洲在西海之中央……多仙家，煮凤喙及麟角，合煎作膏，名之为续弦胶，或名连金泥，此胶能续弓弩已断之弦。"

诗句大意是：赏月之余，我想弹奏几首高雅的曲调，以便寄托思念之情于镶嵌美玉的瑶琴，不料只弹一下，琴弦就断了，那响声犹如霜风一般紧急。而那些原本用于黏接琴弦的鸾凤骨头制成的胶很难煮成，令人无比忧伤，急得我双眼迷茫，无可奈何，只好背向西窗暗自哭泣。

这段叙事抒情，有起有伏，有因有果，如泣如诉，扣人心弦。弹琴断弦，为何如此情急？接弦不成，为何茫然而泣？乃由风俗所致。古人以琴瑟比喻夫妻，如《诗经·小雅·常棣》："妻子好合，如鼓瑟琴。"又以"弦断"喻指丧偶，如《通俗编·妇女》云："今俗谓丧妻曰断弦，再娶曰续弦。"也许张玉娘相信此俗，认为琴弦弹断、断弦难接都是人生的凶险兆头，一旦弹断琴弦，自然会心急如焚；接弦不成，自然会伤心哭泣。

第三部分，欲织相思，不成愈戚。

"寒机欲把相思织，织又不成心愈戚。"描述女主人公登机织锦的情景。"寒机"，意为霜降时节织机冰凉。"戚"，多义字，此指忧愁、悲哀。

诗句大意是：由于弹琴寄情不成，我就操起冰冷的织机，想把装满内心的相思情丝取出来，再编织起来，使心情舒畅一些。可是，我织来织去总是不能织进相思情丝，这使我内心更加忧虑、悲戚。

前句把织布说成织相思，似乎讲不通，因为相思是不可织的。但相思女子如果在织布过程中由于专注而忘却相思苦，那就好似相思苦被织进布里了。再说相思缠绵如丝，雅名"情丝"，既然是"丝"，当然可"织"，且富有新意。更有新意的是，作者作为未嫁姑娘也许不好意思说自己相思，便将"寒机"比拟为人，说"寒机欲把"相思来织，真是聪明绝顶，别出心裁。

第四部分，羡慕织女，自叹不如。

"掩泪含羞下阶看，仰见女牛隔河汉。天河虽隔女牛情，一年一度能相见。"描述仰望星空的情景。"女牛"，指神话人物牛郎、织女，此指织女星、牛郎星。典籍载，大河之东，有美女丽人，乃天帝之子，机杼女工，年年劳役，织成云雾绢缣之衣，辛苦殊无欢悦，容貌不暇整理，天帝怜其独处，嫁与河西牵牛为妻，自此即废织纴之功，贪欢不归。帝怒，责归河东，一年一度相会。"河汉"，此指宇宙银河星系。

诗句大意是：由于再次编织相思不成，我便双手掩脸、含羞走下台阶，仰头看见织女星和牛郎星被天河分隔在两岸，不禁触景生情：织女、牛郎虽被那条天河阻隔，但毕竟一年一度能在七夕节相聚一次。

前两句叙事记实，有动作——"掩泪""下阶""仰看"，有情绪——"掩泪""含羞"，有结果——"女牛隔河汉"。后两句自言自语——织女与牛郎毕竟"一年一度能相见"。言下之意应当是，我与未婚夫分隔两地却不能一年相聚一次，真比织女苦。主人公自言自语时，该多么伤心，必定泣不成声。

第五部分，续弦不成，抱琴重恨。

"独此弦断无续期，梧桐叶上不胜悲。抱琴晓对菱花镜，重恨风从手上吹。"描述续弦不成悲恨交集的情景。"梧桐"，一种乔木，入秋最早落叶，表示秋天来临，古有"梧桐一叶落，天下尽知秋"之说。也比喻事物衰落的征兆，或引为"悲秋"之物。"不胜"，意为不能胜任、承受不住。"菱花镜"，刻有菱花图纹的铜镜。

诗句大意是：由于鸾胶仍未熬成，这断了的琴弦恐无黏接续好的时间了，我的心就像梧桐叶上吹秋风那样不能承受伤悲。直到拂晓，我只好作怀抱瑶琴的姿势，面对菱花铜镜，看到镜中人容颜憔悴，不由得重新怨恨那来自月宫的风从手背上吹过。

前两句中的"无续期"与"不胜悲"构成因果关系。"不胜悲"，取古语"梧桐树，叶难留""梧桐叶落透悲意"之意，借梧桐悲秋道出人言难尽之意。后两句的"菱花镜"与"重恨风"也构成因果关系，因为"菱花镜"中之影实为"菱花镜"外之人，所以镜外人看到镜中人容颜憔悴，就会"重恨风"从身边吹过。

这首诗既是叙事诗又是抒情诗，是叙事、抒情结合得近乎完美的佳作。叙赏月之事，抒贪占明月之欲；叙弹琴断弦、凤胶难煮之事，抒婚姻失望之意；叙编织相思之事，抒忧伤愈戚之心；叙牛女分离之事，抒自叹不如之苦；叙续弦不成之事，抒类似梧桐悲秋之悲；叙抱琴对镜之事，抒怨天尤人之恨，真可谓字字叙事抒情。更有趣的是，诗作首句写"凉蟾吹浪"即月亮向下吹气浪，经过诸多不顺不遂之事，末句写"重恨风"即重恨月中来风，不仅照应首句，且含有、暗示重新开始上一个轮回之深意。如果是这样，诗作就不仅有循序渐进、前后照应结构美，更有离情相思永无休止的意境美。

# 杂 言

## 川上女

川上女，行踽踽。

翠鬓湿楚云，冰肌清溽暑。

霞裙琼佩动春风，兰操蘋心常似缕。

却恨征途轻薄儿，笑隔山花问妾期。

妾情清澈川中水，朝暮风波无改时。

【译文】

松阴溪岸，一位少女，

独自踱步，行走踽踽。

她的鬓发乌黑油亮可以润湿楚天白云，

她的肌肤雪白如冰可以清除湿热酷暑。

她的裙裳如彩霞佩饰琼玉玲珑作响声动春风，

她有兰草之雅操青萍之清纯做人平常似丝缕。

却是可恨，你这个刚上征途的轻佻薄情男儿，

临行前竟然隔着花丛嬉笑着问我为人妾之期。

为妾我，爱情纯洁如同那松阴川中清澈水，

纵然是，朝暮起风波绝对没有改变初盟时。

## 【赏析】

### 送别情郎表妾情

这是一首杂言诗。古体诗的一种。最初出于乐府。每句字数不等，长短句间杂，无一定标准，用韵也较自由。明代徐师曾《文体明辨·杂言诗》："按古今诗自四、五、六、七杂言之外，复有五、七言相间者，有三、五、七言各两句者，有一、三、五、七、九言各两句者，有一字至七字、九字、十字者，比之杂言，又略有不同，故别列之于此篇。"

诗中的"川上女"，乃作者张玉娘。"川"，江河溪流之谓也，此指瓯江最大支流松阴溪，西东向横贯松阳县境。县城临松阴溪，设浦口，泊舟航运。张玉娘家在松阳县城南，故以"川上女"自称。

在这首诗中，张玉娘先以第三者的身份和口气描述"川上女"盛装盛情送别未婚夫后的孤苦情景，后用第一人称自我表白纯洁坚贞的爱情。

全诗可分为两部分。

第一部分为前六句，描述"川上女"送别未婚夫后在溪畔徘徊的情景。

"川上女，行踽踽。"描述"川上女"别后郁闷的神情。"踽踽"，孤独一人踱步徘徊的样子，语出《诗经·唐风·杕杜》："独行踽踽。"毛传："踽踽，无所亲也。"

诗句大意是：松阴溪上，有一位女子，正在踽踽独行，踱来踱去，徘徊不定。

"川上女"表明，作者是以第三者的视角观察对象，描写她孤独行走的样子。"行踽踽"三个字就足以表达"川上女"初别心上人以后在溪畔来回踱步的表现和心神不宁、不知所措的孤苦表情。

"翠鬟湿楚云，冰肌清溽暑。"描写"川上女"盛装打扮。"翠鬟"，乌黑油亮的鬟发。"楚云"，楚地的云。"楚"，指春秋战国时期楚国一带。"清溽暑"，即清除热烘烘的湿气和暑气。"清"，在此作动词"清理"或"清除"。"溽暑"，潮湿暑热。

诗句大意是：她的鬟发乌黑油亮，反射出的油光简直可以湿润楚地天上的白云；她的肌肤雪白犹如寒冰，散发山的寒气简直可以清除炎炎夏日湿热的暑气。

张玉娘不是用"涂脂""抹粉"之类的词汇直说"川上女"鬟发油亮、肌肤白皙如冰，而是用"湿楚云"来极其夸张地表现"川上女"秀发之湿润油亮，用"清溽暑"来极其夸张地表现"川上女"肌肤之洁白如冰，形容至极，无以复加。想当初，张玉娘因不带"萧郎意"而"学淡妆"（《凤头钗》），而今为何涂脂抹粉施浓妆？应当是为送心上人，以示尊重。可见她对这次送别多么看重、多么在意——要在远行人的心里留下自己最美好的形象，使其永不忘怀。

"霞裙琼佩动春风，兰操蘋心常似缕。"描写女主人公盛装华丽、品行高尚。"霞裙琼佩"，语出宋代诗人苏轼《次韵答韶倅李通直》："待我丹成驭风去，借君琼佩与霞裾。""霞裙"，犹霞衣，意为"云霞为衣"，也指仙人的衣服。语出南朝沈约《和刘中书仙诗二首》之二："霞衣不待缝，云锦不须织"。"琼佩"，玉制的佩饰，语出《楚辞·离骚》："何琼佩之偃塞兮，众薆然而蔽之。""兰操"，比喻操守高雅。典出孔子《猗兰操》。相传孔子四方游说诸侯治国之道，诸侯莫能任。孔子自卫返鲁过幽谷时，见芗兰独茂，喟叹自伤不逢时，托辞于芗兰，乃止车援琴鼓之云："兰之猗猗，扬扬其香。不采而佩，于兰何伤。""蘋心"，青萍一般清纯的心灵。

诗句大意是：她的裙裳美如彩霞，随风飘舞，致使所佩玉珮玲珑作响，声动春风；她的操守好似兰草之高雅、心灵好似青萍之清纯，而作为平常人，平凡好似丝缕。

前句用仙女"霞裙"比喻"川上女"服饰之美，以"动春风"形容"川上女"所佩玉珮之多，以彰显"川上女"的盛装盛情。后句用兰草、青萍分别比喻"川上女"的高雅操守和纯洁心灵，用"丝缕"比喻"川上女"是一个平常人，以彰显"川上女"的人格魅力。两个方面结合，俨然一位外表服饰华丽、内在心灵美好的"川上女"，正亭亭玉立于松阴溪畔。

综上所述，"川上女"天生丽质，不尚浓妆，但为了以礼相送未婚夫，还是一改平时淡妆素装，特地涂脂抹粉、彩衣琼佩，把自己打扮得漂漂亮亮、光彩夺目。这绝非炫耀富贵，而是人之常情。

第二部分，表白纯洁爱情。

"却恨征途轻薄儿，笑隔花丛问妾期。"描述"川上女"一度怨恨的情景。"轻薄儿"，轻佻浮薄男儿，如唐代诗人杜甫《佳人》诗："夫婿轻薄儿，新人美如玉。""妾期"，即纳妾日期，语出唐代李益《江南曲》："嫁得瞿塘贾，朝朝误妾期。""妾"，旧指男子在正妻以外娶的女人，也作为已婚女子的谦称。

诗句大意是：真可恨，你这个刚上征途奔波的轻佻浮薄男儿，竟然在临行之前隔着花丛嬉笑着问我"何时被人纳为妾"。

按常理，有情人之间最忌讳这种话题，以免伤害女方。果然，"川上女"听后心生怨恨，"骂"未婚夫为"轻薄儿"。不过，她还是认为这只不过是未婚夫在一个不该玩笑的时间和地点开了一个不该开的大玩笑，不必记恨在心，却又认为有必要做出回应。且看下文。

"妾情清澈川中水，朝暮风波无改时。"表白爱情。"朝暮"，也作"早晚"，指清晨和夜晚，也指早晚之间，如唐代韦应物《休暇东斋》："由来束带士，请谒无朝暮。""风波"，即风浪，比喻突发事件、形势剧变、动荡不安，如《后汉书·冯衍传》："弃衡石而意量兮，随风波而飞扬。""无改"，即不改或不变。

诗句大意是：我对你的爱情很纯洁，纯洁得就像这清澈见底的松阴溪中的流水，即便朝朝暮暮再起风波，我绝对没有改变山盟海誓的时候。

张玉娘用"清澈川中水"比喻"川上女"的爱情纯洁无瑕，用"风波无改"宣示"川上女"的忠贞爱情，贴切妥当，恰到好处。这番爱情表白，彰显出"川上女"的心地纯洁、气度宽宏，看来她会谅解那位"轻薄儿"。沈佺觉察到玩笑开过头之后读到这首诗，该会多么自责，多么感激与钦佩！

这首《川上女》是张玉娘第一首抒发离情别绪的爱情诗，创作于送别未婚夫的当天。那时，她芳龄大约十七八，一个窈窕淑女，风华正茂，却已才华横溢，妙笔生花。她先以第三人称描写"行踽踽"的"川上女"盛装打扮的风姿，后以第一人称自我表白爱情之纯洁、爱情之坚贞。表白爱情之后，"川上女"应当如释重负，不再误会"问妾期"，也不再"行踽踽"，唯有开始相思苦。全诗始于"川上女"，终于"川中水"，结构严密，浑然一体。

## 山之高三章

山之高，月出小。
月之小，何皎皎？
我有所思在远道。
一日不见兮，我心悄悄。

采苦采苦，于山之南。
忡忡忧心，其何以堪！

汝心金石坚，我操冰雪洁。

拟结百岁盟，忽成一朝别。

朝云暮雨心去来，千里相思共明月。

## 【译文】

山峰之高，月亮便显得小。

月亮之小，为何光明皎皎？

为了我所思念的人奔波在远道。

一天不见他了，我的心呀相思悄悄。


采苦菜呀采苦菜，

我来到月出的高山之南。

忧愁忡忡撞击心灵，

它怎能不承受不堪！


你的心地金钟碑石一般坚硬，

我的操守寒冰白雪一般纯洁。

你我拟结百年之盟，

不料忽成一朝之别。

犹如楚王阳台朝云暮雨总在心头翻来覆去，

就让我们千里遥寄相思共同面对一轮明月。

## 【赏析】

# 一夜三波相思泪

在这三章诗中，张玉娘自述送别未婚夫的当天夜晚一波接一波的相思之苦，表达坚贞爱情。

三章诗，连续抒发了三种不同状态的相思之情。

第一章，抒发悄然状态的相思之情。

"山之高，月出小。月之小，何皎皎？"描写明月出山时的情景。"山之高，月出小"，化用苏轼《后赤壁赋》"山高月小"句。"月之小，何皎皎？"化用《诗经·陈风·月出》"月出皎兮"句。

诗句大意是：山峰那么高大，使得刚出山的月亮显得那么小，出山的月亮体形虽小，它的光辉为什么那么明亮皎洁？

看来，作者张玉娘在七百多年前就能用相对论理性地观察事物。她看到一轮明月从东方高山旁边冉冉升起，山的体形那么高大，月的体形显得那么娇小。山因近而高，月因远而小，从而造成"山高月小"这样一种视觉感。这种视觉感真实可信。面对明皎皎的"月之小"，她不禁发出"何皎皎？"的疑问，从而留下一个令人追究原因的悬念。

"我有所思在远道。一日不见兮，我心悄悄。"表达悄然相思情。"一日不见"，化用《诗经·王风·采葛》"一日不见，如三秋兮"。"我心悄悄"，语出《诗经·邶风·柏舟》"忧心悄悄"，"悄悄"，指声低微，也表示"隐秘地""偷偷地"，如汉代蔡邕《司空临晋侯杨公碑》："忧愠悄悄，形于容色。"

诗句大意是：小小月亮照亮我所思念的人远征的道路，我已经一整天没有见到他。我一想他，就会心动悄悄。

前句既回应"何皎皎"的原因——小月大放光明是为了照亮他

的远征之道，从而赋予月亮以助人为乐的精神；又交代"我心悄悄"的事由——我心爱的人已在远道，起承上启下的作用。关于"一日不见"，可以理解为从早到晚一日时间，也可理解为不长的模糊日数。笔者倾向于前者。"我心悄悄"，恰如其分地表现出她作为青春少女初别之时不能张扬只好克制、不能公开只好隐秘、不能激动只好悄然的相思情态。难怪元代大学士虞伯生读到这句会拍案叫绝。

第二章，抒发冲动状态的相思之情。

"采苦采苦，于山之南。"描写采摘苦菜的情景。"采苦"，语出《诗经·唐风·采苓》"采苦采苦，首阳之下"，又化用《诗经·周南·卷耳》"采采卷耳……嗟我怀人"。

诗句大意是：采苦菜呀采苦菜，我一路采个不停，不知不觉就来到了高山之南。

张玉娘为什么要朝那座月出的高山方向走去，一路采摘苦菜？也许是因为月出之处离月最近便于对月寄情吧。寄什么情？由化用"采苦"典故可以推知，她是要像《卷耳》中的征妇那样借助采摘苦菜倾诉别离之苦、思夫之情。通过这两句八个字，可以设想出她朝着月出方向一边走一边采苦菜的情景，而且可以体味她边采苦菜边诉衷情时泣泪不断、伤心不已的心境。

"忡忡忧心，其何以堪？"表达忧愁心情。"忡忡忧心"，语出《诗经·召南·草虫》"未见君子，忧心忡忡"。"忡忡"，忧愁冲动的样子，如《楚辞·九歌·云中君》："思夫君兮太息，极劳心兮忡忡。"毛传注："忡忡，犹冲冲也。""何以堪"，出自《论语·雍也》"人不堪其忧"。"堪"，此指承受、忍受。

诗句大意是：由于采苦菜时思念在远方的心上人，我顿时忧愁不安，冲动的情绪猛烈撞击心房，感到承受不了。

也许张玉娘感到自己与《卷耳》中的征妇同病相怜，不禁心生忧愁，原先那种"悄悄"的相思情绪顿时冲动起来，感到心脏难以承受。"忡忡"二字，恰到好处。

第三章，抒发理智状态的相思之情。

"汝心金石坚，我操冰雪洁。拟结百岁盟，忽成一朝别。"交代彼此爱情、婚变风波。"金石"，语出《荀子·劝学》："锲而舍之，朽木不折；锲而不舍，金石可镂。"高诱注："金，钟鼎也；石，丰碑也。"都比喻事物坚固刚强，心志坚定忠贞。"冰雪"，指冰和雪，语出《后汉书·西羌传》："（段颍）被羽前登，身当百死之陈，蒙没冰雪，经履千折之道，始殄西种，卒定东寇。"比喻心志忠贞、品格高尚。"百岁盟"，即"百岁之盟"，意为至死不渝的誓盟，特指婚约。"一朝别"，忽然分别。"一朝"，表示时间很短。

诗句大意是：我们彼此恩爱，你的心志像金钟、石碑一样坚强，我的操守像白冰、白雪一样纯洁；我们拟结百岁誓盟，想不到你家道中落、我父亲毁约，忽成今朝之别。

用"金石"比喻爱情牢不可破，用"冰雪"比喻操守坚贞纯洁，用"百岁盟"比喻宣示结亲，都十分贴切，恰到好处。然后笔锋一转"一朝别"，给人以意料之外、情理之中的风云突变的艺术美感。

"朝云暮雨心去来，千里相思共明月。"描述对月遥寄相思的情景。"朝云暮雨"，即早云夜雨，比喻女子爱慕男子。典出宋玉《高唐赋》："先王尝游高唐，怠而昼寝，梦见一妇人……曰：妾在巫山之阳，高丘之岨，旦为朝云，暮为行雨，朝朝暮暮，阳台之下。"后化为谢庄《月赋》："美人迈兮音尘阙，隔千里兮共明月。""共明月"，意为共赏明月或共对明月，用于寄托思念之情。

诗句大意是：此时此刻，我就像高唐女子那样，朝云暮雨总在心里翻来覆去；既然相思之情不可遏止，那我们就相隔千里，面对同一轮明月，相互遥寄相思吧。

　　张玉娘借用典故"朝云暮雨"，表明她念及"百岁盟"时想到高唐女子为了伴随楚王而化为朝云暮雨的爱情佳话；借用"共明月"，表明她念及"一朝别"时想到谢庄"隔千里兮共明月"这种寄情方式。于是，她的心情由"忡忡"状态恢复到理智状态，壮起胆量，请明月当证人、作媒介，公开遥寄相思。这种寄相思，显得理性、明智、高雅、文明。

　　爱情，文学创作的永恒主题。别离相思，爱情生活的主题之一。古人创作相思诗甚多，不乏佳作。张玉娘《山之高三章》竟然表达出三种不同状态下的相思情，且每一种状态的相思情均表达得那么自然、贴切、细腻、生动，堪称"爱情之绝唱"。元代翰林学士欧阳玄感叹："可与《国风·草虫》相媲美。"

　　古人作诗注重借用典故，借古讽今，借古喻今，以增强作品的知识性、含蓄性、趣味性、可读性。《山之高三章》最显明的写作艺术是典故用得多用得巧。用典多，表现为章章有典故、几乎句句有典故，不论叙事、抒情，还是比喻、起兴，不离典故，全诗用典达十多个。如果说，这首诗由典故连缀而成，那毫不为过。由《山之高三章》用典之多，可知张玉娘博览群书，储典丰富，且烂熟于心，可以随心而欲、信手拈来。用典巧，表现为化用典故不留痕迹。吟诗用典是一门艺术，最忌生搬硬套。化用典故就是将典故化为自己的语言而不易察觉。如"山高月小""采苦采苦"之类的写景叙事之句，竟然语出典故，谁敢说用典不巧？又如"心悄悄""忡忡忧心"之类的抒发感情之句，如果不是查到出处，谁能看出是借用典故？甚至像"一日不见"之类交代时间的语言也出自典故。由此可见，张玉娘用典功力已达到炉火纯青、出神入化的地步。多用巧用典故，使《山之高三章》丰富了内涵，升华了意境，提高了品位，成为三章不朽杰作、千古绝唱。

# 牧童辞

朝驱牛，出竹扉，平野春深草正肥。

暮驱牛，下短陂，谷口烟斜山雨微。

饱采黄精归不饭，倒骑黄犊笛横吹。

## 【译文】

清早，他驱赶牛犊走出竹编门扉，

去那平坦原野正当春深草绿油肥。

傍晚，他驱赶牛犊走下低山短陂，

峡谷口子炊烟横斜山里雨丝细微。

由于饱食黄精果子他不回家吃饭，

倒骑黄毛牛犊将一支竹笛横着吹。

## 【赏析】

## 天真可爱小牧童

这首诗描写乡村牧童放牧的情景，展现牧童天真活泼、顽皮可爱的形象，赞美牧童勤劳、懂事，洋溢着浓郁的乡土气息。

全诗按时段内容可分为早出、晚归两个部分。

第一部分为前三句："朝驱牛，出竹扉，平野春深草正肥。"描写牧童牧早牛的情景。"朝"，同"早"，指早晨。"驱牛"，用鞭子赶牛。"竹扉"，竹编的门。"春深"，春意浓郁，喻示三春。"肥"，形容青草绿油油。

诗句大意是：清早，牧童来到牛棚，打开篾编的竹门，将贪睡的牛犊驱赶出门，来到春意浓郁、青草油绿的平坦田野。

在农耕社会，养牛为耕田地，农户几乎家家养牛，牧牛成为日常农活，成为农家子弟的主要任务，俗称"牧童"。牛爱食带露水的青草，"牧早牛"便成为一项生产习俗。张玉娘笔下的"牧童"为使小黄牛吃上露水草，早起放牧。"朝驱牛"，含蓄地反映出牧童从小懂事、不贪早觉，热爱劳动的优秀品质。真可谓"穷人的孩子早当家"。"出竹扉"，表明牧童家境贫穷，连牛棚门也是竹篾编的。"春深草正肥"不仅表明这次牧早牛的时间在阳春三月，描写出三春田园美景，还交代出牧童牧早牛的动机——为小黄牛吃上正肥绿的青草。

第二部分为后五句："暮驱牛，下短陂，谷口烟斜山雨微。饱采黄精归不饭，倒骑黄犊笛横吹。"描写牧童傍晚牧归的情景。"短陂"，指较短的低矮山坡。"雨微"，指毛毛小雨。"黄精"，多年生草，果实球状，浆汁可食。"倒骑"，即背朝前行方向、面朝逆行方向骑。

诗句大意是：日暮时分，牧童驱赶小黄牛走下低山短坡，只见山的谷口炊烟横斜，而山里面细雨绵绵；来到村口，牧童由于饱食了黄精而不回家吃晚饭，倒骑在小黄牛的背上，横持竹笛吹起牧歌。

诗文呈现牧童悠然牧归的情景。作者写牧童驱牛"下短陂"时看见山谷口"烟斜"而山里头"雨微"，暗示牧童懂得"未雨绸缪"的道理和气象常识，在下雨前赶牛下山。"倒骑黄犊"与"笛横吹"连缀，活脱脱地勾勒出牧童的淘气、俏皮与机灵。

张玉娘描写牧童的放牧生活，只写朝暮两头而舍中间；写朝暮两头，则"朝驱牛"从略、"暮驱牛"从详。详略取舍取决于作者观察多少，也许"朝驱牛"的情景匆匆出现在她的视线里，故略之；朝暮之间牧牛情景不可能出现在她的视野里，故舍之；"暮驱牛"的情景缓缓出现在她的视线里，尤其对"归不饭""倒骑""笛横吹"

等细节看得清楚，印象很深刻，故详记之。《牧童辞》尽管只反映出朝暮牧牛的情景，也足以令人感受到牧童形象之可爱、乡土气息之浓郁。

# 明月引

明月度天飞，团团散清辉。
中有后羿妻，窃药化蟾蜍。
碧海心如梦，淡淡生寒虚。
关山一夜愁多少，照影令人添惨凄。

## 【译文】

一轮明月横渡长天向西飞，
一团接一团散发清冷光辉。
月中有射日英雄后羿美妻，
因偷食不老药而变成丑陋蟾蜍。
她每仰望春天心里就迷茫如梦，
还淡淡生出一种毛病叫"寒虚"。
要知道人间关山一夜忧愁该有多少？
征夫怨妇对着明月照人影更添惨悽！

## 【赏析】

### 边关离愁知多少

"明月引"，古乐曲名，由序曲和主曲组成。序曲吟咏明月，主曲抒发感情。序曲吟月应能引起抒情，主曲抒情必由吟咏明月引出。

古人常在中秋之夜用"明月引"曲名吟诗咏唱。

张玉娘写这首诗，严格按照"明月引"的写作规则和要求，前六句为序曲，吟咏明月，作为引子；后两句为主曲，抒发感情。

第一部分序曲，吟咏明月中寂寞人。

"明月度天飞，团团散清辉。"描述明月度天之景象。"度天"，从天空渡过。"度"通"渡"。"团团"，形容旋转的样子，如苏轼诗："应笑谋生拙，团团如磨驴。"

诗句大意是：一轮皎皎明洁的月亮横渡高天，一边缓缓飞行，一边散落一团团清淡的光辉。

作者吟咏明月，只描述月亮"度天飞"和"散清辉"，显然属于略写。即便如此，也给人以明月运行的动感和洒辉的美感。

"中有后羿妻，窃药化蟾蜍。碧海心如梦，淡淡生寒虚。"描述月中寂寞人。"后羿妻"，据《淮南子·览冥训》，后羿，神话传说中的上古射日英雄，又称大羿，嫦娥的丈夫。帝尧时期，天上有十个太阳，禾木枯死。后羿先后射下九个太阳，从此天下风调雨顺。他又杀死众多猛禽恶兽，使百姓安居乐业。由于射日大功，天帝奖赐其长生灵药，其却遭人嫉妒。天帝听信谗言，把大羿、嫦娥夫妻放逐人间。嫦娥过不惯人间生活，偷食灵药飞向月亮，大羿郁郁而终。"蟾蜍"，癞蛤蟆。"碧海心"，化用李商隐《嫦娥》"碧海青天夜夜心"句。"碧海"，指蓝色的海洋，也指青天。"淡淡"，多义词，此指隐隐约约，如《列子·汤问》："淡淡焉若有物存，莫识其状。""寒虚"，病理学名词，意为"因寒冷感到空虚"，是一种阳气不足导致阴寒的病机。

诗句大意是：月亮里有上古时期帝喾之女、"射日英雄"后羿的妻子嫦娥，她是由于偷食了天帝奖赐的长生不老灵药而身体变轻，来不及告别丈夫，飞升月里，成为寂寞人，化为癞蛤蟆。从此，她日夜思念丈夫，每当俯瞰人间，就因孤寂难当而心里透凉，久而久之，感到自己患上一种惧寒怕冷的名叫"寒虚"的毛病。

作者吟咏"嫦娥奔月"故事，先交代她的身份——后羿妻，然后依次叙述她飞升月宫的原因——偷窃长生不老药，窃药的后果——受到处罚，被迫别离丈夫、升天奔月、禁锢广寒宫、化为癞蛤蟆、孤独凄凉，似患寒虚病。

序曲吟咏明月重在吟咏月中寂寞人嫦娥的令人同情的离愁，为引出主曲的主题思想做了厚实的铺垫。

第二部分主曲，抒发天下大离愁。

"关山一夜愁多少，照影令人添惨凄。"描述军人夫妻两地相思的情景。"关山"，指关隘险阻，如古乐府《木兰诗》："万里赴戎机，关山度若飞。""照影"，意为对着镜子照看人影，语出宋代释斯植《照影》："性与儿童异，飘蓬二十年。照来池上影，恰是未生前。"

诗句大意是：嫦娥，你独居月宫感到寂寞算得了什么！要知道，这一夜驻守天下关山的军人该有多少离愁？而他们的妻子此时此刻对着明月招呼亲人身影的情景更是令人平添凄惨。

前句以反问口气要求嫦娥不要自认为离情多，而要知道天下军人有多少离愁。可谓问得振聋发聩！后用写生笔法描绘天下军人妻子对月照影相互呼唤的凄惨景象，抒情可谓悲壮大气！

张玉娘《明月引》序曲吟咏明月情景交融，抒发嫦娥离愁主题集中，堪当主曲的引子；主曲文字少却容量大，立意高，抒发天下大离愁，大气磅礴，荡气回肠。她尽管初次尝试"明月引"这种特殊诗体，却把握到位，得心应手。读这首《明月引》，可知她体恤天下离人的情怀之博大，可见她书写天下离愁的手笔之舒畅。

# 双燕离

白杨花发春正美，黄鹄帘垂低燕子。

双去复双来，将雏成旧垒。

秋风忽夜起，相呼度江水。

风高江浪危，拆散东西飞。

红径紫陌芳情断，朱户琼窗侣梦违。

憔悴卫佳人，年年愁独归。

## 【译文】

白杨树上花儿勃发时值春光正当美，

锦绣黄鹄的窗帘垂落低于飞翔燕子。

燕子双双飞去又飞来，

带领幼燕旧址将巢垒。

忽然之间夜里秋风刮起，

双燕相互呼唤想渡江水。

风力大掀起江浪也就高，

双燕被拆散各自东西飞。

红毯紫垫铺路与我的美好情怀隔断，

朱漆门琼玉窗与我的情侣美梦相违。

我已经憔悴不堪就像那卫世子夫人，

年年发愁没有颜面独自去把娘家归。

【赏析】

## 双燕离兮情侣离

"双燕离"，乐府曲名，用于表达相爱男女被拆散后的离情之苦。据宋人郭茂倩《乐府诗集》，乐府中有《双燕离》等琴曲，曲词已不存。李白《双燕离》据琴曲所填，最为著名。

据王诏《张玉娘传》，张玉娘与同龄表兄沈佺自幼青梅竹马，两小无猜，情同手足。她十五及笄，次年由父母做主，许字沈府，二人情谊愈笃。沈氏家道中落，张父悔婚毁约，出言"非乘龙不婿"。为了成就婚事，张玉娘鼓励沈佺外出深造求取功名，深陷相思。几年后，沈佺高中榜眼，却染疾而归，不治而亡。她守丧守贞，拒绝另择佳婿。

张玉娘以乐府曲"双燕离"为题吟诗，通过恩爱双燕被秋风拆散，暗示封建礼教就像拆散双燕的"秋风"那样拆散自己与未婚夫，以表达坚贞爱情和生离死别之苦。

按照不同的吟咏对象，这首诗可分为咏燕、自咏两个部分。

第一部分前八句，咏燕。按燕归燕离分为两个层次。

第一层次为前四句："白杨花发春正美，黄鹄帘垂低燕子。双去复双来，将雏成旧垒。"描写双燕归的情景。"黄鹄帘垂"，指绣着黄鹄图案的窗帘垂落下来。"将雏"，带领幼燕。"将"，此指带领，如《后汉书·蔡邕传》："遂携将家属，逃入深山。""雏"，泛指幼小动物，此指幼燕。"旧垒"，在旧址垒巢。"垒"，堆砌。

诗句大意是：正当杨树在春光美好里盛放白花之时，一对燕子翩飞归来，飞得比绣着黄鹄的垂帘还要低。这对燕子是去年秋天成双飞去的，今年春天又双双飞回来了。它俩正带领幼燕在旧址上营垒新巢。

诗文如画,生动有趣。请看:"双去双来"的燕子不仅比翼,显示爱情,而且与绣在垂帘上的"黄鹄"共舞,显示友爱;不仅休闲快乐,而且还带幼燕衔泥垒巢。"将雏",赋予燕子以人类父亲母亲带儿女的意味。也许,在张玉娘看来,双燕比翼齐飞的情景就像订婚后自己与未婚夫相互恩爱的那段生活。她善用环境烘托法,以杨花缱绻的春日烘托双燕比翼齐飞,充分表现初恋的幸福。

第二层次为第五至第八句:"秋风忽夜起,相呼度江水。风高江浪危,拆散东西飞。"描写"双燕离"。"风高",即风大,如杜甫《湖中送敬十使君适广陵》诗:"秋晚岳增翠,风高湖涌波。""浪危",即浪高。"危",高耸貌,如《庄子·盗跖》:"使子路去其危冠,解其长剑。"陆德明释文:"危,高也。"

诗句大意是:一个秋夜,忽然刮起暴风,双燕边呼唤边渡江;然而,由于风太大,江上波浪也就高,情况危急,双燕终于被拆散,各自东西分飞。

诗文展现双燕被迫分离的惊心动魄的场景:秋风"忽夜起",来得突然,双燕来不及避险;双燕"相呼度",危难中相互关照显真情;双燕又遭遇"风高""浪危",十分危险;双燕被"拆散",各自"东西飞",情节惊险,波浪起伏。也许在张玉娘看来,双燕各自"东西飞"的情景就像自己与未婚夫天各一方的情景。她又用环境烘托法,以"忽夜起""江浪危"烘托双燕的被拆散与分离,充分表现爱情挫折。

第二部分为后四句,自咏。

"红径紫陌芳情断,朱户琼窗侣梦违。"抒发感情。"红径",喻指红花夹道的庭院小路。"径",狭窄小路。"紫陌",此指紫花夹道的庭院小路"陌",田间小路。"芳情",多义词,此指美好情怀,如明代文徵明《暮春斋居即事》诗:"芳情经病减,白日废书长。""朱户",门漆红色的大户,古代帝王以朱门赏赐公侯,象征高贵,如《韩诗外传》卷八:"诸侯之有德,天子锡之。一锡车马,再锡衣服……六锡朱户。""琼窗",装饰琼玉的窗户,象征富贵。"侣梦",情侣梦、结婚梦。朱户琼窗,亦喻美好事物,此指高贵门第。

诗句大意是:尽管家父出言"欲为佳婿,必待乘龙",迫使我与沈郎分开。然而,纵横阡陌盛开红花紫花的春天景象令我伤感,因此与我的美好情怀相断绝;朱红大门、琼玉窗户那种荣华富贵生活本非吾意,因此与我的情侣之梦相违背。

从"芳情""侣梦"等词可以看出,本诗吟咏对象已由咏燕转到自咏。张玉娘说出"芳情"与"红径""紫陌"相隔绝这样的话,等同于严正宣示对于仕途为官人物的拒绝态度。张玉娘说出"侣梦"与"朱户""琼窗"相违背这样的话,等于宣示淡泊名利地位、只求夫妻恩爱的平民爱情观。

"憔悴卫佳人,年年愁独归。"抒发绝望之情。"卫佳人",即卫女柏舟,"《柏舟》,共姜自誓也。卫世子共柏蚤死,其妻守义。父母欲夺而嫁之,誓而弗许。故作是诗以绝之"。又传说,柏舟因共柏蚤死,父母逼其改嫁。柏舟宁负父母,自誓守义,却又觉得对不起父母,从而为回娘家发愁。

诗句大意是:我现在已经消瘦不堪,就像容颜憔悴的卫夫人柏舟;当年卫夫人感到对不起父母,就不好意思独自回娘家。我也有愧于父母养育之恩,有朝一日也将像卫夫人那样没有颜面回娘家。

这是何等感人的大贞、大孝!也许张玉娘觉得自己人生结局将类似于卫夫人柏舟,便借"憔悴卫夫人"代指自己。尽管只用"年年愁独归"五个字"画龙点睛",却凄凄惨惨,感天动地,扣人心弦,催人泪下。

这首《双燕离》诗,其实全篇就是一个大比拟。从燕子的双栖双飞到被迫离散，都是比拟张玉娘与沈佺在青梅竹马两小无猜的基础上从订婚初恋、恩爱情深到被迫分离、相思愁重的爱情风波，燕子形象完美，与所喻人事和谐，在艺术上高度契合、完美统一。

## 拜新月二首

拜新月，拜月愿月圆。
新月有圆时，人别何时见。

拜新月，新月下庭除。
欲祝心间事，未语先惨凄。

【译文】

拜新月，
拜月唯愿月复圆。
残缺新月尚有复圆时，
情人分别何时能团圆？

拜新月，
新月之光移下庭院台阶。
我刚想祝福心间情事，
话未出口心里先惨凄。

## 【赏析】

# 新月不遂人团圆

"拜新月"，唐教坊曲名，起源于远古人们对月亮的崇拜，久而久之形成赏月拜月的风俗习惯。众所周知，月亮是地球的卫星，既围绕地球公转，又随着地球围绕太阳公转，农历一个月中会出现新月、娥眉月、上弦月、盈凸、满月、亏凸、下弦月、残月等月相。至于"新月"，主要有两种说法。一指农历每月十五日的月亮，月形圆满，俗称"满月"。二指农历月初一至初六日的月亮，月相由细弯眉毛形逐渐变成近似半圆形。拜新月礼程序：先三拜，后祈愿家人团圆。

第一首，描述祈求月圆的情景。

"拜新月，拜月愿月圆。"描述边拜月边思考的情景。"愿"，多义字，此指祝愿、祈求。

诗句大意是：拜新月呀拜新月，拜新月就为祝愿弯弯眉月恢复圆形。由"拜新月"可知，此夜月亮不是轮形圆月，而是下部残缺的弯眉月。

由"愿月圆"可知，拜新月的目的不仅在于希望缺月尽快恢复圆形，而是为了离人尽快团圆。苏子云："人有离合悲欢，月有阴晴圆缺。"古人笃信天意月相，认为月相变化与人类离合存在某种联系。也许正是由于这个原因，张玉娘在拜新月之前首先祈求"月复圆"。

"新月有圆时，人别何时见。"描述对天询问明月的情景。后句"人"字，不是泛指所有人，而是特指张玉娘本人。

诗句大意是：新月呀新月，你在一个月里总有由缺复圆的时候，可我作为离人什么时候才能与心上人重逢团圆？

大凡拜新月，总有目的。表面上是为了缺月恢复圆形，骨子里是为了离人相聚团圆。张玉娘也不例外，把自己与未婚夫分离的处境同月亮残缺形状联系起来，把自己与未婚夫团聚的期望跟月亮"圆满"的形状联系起来。然而，鉴于以往多少次拜新月以后缺月变成圆月却不能与未婚夫团圆合欢，她在这次拜新月时便用埋怨的口气对天问月：新月，你有复圆时，我们别离何时才能团圆？语气交织着埋怨与乞求、失望与期望。

第二首，描述祈愿不成的情景。

"拜新月，新月下庭除。"描述新月西落的情景。"庭除"，门庭前的台阶。"除"，台阶的通称，宋代李诫《营造法式》："除，谓之阶。"

诗句大意是：祈愿新月复圆以后，我就下跪拜新月，月光却下移到庭院台阶下面。

由此可见，新月在入夜时显现时间十分短暂，从而使得拜月十分紧张。这是因为，农历初一至初六日的新月不断变化：初一的新月几乎与太阳同时升落，人们看不见；初二的新月紧随太阳升落，在破晓入夜时短暂显现，人们一般不拜新月；初三至初六，入夜后新月逐日延长显现时间，人们拜新月。张玉娘选择农历初二日拜谒稍纵即逝的新月，可见她拜新月之心急，寄离愁之情切。由于新月在太阳西下后显现一会儿就西下，因此，她仅仅三拜后，月光就移下台阶。

"欲祝心间事，未语先惨凄。"描述祈愿不成的情景。"心间事"，即心事，此指离人团聚的事。

诗句大意是：三拜新月完毕，我就想祝福心间那件情事能够如愿，可是话儿尚未出口，我就先难过得凄惨语塞，泣不成声。

也许张玉娘的"心间事"是难言之隐、难言之痛，应该是婚姻受挫、与心上人别离之类的心事。由于"新月下庭除",她"欲祝","未语"就"先惨凄"起来。围绕"心间事"用"欲祝""未语""惨凄"串联,活灵活现地表现出表情的多变,十分精彩。

《拜新月二首》,前后连贯,珠联璧合,如同一首。诗中没有华丽辞藻,也没有比喻、夸张、拟人等修辞方法,纯粹用质朴语言叙述,将拜新月的情景情态表现得淋漓尽致,令人动容。

# 近体诗赏析

# 五　绝

## 幽居四景

### 山　色

远山翠不减，满庭摇空青。
坐对太古色，终日有余情。

【译文】

远方群山青翠不因为遥远而退减，
满庭院摇晃翠绿树冠如天空蔚青。
我独坐闺房面对过分老旧的古色，
整日里怀有太多太多的厌倦心情。

【赏析】

#### 外面世界真美好

这是一首五言绝句，简称"五绝"。"绝句"，只有四句，有人以为其"截取律之半"以便入乐传唱，故又称之为截句、断句、短句、绝诗。按每句字数，绝句可分为五绝、六绝、七绝。按体裁，绝句可分为律绝和古绝，其中律绝有严格的格律要求，四句意思还要有"起承转合"的关联。

"幽居四景"，意为从幽静的居室看到四种景色或四季景色。"幽居"，此指僻静的居处，实指作者张玉娘的家。根据四首诗的内容，张玉娘的家（即"幽居"）应当在如今松阳县城南官塘路、猪行路、荷田垄交会地带，而在宋代，猪行路以下荷田垄一片水泊，称"骥湖"，出口通松阴溪。张玉娘的"幽居"下临骥湖，因此，她在门口或临窗南看，可观察到松阴溪及溪南的四季景色，于是吟出《幽居四景》。

在这首《山色》诗里，张玉娘自述从幽居远眺山岚叠翠、生机勃勃，近见庭树摇冠，郁郁葱葱，再看家里的太古色调，死气沉沉，传达出崇尚自然、厌倦世俗的思想感情。

"远山翠不减，满庭摇空青。"描写幽居外面远山近树的翠绿色彩。"空青"，此指孔雀石的一种，随铜矿生成，珠形，中空，青绿色。

诗句大意是：我遥望远处，感到连绵群山并不由于距离遥远而退减翠绿色彩；近看庭院，满院绿树摇曳着翠球似的冠盖。

应当注意，前句远处山色"翠不减"是以庭院大树翠绿色为参照物的，也就是说，这"翠不减"是将远山翠色与近树翠色比较出来的。由此可以设想，一天，张玉娘站在闺房门口，由近而远观察，先看庭树摇晃翠绿冠盖，后看远山连绵翠色，发现远山翠绿色并不因距离远而比近树翠绿色有所减少。按照常识，同样的翠绿色，远看会比近看显淡。也许由于远山叠翠的原因，她产生其与近树"翠不减"的感觉。这样看来，前句无违常识，反而很有新意。"摇空青"三个字，形象、动态地呈现庭绿树冠如翠盖，随风摇曳的景象。总而言之，在张玉娘或远或近的视野里，外面那个绿色世界真美好！

"坐对太古色，终日有余情。"描写幽居内部过于古老的色彩情调。"太古色"意为过时的色彩。"太古"，多义词，此指太古老的意思。"余情"，意为充沛的情趣，出自《淮南子·精神训》："圣人食足以接气，衣足以盖形，适情不求余。"高诱注："余，饶也。"诗句大意是：对比外面绿意盎然，屋里的色彩显得太古老、太过时了。面对这过于古老的色彩,我终日里怀着丰沛的感情。众所周知,各种色彩皆出于自然,各有各的用途,无所谓"太古"或不"太古"。因此,张玉娘眼中的"太古色"也许双关,既指家具陈设"太古色",又指家庭文化"太古色",其内涵应当是与己不幸婚姻相关的诸如"门当户对""乘龙快婿""父母作主,媒妁之言"等封建思想、文化、礼教。她作为知识女性文化人,也许对于家具陈设"太古色"不会太在意,而对于家庭文化"太古色"会很在意,会生"余情",甚至耿耿于怀。这种"余情"的内涵,应当是不满、厌恶、嫌弃、愤懑等情绪,而且丰沛。

张玉娘写这首《山色》诗,不是单纯描写远处山色翠绿,而是以近在眼前的庭院树木的翠绿作为参照物,在对比中吟咏出远山山色"翠不减",又以家中"太古色"作为反衬,更能在对比中吟咏出远山山色"翠不减",借以表达厌倦世俗,向往自然的思想感情。

## 水 光

渺渺涵秋色,澄澄生晓烟。

四山潦初歇,寒玉一溪完。

【译文】

春天溪水浩渺涵养金秋丰收景色,

秋天溪水澄清拂晓生雾犹如白烟。

四周群山夏雨汇溪洪涝肆虐方歇,

冬天寒冰玉带尽将一溪流水铺完。

【赏析】

## 四季水光收眼底

这首诗描写松阴溪四季水情,传达出松古盆地水文变化的信息。

松阳县有一条横贯东西的大溪,名叫"松阴溪",系瓯江最主要的支流。张玉娘常在家门口面对骥湖、松阴溪,观赏四季水文风光。

"渺渺涵秋色,澄澄生晓烟。"这两句描写春秋两季水光。"渺渺",形容水面开阔、渺茫无际,如宋代王安石《怀金陵》之一:"想见旧时游历处,烟云渺渺水茫茫。"尹知章注:"渺渺,微远貌。""涵",毛传注:"涵,容也。"此指容纳、涵养、化育。"澄澄",清澈明洁貌。晋代阮修《上巳会诗》:"澄澄绿水,澹澹其波。"

诗句大意是:松阴溪那浩浩渺渺的春水正在涵养、化育金秋的丰收景色,一溪秋水澄清澈底拂晓时分生发出白雾如若轻烟。

前句用"渺渺"二字描写出地气上升、雨量充沛,导致松阴溪水面开阔、浩渺茫茫。"涵"字与"秋色"联用,则"涵"当为"涵养"之意;"秋色"当为"丰收景象"之意。后句用"澄澄"二字描写秋天地气下沉、雨量减少,导致松阴溪流水澄清明澈、拂晓溪面生发白雾如烟。

"四山潦初歇,寒玉一溪完。"这两句描写夏冬两季水光。"潦",通"涝",《后汉书·顺帝纪》:"连年灾潦。""寒玉",比喻清冷雅洁的东西,如水、月、竹、冰等,此指冰雪。"一",此是全部、整个的意思。

诗句大意是:盛夏暴雨汇成溪从四周群山一泻而下,松阴溪水涝成灾;隆冬严寒,松阴溪结冰,就像被一条玉带完全覆盖。松阳地貌类似玉盘,四周群山环绕,中央一马平川,俗称"松古盆地"。夏季多暴雨,松阴溪经常洪涝成灾,俗称"端午水"。因此,夏季松阴溪水用"潦"字概括,十分精当。隆冬松阴溪一溪冰封,用"寒玉"作比,十分贴切。

张玉娘描写松阴溪四季水光,不是按照常规依次写春、夏、秋、冬的水光,而是隔夏季写春、秋水光,并用"涵(养)"字相联系,令人觉得春、秋二季间隔短暂,还寓"春华秋实"之意;隔秋季写夏、冬水光,并在夏"潦"之后用"初歇"二字过渡到"寒玉"(寒冰玉带),也令人觉得夏、冬二季间隔短暂,且使诗句紧凑畅达。

大家闺秀张玉娘身在幽居,长期观察松阴溪四季水情,进而研究松古盆地四季气候、水文变化规律,再用一首小诗呈现松阴溪四季迥然不同的水光景象,犹如长轴画卷般壮观,不仅可读可品,对今人认识松古盆地气候、水文也有借鉴意义。

## 窗 月

山月流素辉,小窗绝嚣响。
四壁寂无声,合座生灵爽。

## 【译文】

山边一轮明月向下流泻素洁光辉,
小小一扇窗门隔绝外面喧嚣音响。
四壁之内万籁俱寂没有一点人声,
合围座上生出鬼神个个精灵气爽。

## 【赏析】

### 众人赏月吾孤凄

在这首诗中,张玉娘自述在中秋之夜却深居闺房,听到窗外人们欢聚赏月的喧闹声，更加感到闺房死寂无声，仿佛见闻满屋闹鬼，恐怖弥漫，传达出一种"有情人难成眷属"的绝望心境。

"山月流素辉，小窗绝嚣响。"描写窗外热闹气氛。"山月"，山边初升的月亮。"素辉"，白色的亮光，如晋代陆机《又赴洛道中》诗之二："清露坠素辉，明月一何朗。""嚣响"，喧闹的响声。嚣，喧哗声。

诗句大意是：山边一轮明月正在流泻着素洁的光辉，门扇隔绝了外面热闹喧嚣的声响。

根据诗句大意，当时张玉娘在闺房窗口看到明月从东方高山旁边升起，清辉皎洁，人们纷纷出户拜月赏月，人声喧闹。也许她嫌吵就关上窗门，隔绝喧闹响声，也将自己隔绝于众。"绝嚣响"三个字，不仅表明她不喜欢喧闹声，而且表明她对于赏月寄情已经失望，感到讨厌，还表明她因长期孤独而羞于与人交流，就连"天上一轮才捧出，人间万人抬头看"的中秋赏月之夜也把自己关闭在闺房里。如果情况如分析所言，那么，时间一定是在她的未婚夫病故后。赏月寄情已经毫无意义，容颜憔悴不堪人睹。

"四壁寂无声，合座生灵爽。"描写窗内死寂气氛。"四壁"，指房屋前后左右四面墙壁范围内的空间。"合座"，亦作"合坐"，即所有在座的人，语出汉代王粲《公宴诗》："合坐同所乐，但诉杯行迟。""灵爽"，多义词，此指神灵、神明，典出《文选·江赋》："奇相得道而宅神，乃协灵爽于湘娥。"刘良注："奇相者，人也，得道于江，故居江为神，乃合其精爽，与湘娥俱为神也。"

诗句大意是：关上窗门以后，闺房四壁空间寂静得没有一点响声，忽然之间，合围之座生出鬼神，精神十足，气势豪爽。

闺房鬼神满座，这应当是人在寂静至极时产生的一种幻觉。"合座生灵爽"句释放出一个信号，张玉娘不仅嫌恶"嚣响"，无心赏月，而且厌恶人世，只愿与鬼神为伴。由此可见，她殉情已决。

这首诗的关键词是"小窗"。张玉娘先把敞开的"小窗"作为观察点和传声筒，营造出窗外明月清辉、赏月"嚣响"的意境；然后关闭"小窗"，将窗门作为隔断月光、隔绝"嚣响"的隔离板，以利营造窗内"孤独人儿孤寂甚，满屋座上鬼唱歌"的意境。同时，"小窗"起到连通窗内窗外、承前启后作用，使得全诗结构严密，过渡自然，浑然一体。通过这扇小窗，读者可以窥见窗外人们中秋赏月的喧闹景象和窗内闺秀的孤寂境况，在对比中加深了解张玉娘人生末期的凄楚生活。

### 蛩 音

落木旧山寺，霜清叶扫风。

已无鸡犬声，虚殿鸣秋蛩。

## 【译文】

落叶古木光秃秃依傍那破旧山寺，

霜风清扫落叶好似飞叶清扫秋风。

山寺外面已经没有鸡鸣声狗吠声，

空荡殿内唯一的悲鸣声发自秋蛩。

## 【赏析】

### 秋蛩声声怨秋风

在这首诗中，张玉娘自述在一个秋日傍晚，从"幽居"眺望破败山寺，就前往山寺拜佛，目睹瑟瑟秋风横扫落叶的萧条景象，耳闻瑟瑟发抖的秋蛩鸣声，不禁无比伤感。

"落木旧山寺，霜清叶扫风。"描写山寺外萧条景象。"落木"，树木落叶，语出杜甫《登高》诗："无边落木萧萧下，不尽长江滚滚来。""霜清"，多义词，此指整肃、肃清、清除，如李白《赠宣城赵太守悦》："持斧佐三军，霜清天北门。"

诗句大意是：落了叶子的古木光秃秃地立在山间破旧寺庙的旁边，瑟瑟秋风就像无数扫帚在清除满地黄叶，而地上飞滚的黄叶又好像反过来在驱扫秋风。

前句从"落木""旧"两个方面描述山寺萧条景象，后句从"霜清"落叶和落"叶扫风"两个方面描述秋风扫落叶、落叶扫秋风的有趣景象，营造出"秋风秋寒严相逼"的冷酷氛围。

"已无鸡犬声，虚殿鸣秋蛩。"描写山寺内的凄凉气氛。"虚殿"，即殿宇内部空荡荡。"秋蛩"，深秋的蟋蟀，如南朝鲍照《拟古》诗之七："秋蛩扶户吟，寒妇成夜织。"

诗句大意是：山寺外面已经没有鸡犬的啼叫声、吠叫声，山寺殿堂空荡荡，只有清秋蟋蟀的哀鸣声。

前句表明张玉娘夜深人静还在山寺内，后句表明空荡荡的山寺内只有虔心拜佛的张玉娘和瑟瑟发抖的蟋蟀哀鸣声，从而营造出一种极其寂静、凄凉的氛围，塑造出一位极其孤苦、忧伤的艺术形象，可谓"人虫相伴，同病相怜"。

张玉娘将"蛩音"作为"幽居四景"之一，似乎讲不通，因为声音是看不到的。然而，从全诗内容看，是写山寺的里里外外，包括"落木""霜清叶""叶扫风""殿虚""蛩音"等事物构成的山寺萧索景象，其中"蛩音"是山寺凄凉景象中最传情的事物。从这个意义上讲，将"蛩音"作为"幽居四景"之一，理由充足，顺理成章。

读到这里，也许有人会问：张玉娘为何乘夜入山寺拜佛？古人有云：无事不登三宝殿。大凡世间求神拜佛者都有所困所求。由于婚姻受挫，未婚夫外出求学。她深受分离之苦、相思之愁，为了解脱，会去求神拜佛。由于未婚夫英年早逝，张玉娘悲痛欲绝，为了解脱，也会去求神拜佛。与众不同的是，人们一般白天到寺庙拜佛，她却是傍晚到寺庙，直到"无鸡犬声"的深更半夜还在拜佛，可见其苦难之深重，佛心之虔诚，非常人所能比拟！

这首《蛩音》是悲秋之作。所谓悲秋，乃对萧瑟秋景而伤感。《楚辞·九辩》："悲哉！秋之为气也。萧瑟兮，草木摇落而变衰！"从此古文人便有悲秋一说，不乏悲秋诗作。张玉娘作《蛩音》，先写落木、山寺萧瑟景象，此谓"秋"；后写寺内秋蛩哀鸣，此谓"悲"，正合"悲哉！秋之为气也"之意。所不同的是，"草木摇落而变衰"，直抒"悲哉"，而张玉娘不仅悲山寺秋景，更悲秋蛩哀鸣，还触景生情，悲己哀怨，既同工，又异曲。

## 龙鳞石

古石横青壁，苍蛟松下蟠。
日斜山气湿，瘦甲动余寒。

**【译文】**

　　一条亘古长石横贯于青青崖壁，
　　宛若苍老蛟龙在青松下面虬蟠。
　　当旭日斜照蒸腾雾气温暖润湿，
　　精瘦鳞甲一张合搅动残余轻寒。

## 【赏析】

### 惟妙惟肖龙鳞石

张玉娘这首《龙鳞石》诗是否有副标题"在西屏山",似有争议。明末清初著名戏剧文学家、松阳训导孟称舜于顺治年间刊印《兰雪集》,其中《龙鳞石》诗题下标"在西屏山",此后各版《兰雪集》的《龙鳞石》诗题下均标副题"在西屏山"。然而,元、明、清处州府志、松阳县志均无关于"龙鳞石"作为名胜奇观的文字记载。于是,有好事者登山寻觅"龙鳞石",均未果。笔者第一次读《龙鳞石》诗,见"在西屏山"四个字,也曾上山探寻,只见西屏山体概为褐色砂石岩,毫无诗文所谓"古石横青壁"("青壁",青石崖壁),这就从地质条件上否定了龙鳞石"在西屏山"的可能性。

"龙鳞石",何许物也?我猛然记起,在长沙铁道兵政治学院进修时,一位皖籍学员曾把玩一块美石,炫耀是"龙鳞石",因其产于灵璧市而俗称"灵璧石"。相关资料称:其有规律地排列鳞片状纹理而称"龙鳞石"。

于是,我推想:官宦张家收藏马肝砚、麝珠墨、凤尾笔等名贵物品颇多,也许还包括一块精美的"龙鳞石",从而张玉娘有条件欣赏细究,产生雅兴,一气呵成《龙鳞石》。

"古石横青壁,苍蛟松下蟠。"描写"龙鳞石"的静态。"古石",古老石头,此指"龙鳞石"。"青壁",青色山壁,此指青石崖壁,如《晋书·隐逸传·宋纤》:"(马岌)铭诗于石壁曰:'丹崖百丈,青壁万寻。'""苍蛟",苍老的青龙。"苍",多义字,如青色、深青色,如苍老。"蛟",古代传说中一种能发洪水的动物,一说雌性无角为"龙",一说龙无角曰"蛟"。《说文解字》称,蛟,"龙之属也"。"蟠",从虫从番。"虫",示蛇。"番",意为"交替重复"。"虫""番"相合，表示"身体扭动时左曲右曲呈波浪线状"。

诗句大意是：一块古老的长石条横亘于青石崖壁的表面，就像一条苍青苍老的蛟龙蜿蜒盘曲在青石崖壁的表面。

由此可见，张家收藏的"龙鳞石"图形如下：背景——青石崖壁，上有一棵苍青古松；主体——苍松下、青石崖壁表面盘曲一条苍青苍老的蛟龙。张玉娘选用"苍"字表现"蛟龙"老迈体态，选用一个"蟠"字表现"蛟龙"蜿蜒身段、盘伏形态。于是乎，一条静态"蛟龙"跃然纸上，其形可谓"惟妙惟肖"。

"日斜山气湿，瘦甲动余寒。"描写"龙鳞石"的动态。"甲"，即鳞甲，此指龙的鳞片。"余寒"，本指大寒之后尚未回暖时的寒气，一般指残余的寒气。

诗句大意是：清晨，当旭日横斜照射在青石崖壁上，崖壁蒸腾温湿雾气，尚在休眠的"蛟龙"感到温暖，受到滋润，渐渐复活，忽然全身鳞甲一张一合，搅动了清晨残余的寒气。

前句写"蛟龙"复活条件：一是温度，"日斜"导致休眠"蛟龙"体温升高；二是湿度，"山气"导致干瘪的"蛟龙"身体润泽。后句写"蛟龙"复活的情状：精瘦的鳞甲忽然一动，便搅动残余寒气。"瘦甲动"三个字，活脱脱地表现出"蛟龙"复活的典型特征，"动余寒"三个字，又活脱脱地表现出"蛟龙"鳞甲张合力之强劲。于是乎，一条动态"蛟龙"跃然纸上，其神可谓"栩栩如生"。

这首《龙鳞石》是咏物诗。咏物，重在状物。状物，重在特征，唯此，咏物方能神形兼备。张玉娘将"龙鳞石"里的"蛟龙"描绘得活灵活现，得益于她善于选用"诗眼"字词，以利"点睛画龙"。如用"蟠"字表现"蛟龙"盘曲状态，十分形象。如改用其他文字，断难收到静态形似之效。又如用"瘦甲动"三个字表现"蛟龙"苏醒状态，富有活力，如改用其他文字，也断难收到动态神似之效。由此可见张玉娘遣词用字之精当，咏物艺术之高超。

# 梅 花

潇洒石池边，清标出自然。
东风零乱后，蜕甲玉蜿蜒。

## 【译文】

一树蜡梅潇洒临风石池水边，
它清逸标致出自本性的自然。
当春风将万物弄得零乱之后，
它如蜕甲白龙玉体伸屈蜿蜒。

## 【赏析】

### 潇洒出自风骨美

在这首诗中，张玉娘咏赞蜡梅清逸潇洒的风姿，傲霜斗雪的风骨，表明崇尚自然美、心灵美的审美观。

"潇洒石池边，清标出自然。"咏赞蜡梅潇洒气质。"潇洒"，形容神态、容貌、举止洒脱不拘、超逸绝俗，如唐·李白《王右军》："右军本清真，潇洒在风尘。""清标"，清美出众，如元代武汉臣《生金阁》第三折："草刷儿向墙头挑，醉八仙壁上描，盖造的潇洒清标。"

诗句大意是：在石垒周边的水池旁，一株蜡梅风姿招展，显得气度洒脱；清美出众，却是出自本性的自然大方。

张玉娘采取拟人手法，即运用形容人洒脱、大方的"潇洒"二字表现蜡梅风姿,用形容人清秀、英俊的"清标"二字表现蜡梅貌美,从而赋予蜡梅以人的美好,令人触目可感。更加意味深长的是,张玉娘还用"出自然"三个字强调蜡梅风姿潇洒、容貌清逸这些外在之美均非矫揉造作、刻意装扮,而是美好本性的外化,纯系自然美。张玉娘崇尚自然美,由此可见一斑。

"东风零乱后,蜕甲玉蜿蜒。"咏赞蜡梅傲雪风骨。"东风",东方吹来的风,此指春风,如《礼记·月令》:(孟春之月)"东风解冻,蛰虫始振,鱼上冰。""零乱",指散乱、无章。语出唐·李白《月下独酌》诗之一:"我歌月徘徊,我舞影零乱。""蜕",蛇蝉之类脱皮脱壳,用以比喻事物发生形质变化。"玉",敬辞,犹言尊贵的身体。如《战国策·赵策四》:"恐太后玉体之有所郄也,故愿望见太后。"

诗句大意是:春风骤来,万物被弄得散乱无章,蜡梅虬枝犹如蛟龙脱去鳞甲显出的雪白玉体蜿蜒伸展。

好一幅蜡梅银装素裹景象。前句"东风"与后句下雪天气似乎不相适应。其实那冬天少有、相对温暖的东南风,是下雪的必要条件——使地面水分受热蒸发上升到高空,遇到冷空气,或凝成液态下雨,或凝成固态下雪下雹。因此,张玉娘先写"东风"后写下雪不仅实属正常,而且显得因果关系顺畅。她用"零乱"二字以表明"东风"强劲有力,用"蜕甲"二字以暗示梅枝为雪所覆失去原色,用"玉蜿蜒"三字以形容雪里虬枝犹如玉龙盘曲,十分形象生动,表达出对蜡梅傲雪风骨的敬意!

梅,为"岁寒三友"之一。由于自古咏梅佳作甚多,后人咏梅推陈出新不易。张玉娘这首咏梅诗就很有新意。她写蜡梅外在气质美,重在赞其"出自然";写蜡梅傲雪风骨,重在赞其万物"零乱"而一枝独秀——"玉蜿蜒"。一首小诗容纳如此高雅的立意、如此美好的画面、如此幽雅的意境、如此独到的审美观，实属不易。这应当是她对池边蜡梅长期观察，潜心研究，借鉴前人，陶冶情操的结果。

## 题画小景

山合云初尽，溪阴下夕阳，
贪看无限好，柳底泄秋光。

**【译文】**

群山复合由于云雾刚刚消散尽，
溪柳荫下沉浮着一轮鲜红夕阳。
我贪婪相看吟诵"夕阳无限好"，
忽然柳底泄漏几束秋日的波光。

**【赏析】**

## 夕阳美在近黄昏

从标题看，这是张玉娘在一幅名为"小景"的风景画上的题诗，揭示"夕阳无限好"的主题思想。

所谓"题画"，就是在图画空白处书写文字，或落款，或作文，或题诗。写在画上的诗歌，称"题画诗"，题诗内容或咏画面意境，或抒发思想感情，或评述绘画艺术。经过长期实践，题诗、画图、书法都成为绘画章法之一。在中国，一幅好画作一般都是诗、书、画三者完美结合，相互辉映，相得益彰。尤其题诗可以帮助人们加深画面认识、理解画意，领略意境，获得更多美的享受。宋以前不少对画作有感而发的诗歌虽然没有题在画上，但从广义上讲，也算是题画诗。

张玉娘除了工诗，还长于绘画，自然会题诗画上。本诗是其中之一。

"山合云初尽，溪阴下夕阳。"描写清秋雨后黄昏景象。"山合"，山岚合拢，此指原本被云雾隔成几个部分的连绵群山后因云雾飘散而好似重新合拢、恢复原貌。"溪阴"，指溪畔杨柳绿荫。

诗句大意是：秋日雨后，连绵群山被云雾隔为两个部分，随着云雾飘散，那两部分很快弥合起来，重现连绵状态。这时天已放晴，只见溪岸柳荫底下沉浮一轮夕阳。

前句写远处群山云散重合景象，后句写近处溪边柳荫底下沉浮一轮夕阳，构成前因后果关系，正如毛泽东所云"雨后复斜阳"。雨后黄昏，蓝天如洗，夕阳鲜红，光穿柳荫，倒映水底，这是一幅多么美丽、多有情趣的图景！

"贪看无限好，柳底泄秋光。"赞叹夕阳无限好。"泄秋光"，语出霓悟《捣练子·秋》："秋夜长，秋山黄，秋水粼粼缀残阳。秋夜秋山愁色，不似秋水泄秋光。""秋光"，此指秋日夕阳光。

诗句大意是：天一放晴，"我"就以贪婪的目光看那彤红夕阳，不禁哼起李商隐诗句"夕阳无限好"。吟毕，一束清秋夕阳波光忽然从溪岸杨柳绿荫底下泄漏过来，十分耀眼炫目。

前句"无限好"由李商隐诗句"夕阳无限好"化成。因此，当画中人"我"雨后看到夕阳，就会哼起李夫子佳句"夕阳无限好"。后句化用霓悟诗句"不似秋水泄秋光"。因此，当"我"看到夕阳波光绚丽，激起诗兴，就会随口而出诗句"柳底泄秋光"。很显然，"我"用即兴而出的诗句赞美水中夕阳"无限好"要比"我"借用古人诗句赞美天上夕阳"无限好"深情得多、生动得多。另外，用字精当，为诗句平添不少表现力。"贪"，本为贬义字。张玉娘将"贪看"与夕阳"无限好"联系起来,使人觉得"贪看"反而带有褒义,似乎唯有用上"贪看"方能充分表达喜爱夕阳之情。"泄",中性字。张玉娘在"柳底"与"秋光"之间用"泄"字联系起来,使人觉得有"偷漏"之意,似乎唯有用上"泄"字方能充分表现溪柳枝叶之浓密、透光之不易,从而倍感夕阳波光之珍贵。如此表现"秋光",可见描画细致。

综上所述,这首诗所展示的"小景"画面大致如下:背景——蓝天如洗,群山连绵,少许白雾;主景——松阴溪畔岸柳成行,绿荫浓重,夕阳斜照,波光粼粼,反射柳荫,一束夕光照耀少女。张玉娘画罢,在画面空白处题诗、落款、盖印,从而诗画互映,美轮美奂。

这首诗名为"题画小景",却提出了一个很大的主题——如何正确认识和对待晚年。人生四个字:生、老、病、死。老年问题既是个人问题,又是社会问题。历代文人重视老年生活问题,留下不少诗作,其中李商隐诗句"夕阳无限好,只是近黄昏"最负盛名。不过,李夫子"夕阳无限好"句意义积极,而"只是近黄昏"句意义消极。张玉娘在诗中赞美"夕阳无限好",未提"只是近黄昏",有扬有弃,主张老年人要珍惜晚年、乐观向上。她这种积极、乐观的人生态度值得今人借鉴。

# 夜 鹭

白鹭宿秋陂,夜寒知自洁。
孤立不飞去,月明霜气冽。

## 【译文】

一只白鹭露宿在秋实累累的山坡，
它在夜里饥寒交迫但知自律自洁。
它久久孑然孤立不为觅食而飞去，
尽管月光明朗霜风寒气正当凛冽。

## 【赏析】

### 自律慎独方高洁

这首诗借助白鹭秋夜忍饥受冻不苟且偷食，自律保持洁身自好，以倡导和赞颂"慎独""廉洁自律"的道德情操。

"白鹭宿秋陂，夜寒知自洁。"描述白鹭"知自洁"。"秋"，多义字，此指庄稼成熟的时候，如《说文解字》："秋，禾谷熟也。""秋陂"，长满果实的山坡。"陂"，从阜从皮，与"坡"字通，意为"山坡""斜坡"等，如岑参《首春渭西郊行呈蓝田张二主簿》："秦女峰头雪未尽，胡公陂上日初低。""自洁"，自律洁身，语出《后汉书·张酺传》："朝廷望公思惟得失，与国同心，而托病自絜，求去重任，谁当与吾同忧责者？"

诗句大意是：黑夜沉沉，一只白鹭栖宿在果实累累的山坡上，甘心忍受饥寒交迫，是因为它知道洁身自好的道理。张玉娘将"白鹭"置于"秋坡"——食物丰富、"夜寒"——气候恶劣这样一个典型环境中，从而为白鹭"知自洁"做好厚实的铺垫，表明白鹭"知自洁"是高度理性、明智、自觉的。

"孤立不飞去，月明霜气洌。"描述白鹭守廉洁。"洌"，多义字，此指寒冷，如左思《杂诗》："秋风何洌洌，白露为朝霜。"

诗句大意是：后来，月光明亮，白鹭仍然独自孤立，不飞去觅食，尽管还是霜风凛冽。张玉娘又将白鹭置于"月明"——看得清满坡果实、"霜气冽"——比"夜寒"更冷酷的典型环境中,从而为白鹭"不飞去"做好厚实的铺垫。表明白鹭"知自洁"又基于"慎独"的坚强意志。

这首《夜鹭》诗立意高远,思想深刻,正确回答了如何抵御物质利益诱惑的社会性大问题,那就是:一要加强自身思想道德修养,切实"知自洁";二要加强抗腐蚀的意志力养成,做到"自洁"。诗中的"白鹭"在"秋陂""夜寒"的条件下甘忍饥寒,在"月明""霜气冽"的条件下"不飞去"觅食饱腹,凭的是"知自洁"的思想自觉和意志定力,真可谓"富贵不能淫,贫贱不能移,威武不能屈"。她还用"知自洁"将白鹭拟人化,当有以白鹭抛砖引玉,以令人深思、反躬自省之用意。革命导师恩格斯在《给哈格奈斯的信》中提出"典型环境中的典型人物"的文学创作论题,认为"典型人物与典型环境的统一,是现实主义创作的一个基本原则"。比恩格斯早约六百年的张玉娘似乎也懂这个理,她这首《夜鹭》诗写作艺术的显著特点就是将"白鹭"置于典型环境之中,通过大肆渲染"秋陂""夜寒"这样的典型环境来烘托、突出、彰显白鹭知"自洁"的思想自觉,通过大肆渲染"月明""霜气冽"这样的典型环境来烘托、突出、彰显"白鹭"行"自洁""不飞去"的坚强意志,从而对"白鹭"油然而生敬意。

诗言志。张玉娘借助讴歌白鹭"知自洁",表明她具有"知自洁"的人格精神。笔者笃信,她尽管出身于封建官僚家庭,却未感染封建思想文化陋习,注重自身修养,崇尚"自洁",力行"自洁",从而成为一位天生丽质、白玉无瑕的自洁女子。

# 西楼晚眺

向晚登高楼，帘开楼上头。

白烟凝野水，望断使人愁。

## 【译文】

傍晚时分我登上高耸的西楼，

拉开窗帘伫立在阁楼最上头。

由于白色烟雾凝滞田野溪水，

我望断视线尽头却使人忧愁。

## 【赏析】

### 望眼欲穿无归人

在这首《西楼晚眺》诗中，张玉娘描述自己傍晚登楼远望，迎候未婚夫的情景，表达出对于离人团圆的渴望和离人未归的失望。

"向晚登高楼，帘开楼上头。"描写登楼迎候的情景。"向晚"，傍晚或临近傍晚的时候。"向"，多义字，此指将近、临近，如杜甫《茅屋为秋风所破歌》："俄顷风定云墨色，秋天漠漠向昏黑。"

诗句大意是：将近傍晚的时候，我想他应该归来，便急匆匆地登上府第的西楼，站在桌子上，拉开阁楼窗户两幅帘布缝隙的最上头，远远俯视松阴溪面。

前句表明，张家府第是楼房，张玉娘站在楼上可以望见松阴溪上舟楫来来往往。她将"登高楼""帘开""楼上头"三个词连缀成串，淋漓尽致地表现自己迎候归人的急促和急切心情。她不仅登楼远望，而且从阁楼窗帘最高处远望，也许是从王之涣名句"欲穷千里目，更上一层楼"得到的启发吧。

"白烟凝野水，望断使人愁。"描述迎归未果后的心情。"野水"，泛指野外水流，此指松阴溪水。"望断"，视力所及断头之处。

诗句大意是：正当我登楼远望时，白色烟雾凝滞在田野之外的松阴溪面上，我使劲望断视线的尽头，也看不见他归来，不禁忧愁起来。如果说，本诗前两句描写致力于"登高"，那么，这两句描写着力于"望断"。如果说，本诗前两句心理描写是着力于"急切"，那么，后两句心理描写着意于"忧愁"。这是因为，张玉娘原本希望捷足先登迎见心上人，想不到为白烟所挡，即使极尽目力、望断秋水，却是无济于事，必定会心生忧愁。这就是"西楼晚眺"的结果——"使人愁"，饱含多少别离之苦、牵挂之情、失望之意！

由全诗内容可以推知，张玉娘这首《西楼晚眺》应当作于其未婚夫沈佺结束外地求学，科场高中，衣锦还乡前夕。据两宋科举制度，诸路州军科场限八月进行引试，次年二月进行礼部试士，四月进行殿试。又据《沈氏宗谱》序"八世孙佺登宋咸淳辛未榜眼，科甲蝉联，炳耀史乘"，这首《西楼晚眺》应当作于宋咸淳辛未年（1271）年四月殿试以后的几天或十几天或最长一个月的时间段内。

这首绝句起承转合顺畅自如。起句"登高楼"与承句"帘开楼上"两个动作连贯，起承宛若水到渠成；第三句尽管不用转折词，然而"白烟"有碍于登高远望，实际起到委婉转义作用。第四句"望断"，综合了上述登楼远望、开帘远望、穿雾远望、极目远望的内容，最终归入"使人愁"，实属极高程度的"合"。最后一个"愁"字点明主题，其实"愁"字隐约充满全诗，因愁而登楼远望、因愁而开帘远望、因愁而穿雾远望、因愁而极目远望，结果还是愁。这个"愁"字，好生了得！

# 听 琴

竹外结枯桐，琅琅生松风。
听来还自惜，坐对烛花红。

## 【译文】

琴声在竹林外连接一把木琴枯桐，
琅琅乐音衍生出古老琴曲"松风"。
从音调听来他还算能够自我珍惜，
于是我安然独坐面对银烛灯花红。

## 【赏析】

### 弹琴听琴二知音

在这首诗中，张玉娘自述在一个月夜听到竹林外传来古曲《风入松》的琴声，忧伤的心方得以慰藉，复归平静。

"竹外结枯桐，琅琅生松风。"描写听琴的情景。"枯桐"，此指桐木琵琶，弹拨乐器，归于琴类。典出《后汉书·蔡邕传》："吴人有烧桐以爨者，邕闻火烈之声，知其良木，因请而裁为琴，果有美音，而其尾犹焦。故时人名曰'焦尾琴'焉。"后来遂以"枯桐"为琴的别称。"结"，多义字，此指"连接"，如张衡《车京赋》："结云阁，冠南山。"薛综注："结，连也。""生"，多义字，此指衍生。"琅琅"，象声词，形容金石撞击的声音、响亮的读书声音等，如司马相如《子虚赋》："礌石相击，琅琅磕磕。""松风"，古琴曲《风入松》的别称，东汉"竹林七贤"之一嵇康所作，曲调特点是清脆悦耳，仿佛来自山谷松林之风。李白《鸣皋歌送岑征君》："盘白石兮坐素月，琴松风兮寂万壑。"

诗句大意是：他在竹林之外弹奏枯桐琴，出自枯桐琴的清脆琴声传达的是古琴曲《风入松》。

前句表明，听琴人所在位置与弹琴人所在位置之间隔着一片竹林，也就是弹琴人在"竹外"，由此形成琴声相继联结"古桐"（弹琴人）、竹林、听琴人的关系。后句表明，弹琴人心情较好，因为他不仅选择音调轻松、风格清朗的古琴曲，而且由于弹得专心而琴声琅琅。

"听来还自惜，坐对烛花红。"描写听琴人从琴声中听出弹琴人心情平静。"自惜"，自行怜惜、自我珍惜。

诗句大意是：我从轻柔清越的琴声中听得出来，他此时此刻心情平静，看来已经懂得自我珍惜了。于是，我放心了，安然独坐面对彤红的烛光灯花。由前句内容可以推测，弹琴人先前曾经不太"自惜"，也曾经被听琴人埋怨劝导。从那以后弹琴人学会"自惜"，不再弹奏那些引人伤心的曲子，改而弹奏古琴曲《风入松》之类的清越悦耳、音调轻曼的曲子。于是，张玉娘从琴声中悟出弹琴人心情平静知"自惜"。能从琴声中听出"自惜"或不"自惜"，真知音也！真可以与伯牙抚琴遇知音（钟子期）故事相媲美。

张玉娘写这首诗，是以听琴人的听觉为线索贯穿全文，也就是听出琴声，听出琴声来自"竹外"，听出琴声发自"古桐"，听出琴曲"松风"，听出弹琴人"自惜"。这里的听琴人是作者张玉娘，弹琴人是张玉娘的未婚夫沈佺。全诗的关键句"听来还自惜"点睛式地暗示出张懋悔婚以后，沈佺经历了由悲观失望、不能自惜到振作精神、自我珍惜的情绪转变过程。张玉娘则随之经历了由担心到放心的情绪转变过程。在此期间，由于悔婚风波，张沈两家尽管隔竹相邻，近在咫尺，有情人，不能约会，只能以音乐传情，从而成就一对知音，不失为一段爱情佳话。正可谓：近水知鱼性，近山识鸟音。知音乃知心，知心方知音。知音弹与知音听，听罢放心真知音。

# 哭沈生

中路怜长别，无因复见闻。
愿将今日意，化作阳台云。

## 【译文】

在人生中途可怜你作此久长之别，
我从此无缘将你音容笑貌再见闻。
我只愿将今日表白的真情与实意，
化作那楚王阳台上暮时雨朝时云。

## 【赏析】

### 悼哭只求来生缘

据王诏《张玉娘传》，张玉娘与同龄表兄沈佺自幼青梅竹马，两小无猜。订婚以后更是情深意笃。后因沈氏家道中落，张父悔婚。为了有情人终成眷属，玉娘支持未婚夫外出深造。沈佺二十二岁高中榜眼，衣锦还乡却成染疾而归，当年逝世。

对于沈佺的不幸逝世，张玉娘悲痛欲绝，扎白花，披麻衣，设灵堂，绘画像，一边泣泪痛哭，一边倾诉心曲。这首五绝《哭沈生》就是她哭悼沈佺的真实记录。

"中路怜长别，无因复见闻。"交代沈佺英年早逝。"中路"，此指人生道路的中途。"怜"，此指哀怜、同情、怜悯。"因"，即因缘、机缘，如《史记·田叔列传》："少孤，贫困，为人将车之长安，留求事为小吏，未有因缘也。"

诗句大意是：好可怜呀！你还在人生的中途就与我长辞而别，今后我再也没有机缘见到听到你的音容笑貌。真是如诉如泣，只要设身处地，将心比心，就会感受到一股动人心魄的震撼力。

"愿将今日意，化作阳台云。"表明殉情意愿。"阳台云"，代指男女合欢之处，典出宋玉《高唐赋》："妾在巫山之阳，高丘之岨，旦为朝云，暮为行雨，朝朝暮暮，阳台之上。"

诗句大意是：我愿将今日哭悼你的情意，化作楚王阳台上的朝云和暮雨。

言下之意是：我对你的爱情不会因为你生命的亡故而消失，如有来生将与你朝夕相伴。就像巫山神女化作朝云暮雨相伴楚王阳台。张玉娘以"巫山神女"自比，因此，她的"今日意"，是殉情的誓言，铿锵有力，掷地有声。

张玉娘这次悼哭，肯定有千言万语：说不完的话、诉不完的苦、道不完的情。如果全部入诗，就会诗将不诗。于是，她将千言万语集中提炼、高度浓缩为"怜长别""无因复见""今日意""阳台云"等四方面内容，作为题材，吟为五言绝句，结构严密，"来龙"清楚，"去脉"顺势，因果相联，天衣无缝，语言通俗，近乎口语，质朴无华，近乎平淡，尽管没有描写痛哭、形容悲痛的字眼，却字字血、声声泪，动人心魄、催人泪下。


## 华清宫

柳暗春风远，花飞香梦残。
夜深明月度，寂寞玉雕阑。

## 【译文】

宫苑柳荫幽暗却与江南春风相距远，

五彩繁花纷飞而杨氏贵妃美梦破残。

夜深人静一轮明月从宫苑上空飞渡，

唯有寂寞陪伴那汉白玉的雕花护阑。

## 【赏析】

### 物是人非华清宫

"华清宫"，唐时皇家行宫，位于今陕西省西安市临潼区骊山北麓，南依骊山，北临渭水，以温泉汤池著名，称"华清池"。

张玉娘作为大家闺秀从未出过远门，应当无缘游览"华清宫"。但作为知识女性，她博览群书，当知"华清宫"往事，便即兴吟咏，述当今物是人非，叹故人何必当初。

"柳暗春风远，花飞香梦残。"描述华清宫物是人非。"柳暗"，形容柳树枝繁叶茂绿荫幽暗，语出唐代武元衡《摩诃池送李侍御之凤翔》："柳暗花明池上山，高楼歌洒换离颜。""春风远"，意为春天未到，即指冬天。"香梦"，甜蜜梦境，一般指女子美梦，由于旧时文人常用"香"字代称女子，如武元衡《春兴》诗："春风一夜吹香梦，梦逐春风到洛城。"

诗句大意是：尽管此时此刻距离春风送暖的春天还很遥远，华清宫苑却已杨柳繁茂，绿荫幽暗，而那位美人的美梦就像那五彩花絮纷纷飘飞一样早已残破。前句中的"柳暗"与"春风远"搭配，呈现出华清宫"冬日里的春天"的奇特景象，此为"物是"之意。冬天柳绿浓荫，令人不可思议。然而，张玉娘凭借华清池温泉的巨大热能，艺术地营造出一个春天般温暖的小气候环境，似乎令人可以置信。后句中"花飞"比喻"香梦残",反映一种类似"无可奈何花落去"的人物可悲结局,此为"人非"之意。这里所指的"香梦",应当就是华清宫男女主人独占华清池、沐浴温泉、永远享乐的欲望。前后两句合构形成的"物是人非"苍凉情景,为华清宫抹上一层浓重的历史沧桑色调,发人深思。

"夜深明月度,寂寞玉雕阑。"描写华清宫月夜死寂沉沉的景象。"玉雕阑",玉石雕花的栏杆。

诗句大意是:当夜深人静一轮皎洁的明月在华清宫上空缓缓横渡而过,月下的华清宫苑的汉白玉雕花栏杆只有寂寞相伴。

张玉娘仅仅用十个字,就描绘出一幅"明月依旧度,却无赏月人"这样一种明月宫苑依旧、男女主人不在的死寂景象,以与当年华清宫的男女主人在花红柳绿中沐浴罢,依凭汉白玉雕花栏杆共赏明月的欢愉情景形成鲜明对照。从而进一步论证"物是人非",为华清宫苑再抹一层历史沧桑的浓重色调。

这首《华清宫》是一首咏史诗。所咏者何人?根据诗文内容,所咏历史人物应该是唐明皇及其宠妃杨玉环。对此,诸多历史文献不仅有详细记载,而且大加嘲讽鞭挞,其中最著名者当属唐代伟大诗人白居易长篇诗歌《长恨歌》"回眸一笑百媚生,六宫粉黛无颜色。春寒赐浴华清池,温泉水滑洗凝脂"句。以往文人吟咏华清宫,笔伐杨贵妃,不外乎两个方面:一曰"荒淫无耻",二曰"红颜祸水"。张玉娘吟咏华清宫,慨叹杨贵妃,另辟蹊径——物是人非。"物是人非",语出宋代词人李清照《武陵春》:"物是人非事事休,欲语泪先流。"意为"东西还是原来的东西,可是人已不是原来的人了"。由此看来,"物是人非"的真理性在于:客观事物只能遵循自身规律发展,而不以人的意志而转移,况且人生有限。华清宫沧桑历史就是如此。数百年后,其殿宇巍峨依旧,华清池温泉依旧,宫顶上空月度依旧，宫苑冬暖如春依旧，柳绿荫浓依旧，花开花落依旧。然而岁月无情、人生苦短，当年华清池的沐浴人不在了。如此"物是人非"，多么发人深思。如果唐明皇、杨贵妃早知华清宫宇、华清温泉、冬暖如春、柳绿花红皆身外之物，早知"物是人非"的道理，当初何必独占华清池共浴之快！由此看来，人贵有自知之明，凡事都要想得开，不要挥霍浪费，不做享乐美梦，也就不会至于"香梦残"。

# 长信宫

珠箔疏流月，萤归定绣裳。
宫西灯火合，歌吹起昭阳。

## 【译文】

珠箔串成宫帘梳理流线似的月光，
萤火虫飞归而来落定锦绣绫罗裳。
长信宫西各路灯队四面八方汇合，
歌声骤然而起欲吹掀东宫"昭阳"。

## 【赏析】

### 长信宫前狂欢夜

"长信宫"，位于两汉京都长安城东南隅。据《三辅黄图》，由秦"兴乐宫"改建而成，曾名"长乐宫"，用于皇帝视朝。汉惠帝以后，"朝会"移到"未央宫"，"长乐宫"遂改名"长信宫"，成为太后宫宅，与未央宫、建章宫同为汉代三宫。长信宫以灯著称，宫灯通体鎏金，中空，灯体由头部、身躯、右臂、灯座、灯盘、灯罩六部分组成，形似踞坐掌灯、优雅恬静的宫女。灯罩由两片弧形板合拢而成，可活动，以调节光照度和方向。灯盘有一方鎏柄，座似豆形。灯身刻铭文九处计六十五字，灯上刻有"长信"二字。灯座由身着广袖内衣和长袍的宫女左手把持，右臂高举。每逢正月十五元宵节，汉朝廷在灯火辉煌的长信宫前举行大规模灯会，各路灯队登场表演，各式灯具争奇斗艳，堪称一绝。

张玉娘吟咏长信宫，想象当年长信宫元宵之夜灯会盛况，借以揭露封建统治者挥霍民脂，穷奢极侈、狂欢作乐。

"珠箔疏流月，萤归定绣裳。"描写长信宫灯火辉煌、皇太后珠光宝气。"珠箔"，用线串以玉珠箔片的垂帘，如宋代刘秉《七夕》诗："珠箔风轻月似钩，还将锦绣结高楼。""箔"，指金属薄片，如银箔、金箔、锡箔。"疏"，多义字，作名词，通"梳"字；作动词，指"疏导""梳理"。

诗句大意是：用丝线串联珠玉、金银箔片的宫楼门帘就像一把巨型梳子，正在梳理一缕缕流线似的月光；在灯光引诱下，一群群萤火虫像回家一样纷飞归来，落定在皇太后那流溢珠光宝气的锦绣衣裳上。

张玉娘用梳子比喻帘子，描写长信宫宫楼门帘梳理月光，贴切生动；又利用萤火虫的趋光性不仅暗示长信宫灯光灿烂，而且突显出皇太后服饰流光溢彩，看似夸张得不符事理，却又觉得符合情理。她之所以要突破常规地夸张，也许认为封建统治者奢华、荒诞，怎么夸张也不为过吧。

"宫西灯火合，歌吹起昭阳。"描写元宵歌舞灯会的盛况。"宫西"，指长信宫前面靠西方向的宫殿，也就是婕妤居住的西宫一带。"灯火合"，意为灯光队伍汇合，表明有许多支彩灯表演队。"昭阳"，即昭阳宫，在长信宫前面靠东方向，为皇后宫宅，又名"东宫"。

诗句大意是：当各路灯队汇合到长信宫前面靠西的西宫一带，歌舞声骤然响起，其声势之大足以吹翻东面那座昭阳宫。

诗文透露两条信息：其一，汉后宫主要宫宇有皇太后居住的长信宫、皇后居的东宫（昭阳宫）、婕妤居住的西宫，三座宫殿呈等腰三角形格局，其中以长信宫为顶角，东宫、西宫分别为底角；其二，灯会在长信宫前的东宫与西宫之间举行，各路灯队依次从西舞向东，又从东舞向西，循环往复。灯队舞毕，歌声响起，势如狂风。这样，皇太后在长信宫楼上隔着门帘居高临下观看表演，听闻歌声。后句"歌吹起昭阳"，极其夸张，写绝了灯会规模之宏大、声势之雄壮，营造出"千人颂歌为一人，万人舞灯博一笑"的壮观场景，从而将最高封建统治者狂欢作乐的面目暴露无遗。

张玉娘这首咏史诗《长信宫》以夸张见长。全诗四句，两句采取夸张的修辞手法，份额很大。"萤归定绣裳""歌吹起昭阳"夸张至极，简直达到"使不可能成为可能"的地步，却不使人感到夸张失实，反而使人觉得夸张妥当，读之过瘾、回味无实，获得美的艺术享受。

# 六　绝

## 春　晓

夜雨连阶碧草，东风满院飞花。

湘竹帘凝晓色，石楠树散栖鸦。

## 【译文】

昨夜春雨流溢台阶连累碧青芳草，

今早春风吹满庭院纷飞鲜红落花。

挥泪成斑湘竹窗帘初凝淡白晓色，

石楠树上分散栖息几只报丧乌鸦。

## 【赏析】

### 春晓满目不祥兆

这是一首六言绝句，简称"六绝"，由四句组成，每句六个字。写作上要求每句字数相等，平仄相对，偶句入韵，一韵到底。由于每句六个字即三个二字词，停顿节奏为二二二，所有音步时值相等，缺乏五、七言诗句的单、双音步交替的节奏变化，致使两联之间平仄无法形成"粘"的关系，写作难度极大。因此，历来少六绝作者，少六绝作品，更少六绝佳作。

鉴于上述情况，张玉娘留存五首六言绝句，就显得弥足珍贵，值得研究欣赏。

在这首《春晓》诗中，张玉娘描述自己在一个春日早晨所见所闻各种景物皆为不祥之兆，从而无比伤感，传递出对婚姻前景极度失望的悲观情绪，令人同情。

"夜雨连阶碧草，东风满院飞花。"描述风雨摧残花草的情景。"连阶"，顾名思义是台阶一个层级连着一个层级，也指台阶层级不清。"东风"，此指春风。

诗句大意是：昨夜春雨下个不停，雨水漫溢台阶直泻碧绿的小草，今早春风劲吹，整个庭院纷纷飞扬花瓣。"春雨""春风""春草""春花"，原本都是美好事物，而在这个春晓，"春雨""春风"因摧残"春草""春花"而成了凶残的加害者，令人憎恶；"春草""春花"则成了无辜的受害者，令人同情。张玉娘一早起床就目睹这幅春草零乱、春花零落的衰败景象，预感兆头不祥，自然会无比伤感春天。

"湘竹帘凝晓色，石楠树散栖鸦。"描述乌鸦报丧的情景。"湘竹"，指"湘妃竹"，又名"斑竹"，典出李衎《竹谱详录》卷六："泪竹，生全湘九嶷山中。舜南巡，葬于苍梧，尧二女娥皇、女英泪下沾竹文，悉为之斑。""石楠"，又名"千年红"，木本植物，常绿小乔木，有上千个品种，春季开白花，秋结细红果实。

诗句大意是：当采用湘妃挥泪而成的竹斑篾条编制的窗帘开始凝结拂晓的淡白曙色，我忽然听到"呱呱"鸟鸣声，抬头一看，原来几只乌鸦散栖在白花初放的石楠树上。

张玉娘把"晓色"与"湘竹"联系起来，表明她看到窗帘晓色时曾经想到娥皇、女英挥泪湘竹悼舜帝的故事，便认为是不祥之兆。俗话说："乌鸦头上过，无灾必有祸。""老鸦叫，祸事到。"张玉娘将"石楠"白花与"栖鸦"哇声联系起来，又认为是不祥之兆乃至"凶兆"。自然会有一种忧心忡忡。

这首《春晓》是角度新颖的伤春诗，其新就在于从"不祥之兆"的角度切入。一年之计在于春，一日之计在于晨。因此，春晓是最为美好的时光。然而，在这个春晓，张玉娘满眼都是不祥之兆：春雨零乱春草，春风零落春花，真可谓"春雨春风摧残春"；斑泪凝结晓色，栖鸦传报噩耗，真可谓"湘竹乌鸦折杀人"。一个春晓她遭遇这么多不祥之兆，既伤春又忧人还自怜，其情何以堪！从而造就本诗的意境之美。

# 春 残

帘外落花万点，枝头啼鸟一声。

唤转枕边春梦，倚阑终日凝情。

## 【译文】

窗帘外面落花满地数以万点，

绿树枝头初醒鸟儿啼鸣一声。

鸟儿鸣声唤醒枕边女子美梦，

从此整日倚栏远眺凝聚神情。

## 【赏析】

### 梦里梦外皆伤春

这首诗标题"春残"，表明作品作于暮春时节。

在这首诗中，张玉娘自述梦中看到窗外春树花落一地、听到枝头鸟儿鸣声，梦醒倚栏凝情等人的情景，表达离愁相思之苦。

"帘外落花万点，枝头啼鸟一声。"描写梦里残春景象。

诗句大意是：窗帘外面，花落遍地，有数万点之多，而树枝梢头那只鸟儿刚刚醒来就啼鸣一声。

中国历书有"三春"之说，即孟春、仲春、季春三个阶段，也就是农历正月、二月、三月。江南地区受亚热带季风气候影响，一般而言，农历正月万物复苏，二月草木生长开花，三月草木花谢。再加上农历三月春风较前强劲，春雨较前频繁，落花更多，正如孟浩然诗云："一夜风雨声，花落知多少。"也由亚热带季风气候影响，农历三月鸟儿较前活跃，春晓鸟鸣更早。由此可见，"花落万点""啼鸟一声"实乃残春景象的典型特征，也是描写残春景象的点睛之笔和绝妙佳句。

"唤转枕边春梦，倚阑终日凝情。"描写梦醒等人情景。"唤转"，唤回、唤醒、唤起的意思。"春梦"，一指充满春天气息的梦，二与性有关的梦。根据上文干旱景象，应指伤感春旱之梦。"终日"，意为一天终结，指一整日，如《东周列国志》第二回："申后久不见太子进宫，着宫人询问，方知已贬去申国。孤掌难鸣，终日怨夫思子，含泪过日。""凝情"，意为神情专注，如唐代李康成《玉华仙子歌》："转态凝情五云里，娇颜千岁芙蓉花。"

诗句大意是："啼鸟一声"传到枕边，将我从当年残春的梦境中唤醒，便赶紧起床，身子倚靠栏杆，凝神注视远方。

本诗第一句第二句尽管对仗工整，却是一起一承描写残春美景的流水对。"唤转"，在此起到由写景到写人的承上启下的转折作用，实现了由梦中景象到梦外景象的无缝对接和自然过渡，显得浑然一体。"由"春梦"可知，闺中女子梦见落花万点、梦闻鸟啼一声并非当日残春景象，而是当年残春送别情侣时所见所闻所见所闻景象，这是因为，做梦人做梦时不可能将当时春景入梦。"倚阑"与"终日凝情"联袂，前者表现等人的行为姿态，后者表现等人表情专注，便将闺中女子的深重离情活灵活现出来。

这首《残春》是一首伤春诗，是由残春美景引起伤感不已的美妙情诗。情诗是美妙的，而诗情是苦楚的。自从当年在残春美景中送别情侣引来初相思，那个残春美景便长留在闺中人脑海中，春梦便年年重复，相思便层层叠加，积成常相忆、长相思，终日等人归，却又等不到，必然加重离情，延长相思。上述种种，完整完美地体现在《残春》诗之中。

这首诗的奇妙之处在于：梦里是美好的残春景象，梦外是闺中女子满怀别绪离愁，倚栏凝情等人的情景，二者形成巨大反差和鲜明对比，还结成因果关系，从而造成一种春景越长，相思就越长，春景越美，离愁就越重的艺术效果。这样的伤春，就不是标签式的伤春，而是实在的、可感知的伤春，富有感染力，能够打动人心。

# 幽居漫赋

细雨吹凉入户，闲花扶影移阶。
愁人紫燕相语，古道春风去来。

## 【译文】

毛毛细雨吹送凉爽进门入户，
悠闲花枝摇扶人影移步台阶。
忧愁人儿面向紫燕相互对语，
燕子答曰古道只有春风去来。

## 【赏析】

### 愁人为何问紫燕

在这首诗中，张玉娘自述在一个春日雨后等候、迎接未婚夫的情景，表达出不知心上人能否归来的焦虑情绪。

"细雨吹凉入户，闲花扶影移阶。"描述等待人归的情景。"闲花"，此指野花，如元代周孚先《蝶恋花》词："野草闲花，一一伤离绪。""扶影"，搀扶影子。

诗句大意是：天下起毛毛细雨，原本闷热的春风似乎被雨退凉，然后才将清凉吹入闺房门户；雨后天空放晴，那悠闲无事的花枝轻轻摇曳，似在搀扶一个身影移步登上台阶。

在这两句诗文中，"扶影移阶"是诗眼，意为扶人登上台阶远望人归。为了渲染欢迎气氛，张玉娘运用拟人修辞方法，赋予"细雨"以"吹凉"的行为，赋予花枝以"闲"的心情和"扶"的动作，隐约显示被花枝搀扶的人影无力上台阶的虚弱状态，妙趣横生，精彩迭出。

"愁人紫燕相语，古道清风去来。"描述人燕对话情景。"紫燕"，燕名，也称"越燕"。宋代罗愿《尔雅翼·释鸟三》：（紫燕）"体形小而多声，颔下紫色，营巢于门楣之上，分布于江南。""相语"，相告、告知、对话，如宋代辛弃疾《贺新郎》词："又檐燕，留人相语。"

诗句大意是：我站在台阶上层远眺，却不见有人归来，便询问正在门楣上栖息的紫燕："紫燕，你站得比我高，请问古驿道上有人归来吗？"紫燕回答说："古驿道上只有清风来来去去。"

对于这种空等的结果，张玉娘不是直言道明，而是运用拟人修辞方法，赋予燕子以通人语言的功能，用燕子的答复含蓄地暗示应归的人儿未归来。这番人燕对话，不仅因其离奇而引人入胜，还因其离奇而趣味盎然。请试想，若非人孤单，用得着与燕"相语"吗？若非人情急，用得着问讯燕子吗？人燕对话，实属万般无奈！又正是人燕对话，将她等待的焦急心态表现得淋漓尽致，无可复加。

张玉娘将这首小诗题为"幽居漫赋"。"漫赋"者，漫不经心吟咏也。果真如此吗？对作者而言，她才华超众，也许真是随意之作。而在笔者看来，这是精心之作。别的不说，单就这首四句六言的小诗竟然三用拟人修辞艺术，实属罕见。如果这也是"漫赋"，非超级大手笔岂能为之？

# 咏杨柳

袅袅斜笼寒雨，年年萦乱愁肠。
相对不堪憔悴，画眉羞斗纤长。

## 【译文】

袅袅柳枝斜舞笼罩于寒冷春雨，
年年岁岁萦绕缭乱我忧愁之肠。
相对明镜不堪忍看容颜已憔悴，
描画眉毛羞于挑逗那柳叶纤长。

## 【赏析】

### 不堪春柳乱愁肠

杨柳之美，在于新绿柳条如丝如缕、袅袅娜娜。古人常以袅娜柳枝形容美女的苗条身段、轻盈体态，以纤纤柳叶比喻女子的细长眉毛。历代文士吟咏杨柳，或赞美春天，或赞美女子，或抒发伤春之情，佳作甚多，传唱不断。

在这首《咏杨柳》中，张玉娘将自己作为一位"愁人"入诗，观赏柳枝袅娜、柳叶纤长，长叹自惭形秽、青春不再，表达出"为伊消得人憔悴"的离情之苦。

"袅袅斜笼寒雨，年年萦乱愁肠。"描述"愁人"赏新柳添新愁的情景。"袅袅"，轻盈纤美、随风摇曳的样子。"萦乱"，"缠绕""缭乱"二词的合称。"萦"，《广韵》："萦，绕也。"如《诗经·周南·樛木》："南有樛木，葛藟萦之。"

诗句大意是：年年岁岁看到袅袅舞动的新绿柳条被笼罩在寒冷的春雨之中，就觉得那些袅娜柳条年年岁岁缠绕、缭乱着我这充满忧愁的柔肠。

从文字上看，这两句均缺主语。然而读之觉得"袅袅斜"前有主语——柳枝。因为形容袅袅斜舞最适宜的事物非柳条莫属。这也许是张玉娘有意将主语隐去的原因吧。同样，"年年萦乱"前缺少主语文字却觉得主语"柳条"在焉！在常人眼里，新绿柳条袅袅婷婷，无比美好。而在张玉娘眼里，新绿柳条会引起新愁，痛断柔肠，从而是"萦乱"人心的情丝。她之所以会有这样的观感，在于先入为主地移情景物。她为什么会"见新柳添新愁"，且看下文分析。

"相对不堪憔悴，画眉羞斗纤长。"描述"愁人"面对新柳感到羞愧的情景。"画眉"，此指一种化妆事项——描画眉毛——古代女子用毛笔、黛粉把眉毛画成眉月形状。"斗"，通"逗"字，逗引、挑逗之意，如《初刻拍案惊奇》卷三五："斗得满街里闲嗑牙。""纤长"，纤细修长，此指柳叶。

诗句大意是：对照镜中人瘦削憔悴的容颜，我伤心得难以承受，于是手执毛笔，蘸点黛粉，描画眉毛。可是这新描的眉毛羞于挑逗那纤细修长的新绿柳叶。

张玉娘连续两次运用对比的修辞方法，披露自己每见新柳就添新愁的原因——"不堪憔悴"，无颜面对新绿柳条，就连新描的眉毛也羞于挑逗纤长柳叶。其言下之意是：我花容不再，青春已老，颜面对心上人。"羞斗纤长"，意为羞于挑逗纤长的杨柳叶。张玉娘将本该作宾语的名词"柳叶"隐去，而将本不该作宾语的形容词"纤长"作宾语，似乎违规，却总觉得比"羞斗柳叶"倍增生动形象。

张玉娘这首《咏杨柳》由于描画杨柳新枝袅袅娜娜、新叶纤细修长等典型特征，给人以美的享受，因此，它无疑是一首优美的咏物诗。然而，她咏唱新柳之美是为了引出"萦乱"咏唱人的"愁肠"，进而道明咏唱人花容不再、"不堪憔悴"、青春不再、"羞斗纤长"，自叹无颜面对心上人。这种情景多么凄惨，这种心境多么悲怆。因此，它无疑是一首优美的抒情诗。

# 闲 谣

兰径香薰幽佩，竹风凉度疏帘。
情归锦瑟弦断，绣倦金针倒拈。

## 【译文】

兰草相夹幽径兰香熏染纫兰之佩，
竹林清风清凉度入梳齿般的竹帘。
闲情归入精美琴瑟琴弦一弹就断，
改为绣花却因困倦而将金针倒拈。

## 【赏析】

### 哀思缱绻哪得闲

在这首诗中，张玉娘自述趁着风凉花香人闲之时弹琴娱乐，却弹断琴弦，改为绣花，却倒捏金针，反映出忧愁缱绻、永无清闲的心境。

"兰径香薰幽佩，竹风凉度疏帘。"描写优美宜人的环境。"兰径"，指两边植有兰花的小路。"薰"，本义薰草，作动词通"熏"，表示熏烤熏制物品，如《汉书·龚胜传》："薰以香，自烧，此用其根也。"又如"烟熏""熏鱼""熏服"等。"幽佩"，用幽兰连缀成佩饰。语出屈原《离骚》："扈江离与薛芷兮，纫秋兰以为佩。""疏帘"，意为梳子似的竹帘。疏，通"梳"字。

诗句大意是：庭院小路两边植有幽兰草，夹道的兰草香气熏染佩饰上连缀兰草，竹林里吹出清风，凉爽度入如梳的窗帘。

多么幽雅的庭院：两旁兰草相夹小道、兰花香气熏染纫兰连缀的佩饰、竹林来风，送凉入帘，好不惬意。在这舒适宜人的环境里，想必"兰闺女儿"张玉娘自然会悠闲起来吧。

"情归锦瑟弦断，绣倦金针倒拈。"描述愁绪缠绵的情景。"锦瑟"，一指装饰华美的瑟，形状似琴，最早有五十弦，故称"五十弦"。后二十五根弦，粗细不同，每弦一柱，按五声音阶定弦。一指李商隐代表作之一《锦瑟》，辞藻华美，含蓄深沉，情真意长，感人至深，却素有"解人难"叹。从其大量借用庄生梦蝶、杜鹃啼血、沧海珠泪、良玉生烟等典故，应当是李商隐追忆青春年华，伤感年轻丧妻的悼亡之作。"倒拈"，倒着拿捏。"拈"，用手指搓转，或用手指轻夹，如"拈须""拈花惹草"。

诗句大意是：我趁闲将思怀之情移归于名为"瑟"的精美乐器之中，却一弹弦断，改为绣花，却顿觉困倦，竟然将金针倒捏。

前句中的"情归锦瑟"，语出李商隐《锦瑟》："锦瑟无端五十弦，一弦一柱思华年。"笔者推想，张玉娘手抚"锦瑟"时，也许联想到李夫子悼妻的《锦瑟》诗；弹瑟断弦时，也许联想到李夫子诗句"锦瑟无端五十弦，一弦一柱思华年"，从而勾起对亡人的悼念之情。而"金针倒拈"四个字，更是活脱脱地表现出张玉娘思悼之时那种神志不清、手指失灵的困倦状态。

这首《闲谣》诗前后意境反差悬殊、对比强烈。如果说，前两句将庭院优美闲适的生态环境渲染得登峰造极，那么，后两句则将兰闺女儿忧愁悲伤的心态表现得无以复加。闲适稍纵即逝，而悲伤经久不息，这样一来，"闲谣"便只是趁闲作谣而已，其心情必然"闲"不起来。

清光绪松阳县署版《兰雪集》编者曾对以上五首六言绝句作眉批，云："六言诗最患短撅。各诗风致嫣然，独祛其病。"所谓"短撅"，指诗句内部字词之间联系短缺、似乎中断，字词之间过渡不平滑顺畅，类似翘角。就六言绝句而言，如果三个词二字词搭配不当，诗句就会语气不顺畅、语意中断。例如"兰径香薰幽佩"句，由于有动词"香薰"充当谓语，语气就顺畅，语意就连贯。如果将动词"香薰"改成名词"香气"，那么，"兰径""香气""幽佩"三个名词相互孤立，会导致语气不顺畅，语意不连贯。张玉娘工于选词，精于搭配，从而五首六言绝句均无"短撅"之患。所谓"风致嫣然"，就是称赞这五首六言绝句都很优美，就像美女那般容貌美好；笑态娇媚。笔者颇有同感。

# 七 绝

## 春 思

玉勒雕鞍燕北春，闲愁空自惜芳尘。
杨花入户还飞去，应笑虚帏翠被新。

## 【译文】

他骑着口衔玉嚼身披雕鞍的骏马浏览燕北之春，

她无端生愁白白地自我怜惜犹如芳花沦落为尘。

当年杨将军白花好似杨花入户终究还是远飞去，

今应嘲笑胡太后仍将空虚帐里翠被褥日日换新。

## 【赏析】

### 无奈杨花远飞去

这是一首七言绝句。诗题"春思"，意为春日的思绪情怀，比喻男女情爱。古代诗人留下不少以"春思"为题吟咏男女情爱的诗歌佳作。

张玉娘这首《春思》表达一种什么样的男女情爱？

"玉勒雕鞍燕北春，闲愁空自惜芳尘。"描述一位将军和一位女子天各一方的情景。"玉勒"，玉制的马衔。马衔，马嘴所衔的铁条，又名"马嚼子""马铁""马口铁"等。玉质马衔，象征军人阶位高。如明代李时珍《本草纲目·金石一·诸铁器》："马衔，即马勒口铁也。""雕鞍"，雕花马鞍。"燕北"，燕郡北部。"燕"，古郡名，辖境相当于今北京市城区、大兴区、昌平区及廊坊市安次区等地。"芳尘"，多义，此指落花，如南朝·宋·谢庄《月赋》："绿苔生阁，芳尘凝榭。"

诗句大意是：一位将军骑着口衔玉嚼子、身披雕花鞍的高头大马正在燕北大地观赏美好春光，一位女子却在忧愁得闲时空自叹惜自己被人抛弃，就像芬芳花儿凋落地上化为尘土。

"玉勒雕鞍"表明，将军飞黄腾达、荣华富贵、春风得意。"自惜芳尘"表明，女子独守空房，愁眉苦脸、无可奈何。鲜明的对比，比出不同处境，有人悠游有人独处，有人欢乐有人悲叹，有人不相思有人单相思，表明男女爱情有开花无果实。从而留下两个疑团：这对男女何许人？谁要分离？

"杨花入户还飞去，应笑虚帏翠被新。"描述女子眷恋旧情。"杨花"，此指历史人物杨白花。《梁书·杨华传》："杨白花，北魏将军杨大眼之子，少有勇力，容貌魁伟。太后逼通之。会父大眼卒，白花惧及祸，改名华，拥部曲降梁。太后追思不已，为作《杨白花歌》：'阳春三月，杨柳齐作花。春风一夜入闺闼，杨花飘荡落南家。含情出户脚无力，拾得杨花泪沾臆。秋去春来双燕子，愿含杨花入窠里。'太后作歌罢，使宫人昼夜连臂踏足歌之，声甚凄婉。""华"通"花"，本诗"杨花"代指"杨华"。这位"太后"，就是南北朝北魏齐和帝的母亲、太后胡真仙。"虚帏"，指帷帐空空。

诗句大意是：杨白花就像那杨柳白花飞进屋里又飞出去，而可笑是太后胡真仙独守空帐却不死心，日日更换翠绿新被，等他回来，真是痴心妄想，恬不知耻。

前句化用《杨华传》关于"太后逼通之""拥部曲降梁"轶事，从而解开疑团：其一，"这对男女何许人？"乃北魏太后胡充华与将军杨大眼之子杨白花；其二，"谁要分离？"乃杨白花主动逃离。

张玉娘借用"杨花入户""还飞去"的自然现象比喻杨白花被诱逼入宫、因惧怕东窗事发而离魏投梁的过程,十分贴切,且不露痕迹。后句表明作者态度:其一,"应笑"胡太后似乎不懂"强扭的瓜不甜"的道理,荒淫无耻,逼人为奸,终究落得个独守"虚帏"的下场;其二,"应笑"胡太后被人抛弃、空守帐还不死心,傻等杨白花,日日"翠被新"。嘲笑幽默,讽刺辛辣。

张玉娘这首《春思》不写自己与心上人的男女情事,而写历史人物胡充华与杨白花的男女情事,因此,它既是一首爱情诗,又是一首咏史诗。也许,她读了《梁书·杨华传》、胡充华《杨白花歌》,心灵受到震撼,感慨万千,对于高大英俊的禁军统领杨白花竟然因被威逼而私通深表同情,对于才华横溢的胡太后竟然弄权淫荡寻欢投以鄙视,便吟成《春思》,用四句二十八字概述这桩风流韵事,以诗明志,以史为鉴!

# 昼　寝

南窗无事倦春妍,绣罢沉香火底眠。
清梦却羞飞絮杳,误随双蝶度秋千。

【译文】

　　我在南窗下无所事事便厌倦起春花斗妍,
　　刚刚绣完一枝沉香花就在红烛灯下入眠。
　　春梦里我羞于流言绯闻如同飞絮来无杳,
　　于是误随一对翩舞彩蝶飞度于飞荡秋千。

## 【赏析】

## 无时无刻不伤春

诗题"昼寝",意为白天就寝睡觉。

在这首《昼寝》诗中,张玉娘自述白天厌倦春花争奇斗妍、梦里羞于流言蜚语、意欲超脱世俗凡尘的情景,表达出无时无刻不伤春的无奈情绪。

"南窗无事倦春妍,绣罢沉香火底眠。"描述梦前厌倦春妍的情景。"春妍",此指春天妍丽的景色,如陆游《天华寺前遇县令》诗:"堕絮飞花掠钓船,天华寺下赏春妍。""沉香",此指一种植物"土沉香",又称"女儿香",产于我国南方,花序呈伞形,木材有香气,味苦辛,可入药。

诗句大意是:我在南面窗户下已经无事可做,反而厌倦起春天的妍丽景色,既然厌倦起春色,就绣沉香花,绣完沉香,就在灯火下面昏昏入睡。

前句表明,由于婚姻受挫、离愁折磨、花容不再,张玉娘便一见春花娇妍就反感、妒忌、厌倦,并以干活、睡觉来竭力回避。这是多么严重的伤春之情啊!

"清梦却羞飞絮杳,误随双蝶度秋千。"描述梦里羞于绯闻纷扰的情景。"清梦",清静美梦。"飞絮",本义为"飘飞的柳絮"。由于"飞"字通"绯"字、"絮(叨)"与"语"同义,因此,"飞絮"引申为"绯语"或"蜚语"或"飞语",均指没有根据的诽谤言论。"秋千",一种传统体育器具:两绳下拴横板,上悬于木架,人坐在或站在横板上,两手分握两绳,前后往返摆动。

诗句大意是:在清静的梦境里,我听到流言蜚语,尽管都是飞絮一般没有根据,却令我害羞,不堪忍受。于是,我误随一对彩色蝴蝶去荡秋千。

前句中的"飞絮"前置"羞"字表明，张玉娘梦境中的"飞絮"不是纷飞的柳絮，而是与"飞絮"谐音的"绯语"即流言蜚语。张玉娘作为大家闺秀、当地名人，尽管道德高尚，恪守本分，然而婚姻受挫，难免被人议论，其中不乏绯闻。也许她耳有所闻，梦有所见，深感羞辱，思想摆脱，便误随彩蝶去荡秋千。后句"误随双蝶"与"度秋千"表明，张玉娘曾因一度绯闻缠身而厌恶人世。从字面上看，"随双蝶"当然属"误"。然而从"羞飞絮"角度来看，"随双蝶"因事出有因而不仅不属于"误"，而是有意为之，从而更充分地表达出要逃离凡尘人事，摆脱绯闻纷扰的思想感情。

诗题"昼寝"，内涵丰富，寓意深长。昼日厌倦春妍、绣倦沉香，实因伤春而厌春。昼寝羞于绯闻、误随彩蝶，实为伤春而厌世。总之，张玉娘这一天梦外梦里皆伤春。

# 端　午

晓糁蒲玉泛琼浆，臂结红丝暗自伤。
莫谩相逢宜楚节，独怜清梦隔潇湘。

【译文】

拂晓时分早将糯米羹料蒲果混合美味琼浆，
红线缠粽恰似手臂连结红绳不禁暗自悲伤。
不要胡说什么"离人相逢最宜在楚人节"，
我独自怜惜梦里相逢却远远隔着潇水湘江。

## 【赏析】

## 楚节离人梦难圆

端午，即端午节。关于端午节的来历，有多种说法，最普遍的说法是源自一个传说——战国时期楚国政治家、诗人屈原被流放，五月初五日投汨罗江自尽。楚人缅怀屈原，投粽喂鱼，以保全其身。于是，端午节包粽子、吃粽子相沿成习。

在这首《端午》诗中，张玉娘自述由端午节包粽子引起对在外地求学的未婚夫沈佺的相思之苦，既有"每逢佳节倍思亲"的情意，又有对"离人相逢宜楚节"的质疑。

"晓糁蒲玉泛琼浆，臂结红丝暗自伤。"描述端午包粽子的情形。"糁"字，多义，此指糯米与汤料混合物。"蒲玉"，卵圆形，似玉珠，又称"蒲桃""葡萄"，李时珍《本草纲目·果之五》："葡萄，汉书称蒲桃。""琼浆"，本义为用美玉调制的浆液，中国古代传说是仙人的饮料，如"瑶池琼浆千杯少"。引申代指好酒或美味浆液。"臂结红丝"，结婚或媒妁的代称，比喻女子嫁人，典出《开元天宝遗事·牵红丝娶妇》："郭元振少时，美风姿，有才艺。宰相张嘉正欲纳为女婿。元振曰：'知公门下有女五人，未知孰陋，事不可仓卒，更待忖之。'张曰：'吾女各有姿色，即不知谁是匹偶。以子风骨奇秀，非常人也。吾欲令五女各持一丝幔前，使子取便牵之，得者为婿。'元振欣然从命，遂牵一红线，得第三女，大有姿色。后果然随夫贵达也。"

诗句大意是：拂晓备料，将糯米、蒲玉、羹料、美酒混合成玉糁羹，再用箬叶包裹玉糁羹，最后用线扎实。当我用红线裹扎粽子时，联想到新婚丈夫将红绳联结新娘手臂牵引进入洞房的情景，然而此刻，我却不见心上人，不禁暗自伤心。

为篇幅所限，张玉娘对于端午包粽子习俗采取略中间、抓两头，即只写——准备、扎线。备料重在讲究用料，以示对端午的重视。扎线重在"结红丝"，引人联想新人结婚"臂结红丝"仪式。张玉娘在用红线缠扎粽子时就因联想到"臂结红丝"仪式而"暗自伤"，从而表明她当时已经婚姻受挫、远离恋人，苦苦相思。

"莫谩相逢宜楚节，独怜清梦隔潇湘。"评述端午节无关乎离人。"谩"，多义字，此指谩骂、欺骗、蒙蔽，如《说文解字》："谩，欺也。""楚节"，指楚国人纪念屈原的节日，即端午节。"潇湘"，潇水和湘江的合称，潇水为湘江支流。战国时期，湘江流域属于楚国。表达爱人思念之情。

诗句大意是：不要胡说什么人们相逢最适宜的时候是楚人节。理由是，我在梦里来到楚地，被潇水湘江阻隔，不能相逢心上人。

前句以否定口气质疑"相逢宜楚节"，后句以肯定口气用"清梦隔潇湘"亲历事实否定"相逢宜楚节"，从而得出结论："相逢宜楚节"是欺人之谈。王维诗云："独在异乡为异客，每逢佳节倍思亲。"端午返乡会亲人已成习俗，张玉娘不可能不知晓，却冒天下之大不韪，否定"相逢宜楚节"，也许是由于多少个端午节没有相逢心上人而产生的极端想法。这种极端想法恰恰表明她离愁之重、相思之苦。

这首《端午》诗突破以往端午节日欢快的套路，大写端午思亲难相逢，令人耳目一新，同样给人以思想启迪和美的享受，是一首观点鲜明、思想光耀的好诗。

# 秋 思

秋入银床老井梧，能言鹦鹉日相呼。

兰闺半月闲针线，学得崔徽一镜图。

## 【译文】

秋风吹入银色护栏其中有古井梧桐，

能言鹦鹉即将秋天信息日日相告呼。

兰闺女子半月闲置绣花金针与彩线，

向崔徽学得画技绘成一幅"明镜图"。

## 【赏析】

### 秋思原来为团圆

在这首诗中，张玉娘自述由于"立秋"过后"中秋"将至，便停止一切针线活，专心学习绘画技艺，画成一幅圆月图，对远在外地的未婚夫表达思念之情和团聚之愿。

"秋入银床老井梧，能言鹦鹉日相呼。"描写秋天到来的情景。"银床"，有多种解释，此指月光下呈银白色的水井护栏。如南朝庾肩吾《九日侍宴乐游苑应令》诗："玉醴吹岩菊，银床落井桐。"又如古乐府《淮南王篇》："后园凿井银作床，金瓶素绠汲寒浆。"

诗句大意是："立秋"之夜，明月皎皎，秋风刚吹入古井护栏，井边的梧桐树开始落叶，从此，能言鹦鹉整天呼叫，告知秋天到来信息。

梧桐是秋天最早落叶的乔木，古人便认为"梧桐先知秋"。张玉娘借鹦鹉"日相呼",将秋天到来—梧桐知秋—主人知秋连成信息传递链条,十分精彩。而主人知秋就自然会想到:立秋既到,中秋不远,该做什么?

"兰闺半月闲针线,学得崔徽一镜图。"描述兰闺女子学习绘画技艺绘画明月图的情景。"兰闺",汉代指后妃宫室,如《后汉书·皇后纪赞》:"班政兰闺,宣礼椒屋。"李贤注:"班固《西都赋》曰:'后宫则掖庭椒房,后妃之室,兰林、蕙草、披香、发越。兰林,殿名,故言兰闺。'"后为女子居室的美称,也指未出嫁的年轻女子,如元代萨都剌《织女图》诗:"兰闺织锦秦川女,大姬哑哑弄机杼。""崔徽",唐代一歌妓名,善画,典出宋代张君房《丽情集》:"崔徽,河中府娼也。裴敬中以兴元幕使蒲州,与崔相从。累月,敬中使还。徽不能从,情怀抑郁。后东川幕府白知退将自河中归,徽乃托人写真,谓知退曰:'为妾敬中,一旦不及卷中人,且为郎死矣。'发狂疾卒。""一镜图",意为一幅明镜图,实指《明月图》或《圆月图》。

诗句大意是:我得知秋天到来,感到中秋为时不远,便停止针线活,用半个多月时间,向古代女画家崔徽学习绘画技艺,终于画成一幅明镜般明月图。

由此看来,张玉娘学绘技为绘《一镜图》,绘《一镜图》为寄《一镜图》,寄《一镜图》为表团圆意。

在这首诗中,张玉娘以"兰闺"女子自称,以明幽兰之操。她这次"秋思"绘《一镜图》,正好印证幽兰之操、忠贞之情。由于这次学得绘画技艺,此后绘成《题画小景》《伯牙图》《蔡确图》《苏子图》《子猷图》等作品。

# 春 晓

## ——和徐氏润然韵

梦回隔竹漏声残，春起移灯看牡丹。
无力东风暗吹烛，独披清露倚雕阑。

## 【译文】

梦醒之时隔着竹林传来漏壶滴水声残，
懒懒起床轻步移灯照看庭院里的牡丹。
无力春风暗吹那闪动豆大光点的花烛，
我独自一人身披清露倚靠着雕花护栏。

## 【赏析】

### 惜花惜人不自惜

张玉娘这首《春晓——和徐氏润然韵》（以下简称《春晓》）是对徐氏润然《春晓》诗的和诗，自述梦醒起床，掌灯看花，独披清露，倚栏等人，流露出为了等人不知自惜的思想感情。

"梦回隔竹漏声残，春起移灯看牡丹。"描述梦醒观花的情景。"梦回"，从梦中醒来，如南唐李璟《摊破浣溪沙》词之二："细雨梦回鸡塞远，小楼吹彻玉笙寒。""漏声"，指漏壶滴水声。古代用漏壶计时，一般入夜加水，滴水报时，天亮滴完。"春"，多义字，通"蠢""笨"，如《周礼·考工记·梓人》："张皮侯而栖鹄，则春以功。"郑玄注："春，读为蠢。"

诗句大意是：我刚从梦中醒来，就听到隔着竹林的沈家漏壶的微弱的滴水声，便懒懒地从床上起来，轻移脚步，来到庭院，手持烛灯，照看牡丹花。

由"隔竹"可知，张家与邻居沈家只隔一片竹林。由"漏声残"可知，张玉娘"梦回"之时将近黎明，因为人们一般入夜时将漏壶水滴完。由"春起"可知，张玉娘身心疲惫，体质虚弱。由"移灯看牡丹"可知，张玉娘梦见风雨摧折牡丹。心生惜花之情。"梦回"闻得"漏声残"，破晓即"春起"，轻步"移灯"，秉烛"看牡丹"，这一连串动作将她的惜花之情跃然纸上，俨如护花女神。

"无力东风暗吹烛，独披清露倚雕阑。"描述披露等人的情景。"东风"，此指春风，因为牡丹春天开。"披"，多义字，此指覆盖或搭衣于肩背，如唐代李朝威《柳毅传》："景从云合，而见一人，披紫衣，执青玉。"诗句大意是：软弱无力的春风暗暗吹动红烛的火光，我独自一人身披清冷露水，倚靠雕花栏杆，等待他的出现。

吟诵诗句，仿佛一位等候女子浮现眼前：一个春晓，在淋漓露水中，她手掌烛光，独自倚靠雕花栏杆，注目竹林尽头。等谁？应当是竹林那头传出漏壶滴声人家的人。"倚"表明，女子体虚无力，难以独立。"独披清露"表明，女子为了等人而不自惜。

这首《春晓》诗是张玉娘一个春晓生活片段的真实写照。事由始于梦境，她梦见自己与邻居表兄、未婚夫一起观赏牡丹，忽然下雨，淋湿牡丹，痛惜不已，从而深更梦醒，睡眼惺忪，慵懒起身，轻移细步，手掌烛灯，察看牡丹，受到露淋，那表兄呢，不在身边，于是不顾身体虚弱，不顾清露淋漓，倚栏等待。惜花惜人不自惜。

副标题"和徐氏润然"表明，张玉娘这首《春晓》是对徐润然《春晓》诗的和诗。徐润然何许人？徐氏《春晓》诗写什么？均无从考证。笔者推测，徐氏润然很可能是张玉娘女性诗友。按照唱诗、和诗在声律上"必须步韵,依韵,从韵",在诗意、诗情、主题思想上"相对应、有关联,差不多"的要求,根据张玉娘《春晓》诗的音韵、事物、意境、主题,可以推知徐氏唱诗《春晓》押"丹"字韵,吟咏对象应当是其他花,内容可能是在春晓梦里与恋人一起赏花。不知哪位高手能以张玉娘这首《春晓》为模本,逆向创作,大体再现徐氏润然唱诗《春晓》?

# 香闺十咏

## 桃花扇

浓华妆点一枝春,影拂潇湘月半轮。
歌彻霓裳风力软,钗横鬓乱晓寒新。

## 【译文】

她在扇面画上浓艳桃花以装点一条梅枝如春,
桃花扇影轻轻拂动沉浮潇水湘江的明月半轮。
她将霓裳羽衣曲吹彻云霄使得风力显得疲软,
再翩翩起舞任由金钗横鬓零乱直到晓寒重新。

## 【赏析】

### 梅枝桃花扇伴舞

"桃花扇",绘有桃花的扇子。女子持桃花扇,则人面桃花,相映成趣。古代歌妓舞女以桃花扇作道具,载歌载舞,俗称"桃花扇舞"。

诗题"香闺十咏"表明,张玉娘有一把桃花扇。也许睹物生情的缘故，她面对桃花扇，想象出唐明皇专宠贵妃杨玉环领衔跳桃花扇舞的情景，出口成章《桃花扇》，加以讽刺。

"浓华妆点一枝春，影拂潇湘月半轮。"描写制作、尝试桃花扇舞的情景。"浓华"，色彩浓艳的花朵，此指粉红正浓的桃花。"华"通"花"。"妆点"，装点、装饰。"一枝春"，特指梅花，典出《太平御览》卷九七〇引南朝盛弘之《荆州记》："陆凯与范晔相善，自江南寄梅花一枝，诣长安与晔，并赠花诗，曰：'折花逢驿使，寄予陇头人。江南无所有，聊赠一枝春。'"后多以"一枝春"为梅花别称。

诗句大意是：她先在桃子形的扇面上用很浓的桃红颜色描绘出来的浓艳桃花装点出一条蜡梅枝的春色，然后尝试桃花扇舞，只见她用"桃花扇"的倒影轻轻拂弄潇水湘江中的半轮明月。

前句写杨贵妃亲手在扇面上作画。在张玉娘的笔下，杨贵妃分不清桃枝与梅枝的差异，自作聪明，先在扇面上画一朵朵浓艳桃花，再画一条梅枝，桃花妆点梅枝而成"一枝春"，不伦不类，还真认为是桃花扇，颇具讽刺意味。后句写杨贵妃持扇试舞，用伪"桃花扇"的影子拂弄沉在湘江潇水中的半轮明月，也许会命名为"桃花扇舞"吧！"影拂"二字，赋予扇子以人的戏谑情态，十分生动有趣。诗句没有讽刺、贬斥性的文字，却将杨贵妃貌似尊贵，其实浮薄的一面揭露无余。

"歌彻霓裳风力软，钗横鬓乱晓寒新。"描写"桃花扇舞"的盛况。"霓裳"，即《霓裳羽衣曲》《霓裳羽衣舞》，唐代中国宫廷乐舞。相传为唐玄宗登洛阳三乡驿，望女几山所作（一说是根据《婆罗门曲》改编），它集唐歌舞之大成，是中国音乐舞蹈史上的一颗璀璨的明珠。"安史之乱"后曾一度失传。南宋年间，姜夔发现商调霓裳曲乐谱十八段，收录于《白石道人歌曲》。

诗句大意思是：杨贵妃在众人伴舞下手持"桃花扇"上场，唱起《霓裳羽衣曲》，歌声响彻九天，使春风显得软弱无力；跳起"桃花扇舞"，舞得金钗横斜、鬓发凌乱，直到天亮。

多么气势浩大的"桃花扇舞"！张玉娘将"歌彻霓裳"对比"风力软"，以彰显歌者发声之力大，歌声之响亮；将"钗横""鬓乱"与"晓寒新"相联系，以彰显舞者舞蹈多之疯狂之长久，将狂欢之夜描述到精彩至极，将狂欢之人刻画得入木三分。这首《桃花扇》是咏物诗，因为张玉娘将"桃花扇"描写得真真假假、妙趣盎然。这首《桃花扇》又是咏史诗，因为张玉娘借助杨贵妃的假"桃花扇"，不仅写出了载歌载舞的情景，还辛辣地讽刺了杨贵妃的浅薄、轻佻、张狂。

对于这首《桃花扇》，（松本）《兰雪集》有一眉批："何必减庾兰成香奁诸什。""香奁"，此指一种名叫"香奁体"的诗歌体裁，反映仕女闺房生活，因晚唐韩偓《香奁草》而得名。宋代严羽《沧浪诗话·诗体》云："香奁体，韩偓之诗，皆裾裙脂粉之语。"香奁体诗多写艳情且辞彩华丽，被称"艳诗"。有人也许把桃花扇看作妖艳女子的专用品。也许没有读透弄明，便将张玉娘这首《桃花扇》归类于"香奁体"艳诗，将张玉娘视为妖艳女子。这是误导。我们读这首《桃花扇》诗，只有透过现象看本质，深刻领会诗的蕴意，才能真正认识一位"庾兰"一般雅洁的女诗人张玉娘。

### 鲛绡帨

半幅生绡雪色寒，鲛人相赠比琅玕。
华清浴罢恩波媚，南浦伤时泪雨斑。

## 【译文】

我有半幅鲛绡丝织成的帨巾颜色雪白透清寒，

这是南海鲛人相赠的礼物价值堪比玉树琅玕。

她在华清池浴罢用鲛绡巾擦身感恩秋波献媚，

我在南浦口伤心用鲛绡巾拭目泪如雨下成斑。

## 【赏析】

### 半幅绡巾两命运

"鲛绡帨"，传说中鲛人所织的绡，亦借指薄绢、轻纱。典出南朝任昉《述异记》卷上："南海出鲛绡纱，泉室潜织，一名龙纱。其价百余金，以为服，入水不濡。"

对于这个神话传说，也许张玉娘曾经展开丰富想象——南海鲛人将一幅鲛绡巾裁为两个半幅，分别赠予世间二位名带"玉"字、貌若天仙的女子，一位是唐玄宗专宠贵妃杨玉环，另一位是南宋松阳才女张玉娘。她们各将鲛绡巾派作不同用处，正如《鲛绡帨》所云。

"半幅生绡雪色寒，鲛人相赠比琅玕。"描述鲛绡帨的珍贵。"生绡"，本指尚未漂煮的生丝，此指鲛绡，传说中鲛人所织的绡。"琅玕"，中国神话传说中的仙树，其实似珠，典出《山海经·海内西经》："服常树，其上有三头人，伺琅玕树。"

诗句大意是：我这半幅鲛绡巾颜色雪白，仿佛透着寒气；由于这是南海鲛人赠予的礼物，其价值自然堪比玉琅玕。

张玉娘连用两则典故从三方面说明鲛绡帨之珍贵：一是绡帨以鲛丝为材质，薄如蝉翼，色白如雪；二是来之不易，是南海鲛人的赠品，十分难得；三是价值贵重，即鲛人只织一幅，十分稀罕，即便半幅也价值连城。这半幅鲛绡帨的来历，揭晓一位得主——松阳大家闺秀张玉娘。这半幅鲛绡帨的珍稀珍贵，自然含有得主的珍惜之意。

"华清浴罢恩波媚，南浦伤时泪雨斑。"描写两位女子各自使用"鲛绡帨"的情景。"华清"，指华清池，相传唐明皇冬天偕杨贵妃沐浴温泉之处。"恩波"，此指感恩的眼波。"泪雨斑"，与典故"湘竹"或"斑竹"出处相同。

诗句大意是：在华清宫苑温泉池里，一位女子沐浴罢，一边用半幅鲛绡巾擦洗身体，一边向夫君暗送秋波，表示感恩；我却由于在城南浦口等不到久别之人而用半幅鲛绡巾擦拭泪水。

前句"华清浴罢""恩波媚"表明多层意思：其一，揭晓另半幅鲛绡巾的得主——唐玄宗专宠贵妃杨玉环；其二，杨玉环用半幅鲛绡巾当作浴巾用于擦拭身体，作践劳动成果；其三，杨贵妃沐浴用鲛绡巾却不感恩鲛人，只知媚目传秋波，感谢皇恩皇浩荡。后句"南浦伤""泪雨斑"也表明多层意思：其一，张玉娘婚姻受挫后与未婚夫长期分离，从而常到南浦迎候；其二，张玉娘平时舍不得用鲛绡巾，只是南浦迎候未果，伤心痛哭时不得已才用鲛绡巾擦拭清泪；其三，张玉娘南浦等人那天流了很多泪水，以至鲛绡巾上泪迹斑斑。强烈的对比，使得杨、张两位不同地位女子在对待劳动人民的劳动成果的不同态度泾渭分明、高下立判。这二句十四个字，竟然包含如此丰富的内容和蕴意，足以见得张玉娘文字能力之高超。

张玉娘这首《鲛绡帨》是咏物诗，巧借典故咏出鲛绡帨的神奇、精美和珍贵；又是一首论理诗，用对比方法表现以杨贵妃为代表的封建统治阶级对劳动成果的亵渎与滥用，以自己（张玉娘）为代表的普通平民对劳动成果的尊重与珍惜；还是一首抒情诗，抒发了对远方未婚夫的深厚爱情与缠绵思念。不论作为何种诗来读，都可以从中领略到美妙的意境，获得思想的启迪，教益匪浅。

众所周知，杨玉环系唐朝中期人物，生活在京都长安皇宫，而张玉娘系宋朝末期人物，生活在浙西南山区松阳县邑城，两人在时间上相差五百多年、在空间上相距万里之遥。张玉娘突破时空限制，以极其丰富的想象力压缩时空，使自己与杨玉环时空间趋同，同场表演，对比优劣，构思奇妙至极，令人叹服。

## 鹊尾炉

汉宫早送瑶池信，荀令堂前夜气浮。
凭仗花间拜新月，重添心篆炷春愁。

## 【译文】

汉宫清早派遣青鸟送达瑶池邀月书信，
香公荀或端坐厅堂夜气芳香飘荡轻浮。
我凭杖来到花间跪拜正当西下的新月，
又添心形盘香以燃尽春天引起的忧愁。

## 【赏析】

### 月残离人怎消愁

"鹊尾炉"，语出南朝王琰《冥祥记》："（费崇先）每听经，常以鹊尾香炉置膝前。"焚香之俗起源于近东，最早香炉实例发现于公元前6世纪吕底亚宝藏。后为古波斯和帕提亚王公贵族传承。约公元前1世纪，中亚犍陀罗佛寺引入帕提亚手炉，三足盘式，手柄接在口沿处。5世纪，犍陀罗手炉传入中国西北地区，便开始了中国化进程，如北魏平城无底座鹊尾炉，手柄铆入香斗内壁；又如洛阳莲花片底座鹊尾炉，香斗为折沿式。以后大多为长柄香炉，因长柄似喜鹊尾翼，故名。

张玉娘家有一只鹊尾炉，在祭祖求神、拜月祈愿时用于焚香。一个春日黎明前，她拜完新月，吟为七绝《鹊尾炉》，表达别离之苦和团聚之意。

"汉宫早送瑶池信，荀令堂前夜气浮。"描述拜月准备和现场气氛。"瑶池信"，即典故瑶池信使，详见《艺文类聚》卷九十一引《汉武故事》："七月七日，上（汉武帝）于承华殿斋正中，忽有一青鸟从西方来，集殿前。上问东方朔。朔曰：'此西王母欲来也。'有顷，王母至。有二青鸟如乌，夹侍王母旁。"郭璞注："皆西王母所使也。"后称呼传信使者为"青鸟"。"荀令"，即荀彧，三国时曹操的谋士，官至尚书令，故称"荀令"。《艺文类聚》卷七十引《襄阳记》："荀令君至人家，坐处三日香。"故称"香公"。后人用以形容高雅人士的风采，或用以吟咏芳香。

诗句大意是：汉宫主子一早就派信使前往瑶池传送请柬，尚书令荀彧公端坐堂前迎候，使得夜气飘浮芳香。

就张玉娘这次"拜新月"而言，似乎与"汉宫""荀令"无关。其实不然，她在运用借代的修辞方法说事。所谓"借代"，顾名思义，就是借一事物代替另一事物，即不直接把要说的事物名称说出来，而是借用跟它有关系的另一种事物名称。替代物叫"借体"，被替代物叫"本体"。在这两句诗文中，"汉宫"是"借体"，被隐去的兰闺女子张玉娘是"本体"；"香公"是"借体"，被隐去的堂前"鹊尾炉"是"本体"。用"汉宫"借代兰闺，用"香公"借代"鹊尾"状的香炉，多么贴切、形象。如果用"本体"说事，那么这两句诗文的大意是：今天一早兰闺女子张玉娘就寄信邀请新月，堂前鹊尾炉散发芳香飘浮。这分明是张玉娘准备拜新月的情景，只是不如用借代物叙事来得形象、生动、有趣罢了。

　　"凭仗花间拜新月，重添心篆炷春愁。"描写拜新月的情景。"凭仗"，即凭杖，指人不能独行而借助拐杖走路。"仗"，多义字，通"杖"。《正讹》："丈，借为扶行之杖。老人持杖，故称'丈人'。别作'杖'，通。"《汉书·李寻传》："近臣已不足杖矣。"《注》："'杖'通'仗'。""心篆"，心形盘香的形象称呼。"炷"，多义字，此指点燃，如陆游《夏日杂题》："午梦初回理旧琴，竹炉重炷海南沉。""春愁"，春日的愁绪，如李白《愁阳春赋》："春心荡兮如波，春愁乱兮如云。"

　　诗句大意是：张玉娘从厅堂里出来，独自拄着拐杖走向花树之间，双膝跪地，膜拜新月；一炷香燃完，再添一团心形的盘香，希望能将春日愁绪焚烧一尽。

　　"凭仗花间"表明，当时张玉娘体力虚弱，行走需要凭杖。"重添心篆"表明，张玉娘为了表示敬月之意真、求月之情切，一团接一团不停地添香焚烧。"炷春愁"表明，张玉娘"重添心篆"的目的是为烧尽春日的愁绪。所谓"春日的愁绪"，指的是春天发生的事端引起的忧愁。对于张玉娘而言，无非是当年春天沈家出事，家道中落，父亲悔婚，未婚夫沈佺被迫外出求学，从此离愁缠身，苦楚相思。她拜新月，就是为了结束别离情，求得团聚。然而，她春愁烧不尽，因为新月不通情。

　　这首诗以"鹊尾炉"为题，应当是咏物诗。由于采取借代方法，这种长柄形似喜鹊尾翼的香炉没有在字里行间现身。然而，"重添心篆"四字证明，"鹊尾炉"实实在在地存在，并在拜新月过程中居于重要位置，起着重要作用。由此看来，这首诗以"鹊尾炉"为题，名副其实，意味深长。

# 扶玉椅

绣罢南窗睡思催，花生银海玉山颓。

东风斜倚娇无力，梦入湘江隔楚台。

## 【译文】

我在南窗下做完绣活就睡意频频相催，

双眼昏花身子骨如同高山倾倒般摧颓。

和风横斜倚靠过来使娇弱人软弱无力，

梦入潇湘却被潇湘水隔绝那楚王阳台。

## 【赏析】

### 醉扶玉椅梦远人

"扶玉椅"，顾名思义，即身体扶靠着玉制椅子。

张玉娘以"扶玉椅"这样一个肢体动作为题吟诗，自述弱不禁风、绣倦入眠，梦寻心上人却被阻隔，表达出缠绵的离情之苦。

"绣罢南窗睡思催，花生银海玉山颓。"描写绣倦困盹情景。"睡思"，即睡意，一种困倦欲睡的生理感觉，如宋代邵雍《无名公传》："不求过美，唯求冬暖夏凉，遇有睡思则就枕。""银海"，道家对眼睛的称呼，如苏轼《雪后书北台壁诗》："冻合玉楼寒起粟，光摇银海眩生花。""玉山颓"，形容人酒醉的样子，典出南朝宋刘义庆《世说新语》："嵇叔夜（嵇康）之为人也，岩岩若孤松之独立；其醉也，傀俄若玉山之将崩。"后人以"玉山自倒"形容喝醉酒。"玉山"，形容仪容美好。"娇"，多义字，此指年轻美貌女子。

诗句大意是：我在南面窗下刚刚做完绣事，浓浓睡意就来频频相催，顿时觉得两眼眩晕生花，就像酒后醉人即将倾倒、摧颓。

张玉娘看不见自己绣倦困顿的样子，却能凭"睡思催（睡意）""花生银海（两眼生花）""玉山颓（身体倾倒）"这些感觉体验自己困顿的样子。她借用典故"玉山颓"，既生动。又形象，可谓憨态可掬，令人回味无穷。

"东风斜倚娇无力，梦入湘江隔楚台。"描写梦里情景。"东风"，多义词，此指春风或和风。"娇"，此指娇弱。"楚台"，典故名，指楚王梦遇神女之阳台，后多指男女欢会之处。

诗句大意是：当软弱无力的东风横斜吹来，就好倚靠在我这娇弱的躯体上，感到疲乏无力，于是昏昏入眠，梦见自己来到潇湘大地，却由于湘江阻隔，未能与他相逢，就像当年巫山神女化作朝云暮雨却不能飘到楚王阳台。

前句，张玉娘运用夸张的笔法，表现自己无力承受软弱无力的和风的斜倚，那是多么弱不禁风。后句，张玉娘借用典故"楚台"，表现自己连在梦中都不能与未婚夫团聚，更何况在远隔千里的现实生活中。那是何等离愁深重！

这首诗既然题为"扶玉椅"，张玉娘就在"扶玉椅"这个肢体动作上多费笔墨大做文章。绣罢后"睡思催""花生银海""玉山颓""东风斜倚""娇无力"等疲惫、困盹、无力、倾倒的感觉，都是她"扶"着"玉椅"时的生理反应，从而为入眠入梦做了厚实的铺垫。由于没有离开"玉椅"的交代，她入潇湘、寻情人、被阻隔的梦幻，也是"扶"着"玉椅"时做的。由此可见，诗题"扶玉椅"与诗文内容名实相符。

## 凌波袜

天孙夜半翦云罗，翠幄春分巧思多。
一束金莲微印月，香尘不动步凌波。

### 【译文】

天上织女深更半夜裁剪云霞化作绫罗，
翠幄女子春分之时巧妙构思方案多多。
绣上一束金莲花再轻微印上一轮圆月，
足下芳香尘埃未动步履凌驾万顷碧波。

### 【赏析】

## 花好月圆凌波袜

"凌波袜"，语出三国曹植《洛神赋》："凌波微步，罗袜生尘。"传说穿上凌波袜，在水上行走不仅不湿脚，而且步履轻盈。

在这首诗中，张玉娘自述在一个春分之夜精心设计、缝制凌波袜的情景，表达希望与沈佺早日团聚完婚的期盼之情。

"天孙夜半翦云罗，翠幄春分巧思多。"描写选料、裁剪、构思、设计凌波袜的情景。"天孙"，传说中巧于织造的天帝的孙女，俗称"织女"。典出《史记·天官书》："婺女，其北织女。织女，天女孙也。"又唐代司马贞"索隐"："织女，天孙也。""翦"，从前从羽。"前"，意为"打尖""尖头"。"前"与"羽"联合起来表示"羽毛的尖头"。本义为初生的羽毛，引申义为等长齐整的羽毛，再引申义为把羽毛修剪整齐，故"翦"通"剪"。"云罗"，形容绫罗像云霞一样漂亮。

"春分"，中国二十四节气之一，春季九十天的中分点，时在农历二月十五日前后（公历 3 月 20—21 日），昼夜一样长。

诗句大意是：春分日的晚上，天上织女下凡，为我裁剪云霞一样漂亮的绫罗，我自己则在翠绿帷帐里精心设计凌波袜，巧妙构思可多啦。

织袜这种针线活，本可一人完成。张玉娘却要分工：请天仙织女"剪云罗"，自己则于夜里春分之时巧妙构思、设计方案。这种天上仙女与民间闺秀合作共事的神奇情景，多有情趣，妙不可言。

"一束金莲微印月，香尘不动步凌波。"描写凌波袜的款式功能。"金莲"，即"金莲花"，叶圆形似荷叶，花形近似喇叭，金黄璀璨，颇具观赏价值。"微印月"，意为轻轻用力印上月亮图案。

诗句大意是：设计方案确定后，我在织女剪裁缝制的绫罗袜上绣了一枝金莲花，然后在金莲花上部轻轻地印上一轮圆月；我穿上凌波袜，脚后跟还没有扬起尘埃，双脚已经凌驾于碧波之上。

由"春分巧思多""金莲微印月"可知，张玉娘曾"巧思"多个设计方案，最终选择带有月下金莲图案的方案。她缝好云霞袜子后，用金线在袜筒上绣一枝莲花，轻轻印上明月。如果给这款"凌波袜"取一个雅名，应当称之为"花好月圆"。这确是一个蛮新颖的创意、蛮奇妙的构思、蛮诗意的心愿。她也许还会想象，穿上"凌波袜"就可以像凌波仙子那样踩波踏浪，不远万里赴约心上人，那该多么美妙！

这首《凌波袜》诗可分为两个层次：第一层次为前三句，描述凌波袜的选料、设计、裁制、款式等情形；第二层次为最后一句，描述试穿凌波袜的情景。由此看来，这首诗是叙事诗，完整地叙述了"凌波袜"的取材、构思、设计、剪裁、缝制、绣花、试穿的全过程；又是一首咏物诗，描述了"凌波袜"的材质、款式、特性、功能等，令人印象深刻；还是一首抒情诗，字里行间洋溢着她对心上人的爱意、思念和美满婚姻的期待。

## 梅花枕

玉肌冰骨独英英，绣向珊瑚照睡屏。
疑有暗香生纸帐，罗浮梦断晓魂惊。

### 【译文】

覆雪梅枝玉肌冰骨妍丽唯独梅花红英，
面向珊瑚刎绣我与梅花珊瑚共照睡屏。
正当我心疑暗流梅香生自于梅花纸帐，
梦断罗浮仙山直到拂晓魂魄还在受惊。

### 【赏析】

## 梅花枕上梦离人

"梅花枕"，一种绣有梅花的枕头。由于梅与松、柏并称"岁寒三友"，古代女子常以绣"梅花枕"明志，表示自己崇尚蜡梅花素洁高雅、脱俗超凡、傲雪风骨。

张玉娘绣制、吟咏梅花枕，不仅为了明自之志，还用于表达离愁、寄托相思、忠贞爱情。

"玉肌冰骨独英英，绣向珊瑚照睡屏。"描述绣梅情景。"玉肌冰骨"，本义指白润的肌肤骨，引申形容梅枝覆雪的样子。"英英"，形容花朵光彩鲜明的样子，如明代张居正《咏怀》之三："英英园中槿，朱荣媚朝阳。""珊瑚"，珊瑚虫分泌物聚集而成的树花状石灰质骨骼网，俗称"珊瑚花"，可供观赏。"睡屏"，床后面的挡板。

诗句大意是：枕头面布上，一条覆雪梅枝宛若玉肌冰骨，几朵红梅花最是光鲜亮丽；由于是在床前面对珊瑚绣梅花，因此，我与红梅花、珊瑚花一起映入在床后的漆光睡屏里。这真是：人花入睡屏，诗文如图画，多有情趣！由此可见，张玉娘在绣花时十分留心周围事物，观察仔细入微，然后用"玉肌冰骨"形容覆雪梅枝，表明赞赏蜡梅傲雪特性，用"独英英"赞美早春蜡梅一枝独秀。她如此做"梅花枕"，岂不花费好一番心计与功夫。

"疑有暗香生纸帐，罗浮梦断晓魂惊。"描写枕上梦境。"暗香"，犹"幽香"，指暗暗流动的香气，如宋代李清照《醉花阴》词："东篱把酒黄昏后，有暗香盈袖。""纸帐"，此指"梅花纸帐"，典出宋代林洪《山家清事·梅花纸帐》："法用独床，旁置四黑漆柱，各挂以半锡瓶，插梅数枝，后设黑漆板约二尺，自地及顶，欲靠以清坐。左右设横木一，可挂衣，角安斑竹书贮一，藏书三四，挂白麈一。上作大方目顶，用细白楮衾作帐罩之。前安小踏床，于左植绿漆小荷叶一，置香鼎，燃紫藤香。中只用布单、楮衾、菊枕、蒲褥。亦省称'梅花帐''梅帐'。""罗浮梦"，意为梦游罗浮山。罗浮山，在广东省东江北岸，以默林风光著名，古为道教"第七洞天"。典出唐代柳宗元《龙城录》："隋开皇中期，赵师雄来到罗浮山。日暮时，见一位女子淡妆素服相迎。师雄心喜，与她交谈，觉得芳香袭人，便到酒家，与之共饮。天亮时，师雄觉得奇怪：我怎么在梅树花下？而那女子却不见了。师雄惆怅不已。"后人因以此表示爱情失意。

诗句大意是：我绣完梅花，进入梅花纸帐，头枕"梅花枕"，依稀闻得暗暗流动的梅花香气，却又怀疑梅花香气生自梅花纸帐；就这样不知不觉地进入梦乡，来到道教"七大洞天"之一的罗浮山下，进入梅林里寻找他，越找越担惊受怕，直到天亮梦醒还惊魂不定。

身在"梅花帐"，闻得"梅花香"，太神奇了，神奇得简直荒唐。这也许是张玉娘绣梅绣得出神、咏梅咏得入化而生梅香意念使然吧，又也许她由于绣梅绣倦、咏梅咏乏而处于半睡状态下误将他香当梅香吧。不过，她用上一个"疑"字，帐有梅香就不荒唐了。她化用典故"梦罗浮"，借师雄梦里心仪、梦醒不见女子之事，间接托出心事，暗示自己在梦里也不见心仪郎君，比师雄更忧愁、更失望、更无奈。

张玉娘这首《梅花枕》诗既从多个角度咏梅明志，又借"梅花枕"抒发离情别绪，是一首别有风味的咏梅佳作。

## 紫香囊

珍重天孙翦紫霞，沉香羞认旧繁华。
纫兰独抱灵均操，不带春风女儿花。

## 【译文】

可要珍重织女亲自裁剪的绫罗美如紫霞，
可要珍惜囊中沉香已羞于相认旧时繁华。
缝纫一朵秋兰希望你独抱屈原高尚情操，
从此不带儿女情长宛若春风中的女儿花。

## 【赏析】

## 愿君独抱灵均志

"紫香囊"，一种用紫色绸缎或棉布缝制的内装香粉的小袋子。古代仕女喜好佩戴香囊，一为随身飘香，一为装饰自己。

张玉娘也做佩香囊。不过，她这次缝制的紫香囊不是为了自佩，而是作为定情物送给了未婚夫。何以为据？赠言为证。这赠言就是这首七言绝句《紫香囊》。

在《紫香囊》诗中，张玉娘从"紫香囊"的材质、裁制、款式诸方面说明紫香囊的珍贵，在希望未婚夫珍重爱惜的同时，提出殷切期望。

"珍重天孙翦紫霞，沉香羞认旧繁华。"描写选材、裁制情景。"天孙"，指天帝玉皇的孙女，即神话传说中的织女。"沉香"，用檀木浸泡后余下的树心碾磨成的香粉。《南史·林邑国传》："沉木者，土人所断，积以岁年，朽烂而心节独在，置水中则沉，故名曰沉香。""旧繁华"，指沉香粉的前身即檀香树茂盛繁荣。

诗句大意是：当我在案上铺开一块紫色绸布，就心想：沈佺，这香囊面料是天上织女裁剪紫霞化为绫罗，你可要好生珍重呀！当我将沉香粉装进小囊，又心想："沈佺，这香囊中的沉香粉现已羞于相认其往日枝繁叶茂，你可要好生珍重呀！"

殷殷叮嘱，情谊绵长，寓意深厚。由于人之常情，张玉娘不便说出要求别人珍重自己的劳动成果的话儿。怎么办？其一，借"天孙"替代自身，借"紫霞"替代香囊面料绫罗，这样一来，她要求沈郎珍重就显得合情合理，还能为自己缝制紫香囊平添一种天神相助的离奇色彩；其二，用客体"沉香"说事——沉香以牺牲"旧繁华"为代价，这样一来，她要求沈郎珍惜紫香囊就显得通情达理，顺理成章。

"纫兰独抱灵均操，不带春风女儿花。"描写紫香囊的款式及其寓意。"纫兰"，捻索秋兰的意思，语出屈原《楚辞·离骚》："扈江离与辟芷兮，纫秋兰以为佩。"王逸注："纫，索也。谓采秋兰捻成索状佩戴在身上。"后人因以"纫兰结佩"表示志行高洁。"灵均"，屈原之字。"女儿花"，木兰花的别名，也称"女郎花"，一种落叶小乔木，早春二月先开花、后长叶，花大，内外紫色白色，可供观赏。为顺应"女儿花"之名，古代女子喜欢在香囊上缝纫木兰花。

诗句大意是：我装好沉香粉，缝好口子，然后取意于《楚辞·离骚》"扈江离与辟芷兮，纫秋兰以为佩"句，在香囊面布上绣一朵秋兰花，目的是希望你怀抱屈原的高尚气节和忠贞操守，不要像春风里女儿花那样娇柔，儿女情长。

读到这里，一只"紫香囊"仿佛就在眼前：紫绢面料、内装沉香、一面纫有兰花、一面题有《紫香囊》诗。可以料想，沈佺收到这只紫香囊，诵读题诗《紫香囊》，该会如何百感交集、心潮澎湃？该会如何钦佩未婚妻的德行才气？该会如何荡涤儿女情长？又该会如何修炼高风亮节？他一定会树立雄心壮志，努力满足未婚妻的期望。

张玉娘十五岁行"及笄礼"，十六岁订婚，尚为芳龄少女，能对未婚夫赠以如此"礼轻意重"的紫香囊，提出如此高雅的期望，足见她本人自幼不是"春风女儿花"，已然修成"灵均操"。

这首《紫香囊》诗的写作特点是叙事抒情紧密结合，天衣无缝。全诗四句，三句叙事，如第一句叙述"天孙翦紫霞"之事，第二句叙述装"沉香"之事，第三句叙述"纫兰"之事。这三句又夹叙夹议，如第一句在"天孙翦紫霞"前加"珍重"二字，第二句在"沉香"与"旧繁华"之间插"羞认"二字，第三句在"纫兰"之后加"独抱灵均志"，使所叙之事顿生感情色彩。第四句"不带春风女儿花"，则是第三句抒情之余音。由此看来，全诗四句，句句抒情，可谓一剪一裁都有意，一针一线皆含情。

## 玉压衾

匠出昆山一片珍，白虹气爽晚凉新。
鸳鸯不作湘波梦，幽独还嫌压绣裯。

【译文】

能工巧匠开凿出昆仑山一片玉石奇珍，
雕成白虹玉剑透气清爽凉使夜凉重新。
成双鸳鸯自然不做湘水夫妻神的美梦，
幽寂孤独我嫌玉剑轻轻压住绣花被裯。

【赏析】

### 白虹玉剑难压惊

"玉压衾"，即在被子上放一块玉石，以"压"住惊魂，使病人得以安睡。这种带有迷信色彩的"治病术"，在中国古代民间百姓中相当流行，至今未绝。

也许，张玉娘在未婚夫病故以后日夜不得安睡的情况下，相信自己魂魄受惊，便尝试将一把白虹玉剑置于被上，却压不住惊魂。于是，她吟咏《玉压衾》，展现那段寝食不安、失魂落魄的痛苦经历。

"匠出昆仑一片珍，白虹气爽晚凉新。"描写玉制白虹剑的来历和威力。"匠"，匠人，即有手艺的专业人员。"珍"，从"玉"，指美玉，如汉代桓宽《盐铁论·力耕》："美玉珊珊出于昆山。""白虹"，多义词，此为宝剑名，指"白虹剑"，典出晋代崔豹《古今注·舆服》："吴大帝有……宝剑六：一曰白虹，二曰紫电，三曰辟邪，四曰流星，五曰青冥，六曰百里。"又传说唐开元间一个名叫"苍"

的道士使用的宝剑形如白色长虹，曾用"以静制动"的战术、"后发先至"剑术，肃清昭穆尊叛军，立下汗马功劳。

　　诗句大意是：匠人们从千里之外的昆仑山开采出来的一片珍奇美玉，雕琢成一把白虹剑，剑锋透出寒光，使得原本闷热的夜晚也重新清凉起来。

　　白虹玉为昆仑玉之一，与和田玉齐名。为了显示玉制白虹剑的来之不易、巨大威力，张玉娘运用夸张手法，将自己的白虹玉说成是昆仑山玉虚峰仙师经过千年培育、能够镇宅祈福的宝物，多么难得！将自己的白虹玉剑说成是能使夜间降温变凉的神器，多有威力！由此推理，这把玉制"白虹剑"应能镇定惊魂，安然睡觉。然而，结果如何？

　　"鸳鸯不作湘波梦，幽独还嫌压绣裯。"描写白虹玉剑失效情景。"鸳鸯"，鸟名，有雌雄成对结伴的生活习性，比喻恩爱夫妻。"幽独"，静寂孤独，也指静寂孤独的人。语出《楚辞·九章·涉江》："哀吾生之无乐兮，幽独处乎山中。""湘波梦"，男女死后再结为配偶的梦。据《楚辞·湘君》，舜帝治水溺亡湘江，其妃文英祭悼时挥泪湘竹而亡。天帝感动，册封舜帝为"湘水男神"、舜妃为"湘水女神"，二人结成"夫妻神"。"裯"，即夹衣。王念孙《疏证》云："此《说文》所谓重衣也。裯与衫同。"

　　诗句大意是：我思量，鸳鸯一般成双成对的恩爱夫妻不会像我这样总做他当"湘水男神"、我当"湘水女神"的美梦吧，想着想着真的进入梦乡。由于孤独寂寞而失魂落魄，因此，我总嫌压在被上的白虹剑太轻，镇不住惊魂。

　　张玉娘说鸳鸯不做"湘波梦"，其实暗示自己常做"湘波梦"；她常做"湘波梦"，则暗示未婚夫已故，夫妻梦已破，从而流露出仿效文英毅然殉情之意。至于白虹剑压惊效果，张玉娘只用一个"嫌"

字就表明，威力无比的白虹剑在她身上完全失效。由此可见她孤独之甚、愁苦之至，落魄之极！

张玉娘借用"玉压衾"习俗活动表达孀居之苦，表达殉情之义，思路开阔，构思奇妙，诗意新颖。

## 青鸾镜

云奁初展晓光寒，幽思重重独舞鸾。
自是伤秋怜瘦影，不惭彩笔描春山。

## 【译文】

装饰云母的梳妆匣子初现拂晓曙光寒，
当即显现重重忧思人陪伴那独舞青鸾。
我自然由于伤感秋天而自怜消瘦人影，
只是不知羞惭的彩笔在描黛眉如青山。

## 【赏析】

### 为伊消得人憔悴

"青鸾镜"，古代刻有青鸾图纹的铜镜。"鸾镜"，语出《太平御览》卷九一六引南朝宋范泰《鸾鸟诗》序："昔罽宾王结罝峻祁之山，获一鸾鸟，王甚爱之，欲其鸣而不致也。乃饰以金樊，飨以珍羞。对之逾戚，三年不鸣。夫人曰：'闻鸟见其类而后鸣，何不县镜以映之！'王从言。鸾睹影感契，慨焉悲鸣，哀响中霄，一奋而绝。"后以"鸾镜"指妆镜，用以正衣冠、饰面容。

张玉娘有一面青鸾镜。一个秋日早晨，她打开梳妆奁子，面对"青鸾镜"，照见自己削瘦的面容与独舞的"青鸾"，无比伤感，吟成七绝《青鸾镜》，表达"为伊消得人憔悴"的忧伤心情。

"云奁初展晓光寒，幽思重重独舞鸾。"描述对镜所见情景。"云奁"，装饰云母（玻璃）的梳妆奁子。"云"，多义字，此指"云母"，属于铝硅酸盐类，有玻璃光泽。"奁"，泛指中国古代女子存放梳妆用品的镜匣子。"幽思"，隐藏内心的思想感情，如南朝梁·钟嵘《诗品·总论》："资生知之上才，体沉郁之幽思。""青鸾"，青羽鸾鸟，传说中凤凰一类神鸟，赤色为凤，青色为鸾，系雄性长生鸟。

诗句大意是：清晨，我来到梳妆台前，打开梳妆盒盖子，镜面当即初展拂晓寒光、一张忧思重重的瘦削面容以及一只独自飞舞的青鸾。

"初展晓光"表明：张玉娘晨起，打开奁盖，只见镜面反射晓光。"幽思重重"和"独舞鸾"表明：她避开镜子的反射光后，一只独舞的"青鸾"与一张幽思的面容同时映入眼帘，遂触景生情，联想自己由于未婚夫英年夭亡而像"独舞鸾"那样孤单孤苦，不禁悲伤不已。试想，她天天梳妆，天天见"独舞鸾"如见已故人，这也许是她"幽思重重"的重要原因吧。

"自是伤秋怜瘦影，不惭彩笔描春山。"描写对镜梳妆情景。"自是"，意思相当于"只是""自然是"。"伤秋"，又称"悲秋"，即由秋天花木凋零引起对人生的悲叹。"春山"，春日的青黛山色，喻指女子眉毛，如戏剧《桃花扇》："凭君买黛画春山。"

诗句大意是：面对镜面那只"独舞鸾"和镜中那张"忧思"的面容，我不禁像伤感秋天一样自我怜惜面容瘦削，以至不好意思梳妆打扮，只是那支彩笔不知羞愧地在额头上将眉毛描画得如同青黛山色。

"伤秋"二字传递出一条信息，即张玉娘这次梳妆，时值秋日，且正当秋叶凋零。由"怜瘦影"可知，与其说她伤感秋天，不如说她伤感自己的镜中"瘦影"。最后一句，张玉娘用拟人手法描述自己梳妆描眉。"不惭彩笔"，赋予"彩笔"以不知羞惭的情感。"彩笔描春山"，借"彩笔"以替自己"描春山"，创意新鲜，妙趣横生！

张玉娘巧将妆奁"青鸾镜"反映的"晓光寒""独舞鸾""瘦影""彩笔""描春山"连缀起来，吟成这首《青鸾镜》，传递出镜外人幽思重重、伤感秋天、自怜瘦削，描眉自惭，真可谓一首小诗，万千气象，百十情态，凄凄惨惨。

## 凤头钗

金纆钗头双凤凰，晓来巧拂鬓云光。
自怜不带萧郎思，独对菱花学淡妆。

### 【译文】

用金色丝线扎紧钗头与一对金制凤凰，
晓光初来两只金凤凰轻拂我云鬓油光。
自我爱怜就不应带有要萧郎升迁心思，
于是我独自面对菱花镜学习素雅淡妆。

### 【赏析】

## 初试凤钗描淡妆

"凤头钗"，是一种以金制凤凰为特征的贵重首饰品，分两个部分：一为长条发钗，材质有骨、玳瑁、铜等；一为金制凤凰，用丝线将金制凤凰的"脚"紧扎在发钗的一端，就成了"凤头钗"，又名"凤钗"。古代男女订婚，男方常以"凤头钗"作为聘礼之一送给女方。

张玉娘这副"凤头钗"，应该是订婚时沈家赠送的聘礼之一。作为一件信物，她自然十分珍爱，曾对镜试戴，并有感而发，吟成七绝《凤头钗》。

在这首《凤头钗》诗中，张玉娘自述试戴凤头钗的情景，表达出不求荣华富贵、但求夫妻恩爱、平淡度日的爱情思想。

"金蹙钗头双凤凰，晓来巧拂鬓云光。"描述试戴钗头凤的感受。"金蹙"，也称"蹙金"，此指用金线将"凤凰"的脚与钗头紧紧扎在一起。"蹙"，多义字，其中一种为缠紧、聚拢、皱缩之意，如《孟子·梁惠王下》："举疾首蹙额而相告。""鬓云"，形容妇女鬓发美如乌云，如唐代温庭筠《菩萨蛮》："小山重叠金明灭，鬓云欲度香腮雪。"

诗句大意是：我先用金色丝线把金制凤凰的两只脚紧紧扎在玉钗端头，然后对着镜子把凤头钗插在发髻上，只见两只金色凤凰好似翩翩起舞，拂弄着双鬓上方油亮发髻。

"双凤凰"表明：当时沈家经济优裕，所赠"凤头钗"的款式为一钗双金凤，远比一钗一凤款式的"凤头钗"贵重。"巧拂鬓云"，赋予金制凤凰以活凤凰的情态，栩栩如生。也许在订婚次日晨，张玉娘用金线将金凤足紧扎在玉钗上端，然后对着镜子将金钗下端插进云髻，只见两只金凤凰拂弄双鬓发髻的油光，煞是好看，油然而生贵夫人之感。

"自怜不带萧郎思，独对菱花学淡妆。"表达平民爱情观。"萧郎"，泛指相貌英俊的男子或女子爱慕的情郎。此指梁武帝萧衍，典出《梁书·武帝纪上》："迁卫将军王俭东阁祭酒。俭一见萧衍，深相器异，谓庐江何宪曰：'此萧郎三十内当作侍中，出此，则贵不可言。'"后人遂以"萧郎"代指仕途升迁，荣华富贵。"菱花"，此指刻有菱角花的镜子。"淡妆",与浓妆相反,指脂粉色淡、朴素大方的装扮。

诗句大意是,如要自重自爱的话,那择婿就不应当带有像萧郎那样仕途高升的思想,于是我面对菱花镜,学做雅淡素妆。

"不带萧郎思"表明,张玉娘爱情观里没有"夫贵妻荣""荣华富贵"之类的东西,因此,为了防止"贵夫人"思想抬头,想必她会从此不用凤头钗。"学淡妆"表明,她作为大家闺秀,不仅没有"千金小姐"的派头,而且像平民女子那样梳淡雅妆,过平淡生活。

这首《凤头钗》说明什么?引人深思。古人云:见微知著。爱美之心,人皆有之。梳妆打扮,女人天性。张玉娘天生丽质,花容月貌,自然爱美善扮,面对一只精美贵重的聘礼双凤钗,试戴一番实属正常,无可非议。然而,当她将凤头钗插上发髻,似乎感受到一种贵夫人气派,当即检视自己,反思爱情初衷,自觉警惕、坚决摒弃自古盛行的求贵求富、"乘龙快婿"等封建婚姻陋俗,淡泊名利,追求夫妻恩爱、勤俭持家、平淡生活。可见她多么敏锐,多么睿智,多么自律。

"闺情十首",抒发十种"闺情"。《桃花扇》讽刺杨贵妃身份高贵、做作张扬,其实知识浅薄。《鲛绡帨》批判杨贵妃糟蹋鲛绡帨,主张尊重劳动人民、珍惜劳动成果。《鹊尾炉》抒发别离苦、盼团聚的思想感情。《扶玉椅》抒发对婚姻前景绝望之情。《凌波袜》抒发对美满婚姻的期盼之情。《紫香囊》寄望未婚夫独抱高尚情操,去掉儿女情长。《玉压衾》抒发痛失恋人之苦。《青鸾镜》抒发孤苦自怜之情。《凤头钗》抒发不求荣华富贵、愿为平民夫妻的思想感情。由此可见,十种"闺情"中,咏史抒情,思想积极进步;表达爱情,崇尚传统美德。借用十件香闺珍品,采取不同表达方法,抒发十种不同"闺情",情调各具特色,很值得研究和借鉴。

# 题画六首

## 伯 牙

山家茅屋隔寒林,独抱枯桐觅旧吟。
门掩无人飞蛱蝶,白云垂地结晴阴。

## 【译文】

到山野人家的茅屋还隔着一片落叶林,
他独自怀抱枯桐木琴寻觅旧友共长吟。
柴门虚掩看来无人只见翩翩飞舞蝴蝶,
还有一道白雾垂直落地联结晴阳冥阴。

## 【赏析】

### 知音不在好惆怅

题画诗,指题写在绘画作品空白处的诗歌文字,是中国绘画章法之一。通过题诗于画,使诗歌、书法、绘画三种艺术之美巧妙结合一体,相互辉映,相得益彰,从而"诗书画不分家"之说流传千年。那些赞美绘画或对绘画有感而发的诗歌,即使没有题写画上,然从广义上讲也是题画诗。中国画讲究"画中有诗",中国古典诗歌讲究"诗中有画",以诗说画,揭示画意,可以助人赏画、领略画意。

组诗"题画六首"表明,张玉娘曾作六幅画,各题诗一首。六幅画作均佚,六首题画诗因载入《兰雪集》而得以流传。

张玉娘这首《伯牙》便是《伯牙图》上的题诗,诠释了《伯牙图》的画面内容——俞伯牙负琴寻访故友钟子期的历史传说,表现出主人公伯牙因知音不在而无比惆怅的神情。

伯牙,姓俞,春秋时期著名琴师,听众众多,钟子期是其中之一。一次,伯牙弹琴一曲,许多人听不懂曲子意思,唯独钟子期听懂,说:"志在高山。"伯牙再弹琴一曲,钟子期说:"志在流水。"伯牙说:"子期知音。"两人结为知心朋友,经常一人弹琴,一人唱歌,搭档默契。后来,子期去世,伯牙悲痛欲绝,不再弹琴,说:"世上再无人能听懂我的琴声"。这就是"知音"一词的由来。"高山流水"也就成为"知音"的最佳注释。

"山家茅屋隔寒林,独抱枯桐觅旧吟。"描写寻访知音的情景。"山家",山野人家,此指钟子期的茅草房。"寒林",多义词,此指秋冬的林木,如王维《过李揖宅》诗:"客来深巷中,犬吠寒林下。""枯桐",此指桐木制作的琴。"旧吟",旧时诗友、歌友,此指生前为伯牙弹琴作伴唱的钟子期。

诗句大意是:秋末冬初,萧瑟寒风中,俞伯牙怀抱一把梧桐木琴,独步山野,寻寻觅觅,视线穿过一片落木林,看见一座茅房——那就是钟子期的故居。

张玉娘描写伯牙寻访钟子期注重抓特色:一是典型环境特色。"山家茅屋""寒林",既表现出钟子期居住环境荒僻、晚年生活困苦,又表现出俞伯牙寻访知音不畏艰辛、跋山涉水;二是人物身份特色,"独抱枯桐",既亮明俞伯牙是琴师,又暗示俞伯牙孤单。"觅旧吟",则点明俞伯牙此行目的是寻访钟子期,可谓"诗眼"。

"门掩无人飞蛱蝶,白云垂地结晴阴。"描写伯牙寻访无果的情景。"掩",此指关、合,如"房门虚掩"。"晴阴",即"阳"与"阴",关于"阴阳",多义达二三十种,此指天与地,天为阳,地为阴，或指人间与阴间，所谓"阴阳两界"。

诗句大意是：俞伯牙穿过那片落木林，来到茅屋前，只见一扇柴门虚掩，蝴蝶飞舞，屋里没有人；附近野外，一条白云直挂天地之间，又似乎联结着人间与阴间。

前句"门掩""无人""飞蛱蝶"，表明人去房空。后句白云"结晴阴"，语义暧昧，也许一语双关；一是关乎画面。由"山野人家""寒林""独抱古桐"三种景物构成的画面上再加一条"白云垂地"，"伯牙图"就平添奇观，因为垂地的云带实属稀罕；二是关乎人物命运。"白云垂地"所连接的地与天具有阴、阳两界的象征意义，意味着俞伯牙活着，钟子期死了。这样一来，就可以为俞伯牙寻访钟子期的结画上一个遗憾的句号——"知音难觅"。

综上所述，《伯牙》诗再现的《伯牙图》画面大体是：背景——山野林木落叶，一座茅草房孤立，柴门虚掩、彩蝶翩飞，一位老人一手抱琴一手叩门，神情惆怅，茅屋附近一道白云垂下，连天接地。

## 蔡 确

楚水吴山作胜游，竹床石枕写离愁。
晚烟何处吹渔笛，独忆琵琶怨碧秋。

## 【译文】

白天他在楚吴一带山川作乘兴之游，
夜里他在竹编床上头枕石头写离愁。
傍晚炊烟弥漫何处吹出渔歌与竹笛？
他却独忆《琵琶行》中人怨恨澄碧之秋。

## 【赏析】

## 白天兴游夜书愁

蔡确（1037—1093），字持正，福建泉州人。宋嘉祐四年（1059）中进士，授泉州司理参军。元丰五年（1082）授尚书右仆射兼中书侍郎（右丞相），成为积极支持、推行王安石"青苗法"的主将。神宗死后，哲宗继位，元祐元年（1086），起用司马光，罢免王安石，废除新法，蔡确被贬知陈州（治今河南省周口市淮阳区）。元祐二年（1087），受其弟蔡硕"军器监之狱"案株连，蔡确又被贬知安州，郁郁而卒。

对于蔡确这位历史人物，张玉娘描"蔡确图"，吟《蔡确》，浓缩其谪居陈州的生活片段以及思想感情，表示崇敬，寄予同情。

"楚水吴山作胜游，竹床石枕写离愁。"描述蔡确只身日游山水夜思亲的情景。"楚水吴山"，指春秋战国时期楚国、吴国交界地的山水。当时楚国国土先在今湖南省北部，逐步扩展到今湖北省、安徽省、江西省、河南省西南部；吴国的国土先在今江苏省南部，逐步扩展到今浙江省北部、河南省东南部、安徽省东部。蔡确谪居地之一陈州位于今河南省境内，在历史上曾为楚、吴两国交界地带。"胜游"，胜任游览，表示游览兴致高。"离愁"，离别后的愁苦。

诗句大意是：他（蔡确）白天在古时楚国吴国交界地浏览山山水水，游兴很高；晚上，他露宿野外，躺在自编的竹床上，头枕石头，秉笔书写离愁，神情忧伤。

张玉娘笔下的蔡确在吴楚山川白天"作胜游"，晚上"写离愁"，表明他"作胜游"实为消离愁，而一到夜晚闲时，白天被"消"的离愁就会重生。由此看来，他离愁难消。"竹床石枕"四个字，逼真地勾勒出蔡确野外露宿的形象。这不是张玉娘的凭空虚构，而是凭借实据——蔡确《夏日登东盖亭》诗："纸屏石枕竹方床，手倦抛书午夜长。"

"晚烟何处吹渔笛，犹忆琵琶怨碧秋。"描写蔡确触目晚烟伤感秋的情景。"渔笛"，用竹笛吹奏渔歌，此指笛曲《渔歌》。"琵琶"，此指白居易长篇叙事诗《琵琶行》主人公琵琶女。该诗替琵琶女诉说了对诸多"秋娘"的怨恨。白居易当时被贬为江州司马，感到自己与琵琶女"同是天涯沦落人"，怨恨朝廷不识才。"碧秋"，秋日的澄碧天空。

诗句大意是：由于夜晚江上烟雾弥漫，不知道何处何人传来悠扬动听的《渔歌》竹笛声；耳闻《渔歌》笛声，他回忆起白居易《琵琶行》中女主人公在浔阳江头弹琴情景，由人及己，他作为沦落人，不禁怨恨"碧秋"。"怨碧秋"，这是张玉娘替蔡确采取的"隐讳"笔法，因为蔡确作为封建臣子，即使被贬也不能对朝廷喊冤叫屈。要将蔡确政治失意后心中怨气发泄出来，只能将"本体"即朝廷隐去，用"借体"即"碧秋"替之。

《蔡确》诗不仅替蔡确抒发了对妻儿的思念之情和对朝廷的怨恨之情，而且袒露了张玉娘对于王安石变法这件历史大事的立场。关于王安石"青苗法"，褒贬不一，南宋历朝以贬为主，斥王安石为"奸臣"，奉司马光为"良相"。在这种政治环境中，张玉娘绘蔡确吟蔡确，对他寄予同情，替他宣泄怨气，分明是支持王安石变法运动一种表示。由此可见张玉娘对于历史问题不随波逐流，自有主见，大义凛然，难能可贵。

综上所述，《蔡确》诗所再现的"蔡确图"的画面大体是：远景，吴山逶迤西向，楚水蜿蜒东流；中景，山麓竹床上，蔡确枕石书写；近景，江上渔火，有人横笛。

# 苏　子

天白山高月满川，芦花风漾木兰船。
倚舷一曲呜呜调，惊起潜蛟夜不眠。

## 【译文】

夜天淡白山峰高耸皎洁月光洒满江川，
芦花丛中清风荡漾一只绘彩的木兰船。
苏子斜倚船舷用呜呜声吟唱悲哀曲调，
歌声惊得水底蛟龙腾跃而起彻夜不眠。

## 【赏析】

### 苏子月夜诉离情

"苏子"，即苏轼（1037—1101），字子瞻，号东坡居士，四川眉山人，嘉祐进士，唐宋八大家之一。诗词清新豪健，开豪放一派。由于反对"青苗法"，先被调任湖州，后以"讥讽朝廷"罪名被弹劾，史称"乌台诗案"。幸逢大赦，被贬任黄州（今湖北省黄石市）团练副使，曾月夜畅游赤壁矶赤壁潭，触景生情，文思奔涌，著《前赤壁赋》《后赤壁赋》《念奴娇·赤壁怀古》等。著作等身，有《东坡七集》《东坡易传》《东坡乐府》传世。

张玉娘绘"苏子图"，题《苏子》诗，再现北宋元丰五年七月十六日月夜苏轼游赤壁潭情景。

"天白山高月满川,芦花风漾木兰船。"描写赤壁潭月夜美景。"山高"，指黄州东山。"木兰船"，用木兰树材造的船，如南朝梁任昉《述异记》卷下："木兰洲在浔阳江中，多木兰树。昔吴王阖闾植木兰于此，用构宫殿也。七里洲中，有鲁般刻木兰为舟，舟至今在洲中。诗家云木兰舟，出于此。"后用于对彩绘画船的美称。

诗句大意是：夜幕降临，天色淡白，东山高耸，月光洒满江面，赤壁潭畔，芦苇花开，清风荡漾彩绘木兰船。

好一幅月下江晚图！可是，张玉娘从未到过黄州，怎能将赤壁潭月夜景色描绘得美如画卷？凭空虚构？非也！她读透《赤壁赋》，从中取得"天白""山高""月满川""芦花""木兰船"……诸多事物，连缀成景，并将苏轼置身其中。

"倚舷一曲呜呜调，惊起潜蛟夜不眠。"描写苏轼对月忧伤。"倚舷"，倚靠画船边沿。"舷"，即船沿。"呜呜调"，形容曲调悲哀。"呜呜"，形容声音低沉，也形容哭声，如"呜呜大哭。""潜蛟"，潜伏水底的蛟龙。

诗句大意是：苏轼身子斜靠木兰船舷，用低沉的"呜呜"声吟唱悲伤的曲调；惊得潭底蛟龙奋身腾起，也难过得彻夜不眠。

张玉娘笔下的苏轼有姿势（"倚舷"）、有声音（"呜呜"）、有曲子（"呜呜调"）、有效应（"惊起潜蛟"），令人如临其境、如见其人、如闻其声，真实可信。她不可能见过北宋的苏轼，难道凭空杜撰？不是！也取材于《前赤壁赋》："扣舷而歌之，倚歌而和之……其声呜呜然，如怨如慕，如泣如诉……舞幽壑之潜蛟，泣孤舟之嫠妇。"她用"惊起潜蛟"表现苏轼悲歌"呜呜调"的强大感染力，简单将夸张艺术用到了极致，也将苏轼"渺渺兮予怀，望美人兮天一方"的离情之苦表达到了极致。

这首《苏子》诗先写赤壁潭月夜风光，表现苏轼陪客泛舟，浏览美景，对酌美酒，观赏明月，何等惬意！也许他酒喝得多，连坐姿都歪斜了。也许他赏月想得多，竟然当众"倚舷"哭起来了，像是吟咏"呜呜调",尽管声音低沉,却很有感染力。从夜游之乐到夜游之悲,意境反差悬殊,可谓跌宕起伏、大起大落,却转折过渡自然而然。他悲什么?离情别绪也。俗话说:"此一时彼一时。"同样是离情别绪,当年,他知事密州,在明月之夜思念小弟,对月寄情尚可用"但愿人长久,千里共婵娟"聊以自慰;此时,他被贬黄州,明月之夜思念妻儿,对月寄情呜呜悲泣,痛断柔肠,皆因为莫须有的罪名而经受太多磨难,饱尝太多冤屈。

综上所述,这首《苏子》诗所勾勒的"苏子图"画面结构大体如下:明月东升,光洒山川;赤壁断崖,势如削壁,濒临长江;赤壁潭边,芦花丛丛;江上渔火点点,画船游弋;船上对酌,一人倚舷低吟。

## 子 猷

日暮天寒白雪频,扁舟夜半未归人。
想应不尽山阴兴,留向丹青入梦清。

## 【译文】

日暮时分天气寒冷洁白雪花飘舞频频,
一叶扁舟深更半夜还未载回应归之人。
想必你应尚未用尽山阴道上浓浓游兴,
那就将之留向画卷则入梦后耳根洁清。

## 【赏析】

### 访友岂可兴尽返

子猷,即王徽之,东晋大书法家王羲之第五子。初为桓温参军,官至黄门侍郎。寄居会稽时，闻名士戴安道"少博学，善诗文，工书画。太宰武陵王召其弹琴，戴当着使者摔破琴，说：'不为王者伶人'"。敬重至极，结为至交，雪夜寻访。南朝刘义庆《世说新语·任诞》载"雪夜访戴"故事："王子猷居山阴，夜大雪，眠觉开室，命酌酒，四望皎然。因起彷徨，咏左思《招隐诗》，忽忆起戴安道。时戴在剡，即连夜小船就之，经宿方至，造门前而返。人问其故，王说：'吾本乘兴而行，兴尽而返。何必见安道耶。'"对于王子猷"乘兴而行"，时人后人众口一词"称赞"。对于王子猷"兴尽而返"，时人后人几乎众口一词"批评"。这就是王子猷成为"争议"性历史人物的原因。

也许八百多年后的张玉娘读了"雪夜访戴"故事感慨良多，便自觉不自觉地卷入这场"马拉松"式的争议，参与形式便是绘制一幅"雪夜访戴图"，题上《子猷》诗。

"日暮天寒白雪频，扁舟夜半未归人。"描写王子猷雪夜乘兴访戴的情景。"扁舟"，指小船，由于船的平面图形酷似扁平的树叶，故名。"未归人"，意为没有归来的人，此指王子猷。

诗句大意是：太阳西下夜幕降临时，天气骤然转冷，鹅毛大雪纷纷扬扬频频落下，王子猷却要连夜到剡县访问好友戴安道，便自驾一只小船出发，直到半夜还没回家。

前句中的"日暮""天寒""白雪频"等从恶劣天气上衬托王子猷"乘兴而行"，以表现访戴之"兴"之突发之强烈。后句中的"一叶扁舟""夜未归"等从行事形式上表现王子猷"乘兴而行"——自驾小舟，雪夜出访。这幅"雪夜访戴图"及题诗的前两句表明，张玉娘对于王子猷"乘兴而行"也持赞许态度。当然，张玉娘这幅"雪夜访戴图"是不可能有故事的另一半——王子猷将到戴安道家门口时"兴尽而返"的画面的。因此，欲知张玉娘对于王子猷"兴尽而返"

的看法，有待于下文分析。

"想应未尽山阴兴，留向丹青入梦清。"表明对兴尽而归的看法。"山阴兴"，即山阴道上王子猷雪夜访戴的兴致。"山阴"，浙江省绍兴市的古称。"梦清"，梦里清净无纷扰。

诗句大意是：我想，你（指王子猷）在山阴道上雪夜访问戴安道的兴致应当尚未用尽，那就将剩余的"山阴兴"留向在你所擅长的绘画上，这样一来，你白天不受舆论纷扰，夜里入梦就会耳根清净。

张玉娘对于王子猷"兴尽而返"的看法，不同于前人一致批评指责，而是既不誉之又不毁之，给以关爱，予以力助，纾解困境——劝导王子猷发挥书画特长，将未尽的"山阴兴"用在丹青上，绘一幅"雪夜访戴图"，以明"乘兴"之意，再画一幅"兴尽而返图"，以自我警示。这样一来，别人就无话可说，自己入梦就耳根清净。其实，她是将批评寓于劝助之中，多么善意！多有智慧！如果王子猷地下有知，定当采纳，感激不尽。

张玉娘这首《子猷》诗的画面大体是：黑夜，白雪纷飞；逶迤会稽山，蜿蜒剡溪水；一叶扁舟行，船头撑篙人。

## 渔 舟

秋水秋空一样明，柳阴不系小舟轻。
玉堂金马非吾梦，月色芦花同醉醒。

【译文】

清秋的溪水与清秋的天空一样清澈湛明，
溪岸杨柳绿荫系不住一叶小舟漂荡轻轻。

居住玉殿堂出入金马门绝不是我的美梦，

只愿在月色里芦花间夫妻同时醉同时醒。

## 【赏析】

### 唯愿夫妻同醉醒

这首《渔舟》是张玉娘在自绘"渔舟图"上的题诗，描述一对渔民夫妻水上漂泊生活，借以表达不求豪门富户，只求夫妻朝夕相处、清贫度日的爱情思想。

"秋水秋空一样明，柳阴不系小舟轻。"描述秋日溪边景象。"不系"，不能维系，拴不住。"系"，多义字，此指连接、维系、系缚，如系鞋带、系腰带等。

诗句大意是：一个秋日，天蓝蓝，水碧碧，一样清澈明朗；由于溪岸杨柳浓浓绿荫系不住，小船在水上轻轻晃荡。

在前句，张玉娘抓住共同特点，用"一样明"形容清秋天水一色，与唐初王勃名句"秋水共长天一色"有同工之妙。在后句，张玉娘用"不系"二字描述小船脱离柳荫而去，显然赋予柳荫以"欲系不能"的无奈之情，又赋予小舟以"挣脱束缚"的抗争之力。拟人笔法用得娴熟自如、妙趣横生。如果联系下文爱情思想内容，那么，"不系"二字一语双关，一是拟人化表现小船摆脱柳荫的束缚，二是以"柳阴"借代封建婚姻思想的阴影，以"小舟"借代作者，暗示张玉娘要摆脱封建婚姻思想阴影的束缚，自主婚姻。且看下文。

"玉堂金马非吾梦，月色芦花同醉醒。"表达爱情理念和人生态度。"玉堂金马"，是玉堂殿和金马门的合称，指翰林院。玉堂殿，是汉代宫廷中皇帝颁布诏书的未央宫的附属殿宇。金马门，是汉代宦官的官署大门，有关学士在门外等待诏书、迎接圣旨。后来，皇帝对有功大臣以金马门相赠。因此,"玉堂金马"象征荣华富贵。"同醉醒",一起睡一起醒,形容朝夕相处。

诗句大意是:伴随夫君居住玉堂殿、进出金马门原本不是我的梦想,在明月下芦花间与夫君交杯同醉、共枕同醒才是我期待的生活。

言下之意是不求高贵富贵人家,只求平常平淡生活。张玉娘作为大家闺秀,却能淡泊名利,情系草野,是十分难能可贵的。正是出于平民爱情观念,她才有决心像"柳阴不系小舟"那样摆脱封建婚姻思想文化束缚,才有定力坚持婚姻自主。

读到这里,就可以知晓张玉娘绘"渔舟图"并题上《渔舟》诗的初衷和目的。当时由于沈佺家道中落,张父悔婚,声称"非乘龙不婿"。张玉娘陷于婚姻危机,忧愁度日,清泪洗脸。也许是从松阴溪上自由自在的渔民生活受到启发,作画题诗明志,挑战"非乘龙不婿",坚守忠贞爱情。可以设想,在此后的日子里,张玉娘将以"渔舟图"为蓝本,以《渔舟》诗为座右铭,追求平民夫妻生活。

张玉娘这首《渔舟》诗所诠释的"渔舟图"画面应当是:溪岸柳荫下,一叶扁舟渐行渐远,船头船尾,小夫妻撑船撒网。

## 海棠宿鸟

幽禽底事倦春芳,相与栖迟宿野棠。
风搅一枝香梦醒,四天烟景夜茫茫。

【译文】

鸣声幽雅的禽鸟因为何事厌倦春花芬芳?
原来它俩相互交好要共同栖宿那株海棠。

当清风搅动一枝海棠也将我的美梦搅醒，

只见四周天空烟雾景就像夜色迷迷茫茫。

## 【赏析】

### 羡杀幽禽宿海棠

这首《海棠宿鸟》是张玉娘在自作的"海棠宿鸟图"上的题诗，描写自己梦见一对鸟儿相互交好、同宿海棠树的情景和梦后迷茫情景，表达对美满婚姻既憧憬又担忧的心情。

"幽禽底事倦春芳，相与栖迟宿野棠。"破题"海棠宿鸟"。"幽禽"，指杜鹃、鹦鹉等鸣声幽雅的禽鸟，如贾岛《光州王建使君水亭作》诗："极浦清相似，幽禽到不虚。""底事"，多义，此指"何事"，清代赵翼《陔余丛考·底》："底事，江南俗语，问何物曰底物，何事曰底事。""春芳"，多义，此指"春花"。如欧阳修《禁火》诗："火禁开何晚，春芳半已凋。""相与"，副词，表示同时同地做某件事，可译为共同、相交往、相交好等，如高攀龙《与叶同适书》："朋友相与，须尽力砭其失，方有进处。"再如《易·大过》："象曰：老夫女妻，过以相与也。"又如陶潜《移居》诗："奇文共欣赏，疑义相与析。""栖迟"，游玩休憩，语出《后汉书·张衡传》："淹栖迟以恣欲兮，耀灵忽其西藏。"

诗句大意是：我在梦里想知道，鸣声幽雅的鸟儿为了什么事情如此厌倦芬芳春花？哦，原来它俩相互交好，要共同栖宿海棠树上。

张玉娘开卷用自问自答的方式交代幽禽厌倦"春芳"、相互交好、共宿海棠的情景。一问一答形成果因关系，即：因为这对幽禽相互交好、要共宿海棠，所以厌倦"春芳"。这也许就是作者本人当时恋情的真实写照吧。前句中的"倦"字，赋予幽禽以人的厌恶、嫌弃之性，颇为精彩。

"风搅一枝香梦醒，四天烟景夜茫茫。"描写梦醒时的情景。"香梦"，泛指女子之梦，此指美梦，如唐代武元衡《春兴》诗："一夜吹香梦，梦逐春风到洛城。""四天"，此指东、西、南、北四方天空，即四周天空或周围天空。

诗句大意是：正当我当陶醉于鸟儿同宿海棠时，一阵春风吹来，搅醒同宿海棠的鸟儿，也搅醒我的美梦，睁眼一看，只见四周烟雾弥漫，就像夜色迷迷茫茫。

一个"搅"字，饱含着张玉娘对搅梦春风的抱怨和对幽禽"栖迟宿野棠"香梦的留恋，意味着她对同床共枕的夫妻生活热切急迫的渴望。"香梦醒"表明，上文所述幽禽"倦春芳""栖迟宿野棠"等情景原来都是白天做梦所见的情景。"夜茫茫"三个字，并非真正夜色之迷茫，而是形容"四天烟景"如同夜色，又表明美梦被搅醒心思迷茫，可谓"一语双关"。

梦，是人类处于睡眠状态时大脑神经组织重现所见事物的反射活动。也许张玉娘在某个春日曾经见过鸟儿调情之事，印象深刻，遂有此梦，并描绘"香梦"于纸上，题诗于画中。题诗营造出梦里梦外、虚虚实实两种景象，虚为"香梦"——梦内鸟儿相与交好，实为渺茫——梦外有情人儿天各一方，传达出现实不如梦幻，人不如鸟的悲苦。

张玉娘这首《海棠宿鸟》诗所呈现的画面大体是：虚景——天气晴朗，海棠枝杈间，鸟巢栖宿二鸟，远离春花；实景——张玉娘睡眼惺忪，伏窗窥视，夜色茫茫。

读罢《题画六首》，深感首首"诗中有画"。确实如此。《伯牙》《蔡确》《苏子》《子猷》等四首吟咏四位历史人物，字里行间显现着他们不同的身份、形象、职业、处境、行为，可以说"文如其人其事"；《渔舟》《海棠宿鸟》等两首诗分别吟咏"渔舟""幽禽"两种事物，字里行间呈现"渔舟"及其所处的由"秋水""秋空""柳阴"构成的背景和"宿鸟"及其所处的由"春芳""野棠""夜色"构成的背景，可以说"文如其物其景"。在笔者看来，作为诗、画作者，张玉娘不仅将画面画意纳入题诗之中，并用诗化的语言完美地诠释出来，而且将自己的思想、情感倾注于题诗之中，泼墨于画面之上，可谓图文并茂，相得益彰。可惜的是，如今题诗尚存而画作已佚，令人抱憾。如有好事画师凭借这六首题画诗将张玉娘遗失的六幅画作大体上模拟描绘出来，那无疑是一件颇有意义的事情！

# 咏史十一首

## 谢东山

风卷胡沙动地尘，蔷薇深洞蔼余春。
棋终偶折登山屐，方信风流社稷臣。

## 【译文】

狂风卷来胡地沙搅动中原大地飞扬埃尘，
蔷薇花掩蔽深洞一位和蔼老人安度余春。
棋局终了他兴奋异常偶然折断其登山屐，
人们方信风流长者是拯救东晋社稷之臣。

## 【赏析】

### 决胜千里社稷臣

"咏史"，顾名思义，就是吟咏历史。咏史诗，是指以历史人物历史事件题材作为吟咏对象的诗歌创作。以历史事件为题材的诗歌，有多种名称，诸如述古、怀古、览古、感古、古兴、读史等。以历史人物为题材的诗歌，直接以历史人物为标题。张玉娘《咏诗十一首》均以历史人物为题材，故以历史人物姓名或字号为标题。

谢东山（320—385），名谢安，字安石，河南夏阳人，出身士族，东晋孝武帝时官至宰相。他退休后与王羲之等人隐居浙江上虞区东山，遂自号东山。东晋太元八年（383），前秦苻坚挥军南下，江东大震。隐居深洞石屋的谢安应召挂帅。他派遣弟弟谢石、侄子谢玄等率领八万北府兵与前秦九十万大军决战于淝水一带，获得大胜，并乘机北伐，相继收复洛阳及青、兖、徐、豫等州，史称"东山再起"。淝水之战，成为中国古代军事史上以少胜多的著名战例。

张玉娘《谢东山》诗就反映了这段史实，描述、咏赞谢安临危受命、挂帅出征、运筹帷幄、决胜千里的风采与功绩，流露出无比崇敬之情。

"风卷胡沙动地尘，蔷薇深洞蔼余春。"这两句描述东山再起前情形。"胡沙"，顾名思义为"胡地沙漠"，指中国西北部沙漠地带。"胡"，中国古代称北边或西域少数民族。"深洞"，此指谢安隐居地浙江上虞区某深洞石屋。

诗句大意是：大风席卷胡地沙尘汹汹而来，搅得中原一带尘土飞扬；而在那个蔷薇藤蔓花蔟掩蔽的深山石洞里，一位老人和蔼可亲，安度晚年。

前后两句分别营造出灾难临头的危难气氛和安宁祥和的平静气氛，反差极大。这与东山再起有关联吗？有关联。要知道，中国古典诗歌讲究含蓄蕴藉，往往借助景物说人说事。张玉娘也如此，她借"胡沙"代指"前秦"大军，借"风卷"替代前秦大军压境之势，借"动地尘"替代东晋危机乱象。时势造英雄。正是在国难当头的严峻形势下，谢安应召出山，重掌帅印。尽管诗文没有明说，然而内在逻辑必然使然。后句"蔼余春"三字隐现出一位安度晚年的长者的慈祥和气、镇定自若。

"棋终偶折登山屐，方信风流社稷臣。"这两句评价"东山再起"。"棋终"句，典出《晋书·谢安传》："玄等既破，有驿书至，安方对客围棋。看书既竟，便放摄床上，了无喜色，棋如故。客问之，徐答云：'小儿辈遂已破贼。'既罢，还内，过户限，心喜甚，不觉屐齿已折。"后人便以"折屐"形容狂喜。"社稷臣"，指拯救国家安定社稷之臣，语出《孟子注疏》卷十三《尽心章句》："有事君人者事是君，则为容悦者也。有安社稷臣者，以安社稷为悦者也。"

诗句大意是：当一局围棋对弈结束时，他因欣喜而疾步如飞不慎弄折登山木屐，人们方才相信这位和蔼可亲的老人原来是安定江山社稷的大功臣。

文献记载谢安在淝水之战正酣之时下围棋。然而张玉娘诗中的"棋终"绝非单指棋局之终，而是借指淝水战局之终，表现谢安运筹于帷幄，决胜于千里的统帅之才。谢安下赢了淝水之战这盘大棋，才欣喜若狂，登山屐折，才称得上"社稷臣"。

一首小诗，容量有限，不可能具体写出交战双方谋略、布阵、指挥、搏杀、结局等错综复杂的情形。因此，创作战争题材的诗歌难就难在选择题材。张玉娘写"淝水之战"，在取材上不面面俱到、样样都要，而是侧重于两头：其一为谢安复出，即典故"东山再起"；其二为"棋终"写"东山再起"，在取材上也不面面俱到、样样都要，而是侧重于"棋局"——运筹帷幄。这样一来，尽管不见旌旗硝烟，不闻鼓角杀声，却是"此处无声胜有声，于无声处听惊雷"。

伟大诗人白居易主张"文章合为时而著，歌诗合为事而作"。这首《谢东山》诗乃"为时而著，为事而作"。南宋末期，元军占据中原，挥师南下，颇如当年淝水之战前夕之势，南宋皇朝摇摇欲坠，危如累卵，缺乏统帅之才能御敌于国门之外。张玉娘纵有家国情怀，却因身为女子而无缘报国，从而多么希望谢安再世，领军破敌，扭转危局，光复失土，便吟咏谢安"东山再起"之事，塑造其"风流社稷臣"艺术形象，以召唤统帅之才出山领军，破敌图存，以表达自己的殷殷忧国心、拳拳报国情。

## 绿　珠

珠易佳人胜阿娇，香尘微步独怜腰。
危楼花落繁华尽，总付春风舞柳条。

## 【译文】

绿珠是用珍珠交易所得佳人美胜阿娇，
而今只能微步轻移独自怜悯细肢瘦腰。
高高楼顶红花坠落当即繁花凋谢已尽，
她把青春一次付诸春风吹舞袅袅柳条。

## 【赏析】

### 强权难夺绿珠心

绿珠（？—300），中国古代著名美女之一。据宋代乐史《绿珠传》，绿珠本姓梁，今广西博白县人，貌美绝伦，妖媚动人，能歌善舞。当地盛产珍珠，生女名珠。采访使、巨富石崇出使交趾回来，途经博白，用十斛珍珠收买梁女为宠妾，从俗易名"绿珠"。效法汉武帝"金屋藏娇"，将绿珠深"藏"于金谷园。时赵王司马伦专权，与石崇外甥欧阳建有矛盾，还想得到石崇财帛，便索要绿珠。石崇不允，赵王派兵追杀。绿珠流泪说："愿效死于君前。"石崇来不及拉住，绿珠坠楼而死。

有感于绿珠义节，张玉娘作《绿珠》诗，描述绿珠的出身、美貌，赞美绿珠坚贞、守节，以抨击封建权贵糟蹋妇女的卑劣行径。

"珠易佳人胜阿娇，香尘微步独怜腰。"交代绿珠的身世、美丽、忧愁。"珠易佳人"，即石崇用珠宝换美女。"易"，多义字，此指"交易"。"阿娇"，汉武帝的姑姑、长公主嫖之女。汉武帝幼时，姑姑抱其于膝上，指着侄女问："欲得妇否？"帝对曰："若得阿娇，当以金屋藏之。""香尘"，芳香的尘土，多指女子步履起尘，语出晋代王嘉《拾遗记·晋时事》："（石崇）又屑沉水之香如尘末，布象床上，使所爱者践之。""怜腰"，怜悯细腰，借指人瘦削。

诗句大意是：绿珠是巨富石崇路过时用三斛珍珠换来的美女小妾，她的美丽胜过"金屋藏娇"故事的主人公阿娇；而今她憔悴不堪，上楼只能轻移细步，唯独怜惜自己腰肢太纤细。

前句"珠易"二字交代绿珠被作为商品交易的不幸身世，以"胜阿娇"交代绿珠美貌非凡。后句"香尘微步""独怜腰"交代绿珠消瘦憔悴、体弱无力，忧愁重重。"微步"走向何处？且看下文。

"危楼花落繁华尽，总付春风舞柳条。"描写绿珠之死。"危楼"，高楼，语出北魏郦道元《水经注·沮水》："危楼倾崖，恒有落势。"又如南朝徐悱《古意酬到长史溉登琅邪城》诗："修篁壮下属，危楼峻上干。""落花"，在此隐喻绿珠坠楼自杀。"繁华"，繁花，形容花多呈繁密状。"华"通"花"。

诗句大意是：一朵鲜活的花朵从高楼顶上飘落下来，人间繁花随即凋零殆尽，都付诸那徐徐春风以及袅娜舞动的杨柳枝。

前句里，张玉娘综合运用借代笔法，浓墨重彩描写绿珠死得壮美——纵然一跳为节义而死，十分壮烈；纵然一跳如"落花"，美妙无比。她还用夸张的笔法补写绿珠之美，那就是自从绿珠这位大美人去世，世上就没有美人了，就像"繁花尽"一样。与此同时，她对绿珠之死的惋惜、遗憾之情也就自然流露出来。后句里，张玉娘运用比喻手法写绿珠死得其所、虽死犹荣。在此，"春风""柳条"比喻美好春天。言下之意是，绿珠之死只是将美好青春奉献给美好春天，让春天更加烂漫，况且春天去了还会再来，从这个意义讲，绿珠未死，青春常在。诗文这样结尾，立意高远，回味无穷，蕴含着绿珠之死的教化意义。

张玉娘这首《绿珠》是中国古代著名美女绿珠人生的史诗，记述了绿珠从作为商品被交易到坠楼自杀的一段青春期历史，尽管缺少中间过程的许多生活情节，然而由于有始有终，仍能给人以完整感。尽管叙事文字只有四句二十八个字，然而内容丰富多彩，出彩之处主要有"易珠"，即作为商品被交易，地位卑微；有"佳人"，即作为美人被交易，身价高昂；有"胜阿娇"，即作为美人被宠爱，藏之金谷；有"香尘"，即作为宠妾被娇惯，生活优裕；有"微步"，即作为优伶被索要，积忧成疾，无力健步；有"独怜腰"，即作为愁人被折磨，自怜瘦削；有"落花"，即作为节义女子被迫死，奉献春天。这些出彩点如同一个个环节串联成绿珠青春期人生链条，井然有序。

美貌，本是好事。而在封建社会里，不少女子由于美貌而遭遇不幸，或成为野蛮男子的猎物，或被作为宠物娱乐，或被作为商品交易，最终酿成人生悲剧。绿珠之死，自身原因在于貌美，社会原因在于男尊女卑，所谓"节义"。张玉娘才貌双全，德艺双馨，不过也有缺陷，那就是深受封建文化熏陶，崇尚"节义"。由此，她赞美绿珠之死。由此，她也青春年华死于"节义"，悲哉！惜哉！

# 茜　桃

爱赏佳人白雪辞，云绫一束费春机。
翻然席上呈诗句，羞杀歌喉与舞衣。

## 【译文】

夫君喜好欣赏佳丽演唱高雅古曲白雪辞，
听一曲歌赏赐一束绫浪费多少春光时机。
我翻转身子跃然席上呈献劝谏戒奢诗句，
顿时羞杀那尚嫌赏赐太少的歌喉与舞衣。

## 【赏析】

### 诗谏夫君戒奢侈

茜桃，约活跃于宋太祖建隆至宋真宗乾兴年间（960—1022）。北宋名相寇准的侍妾，淑灵能诗。寇准（961—1023），字平仲，今陕西渭南人，北宋进士、政治家、诗人，仕途累迁，两度入相，治军治国功业斐然，与白居易、张仁愿并称渭南"三贤"。却一度贪图享乐、生活奢侈。《苕溪渔隐丛话后集》卷四十及宋代魏庆之《诗人玉屑》卷二〇载："公（寇准）自相府出镇北门，有善歌者至庭下，公取金钟独酌，令歌数阕，公赠之束彩，歌者未满意。茜桃自内窥之，立为诗二章呈公，云《呈寇公》，具新乐府之风。寇准和诗欣然，承诺力行节俭，乃享'有官居鼎鼐，无地起楼台'之誉。"

有感于茜桃的诗谏事迹，张玉娘作《茜桃》诗，褒奖茜桃崇尚俭朴，诗谏夫君力戒奢侈的才气和勇气。

"爱赏佳人白雪辞,云绫一束费春机。"描述寇准观赏歌舞的情景。"佳人",即"美女",语出宋玉《登徒子好色赋》:"天下之佳人,莫若楚国;楚国之丽者,莫若臣里;臣里之美者,莫若臣东家之子。""白雪辞",中国十大著名古曲之一,即《阳春白雪》的"白雪"部分,相传为春秋时期晋国人师旷所作。《神奇秘谱》解释:"《阳春》取'万物知春、和风澹荡'之意,《白雪》取'凛然清洁、雪竹琳琅'之音。""云绫",顾名思义为"白云一样洁白轻柔的绫罗",此指白丝织成的绫罗。"春机",美好时光。

前句中的动词"爱赏"作为谓语,缺主语。从诗句的语气可以知道,充当主语的词应当是"夫君""丈夫""寇准"之类的名词或代词。由此可见,张玉娘是站在茜桃的角度用第一人称写这首诗。爱赏《白雪辞》表明,崇尚高雅艺术是寇准品行积极的一面;每赐"云绫一束"表明,生活奢侈是寇准品行消极的一面,从而塑造出一个优缺点并存的艺术形象。张玉娘将"云绫一束"与"费春机"相联系,从而将茜桃塑造成懂得"云绫"的劳动价值即凝结在"云绫"上的劳动时间价值、保持劳动人民本色的智性女子。

"翻然席上呈诗句,羞杀歌喉与舞衣。"描写茜桃劝谏的情景。"翻然",急速反转改变位置的状态,语出汉代陈琳《檄吴将校部曲文》:"若能翻然大举,建立元勋,以应显禄,福之上也。""歌喉",代指歌女。"舞衣",代指舞女。

诗句大意是:我实在忍受不了,便急速转身,跃然席上,面向寇准,呈上二首诗。第一首:"一曲清歌一束绫,美人犹自意嫌轻。不知织女萤窗下,几度抛梭织得成?"其意为:夫君你一曲清歌赏赐一束绫,歌女舞女却嫌少,岂不是慷慨不讨好?你可知道,纺织女工织一束绫要抛多少次梭子吗?第二首诗:"风劲衣单手屡呵,幽窗轧轧度寒梭。腊天日短不盈尺,何似妖姬一曲歌。"其意为:

隆冬寒风劲吹，窗内织女衣衫单薄，只有屡屡呵气暖手，才能踏响织机抛梭纺织。由于腊月日短，织女一天织绫不足一尺，哪像这群"妖姬"（指歌女舞女）张口唱一曲歌这么容易？当即羞杀尚嫌赏赐太少的歌女舞女。

茜桃呈诗后，寇准态度如何？诗文没有提及。然文献记载，寇准口服心服，当场认错，和诗表态："将相功名终若何，不堪急景似奔梭。人间万事何须问，且向樽前听艳歌。"其意是，作为将相得到功名终将如何？想到此，不堪承受织女们那种梭子来回奔跑似的应急纺织情景。从此我万事知理无须问，况且还有你向我这个爱好喝美酒听艳歌的人建言呢。可见寇准欣赏谏诗，从谏如流。笔者读罢谏诗，不仅对茜桃勇气才气钦佩不已，还对茜桃诗谏举动留下深刻印象：寇准端坐堂上，佳人载歌载舞，听一曲赏一束绫。茜桃忍不住，反转身子，一跃向前，呈诗二首，寇准由惊而喜，歌女舞女由惊而羞。"翻然席上"，精彩之笔，表现出茜桃谋定而动、义无反顾。

张玉娘吟咏茜桃、赞美茜桃，表明她在对待社会劳动、对待劳动成果问题上与茜桃心灵相通，也是一位崇尚节俭、反对奢侈的大家闺秀。

## 党　奴

江雪寒连酒思豪，歌传锦帐醉烹羔。
争如取水陶承旨，茗碗清新兴味高。

【译文】

　　江上的冰雪之寒连接陶谷的酒兴之豪，
　　歌声传入锦绣帐中他已醉如烹熟羊羔。

党家风情怎比我破冰取水承主子之旨，

大茶碗清新香气可助你赏雪兴致更高。

## 【赏析】

## 主仆情调自不同

"党奴"，意谓"党家奴仆"。北宋开宝年间（968—976），忠武军节度使党进（927—978）将一流浪女子收为家奴，因其本无姓名，遂以"党奴"称之。党进早年曾为杜重威的家奴，尚能怜悯奴仆。后来，党进把她献给礼、刑、户三部尚书陶谷，成为歌妓，仍名党奴。宋代传奇小说集《绿窗新话》之《湘江近事》称："陶谷过定陶，正值隆冬，为品茗赏雪，命党奴破冰取水以煮茶，并说：'党家曾有过这样的风情吗？'党奴说：'彼粗人，但知销金帐下，浅斟低吟，饮羊羔酒儿。'陶顿生愧意。"

张玉娘选取党奴破冰取水煮茶这一生活片段，吟诗《党奴》，通过赏雪享乐、破冰煮茶两种情景对比，揭示主仆之间的阶级压迫关系。

"江雪寒连酒思豪，歌传锦帐醉烹羔。"描写陶谷酒醉赏雪情景。"酒思"，一种想喝酒的情怀，即酒兴、酒瘾。如唐代元稹《生春》："暗入心情懒，先添酒思融。""锦帐"，锦制的帷帐，亦泛指华美的帷帐，如汉代伶玄《赵飞燕外传》："为婕妤作七成锦帐。""烹羔"，烹熟的羊羔。

诗句大意是：江面上雪花纷飞，刺骨寒风牵连陶谷豪放酒兴；当雪地歌舞之声频频传入锦绣帷帐，陶谷已经酩酊大醉，俨然一只烹熟羊羔。

前句写陶谷酒兴大作的原因。同任何事发展变化取决于内因一样，陶谷酒兴也取决于内因。张玉娘却用一个"连"字使"江雪寒"与"酒思豪"形成因果联系，说陶谷"酒思豪"的原因是"江雪寒"。也就是说，陶谷只是由于受到"江雪寒"的牵连而"酒思豪"。这似乎有悖于常理，然而恰恰彰显天气冷酷，非喝酒不能暖身。后句写陶谷醉态及其原因，张玉娘仅用一个"传"字使帐外雪地歌舞美女与帐内酒醉陶谷形成因果联系，说陶谷"醉烹羔"的真正原因不在于醉，而在于沉醉于女色，从而揭示主人陶谷将自己的快活建立在歌舞女子的痛苦之上。"醉烹羔"三个字活脱脱地刻画出陶谷酒醉丑态。

"争如取水陶承旨，茗碗清新兴味高。"描述陶家风情。"争如"，相当于"怎如""怎能""怎么比得上"，如前蜀韦庄《夏口行》诗："双双得伴争如雁？——归巢却羡鸦。""陶"，多义字，此指乐意，如谢灵运《酬从弟惠连》："共陶暮春时。""承旨"，亦作"承指"，逢迎意旨，如《韩非子·八奸》："优笑侏儒，左右近习，此人主未命而唯唯，未使而诺诺，先意承旨，观貌察色以先主心者也。""茗碗"，茶碗。"茗"，即"茶叶"，语出吴人陆玑《毛诗·草木疏》："蜀人作茶，吴人作茗。"又出《封氏闻见记》："早采的为茶，晚采的为茗，后泛指茶。"

诗句大意是：党家的风情怎么比得上陶家奴仆冒着寒风破冰取水，还得装作乐意奉承主子旨意的样子，而你喝了这碗破冰取得的水煮成的香气清新的热茶，赏雪景赏歌舞的兴致就会更高。

张玉娘将《湘江近事》关于陶谷命党奴破冰取水煮茶并问党家风情的典故内容加以浓缩，化为党奴回答语言，既写出党奴作为家奴只能逆来顺受、忍受劳苦的被动处境，又写出党奴维护尊严，敢于反唇相讥的抗争精神。"争如"二字，反诘语气，道出陶家风情比党家风情更差。用"陶"字将"取水"与"承旨"联系起来，表现出党奴外表装乐意，内心不甘愿的复杂情绪；"茗碗清新"与"兴味高"相联系，意味深长，既表明"茗碗"可助主人"兴味高"，又暗示主人"兴味高"将使党奴们挨更多冻、吃更多苦，如此往复，恶性循环，从而揭示陶家风情的实质就是将家奴痛苦转化为主人享乐。

　　这首《党奴》诗具有很高的思想性和艺术性，是二者的完美统一。其思想性是，通过陶谷这个典型的封建官僚家庭主子和党奴这个典型的卖身奴仆之间奴役与被奴役、侮辱与被侮辱，揭示封建社会阶级对立、阶级压迫的关系。由于时代条件限制，张玉娘不可能接触几百年后的阶级斗争理论，却已经意识到封建社会人分等级，一部分像陶谷那样有产有权有势的人欺压、剥削像党奴那样无产无权无势的人，并认为不公平、不合理，于是对陶谷之类欺迫者、剥削者予以揭露，对党奴之类被压迫者、被剥削者寄予同情。其艺术性是，在"江雪寒"的大气候背景下，依次展现陶谷"酒思豪""醉烹羔""兴味高"，依次展现舞女承旨、在雪地上载歌载舞，党奴承旨、破冰取水、煮茗、作答，将抽象、无形的"阶级""阶级对立"具体化、形象化、典型化且可以感知，给人留下深刻印象。由此可见，这首小诗主题大，立意高，表现巧，特色鲜明。

## 伏　生

楚炬秦坑六籍埃，芳心争忍不同灰。
若非斯道终难坠，雪鬓应消异世才。

【译文】

　　西楚霸王焚书秦始皇帝坑儒六经化为尘埃，
　　伏生好心不能忍受从而使《尚书》不归于炉灰。

如果不是这种苛刻霸王之道难以终结废坠，

那么两鬓霜雪应当消失于这位跨时代英才。

## 【赏析】

### 芳心护经垂青史

伏生，一作伏胜，字子贱，今山东滨州市邹平市韩店镇苏家村人，生于周赧王五十五年（前260），卒于汉文帝三年（前167）。孔门弟子宓子贱后裔，经学者。秦统一后，朝廷设博士七十员以备顾问，伏生即为其一。公元前213年，秦始皇焚书坑儒，伏生冒着生命危险，暗将述录唐尧、虞舜、夏、商、周等五朝历史的典籍《尚书》藏在墙壁夹层内，避免焚书之难。秦亡汉立，儒学复兴。汉惠帝四年（前191），解除秦之《挟书律》。伏生遂掘开墙壁，发现尚有二十九篇保存完好，即行教于齐鲁间。事迹传到朝廷，汉文帝欲召他进朝。当时伏生年逾九旬，不能出行，文帝派太常掌故晁错到伏生家中当面授受，终于补上《尚书》所失篇章，终由伏生弟子编成《尚书大传》。后人遂以"汉无伏生，则《尚书》不传；传而无伏生，亦不明其义"评价伏生护经传经之功。汉武帝时期，将伏生与提倡"罢黜百家，独尊儒术"的董仲舒相提并论，合称"董伏"，可见他对中国儒家经学文化的影响多么深远。

张玉娘有感于伏生事迹而作《伏生》诗，以讴歌其壁藏、传播《尚书》的历史功绩。

"楚炬秦坑六籍埃，芳心争忍不同灰。"描述焚书坑儒与壁藏经籍。"楚炬"，即"楚人一炬"，典出唐代诗人杜牧《阿房宫赋》："戍卒叫，函谷举，楚人一炬，可怜焦土。"相传西楚霸王项羽入关，焚烧阿房宫，致使大量典籍化为灰烬，从此失传。"秦坑"，即"秦坑儒谷"事件，发生在位于今西安市临潼区洪庆堡村南的鬼沟的秦东陵区。《史记·秦始皇本纪》："始皇三十五年，儒生议政，有犯禁者四百六十余，皆坑于咸阳。"《文献通考》："其后，秦始皇再坑儒生七百人于骊山脚下。汉人记其事云：始皇命人种瓜骊山谷中温处，冬生实，诏儒生诸贤解辨，至则伏机挈射杀，自谷上填土埋之，历久声绝也。""六籍"，即"六经"，也泛指经典古籍。"芳心"，顾名思义，含有香气的花蕊，引申为"女子情怀""美好心灵"。"争忍"，意为"怎么忍受得了"。

诗句大意是：西楚霸王项羽推翻秦二世王朝后，竟然一把火烧毁瑰丽的阿房宫以及珍贵文献，加上此前秦始皇在骊山谷坑埋非议朝政的数百儒生，导致《诗》《书》《礼》《乐》《易》《春秋》六经等大量经籍化作尘埃；对于这两场文化灾难，一片赤诚的秦博士、经学家伏生怎么能够容忍？于是冒险私藏《尚书》于墙壁夹层，使之不同归于其他经籍化为灰烬的命运。

张玉娘以纪实的笔法，用精当的文字，将"焚书""坑儒"等历史事件和伏生"夹壁遗经"的历史故事叙述得清清楚楚，显示出高度的语言概括能力；她将伏生"夹壁遗经"的动机归因于"芳心争忍"，则从道德层面和思想境界的高度充分肯定其冒险护经之举，也将自己对伏生的钦佩、赞颂之情蕴含其中。

"若非斯道终难坠，雪鬓应消异世才。"同情伏生多难人生。"斯道"，这个政策或这种做法。"斯"，多义字，在此假借为"这""这个"，如范仲淹《岳阳楼记》："登斯楼也，则有去国怀乡，忧谗畏讥，满目萧然，感极而悲者矣。""道"，多义字，此指规律、法律、政策、方略等，特指"焚书坑儒"。"异世才"，跨越朝代的人才。"坠"，多义字，此指"毁坏""荒废"，如《三国志·魏志·华歆传》："丧乱以来，六籍堕废，当务存立，以崇王道。""异世"，不同时代，如《汉书·王莽传上》："至于制作，与周公异世同符。"

诗句大意是：如果不是"焚书""坑儒"之类的苛刻政策难以为继，最终作废，那么，秋霜一般的雪白鬓毛就不会出现在伏生这位跨世英才的头上。简而言之，伏生两鬓如霜是由"斯道"（焚书坑儒）愁白的。

古人云："岁月催人老，青丝变白发。"这是人生自然规律使然。而张玉娘对于伏生"霜鬓"突破常规看问题，把白发原因归咎于苛政，意在昭示人们："焚书坑儒"岂止只是坑埋数百儒生，更多的是幸存儒生深受苛政之苦，漂泊流浪，担惊受怕。从而将伏生护经传经之壮举上升到特定历史意义，将伏生护经传经之功绩上升到特定社会意义，从而使诗的立意高远。

张玉娘吟咏伏生，集中于他护经事迹，既在评说"焚书""坑儒"等历史事件中讴歌其保护经籍、传播中华文化的精神，从而将史、情融为一体，相互辉映，相得益彰，也使所咏人物在特定历史大背景的衬托下显得形象更加丰满，境界高尚。

## 马 融

堂下青衿日就文，帐中丝竹遏行云。
岂应鲁壁遗经日，雅奏洋洋满耳闻。

【译文】

讲堂之下学子身穿青衫终日读书作文，
帷帐之后丝竹乐音足以遏止高天行云。
难道只应在发现鲁壁遗经的庆典之日，
才能优雅地演奏让洋洋乐音满耳充闻。

## 【赏析】

### 书声乐声盈马帐

　　马融，公元 79 年出生于扶风茂陵（今陕西兴平市东北），字季长，东汉名将马援的从孙，历任校书郎、郡功曹、议郎、南郡太守等。曾在东观校勘儒学典籍，后因病离职，研究经学，注《孝经》《论语》《诗》《周易》《三礼》《尚书》《列女传》《老子》《淮南子》《离骚》等，明人辑有《马季长集》。另有"赋""颂"等21篇，对古经学、古文学有深厚造诣。他设帐授徒，门生常有千人之多；从教不拘于儒者礼节，居宇器服，多存侈饰。破弃礼教，尝坐高堂，施绛纱帐，前授生徒，后列女乐，在丝竹笙箫洋洋乐声中传授经学，时称"马融绛帐"，培养出卢植、郑玄等一批精英。延熹九年（166）去世，享年八十八岁，唐代配享孔子，宋代追封"扶风伯"。

　　也许是好奇那马帐教学之新颖，张玉娘诗兴勃发，欣然命笔，描述马帐学堂，闹中求静的教学情景，赞赏寓教于乐的教学新模式，为马融突破传统，改革创新大唱颂歌。

　　"堂下青衿日就文，帐中丝竹遏行云。"描写马帐学堂的教学情景。"青衿"，青布衣衫，化自于《诗经·郑风·子衿》"青青子衿，悠悠我心"句。由于古代学生多穿青衫，故代指学子。"衿"，即衣襟。"日就文"，指每日完成作文。"遏行云"，阻遏天上流云，语出《列子·汤问》："抚节悲歌，声振林木，响遏行云。"

　　诗句大意是：帷帐前，马融在讲台上授课；讲堂下首，身着青衫的学子整日听课作文；与此同时，帷帐后面传出一阵阵悠扬的丝竹乐音，似乎遏住了高天行云。

　　帐前老师授课讲解、学生听课作文，帐后女子弹琴，乐音洋洋洒洒，与传统教学大相径庭，多么别具一格！更"牛"的是，其乐音声势能"遏行云"。张玉娘笔下的马帐教学气氛，令人如临其境、如闻其声，从而将一位古代教学改革者的艺术形象呈现在读者眼前。

"岂应鲁壁遗经日，雅奏洋洋满耳闻。"赞美马帐学堂。"岂应"，难道只应该。"鲁壁遗经"，典出《汉书·鲁恭王传》，汉武帝时，"恭王初好治宫室，坏孔子旧宅以广其宫，闻钟磬琴瑟之声，遂不敢复坏，于其壁中得古文经传。"汉代孔安国《尚书正义》序："及秦始皇灭先代典籍，焚书坑儒，天下学士逃难解散。我先人用藏其家书于屋壁，至鲁恭王好治宫室，坏孔子旧宅以广其居，于壁中得先人所藏古文虞、夏、商、周之书及《传》《论语》《孝经》，皆蝌蚪文字。王又升孔子堂，闻金石丝竹之音，乃不坏宅，悉以书还孔氏。"后以"鲁壁遗经"泛指古代典籍。"雅奏洋洋"，此指乐手姿态优雅、乐音优美悠扬。

诗句大意是：难道只应该在发掘"鲁壁遗经"的那个盛大节日才能请姿势优雅的乐手演奏出洋洋洒洒的乐音吗？

不，其言下之意是：马融创建"马帐"学堂，改进教学方法，推行寓教于乐的教学新模式，与当年发掘"鲁壁遗经"同等意义重大，同样应该大张旗鼓地奏乐庆贺！

请看，张玉娘犹如穿越历史的隧道，将自己置身于"马帐"学堂之中，陶醉于书声乐声之中，倾情于新生事物赞美之中。她如此钟情于"马帐"学堂，总该有原因，也许还与学习经历有关。她天生丽质，幼承家学。相对于"官学"，"家学"有二：一是家族世代相传之学，二是家塾。家塾又称"门馆"，教学场所设在家里，延聘一位塾师任教，实行一对一教学，或一对二、对三……对几教学，往往一位塾师要教年龄大小不同的学童，授文化层次不同的教材。教学方式都是塾师讲课，学童听课，课后背记，塾师检查，戒尺侍候。由于教学方法简单呆板，教学气氛必然死寂滞板。此等弊端，谁不感同身受？因此，当她读到《汉书·马融传》时，一定会被马帐学堂教学新气象所感染，情不自禁地发出感慨，吟成《马融》诗以明志，为"寓教于乐"鼓与呼！

## 乐 羊

自翦冰丝譬远归，学成何异此成衣。

妾身不是轻恩爱，只恐苏郎戒下机。

**【译文】**

我自剪白生丝好比你中断学业远途而归，

你学有所成何异于我将生丝纺织成此衣。

作为妻子我绝不会看轻夫妻之间的恩爱，

只是恐怕来日你像苏秦提防妻子下织机。

**【赏析】**

### 贤妻劝学巧妙多

乐羊，东汉人。《后汉书·乐羊子妻》："羊子尝行路，得遗金一饼，还以与妻。妻曰：'妾闻志士不饮盗泉之水，廉者不受嗟来之食，况拾遗求利以污其行乎！'羊子大惭，乃捐金于野，而远寻师学。一年归来，妻跪问其故，羊子曰：'久行怀思，无它异也。'妻乃引刀趋机而言曰：'此织生丝自蚕茧，成于机杼。一丝而累，以至于寸，累寸不已，遂成丈匹。今若断斯织也，则捐失成功，稽废时日。夫子积学，当日知其所亡，以就懿德；若中道而归，何异断斯织乎？羊子感其言，复还终业，遂七年不返，学成为官。"

乐羊妻劝学佳话流传千古。张玉娘用一首小诗还原乐羊妻子巧妙劝导辍学丈夫复学终业的情景，塑造出一位心地善良、相夫有方的贤妻形象，赞美之意自在其中。

"自翦冰丝譬远归，学成何异此成衣。"描述乐羊妻子巧设比喻劝夫复学的情景。"翦"，同"剪"。"冰丝"，此指白色生丝。"冰"，喻白。"譬"，比喻、比方。"何异"，反问语气，相当于"无异"。

诗句大意是：我自己剪断这些雪白的生丝，就好比你自动中断学业从远方归来；你学有所成，无异于我把这些生丝纺织成为衣裳。

张玉娘将《后汉书·乐羊子妻》一文浓缩成两个比喻，并用乐羊妻子的口气道出，十分贴切女主人公作为纺织女子的身份，从而显得真实亲切，富含哲理，具有很强的说服力。同时表现出乐羊妻子善于从身边之物、亲为之事中悟出情理的过人智慧和动之以情、晓之以理的劝导能力。

"妾身不是轻恩爱，只恐苏郎戒下机。"描述乐羊妻子巧用前事之鉴劝夫复学的情景。"妾身"，古时妻子在丈夫面前自谦称呼。"苏郎"，战国时期纵横家苏秦。"戒下机"，戒备走下织机的人，典出司马迁《史记·苏秦列传》："苏秦，字'季子'，东周洛阳人，学纵横之术，游说秦王，书十上而不为用，资用匮乏，潦倒而归。至家，妻不下纴，嫂不为炊，父母不以为子。苏秦乃叹曰：'此皆秦之罪也！'乃发奋读书，曰：'安有说人主而不得者乎？'读书欲睡，引锥自刺其股，血流至足。后卒合齐、楚、燕、赵、魏、韩抗秦，佩六国相印。秦国十几年不敢向函谷关以东用兵。"

诗句大意是：我劝你重返学校、复读终业，并不是看轻我们夫妻之间恩爱深情，而是恐怕你将像当年苏秦那样戒备妻子走下织机。

如果说前句中乐羊妻子申明自己劝夫复学不是看轻夫妻关系是用

软话显示恩爱，那么，后句中乐羊妻子用当年苏秦"潦倒而归""妻不下纴"的案例则是用硬话显示威严，可谓宽严相济，软硬兼施，恩威并重。俗话说，严是爱，打是教。乐羊妻子为了让丈夫明白辍学的严重后果，软硬兼施，恩威并重，也是恩爱情深的一种非常规表现。

这首《乐羊》诗将乐羊妻子劝导夫君复学终业的情景演绎得波澜起伏、精彩纷呈，活脱脱地呈现出一位气质阴柔带阳刚，恩爱带威严的贤妻艺术形象。小诗四句，全部用乐羊妻子的语言正反比喻，说事论理，以情感人、以理服人，富有感染力。

这首诗的主人公是乐羊的妻子，写她如何劝导丈夫复学终业，乐羊只是配角，因此，诗题本应为乐羊妻子的名字。然而，也许乐羊的妻子出生于穷苦人家，身份卑微，有可能像党奴那样本无名字，嫁入乐家仍然没有起名字，只是俗称"乐羊子妻"。这样一来，张玉娘无法用名字标题，只能用她丈夫乐羊的名字代替，遂成《乐羊》诗，但应当理解为《乐羊子妻》。


## 贾浪仙

乘驴迢递走红尘，十二街中草色春。
不是眼空京兆尹，敲推原已入诗神。


## 【译文】

他骑着毛驴千里迢递走遍世间红尘，
当时都城十二街中草色青青正当春。
非他目空眼前一代文豪韩愈京兆尹，
为"敲推"二字原本已经吟诗入神。

## 【赏析】

### 驴背敲诗传佳话

　　贾岛，字浪仙，范阳（今河北省涿州市）人。早年家境贫寒，落发为僧，名无本。19岁云游，识孟郊等。因推敲，逢韩愈，遂还俗，却屡试进士不第。唐文宗时，因举荐任长江县（今四川蓬溪县）主簿，时称"贾长江"。文以五律见长，喜写荒凉、枯寂之境，多凄苦情味，注重词句锤炼，刻苦以求工致，自谓"两句三年得，一吟双泪流"，有"苦吟人"之称。后任普州司仓参军，卒于任所。有《长江集》10卷，录诗390余首，另有小集3卷、《诗格》1卷传世。

　　张玉娘这首《贾浪仙》诗描述贾岛一路苦苦斟酌、咬文嚼字的情景，赞扬"苦吟"精神。

　　"乘驴迢递走红尘，十二街中草色春。"描写贾岛骑驴到都城的情景。"乘驴"，即骑驴。古时僧人、道士云游四方大多以驴当车，故"乘驴"代指僧人、道士。"迢递"，遥远貌，如唐代孟浩然《赴京途中遇雪诗》："迢递秦京道，苍茫岁暮天。""红尘"，佛教术语，代指人世间。"十二街"，指大唐都城长安南北向七条街道、东西向五条街道。

　　诗句大意是：贾岛骑着毛驴，千里迢迢，走在人间尘世之中，抵达都城长安七纵五横十二街时，已经是草色青青的三月阳春。

　　前句"乘驴""红尘"二词点明贾岛的僧人身份，"迢递"一词点明贾岛云游时间之漫长、游历道路之艰险。后句"十二街"点明贾岛云游目的地是京都长安，"草色春"则暗示贾岛云游目的是要还俗参加春季科举考试。二句十四个字，无一闲置，字字有用。

　　"不是眼空京兆尹，敲推原已入诗神。"描写贾岛一路琢磨诗句的情景。"眼空"，两眼空空、目中无人。"京兆尹"，官名，此指韩愈。汉武帝太初元年改右内史，初设为京兆尹，领十县，地属畿辅，治所长安，职掌相当于郡太守，但参与朝议。三国魏辖区改称"京兆郡"，官名改称"太守"。唐初改为雍州。唐玄宗开元初改雍州为京兆尹。唐穆宗长庆三年六月，韩愈升任京兆尹兼御史大夫。"敲推"，即"推"与"敲"，典出五代何光远《鉴戒录》："贾岛初赴举，于驴上得句'鸟宿池边树，僧敲月下门'。始欲着'推'字，又欲作'敲'字，练之未定，遂于驴上吟哦，引手作推敲之势，观者讶之。时韩愈车骑方出，岛尚为手势未已，俄为左右拥止尹前。岛具对所得诗句'推'字与'敲'字未定，神游象外，不知回避。愈立马久之，谓岛曰：'敲'字佳。遂并辔而归，共论诗道，流连累日，因与岛为布衣之交。""诗神"，吟诗入神。

诗句大意是：贾岛在京都大道上偶遇韩愈时还骑着毛驴，不知回避，这不是他胆大妄为，眼中没有京兆尹这个大人物，而是因为他正在思考用"推"字好还是用"敲"字好，从而吟咏入神，心无旁骛呀！

张玉娘化用典故，描述贾岛在驴背上反复斟酌《题李凝幽居》"鸟宿池边树，僧推月下门"句中的"推"字，想改用"敲"字却拿不定主意，便时而用手作"推"动作、时而用手指作"敲"的动作，十分形象，出神入化，生动地表现出贾岛的苦吟精神和严谨的创作态度。这两句先后倒置，她先用否定口气描写贾岛并非"眼空京兆尹"，然后交代原因"敲推原已入诗神"，给人以先惊讶后释怀的感觉，从而加深对贾岛"苦吟"情状的印象。

张玉娘《贾岛》是一首叙事式的咏史诗，所叙之事是诗人贾岛从范阳骑驴到京都长安途中的一段佳话。第三句转用否定口气似乎中断叙事，却其实道出贾岛一路斟字酌句不知回避"京兆尹"之事。第四句明为答复、交代贾岛不知回避的原因"敲推入诗神"，暗里补充、延续第一、二句叙事内容。从而使得贾岛骑驴"敲推"的艺术形象跃然纸上，贾岛的"苦吟"精神深入人心。

笔者相信，张玉娘在成长为诗人的过程中，一定曾为贾岛"推敲"的故事所感染，一定曾为贾岛的"苦吟"精神所感动，并决心以贾岛为楷模，养成"苦吟"习惯，练就"敲推"功力。这首七绝《贾岛》就是一个例证。与典故中的贾岛相比，本诗中的贾岛形象更完美，"苦吟"精神更突出。纵观《兰雪集》133篇诗词，又何尝不是如此，简直字字珠玑、句句玲珑，无字不是"敲推"而出，无句不是"苦吟"而成。

### 陈图南

避名高卧白云深，扶醉骑驴下碧岑。

一笑披袍惊堕处，逸时知有济时心。

## 【译文】

他为了远避名利高居而卧白云深深，

他自扶醉体骑着毛驴走下碧绿山岑。

他淡然一笑抛空紫袍惊动坠落之处，

他隐逸之时知道要有济世为民之心。

## 【赏析】

### 淡泊名利方高士

陈图南，即陈抟，号扶摇子，亳州真源人，五代末北宋初道教学者。抟少时读遍经史百家典籍，有拨乱济世之志。唐长兴年间举进士不第，遂隐居武当山九室岩，后移居华山云台观和少华石室，与隐士李琪、吕洞宾等为友。后周显德三年，世宗召抟至宫中，问以"飞升黄白"之术。抟答曰："陛下为天子，当以治天下为务，安用此为？"遂擢谏议大夫，因抟固辞不受，乃赐号"白云先生"。北宋太平兴国初年，抟初至汴京。宋太宗赵光义召见，待之甚厚。太平兴国九年，抟复至汴京，觐见建议宋太宗，因呈谏"远招贤士，近去佞臣，轻赋于民，重赏三军"而得宠信。太宗甚为礼重，称抟"独善其身，不干势利，年百岁为言天下安治而来朝觐，此意可念，赐号"希夷先生"，赏紫衣一袭。端拱二年七月，抟仙逝于华山张超谷石室，享年118岁。陈抟融儒、释、道三教学说于易学之中，创立"先天易学"。鄙弃隋唐盛行的丹鼎符箓之术，不事黄白飞升，而以服食辟谷、玄默修养为主。著《无极图》《先天图》，描绘宇宙生成及六十四卦，再经周敦颐、邵雍推演而成为宋代理学的重要组成部分。

张玉娘从陈抟百余年人生中选取第三次进京朝觐的生活片段，吟成七绝《陈图南》，展现其只要"天下安治"，淡泊个人荣华的道德风尚。

"避名高卧白云深，扶醉骑驴下碧岑。"描写陈抟隐居期间朝觐生活。"避名"意为"回避名利"。"高卧"，安卧高山，此指隐居不仕，如《世说新语·排调》："卿（指谢安）屡违朝旨，高卧东山。""扶醉"，搀扶酒醉人，此指陈抟自撑躯体。"碧岑"，碧绿色的山岭。"岑"，小而高的山，与"岭"字同义。

诗句大意是：陈抟为了回避官场争名逐利，居高山（武当山、华山云台观、少华山石室）而卧于白云深处，过着隐士生活；他晚年几次应召进京，朝觐大宋天子，都是自己骑着一头毛驴走下青翠山岭。

前句，张玉娘用颇具仙道气息的"高卧白云"四个字概括陈抟长期隐居生活，且用"避名"二字点明陈抟甘当隐士的思想原因。后句，张玉娘用"扶醉骑驴"四个字点明晚年陈抟强打精神应召进京朝觐的旅途生活。前后两句寥寥几个字，跳跃式、大跨度地将陈抟从青年到老年百年生涯展现以尽，让人一览无余。

"一笑披袍惊堕处，逸时知有济时心。"描写陈抟拒绝赏赐。"披袍"，披在肩上的长袍，此指第三次朝觐时宋太宗赠送的紫袍。"堕"，通"坠"，意为掉下来、坠落，如"堕地""堕马"等。"逸时"，隐逸期间。"逸"，多义字，此指隐居不仕，如《论语》："兴灭国，继绝世，举逸民，天下之民归心焉。""济时"，犹济世救时，如刘禹锡《许给事见示哭工部刘尚书诗因命同作》："汉室贤王后，孔门高第人。济时成国器，乐道任天真。"

诗句大意是：陈抟在第三次朝觐时，宋太宗赏赐一袭紫袍。他先是哈哈一笑，接着将紫袍披在身上，然后将紫袍高高抛起。官员们面向紫袍飘落处，个个惊呆了。

张玉娘描写陈抟处置皇帝赏赐的情景有条有理、有声有色、有礼有节。"一笑"二字，表现赏赐时陈抟淡淡一笑，彬彬有礼。"披袍"二字，表现陈抟遵从旨意，接受赏赐。"堕处"二字，表现陈抟抛出紫袍，示意不会穿它，却并非拒赏。"惊"字，则表现陈抟举动不为大臣们所理解。所有这一切，都在印证卷首陈抟"避名"之说。先笑领紫袍，谓之"有礼"。先"披袍"后抛衣，谓之"有节"。紫袍，谓之"有色"。"一笑"，谓之"有声"，另外"惊"中有叫声与脸色，"堕"处也当有响声。而描述全过程有始有终，循序渐进，则谓之"有条有理"。她交代陈抟之所以抛紫袍，是因为"逸时"与"济时心"。"逸时"，隐居不仕之时。"济时"，济世救时。只是"隐居"而无"济时心"，则不是陈抟。有"济时心"而不"隐居"，也不是陈抟。二者兼具，才是"千古一人"的陈抟。

陈抟生平事迹丰富多彩，《宋史》记载达三页之多，要以七绝诗的形式既简明扼要，又鲜明生动地表述出来，有一定难度。张玉娘做到了。她以陈抟为了"避名"而隐居、而不忘"济时"为重点，以第三次朝觐表现为高潮，浓墨渲染，塑造出一位身在山野、心系朝政、胸怀天下的高雅隐士艺术形象。她欣赏陈抟隐居避名、隐居济时，并以诗颂之，则表明自己同此心同此节。

### 孟浩然

风翦银潢雪满天，蹇驴骑过灞桥边。
诗愁万斛应难载，非为驱驰老不便。

## 【译文】

天风剪出银白碎片变成大雪纷飞满天，
跛足毛驴背上人已经骑过灞桥的旁边。
他有诗愁万斛之多毛驴应当难以承载，
而非毛驴年老体弱供人驱驰行动不便。

## 【赏析】

### 驱驰不便因诗愁

孟浩然，唐代著名诗人。襄州襄阳（今属湖北）人，早年隐居鹿门山，年四十游长安，应试进士，不中，曾游历东南各地。其诗清淡，长于写景，多反映隐居生活，与王维齐名，称"王孟"。有《孟浩然集》传世。孟浩然死后，王维画像于郢州。

这首《孟浩然》诗描写孟浩然四十岁那年进京赶考，却因科场失意、举荐不用而冒着大雪、骑着毛驴、郁闷离京的情景。字里行间流淌着对孟浩然的怜惜之情。

"风翦银潢雪满天，蹇驴骑过灞桥边。"描写孟浩然郁郁离开长安时的景象。"银潢"，释义是银河星系、天河，语出《旧唐书·彭王仅传》："银潢毓庆，璇萼分辉。""蹇驴"，跛脚毛驴。"蹇"，跛足。"驴"，也称"毛驴"，古代隐逸处士云游山水一般骑驴代步，故代指隐士。"灞桥"，即灞河大桥，位于唐都长安（今西安市）东面。灞河，渭河的支流，源出秦岭北麓，折向西北经西安市东，过灞桥北流入渭河。

诗句大意是：寒风呼啸，雪花纷飞，一只跛脚毛驴驮着孟浩然过灞桥向东去。

张玉娘描写风雪交加的天气，不落俗态，角度新颖，即把雪花说成是北风这把大剪刀将银河剪成的碎片，纷纷扬扬飘落下来，想象奇妙，形象生动。她描写孟浩然郁郁离京的情景，不同一般，颇具特点，如"蹇驴"二字暗示孟浩然作为隐士的特殊身份。一个"蹇"字，寓意多多：其一，意味着毛驴由于本身瘦弱乏力而跛足，或者毛驴由于负载过重而跛足；其二，前者表明孟浩然因贫而饲养少料，后者表明穷的苦孟浩然行李不重而其他甚重；其三，二者兼而有之，则倍增孟浩然之穷困潦倒、毛驴之不堪重负。毛驴离开长安才到灞桥就跛足，应当与"其他甚重"脱不了干系。那"其他甚重"指什么？解开悬念，且看下文。

"诗愁万斛应难载，非为驱驰老不便。"破解"蹇驴"之谜。"斛"，量器名称。古代"以十斗为一斛"，南宋末期改成"以五斗为一斛"。"万斛"，此指很多很重。"驱驰"，策马而驰。

诗句大意是：孟夫子呀，你所携带的诗里有万斛忧愁应当使得毛驴难以承载吧，而不是你驱驰毛驴不得力或者毛驴本身年老体弱行动不方便。简而言之，"诗愁万斛"导致"蹇驴"。

前句以肯定口气道破"蹇驴"之因——"诗愁万斛"，后句以否定口气排除可能导致"蹇驴"的客观因素——骑驴人驱使不力和主观因素——毛驴本身年老体弱，以论证"诗愁万斛"为"蹇驴"之因，可谓言之凿凿，滴水不漏。至于孟浩然为何"诗愁万斛"？也许与科场失意、怀才不遇有关。史载，孟浩然应试落选以后，好友王维邀其到内署一叙。恰巧，唐玄宗驾到。孟浩然躲到床底下回避。王维却如实禀报孟浩然在内署，并予举荐。玄宗说："朕闻其名未见其人。"便问其诗。孟浩然只好从床底下出来，诵诗《岁暮归南山》："北阙休上书，南山归敝庐。不才明主弃，多病故人疏。白发摧年老，青阳逼岁余。永怀愁不寝，松月夜窗虚。"玄宗一听生气，说："卿不求仕，而朕未弃，奈何诬我？"孟浩然胆战心惊，后悔不已，决定离开长安、削发为僧。于是出现本诗前两句那一幕。

这首诗的"诗眼"是"蹇驴"二字，主题是"诗愁万斛"四个字。"蹇驴"，具有多种功效和作用，即"蹇驴"是风雪景象中唯一有生命力的活动形象，代表骑驴人孟浩然，暗示孟浩然离开长安时的僧人身份，引出孟浩然"诗愁万斛"。而"诗愁万斛"解开"蹇驴"之谜，成为孟浩然人生悲剧之因。由此可见，"诗愁万斛"与"蹇驴"因果联系，共同统领全篇。


## 林和靖

饮尽春觞兴转赊，竹阴扶日印窗斜。
骑驴踏遍吴山曲，处处东风出杏花。

## 【译文】

饮尽杯中酒他即将酒兴转为酒债把帐赊，
竹荫扶弄的日光将他身影印在窗纸倾斜。
他骑着毛驴踏遍古吴山川道路弯弯曲曲，
他处处留下诗篇犹如春风催开杏树繁花。

## 【赏析】

### 隐逸人生最高雅

林逋，字君复，谥号和靖先生。北宋钱塘（今浙江杭州）人，隐居西湖孤山，广植梅花，饲养仙鹤，终身不为官，终身不婚娶，终身不进城，有"梅妻鹤子"之称。擅长书法，工于诗词，风格淡远，大多反映隐逸生活和闲适心情，有《林和靖诗集》传世。

张玉娘这首《林和靖》诗再现林逋清贫、劳作、游历、吟诗四个方面的隐居生活情景。

"饮尽春觞兴转赊，竹阴扶日印窗斜。"描述林逋清苦劳作生活。"春觞"，觞中的春酒。"春"，酒名。杜甫《拨闷》："闻道云安曲米春，才倾一盏即醺人。""觞"，古代的盛酒器皿。"兴"，兴致，此指酒兴。"赊"，购物记账未付钱。"扶日"，匍匐在阳光下。"扶"，多义字，此指"扶伏""匍伏"，以膝跪地状。按：《集韵》蓬逋切，音蒲，与"匍"字同。如《左传·昭二十一年》："扶伏而击之。"

诗句大意是：一天中午，林逋在酒店干尽杯中美酒，酒兴未了再喝一杯，就只好把酒兴转债赊账。酒后，他在西面居室与竹林之间的空地上劳作，太阳光从竹林阴影上射来，将他的身影斜印在窗户纸上。

　　关于林逋清苦与辛劳，《西湖古今谈》记载，林逋在西湖孤山北麓结庐隐居，二十年足不及城市，植梅养鹤，植梅三百六十余株，与一年日数相同，年采梅果分装三百六十余包，每售一包为一日生活费，因此一生清贫，四壁萧然。这两句诗文就反映了林逋的清苦与辛劳。"饮尽春醥"表明，林逋平时喜好喝酒，"兴转赊"表明林逋经济拮据，在酒家喝酒欠债赊账。后句"扶日"表明，他这次劳作姿势呈两腿蹲下或一脚跪地，呈躬身匍匐状，诸如播种、拔草之类。但她没有实写林逋干什么、怎么干，而是写他那印在窗纸上倾斜匍匐的身影，别有一番风味。

　　"骑驴踏遍吴山曲，处处东风出杏花。"描写林逋游历吟咏生活。"吴山"，指三国时期东吴国后称吴地的名山。"杏花"，本义杏树花，古有词牌"杏花天"，又称"杏花风"，故以杏花代表诗词。

　　诗句大意是：林逋骑着毛驴，在道路弯弯曲曲的古吴名山之间云游，所到之处留下诗篇，犹如春风催生杏花，又多又美。

　　关于林逋的游历吟咏生活，《宋史·林逋传》记载，林逋"少孤，力学，不为章句"。"初游江、淮间，久之归杭州"。"善行书，喜为诗，其词澄浃峭特，多奇句。既就稿，随辄弃之"。"然好事者往往窃记之，今所传三百余篇"。前句"踏遍吴山曲"就是写林逋"初游江、淮间，久之归杭州"。后句"东风出杏花"就是比喻林逋"既就稿，随辄弃之""所传三百余篇"。"东风出杏花"，双关语，既形容处处杏花盛开的春色之美之丽，又形容林逋遗留各地诗篇之多之好，以突显其"山水之乐"。

　　这首诗书写林逋的生平事迹，具有高度的概括性和典型性。这里的所谓概括性，就是既不漫无边际地泛泛而谈，又不一事不漏地面面俱到，而是分门别类，突出重点，集中笔墨。所谓典型性，就是所用史实材料最具个性和代表性。张玉娘读薄《宋史·林逋传》

及其他有关史料，将林逋一生所作所为、大事小事，酸甜苦辣、林林总总，概括为清苦生活、辛勤劳作、云游山水、吟咏遗篇四个方面，以四句七言概括以尽，塑造出一位既淡泊名利、甘于劳苦，又云游为乐、吟咏为雅的隐士形象。

# 暮春偶成

草香云暖雨初晴，对竹敲诗坐小亭。
昼永人闲啼鸟静，花飞无语春冥冥。

## 【译文】

青草吐香气云彩转暖色时值雨后初晴，
面对竹林推敲诗句我独自坐在小凉亭。
白昼漫长人得空闲唯此悲啼鸟儿寂静，
落花纷飞悄然无语正当暮春暮色冥冥。

## 【赏析】

### 劝君莫为闲吟客

在这首七言绝句中，张玉娘自述在暮春的一天偶然吟得一首小诗，遂称之为"暮春偶成"。至于她如何偶然吟得这首诗，且看诗文。

"草香云暖雨初晴，对竹敲诗坐小亭。"描写吟诗情景。"云暖"，意为云的色调由寒色转为暖色。一些光可分为赤橙黄绿青蓝紫等七种颜色，一些光给人寒冷感觉，称"冷色"，如绿紫光。光给人以温暖的感觉，称"暖色"，如赤橙黄光。"敲诗"，典出贾岛"驴背敲诗"，此指创作诗歌。

诗句大意是：久雨之后初放晴，遍地青草吐清香，天上云彩由冷声转为暖，于是我独自坐在凉亭里，面对竹林推敲诗句。

前句"草香""云暖""雨初晴"营造出暮春那种百草吐香、暖意融融的气候环境氛围，应当适宜诗歌创作。后句"对竹""坐小亭"交代作诗地点在凉亭，吟咏对象是竹子；"敲诗"二字暗示作者斟酌诗句像贾岛一样认真。天气好，环境优，创作认真，应当吟出一首咏竹好诗。

"昼永人闲啼鸟静，花飞无语春冥冥。""昼永"，白天漫长。"啼鸟静"，指啼鸟入巢归于安静。"冥冥"，多义词，此指不明、昏暗貌，如汉代蔡琰《悲愤诗》之二："沙漠壅兮尘冥冥，有草木兮春不荣。"朱熹《诗经集传》："冥冥，昏晦也。"

诗句大意是，尽管白天很漫长，而我一直空闲着，闲得就像那些啼鸣的鸟儿归巢以后变得安安静静；此时此刻，只见落花纷飞无语；暮春昏暗暮色迷蒙。

前句"昼永"二字表明，从"雨初晴"到"春冥冥"的时间漫长，因此，"初晴"时间应是上午甚至早晨；"人闲"二字，既表明张玉娘尚未动笔，也回答了未动笔的原因——无事可写。她为什么无事可写？后句"花飞无语"，既赋予落花以人的沉默寡言性格，又暗示张玉娘以"花飞"自怜，人生将如花凋落，无语可吟了。"春冥冥"表明，直至入夜时分，她"对竹敲诗"未成。

既然"对竹敲诗"未成，何来《暮春偶成》？这是并不矛盾的两码事。"对竹敲诗"未成，张玉娘说自己由于"人闲"——无所事事而吟不出诗句，揭示"生活是文学创作的唯一的源泉"的道理，犹如"无米不成炊"，"无病不成呻"，似告示人们：如果缺乏生活积累，那么，即使诗兴高，也是"有心栽花花不开"，苦吟不出好诗句。而"暮春偶成"，张玉娘说自己将"对竹敲诗"不成的过程情景用文字表现出现，竟然成为一首诗，似乎"无意植柳柳成行"，感到"偶然"，故称"偶成"。其实"偶然"中有必然。"对竹敲诗"不成的过程情景，就是生活，就是题材。她灵感一闪，创作成功。由上述可知，《暮春偶成》为提倡参与实践、深入生活、及时创作的文论诗，很有启示意义。

# 闻　笛

小楼吹夜笛声飞，暗度梅花入翠帏。
曲罢梦回肠欲断，起看秋月光凝衣。

## 【译文】

从小楼吹向夜空的竹笛声音悠扬飘飞，
稍后《梅花落》琴声悄悄度入翠帐帏。
乐曲终时我从梦中醒来柔肠似乎痛断，
起来一看唯有清秋月光凝结锦绣罗衣。

## 【赏析】

### 梦闻笛声痛断肠

张玉娘这首七言绝句描述自己在夜梦里先后依稀听到小楼里传来响彻夜空的笛声和哀婉的《梅花落》琴曲声，醒后伤心不已，立即起床对月寄情。

"小楼吹夜笛声飞，暗度梅花入翠帏。"描述梦闻竹笛传情。"暗度"，暗地里进行。"梅花"，此指《梅花落》，为汉乐府笛曲，声调悲哀，常用于表达思乡、思亲之情。

诗句大意是：小楼里那个人朝向夜空吹奏竹笛声声随风飘飞，悠扬笛声暗暗过渡为《梅花落》乐音而后进入翠绿帷幔。

前句"小楼吹夜"表明，笛声是从小楼里传出来的。然而，"小楼吹"笛讲不通，应当是"小楼"里的人吹笛。吹笛人是谁？闻笛人能从笛声来自"小楼"判断出来。后句"暗度梅花"表明，吹笛人由其他曲调悄悄过渡到"梅花落"曲调，进而表明吹笛人心情随之过渡到悲伤；而"入翠帏"表明，闻笛人会感受到吹笛人心情转向悲伤。作者如此细腻地描写笛声，将闻笛人和吹笛人联系起来。相邻两人什么关系？且看下文。

"曲罢梦回肠欲断，起看秋月光凝衣。"描写梦醒悲痛情景。"梦回"，即梦醒，如宋末爱国诗人林景熙《梦回》："梦回荒馆月笼秋，何处砧声唤客愁。"

诗句大意是：由于从梦中醒来时笛曲"梅花落"刚好终止，我伤心不已，柔肠寸断，便起来仰看明月，月光凝结在我的罗衣上。

前句"曲罢梦回"表明，上文所述笛声是闻笛人梦中依稀所闻；"肠欲断"表明，闻笛人确实感受到吹笛人心情转向悲伤，并且随着吹笛人悲伤而悲伤。后句"起看秋月"表明，闻笛人要对月寄情于吹笛人；"光凝衣"表明，闻笛人很孤独，只有月光凝衣为伴。综合这些信息就可以知道，闻笛人与吹笛人是一对近在咫尺却不得会面的恋人，这次吹笛闻笛是一种音乐传情，可谓"知音"。

这首小诗营造了两种意境：其一，梦幻意境尽管显得虚无，却是虚拟真实人物吹笛闻笛情景，令人如临其境、如闻其声；其二，现实意境，一对处于被迫分离状态的近邻恋人用笛声传达相思爱情。两种反差极大的意境由"梦回"二字承前启后地联系起来，过渡自然、文思清晰、结构严谨、浑然一体。

由"小楼"笛声和"梦回"情景可以推测，这首诗主人公除了梦中听者即作者张玉娘，还有小楼里的演奏者。演奏者乐音传情，听者听音知情，显然一对"知音"，灵犀相通。因此，演奏者应当就是张玉娘的表兄、未婚夫沈佺。也许由于婚姻受挫，沈佺心情不好，消极悲观，传出哀伤之音。张玉娘听音伤心，尽管近在咫尺，也要对月寄情，加以宽慰。并以此诗记之。

# 无题二首

征雁初闻废织梭，支颐机杼憾偏多。
溪头返影留斜日，湖上行舟荡芰荷。

闷来弹鹊漫停梭，竹岛花潭思转多。
秋老莫言春度尽，若邪犹自惜菱荷。

## 【译文】

她犹如征雁初闻征召立即放弃手中木梭，
双手托着下巴面对织机感到遗憾偏偏多。
溪水尽头她那回首的身影留在斜照旭日，
湖面上画舟缓缓行驰荡漾菱角叶莲藕荷。

心烦意闷想弹喜鹊她慢慢停下手中木梭，
登临竹岛游桃花潭她思绪转念反而更多。
当此秋意深深你不要说什么春天已度尽，
应该相信若耶溪水仍旧在怜惜菱角残荷。

## 【赏析】

### 无题诗里征雁情

以"无题"为标题的诗歌，称"无题诗"。中国古典诗歌基本上都有标题。然而，有的作者有的时候由于难言之痛，莫名之情而感到不便于直接标明主题，就以"无题"二字为标题，往往有"无题胜有题"之效。由于"无题"二字没有含义，诗歌好似暗藏玄机的谜语，令人疑惑，引人猜测。一旦揭开"谜底"，明了诗意，必定别有一番惬意感和成就感。

张玉娘这两首《无题》暗藏玄机为何，不露主旨为何？且看诗文。

第一首诗描写应征出征的情景。

"征雁初闻废织梭，支颐机杼憾偏多。"描写女主人公应征情景。"征雁"，远行的大雁，一般指秋天南飞雁，此指被征召的女主人公。"废"，多义字，此指废弃、停止、放下，如《史记·儒林列传》："太史公曰：'余读功令，至于广厉学官之路，未尝不废书而叹也。'""支颐"，用手托住下巴，如白居易《除夜》诗："薄晚支颐坐，中宵枕臂眠。""机杼"，指织布机，也指纺织、织机。"杼"，织布的梭子，常以杼木（即柞树）为材料，故名。

诗句大意是：她就像急于远飞的征雁一样，刚听到自己被朝廷征召的消息，就立即放下手中的木梭子，然后双手托着两腮帮子，陷入思忖，深深感到遗憾。

前句交代女主人公的身份。身份有二：一以"废织梭"表明为浣纱织女；二为朝廷征召女子，只不过不直接明说，而以"征雁"借代，因为"征雁"一词除了本指远征之雁，古人还用于比喻被征用的人。"初闻废织梭"表明，被征女子在第一时间用实际行动接受了征召。后句描述女主人公应征后的表情。外表"支颐"——双手托住下巴思忖，给人印象深刻；心情"憾偏多"——为获得效劳国家的机会而高兴，同时感慨遗憾多多。什么遗憾？按事之常理人之常情，应当是诸如远离故土的乡情、告别家人的亲情、分手恋人的爱情，真可谓有得有失。

"溪头返影留斜日，湖上行舟荡芰荷。"描写女主人公出征情景。"溪头"，溪的源头。"返影"，本指傍晚夕阳光辉，如"夕照"，此指夕阳光辉里的人影，如南朝梁·简文帝《纳凉》诗："斜日晚骎骎，池塘生半阴。""芰荷"，释义是指菱叶与荷叶，语出《楚辞·离骚》："制芰荷以为衣兮，集芙蓉以为裳。""芰"，韦昭注："芰，菱也。"俗名菱角。

诗句大意是：在大溪的源头，她将自己回首告别乡亲的身影留在西斜的夕阳余晖里，然后乘坐画船在大湖水面上行驶，双眸凝视浪花荡漾菱叶和荷叶。

前句"溪头"二字表明，应征女子不是平原城市人，而是山区农村人。"返影留斜日"，俨然一幅绚烂夕辉掩映美女回首图。作者用"返影"画面，画意暗示应征女子从家乡埠头起程出征，比如实直言起程出征更有情趣诗意。后句"湖上行舟"表明，应征女子先从"溪头"顺溪流行程，接着在湖上行程。

由此可见一位纺织女子应召出征的情景：她听说朝廷征召自己，当即放下梭子，恨不得马上出发。但转念一想，觉得美中不足还有遗憾，便手托下巴忧思起来。如期出征时，她在溪头船上告别故乡、亲友，那回首的倩影留在夕阳余晖里。经过一夜行程，她乘坐的画船行驶于大湖水上，涌起层层波浪，荡漾着芰荷莲荷的叶片。

诗文留下两个悬念：其一，"溪头"所指的溪，在何地，为何名？其二，"湖上"所指的"湖"产"芰荷"，是何名，在何地？

第二首诗描写重返故里的情景。

"闷来弹鹊漫停梭，竹岛花潭思转多。"描写女主人恢复织女身份时的情景。"漫"，多义字，此指《汉语大词典》："漫，同慢。宋赵与时《宾退录》卷二："蔡襄如少年女子，体态娇娆，行步缓慢，多饰繁华。""竹岛"，即大竹岛，在太湖中央，属古吴地、今苏州市。"花潭"，即雪花潭，溯溪十八景之一，在今浙江省绍兴市四明山腹地上虞区陈溪乡虹溪村。

诗句大意是：当郁闷来临时，她慢慢地停下手中的木梭子，用弹弓弹射喜鹊；接着乘舟到竹岛花潭游览，忧思不仅未能消除，反而转多。

"漫停梭"表明，女主人公已经结束征召使命，自行恢复织女身份，重操纺织手艺。"闷来""思转多"表明，女主人公自行恢复织女身份后，还是忧虑重重，感到郁闷，即便像小孩那样用弹弓弹射喜鹊、游览竹岛花潭，转来转去，忧思却是越转越多。由"竹岛""花潭"可知，女主人公游太湖为什么？忧什么？

"秋老莫言春度尽，若邪犹自惜菱荷。"劝慰女主人公。"秋老"，比喻秋意深。"老"，多义字，此指程度深，如宋代袁去华《江枫秋老》词："江枫秋老，晓来红叶如扫。""若邪"，一作"若耶"，指若耶溪，在古会稽（今浙江绍兴），因源头在若耶山而名，溪上游有浣纱石，相传西施曾在此浣纱，故名"浣纱溪"。"犹自"，尚自、尚且，如唐代许浑《塞下曲》："朝来有乡信，犹自寄征衣。"

诗句大意是：就像时光到了深秋不会说春天度尽，一个人既然到了晚年时候，也就不要说什么美好的青春已经过去，那若耶溪水尚且知道怜惜菱叶和荷叶呢。

作者运用借代笔法抒情劝导，其中"秋老"借代人老，其实借代女主人公；"春"借代青春年华，"莫言"二字则赋予时光以人的语言能力，从而使前句意义双关，既指时光老人不会说春天已经过去，进入"秋老"，又指老年人不要老说青春已经过去，步入老年。如此劝导，晓之以理，颇具说服力。在后句，作者再次运用借代笔法抒情劝导，其中"若耶"借代古会稽或会稽父老乡亲，"菱荷"借代女主人公。"犹自惜"三字则赋予若耶溪水以人的怜惜情感，从而使句子意义双关，既指若耶溪水怜惜菱叶与荷叶，又指古越会稽父老乡亲会怜惜你——女主人公。如此劝导，动之以情，颇有感染力。"犹自"二句还使前后两句即两个"双关"成为递进关系，从而倍增劝导力度。这就回答了上文"思转多"的原因——女主人公反复思想：我青春已逝，父老乡亲还认得我吗？还疼爱我吗？会怎样对待我？如果作者与女主人公生活在同时代，那么，女主人公一定会听从劝导，并得以慰藉。

综上所述，女主人公渐露端倪。第一，由"若邪"可知，她是古越会稽（今绍兴市）人。第二，若邪溪有七十二支流，自平水而北，会三十六溪之水汇于禹陵，而后分为两股，一支北向出三江闸入海，另一支西折流经稽山脚注入鉴湖。鉴湖盛产菱角和莲藕莲子，由此可见，她水上行程途经鉴湖。第三，由"竹岛""花潭"可知，她返回行程由太湖至会稽。第四，鉴于往返行程路线一般相同，她当初从"溪头"上船途经鉴湖，而后应当途经也盛产菱角和莲藕莲子的太湖，太湖之滨都市唯有古吴国都即今苏州。第五，由第二至第四条可知，她往返路线为：若邪溪头—鉴湖—太湖—古吴国都（今苏州）—太湖—鉴湖—若邪溪头。再加上浣纱织女的身份和应征召肩负国家使命，完全符合上述诸条件的古会稽历史名人唯有中国古代四大美女之一西施。

据《西施传》，春秋时期越国会稽苎萝山村（今属诸暨市）施姓人家有一浣纱美女姓施名夷光，因家在西村而俗称"西施"。越国勾践三年（前494），吴王夫差为报父仇，在夫椒（今江苏太湖西洞庭山附近）击败越国。越王勾践退守会稽山（今浙江省绍兴南），在吴军强势围攻下，被迫求和，愿入吴为质。在吴三年期间，勾践受辱而称臣，茹苦而称奴。在越国完全沦为附属国的情势下，夫差将勾践作为属臣予以释放。勾践回归越国后，韬光养晦，针对吴王淫而好色的弱点，采纳灭吴九策中美人计。大夫范蠡在苎萝村选得郑旦和西施一对姊妹花，并爱上西施。经过三年才艺训练，重臣文种将西施带到姑苏，献于吴王。夫差大喜，即命西施为妃子，十分宠爱，先后为她建造春宵宫、筑大池并置青龙舟以供游乐；建造馆娃阁、灵馆等，以供歌咏欢宴；专筑木板长廊，以供响屐舞蹈。长此以往，夫差沉湎女色，不理朝政，国力日趋衰弱。相反，越王勾践为了雪耻复国，十年卧薪尝胆，十年积聚财富，国力日益强盛。公元前473年，勾践发兵灭吴，夫差丧生，西施获救出宫。《西施传》完全印证本诗女主人公就是西施。

至于西施的结局，历来有"归隐说"（随范蠡隐居五湖）、"沉鱼说"（勾践因妒忌而将西施沉江）、"还乡说"（返回故里，重为织女）。张玉娘认同"还乡说"，故《无题》诗用"若耶犹自惜菱荷"作为结句。这样处理，既使西施为国应征、不辱使命的生平事迹显得有去有回过程完整，又使西施的家国情怀得以完美体现。

掀开谜面，揭示谜底，这首诗的标题就可以去掉不显示诗文主旨的"无题"二字，换上显示诗文主旨的"西施"二字。

笔者读这两首《无题》诗，从中见识了张玉娘的文学才艺。那就是：她用七绝诗歌形式所设置的谜面中，隐含着揭开谜底所需的必要元素，可谓恰如其分、恰到好处。

# 捣衣秋

入夜砧声满四邻，一天霜月楚云轻。

自怜岁岁衣裁就，欲寄无因到远人。

## 【译文】

入夜时分砧上捶衣之声充满四面近邻，

满天霜白月光之下一只乌髻晃动轻轻。

她岁岁怜惜自己将御寒冬衣裁剪缝就，

却没有条件也没有办法寄达远方亲人。

## 【赏析】

### 战乱添忧捣衣人

"捣衣秋"，意谓秋夜洗衣。捣衣，即将浸湿的衣物置于砧石，用棒捶打，击压脏水，以求清洁。古有琴曲名"捣衣曲"，反映征妇在捣洗寒衣时思怀戍边丈夫的情景。也许由此，孟称舜《张大家〈兰雪集〉》本诗标题为"捣衣曲"，是对的。

这首《捣衣秋》描述一位年轻女子在清秋月夜为戍边丈夫捣洗御寒征衣的情景，抒发征妇因无法寄达征衣而白白洗衣的苦恼。这种苦恼应当是广大征妇的共同烦恼，从而传达出南宋末期外敌入侵、兵荒马乱、邮路中断、人心不安的社会信息。

"入夜砧声满四邻，一天霜月楚云轻。"描写少妇月夜捣衣的情景。"砧声"，衣椎捣击砧上衣物的声音。砧，即捣衣石，如杜甫《捣衣》："秋至拭清砧。""霜月"，有多义，如农历七月、寒夜月亮、皎洁月亮等，此指月光皎洁如白霜。"楚云"，本义楚天白云，引申比喻年轻女子乌黑发髻，如唐杜审言《戏赠赵使君美人》诗："红粉青娥映楚云，桃花马上石榴裙。"

诗句大意是：一个秋夜，棒槌捣击砧上衣物的声音充满四周邻居家，我闻声出门，只见满天皎洁如霜的月光下，一位年轻女子的乌黑发髻随着一阵接一阵的捣衣声上上下下地轻轻晃动。

这两句破题"捣衣秋"。"秋"字点明捣衣时间。而且生动地描绘出一位征妇在清秋月夜为戍边丈夫捣洗御寒冬衣的历史事实。这两句所呈现的生动有趣的景象，乃"诗中有画"之谓也，犹如高明的画师运用写意的方法、细腻的笔法精心描绘的一幅《征妇月夜捣衣图》。此外，由"满四邻"可以知道，月下捣衣女子是作者某邻居家戍边军人的妻子，甚至可称"嫂子"，从而使这位军嫂的艺术形象显得很亲近、亲切。

"自怜岁岁衣裁就，欲寄无因到远人。"抒发自怜、无奈之情。"自怜"，意为自伤，自我怜惜，如汉王褒《九怀·通路》："如阴忧兮感余，惆怅兮自怜。""无因"，此指没有条件、机缘，如《楚辞·远游》："质菲薄而无因兮，焉托乘而上浮？"又如南朝谢惠连《雪赋》："怨年岁之易暮，伤后会之无因。""因"，意为原因、机会、条件等。

诗句大意是：我年年入秋时节就为戍边丈夫缝制、捣洗好的御寒衣物，却由于兵荒马乱，邮路中断而没有任何机会、条件、办法寄出送达边关亲人，只能自己可怜自己。

前句写少妇捣衣情景只见髻影不见人，这里一个"自怜"便将捣衣少妇推到人们眼前。她自怜什么？想把缝制、洗净的御寒冬衣寄给戍边的丈夫，却没有邮寄的机缘条件。"岁岁"一词，盘活盘大诗的含量，表明这位军人多年戍边、多年未收御寒衣；表明这位军嫂年年裁就御寒衣、年年月下"捣衣秋"、年年欲寄总不达、年年自怜叹无奈。也许她就这样年年失望而岁岁抱一线希望，年年"欲寄无因"而岁岁寄衣，直至孤苦终老。这是何等的孤独、痛苦！又是多么坚贞、刚强！

这首诗先叙事后抒情，叙述之事既是征妇本次"捣衣"，又是征妇以往岁岁"捣衣"；抒发之情既是征妇本次"捣衣"后的"自怜"，又是征妇以往岁岁"捣衣"后的"自怜"，可谓事中有情、情由事出，相联相融。

读张玉娘诗《捣衣秋》，给人一种历史的厚重感。作者笔下这位青春征妇，是中国南宋末期千千万万征妇群体的代表。她的"自怜"之情，也是中国南宋末期（以及历朝历代）千千万万征妇群体的"自怜"之情，从而具有社会意义。

# 五 律

## 池边待月

待月月未升，看池池水清。
冰夷吹海浪，薄雾约云英。
惟见寒波动，嫦娥明镜行。

【译文】

我翘首以待明月升它却久久未上升，
我俯首以看水池池水平静得彻底清。
河神冯夷为寻雒嫔吹气海上涌巨浪，
秀才裴航信守诺言淡薄雾里约云英。
忽然间只见池水中寒光随波微微动，
寂寞嫦娥独自在明镜里面踽踽而行。

【赏析】

### 待月待到寂寞人

这是一首五言小律。五言小律系律诗之一。律诗，属于近体诗，起源于南朝齐永明年间沈约等讲究声律、对偶的新体诗，至初唐沈佺期、宋之问等进一步发展定型，盛行于唐宋时期。因格律要求非常严格而得名。常见的类型有五律和七律，一般有几个字说几言。五言、七言律诗一般八句四联，中间二联对仗工整。五律和七律还有六句体律诗，称"小律"。小律只有三联，平仄格律同样要"对""粘"，平收句要押韵，首尾两联不要求对仗（首联可以对仗），但中间一联则必须对仗。首句入韵，则全诗有四韵。首句不入韵，则全诗三韵，称"三韵律诗""三韵小律"。即使首句入韵，仍称为"三韵小律"。小律内容丰富，最多的题材是咏物与咏人，艺术手法上则以虚实相间、情景相生为主要特点。

在这首诗中，张玉娘描述自己在水池岸边等待未婚夫时看见古代神话人物冯夷破浪寻亡妻、裴航诚信守婚约、嫦娥孤独在月宫的奇妙景象，借以表达久久等待未婚夫归来的难耐之苦，希望未婚夫信守婚约、以免寂寞嫦娥那样的不幸命运。

"待月月未升，看池池水清。"描写月出之前的池水景象。

诗句大意是：我在小池旁边久久等待月亮出来，可是池中月亮迟迟不升起来。我便俯首看池水，池水平静清澈见底。

开篇破题"池边待月"，用口语一般质朴通俗的语言写出了池水之平静清澈，写出了待月之长久、之情急，还留下一串悬念：为什么要在池边待月？待月时看到什么？心情如何？

"冰夷吹海浪，薄雾约云英。"表达对未婚夫的期望。"冰夷"，即古代神话中的黄河水神河伯，又名冯夷，古弘农郡华阴县潼乡堤首里人。其妻雒嫔，伏羲氏女，又称宓妃，溺死洛水，遂为洛水神。冯夷为寻妻，服八石，得水神。又说冯夷为寻妻，渡河淹死，天帝封其为水神，他曾化为白龙，游于水上，被后羿射瞎了左眼。后人对冯夷褒贬不一，然对其寻妻之举传为美谈。"云英"，女仙。据《传奇·裴航》，秀才裴航路经蓝桥驿，因口渴向道旁人家讨水喝，对其美貌女儿云英一见钟情，当即求婚。其母说要以玉石杵臼为聘礼方可成婚。裴航便四处寻访，费尽心机，终于找到，并倾尽资费买下玉石杵臼，前去履约。其母心喜，夸他守信。裴航婚后才知云英一家都是仙人。

诗句大意是：我依稀看到冯夷正在吹开万顷海浪寻找妻子雒嫔，又看到秀才裴航诚守信用，在云雾迷茫中寻寻觅觅，终于买到玉石杵臼，娶到美女云英。

前句中的"吹海浪"，写水神冯夷在海面上迎着风浪寻找亡妻的情景。后句中的"约云英"，写秀才裴航履约求偶的情景。张玉娘借用两则神话典故应当有所用意，即在家父悔婚毁约的情况下，希望表哥、未婚夫沈佺像冯夷那样对自己一往情深，像裴航那样信守婚约。

"惟见寒波动，嫦娥明镜行。"描写池中月升的情景。"寒波"，即清凉的水波。"嫦娥"，也称恒娥，神话人物，传说是后羿之妻，由于偷吃长生药而飞奔月宫，成为美貌仙女，又说她被囚禁月宫，失去自由。唐代诗人李商隐《嫦娥》诗："云母屏风烛影深，长河渐落晓星沉。嫦娥应悔偷灵药，碧海青天夜夜心。""明镜"，即明亮的镜子，古人常用于比喻明亮的圆月，如杜甫《八月十五月夜》诗之一："满目飞明镜，归心折大刀。"

诗句大意是：忽然，池塘水面那冷清微波急剧晃动，只见一轮皎皎明月从水底升起，那寂寞嫦娥好似在明镜里踽踽而行。

前句描写月亮升起前的征兆，仅用"寒波动"三个字精彩预示明月即将从池子水底冉冉升起。后句描写月亮在池水中升起的情景，不过不是直言月出，而是借用月宫嫦娥的身影间接表现月出。这就是女主人公池边待月的最终结果：待到了明月，也待到了嫦娥那种孤苦与寂寞，却未待到心上人到来。"嫦娥明镜行"，多么诗情画意，妙趣横生。

综上所述，可以想象张玉娘"池边待月"的大致情景：夜幕降临，她来到一口水池岸边，俯视池面，等待月亮在平静如镜、清澈见底的水中冉冉升起。顿时，她仿佛看见河神冯夷正在海里奋力游弋，使劲吹开浪花，追寻爱妻雒嫔，又似乎看见秀才裴航信守约定，跋涉雾里，历尽千辛万苦，觅取玉石杵臼，如愿娶得美女云英。正当我为雒嫔、云英有如意郎君而高兴时，忽见满池水波晃动，一轮明月从池底冉冉升起，寂寞嫦娥就像行走在明镜中。

其实，《池边待月》是张玉娘本人一段爱情生活的真实写照。自从家父悔婚毁约、未婚夫被迫远走他乡求学，她无时无刻不为孤寂孤苦、忧愁怨恨所困扰，不被离情别绪、牵挂相思所纠缠，经历无数类似"池边待月"的久久等待日日夜夜。在池边待月时，她因婚姻受挫十分思念远在他乡的未婚夫而联想到冯夷、裴航这样的"夫君楷模"，就不足为奇；当明月从池水里升起时，她因自己孤苦伶仃而联想到月宫嫦娥并同感寂寞也就不足为奇。

这首诗按时间顺序叙述女主人公池边待月的全过程，即刚到时池水状况（平静清澈）—待月情景（想象冯夷、裴航寻妻娶妻轶事）—月出征兆（寒波动）—月升情景（嫦娥月中行），文思通畅，层层递进，前后呼应，结构严密。全诗六句，用典三则，频率甚高，作者借用神话人物的爱情故事，诉述当事人物的爱情，委婉道出心事心愿，比直言表白更有诗情画意，更有美感趣味，从而更有艺术魅力。一首小诗能呈现如此奇妙的景象，表达如此丰富的情感，可见张玉娘想象力多么丰富。

# 秋　思

爽籁生灵径，清秋淡碧空。

乘凉赊月色，问夜出帘栊。

独坐怜团扇，罗衣吹暗风。

## 【译文】

> 参差不齐的竹林生出一条美观的石径，
> 初秋的浓浓夜色渐渐淡出碧澄的天空。
> 仍然在外乘凉却已赊欠那皎洁的月色，
> 便问夜里几时将头探出那垂帘的窗栊。
> 独自而坐不禁怜悯起频频摇动的团扇，
> 希望绫罗衣裳里重新吹出暗藏的凉风。

## 【赏析】

### 欠缺明月怎纳凉

张玉娘这首诗描述自己在初秋之夜通宵对月乘凉，最终由于黎明前夕明月西下而纳凉不成的情景，表达出一种彻夜明月寄不尽无穷离愁的思想感情。

"爽籁生灵径，清秋淡碧空。"描写清秋月夜将尽时的景象。"爽籁"，多义词，一指参差不齐的箫管声，一指竹林，一指清风。此指参差不齐的修竹林。"灵径"，美观的小路。"灵"，多义字，此指美观。

诗句大意是：清秋夜月阑珊之时，凉爽清风拂动参差不齐的竹林，那响声是从一条颇为精致秀气的砌石小径上生发出来的，此时此刻，清秋夜将尽，拂晓的曙色开始渐渐淡化那澄碧色的夜空。

这段描写月夜将尽时的清凉天气、天色变化的文字，有声有色，令人如临其境。其声音，不是箫管乐音，因为黎明时不可能有人吹奏笙箫，而是发自竹林小径清风之声，当令纳凉人惬意。其天色，由于清秋时节昼夜交替，天空由澄碧色渐渐退化为淡白色。由此可见，张玉娘观察事物之细致入微，文字表现之精准恰当。

"乘凉赊月色，问夜出帘枨。"这两句描写闺中纳凉的情景。"赊"，指赊账，即购物记账暂不付钱。"帘枨"，指窗户木框，称窗枨木。

诗句大意是：由于明月西下，我在闺房里凭窗乘凉欠缺皎皎月色，便一边询问婢女"现在夜里几时"，一边将头探出窗外看天色。

这段描写由于赏月不成而乘凉不成的文字有事情——"乘凉"，有情绪——"赊月色"之憾，有言语——"问夜"里几时，有动作——将头探"出帘枨"，活灵活现，令人如临其境，如见其人，如闻其声。由"淡碧空"可知，此时正当黎明前，天色由深褪淡。由"赊月色"可知，月亮在黎明前西下，因此，这天应当是秋月农历十五日。张玉娘把乘凉不能赏月说成月亮对自己欠账，赋予人的情感而将月亮拟人化，颇有新意，饶有趣味，同时表明她乘凉不成。该怎么办呢？

"独坐怜团扇，罗衣吹暗风。"这两句表达重返月夜的离奇想法。"怜"，此指怜悯、可怜、同情。"暗风"，黑夜的风，如唐代元稹《闻白乐天授江州司马》诗："垂死病中仍怅望，暗风吹雨入寒窗。"

诗句大意是：我独自坐着，双手使劲摇着团扇，却又可怜团扇承受不了扇力，于是希望能从绫罗衣裳里面重新吹出黑夜的凉风来。

在前句，张玉娘用"怜团扇"既表现自己扇扇用力之大，又表示自己可怜团扇经不起用力地扇。这比直接描写用力扇扇要生动得多，可谓别出心裁，不落俗套。她明言怜悯团扇，其实暗示怜悯自己。后句"罗衣吹暗风"，张玉娘赋予"罗衣"以吹风的行为，虽然显得离奇，却间接表明拂晓清凉也纳凉不成，说明她心情烦闷、体温升高，纳凉不得。这比直言纳凉不成要生动得多，

张玉娘拣取一段破晓"乘凉"情景进行了"秋思"。思什么？根据诗意，需要在三个问题中找答案。一是清秋之夜不会闷热，她为什么要乘凉？醉翁之意不在酒。而是为了赏月寄情诉离愁。二是拂晓比月夜更凉爽，她为什么反而乘凉不成？原因在于"赊月色"——

不能赏月寄情诉离愁。三是拂晓乘凉不成怎么办，希望衣里"吹暗风"，重新赏月寄情诉离愁。由此可见，张玉娘清秋月夜乘凉可能只是托辞，本意在于赏月寄情，可谓"秋思"，就是倾诉离愁。这首《秋思》诗乃"悲秋"诗——对于无月可赏有情无寄的萧瑟秋景表示无限哀伤。

# 暮春夜思

夜凉春寂寞，淑气浸虚堂。
花外钟初转，江南梦更长。
野禽鸣涧水，山月照罗裳。
此景谁相问，飞萤入绣床。

## 【译文】

夜气凉人心脾使得春天显得寂寞，
尽管宜人暖气沉浸于空荡的厅堂。
花园外面报五更的钟声初次宛转，
闺房里面江南梦的诵声更加悠长。
野外一群鸣叫禽鸟应声山涧流水，
山边一轮皎洁明月斜照绫罗衣裳。
如此凄凉情景谁人曾经前来过问？
只有乱飞萤火虫飞入绣帐单人床。

## 【赏析】

### 暮春一夜哀思长

这是一首五言律诗。在这首诗中，张玉娘描述自己在暮春月圆之夜独自沉痛思悼已故未婚夫的情景。

"夜凉春寂寞，淑气浸虚堂。"描写入夜时的情景。"淑气"，多义，此指和暖之气，如陆机《悲哉行》："蕙草饶淑气，时鸟多好音。"

诗句大意是：这个暮春之夜，外面天气凉爽，我却感到孤独、寂寞。为什么？因为这温暖所沉浸的只是空荡荡的厅堂。

诗文描述"我"在凉爽的暮春之夜寂寞难耐，即便屋里温暖也无济于事，营造出一种爽人不爽"我"、暖人不暖"我"的意境，并揭示原因在于"虚堂"。这就表明，"我"寂寞是因为守"虚堂"——抑或心上人已故，抑或心上人在远方。

"花外钟初转，江南梦更长。"描写五更初的情景。"钟"，此指寺庙报更的钟声。"江南梦"，即唐教坊曲名《梦江南》。《乐府杂录》："此调本名《谢秋娘》，系唐李德裕为亡姬谢秋娘作，后进入教坊，改此名。"

诗句大意是：经过长夜寂寞，五更之初，花园外寺庙报更钟声宛转而来，余音萦回悠长。相比而言，我吟诵李德裕为亡姬谢秋娘所作的悼词《梦江南》的声音更加悠长。

中国古代有报更习俗，如成语"暮鼓晨钟"，意为寺庙晚上一更击鼓，五更敲钟。五更，时值后半夜3—5时。本诗前句中的"钟初转"表明，五更时，张玉娘听到报更的钟声。后句中的"江南梦"表明，她一听到钟声，就开始吟诵李德裕悼谢秋娘词《梦江南》。她选择五更吟诵李德裕悼妻诗《梦江南》，暗示自己也有悼念之意——也许她的未婚夫病故不久。而"更长"二字表明，她吟诵《梦江南》的时间比报更钟声时间还要长，也就是她悼念未婚夫的时间比悠长钟声还要长。由此可见，她反复吟诵《梦江南》的遍数之多，悼念情谊之长。

"野禽鸣涧水，山月照罗裳。"描写五更末的情景。诗句大意是：忽然，我听到野外一群禽鸟以清脆悦耳的鸣叫声应和那山涧的潺潺流水声。于是，我从闺房出来，只见山边升起一弯蛾眉新月，微弱月光斜照在我的绫罗衣裳上。

"野禽鸣"，示意五更之末，因为拂晓时分宿鸟醒来便会鸣叫。"山月照"，也示意五更之末，因为拂晓时分会有蛾眉新月出山。"野禽鸣"与"涧水"响声相和，多么悦耳动听！而"山月"光照"罗衣"，多么清冷凄凉！

"此景谁相问，飞萤入绣床。"描写孤寂情景。"绣床"，语出唐代司空图《杨柳枝·寿杯词》之七："池边影动散鸳鸯，更引微风乱绣床。"古代女子十三岁入闺房，十五岁出嫁，其间睡比架子床小一号却装饰华丽的单人床，故称。

诗句大意是：如此凄凉情景有谁曾来过问？只有乱飞的萤火虫进入这张挂着绣帐的单人空床。

在前句，张玉娘用设问句"谁相问"，暗示无人前来过问自己，处境孤寂，与世隔绝。在后句，张玉娘用"萤入绣床"，暗示自己只有飞萤为伴，十分孤单。从而将寂寞人之寂寞渲染至极。松本《兰雪集》有眉批："虞伯生（虞集）读至末句拍案曰：'此岂妇人所及？'大为当时所称。"

这首诗绝非此一绝妙佳句，而是一首绝妙佳作。其中令人拍案叫绝的是巧妙用典。全诗用典仅为"江南梦"一则，张玉娘将"江南梦"加上"更长"二字，语言上十分自然顺畅，毫无连接之痕；语意上联系紧密，如天衣之无缝。同时，一则"江南梦"典故"牵一发而动全身"，牵出"寂寞""虚堂"的原因——失去未婚夫，牵出主人公即张玉娘此时身份——失去未婚夫的未亡人，牵出思悼未婚夫的形式——吟诵《梦江南》，牵出思悼的结果——寂寞依旧。

本诗"夜思"主旨是思悼未婚夫。《沈氏宗谱》记载，张玉娘的未婚夫沈佺卒于宋咸淳七年腊月二十五日。三个多月后的咸淳八年农历暮春之夜，她以吟诵李德裕悼妻词《梦江南》的特殊形式，从头更到五更整夜悼念沈佺,足见她守丧哀思之长。由此导致这个"暮春夜思"多么漫长、多么沉重,多么苦不堪言。

## 春 游

侍儿传野约，趣伴出邻姬。
竹外花迎佩，溪边柳笑眉。
春随流水远，日度锦云熙。
拾翠人争问，含羞独有诗。

【译文】

侍女出去传达我的郊野春游之约，
感兴趣的女伴出自邻居主人之姬。
竹林外面朵朵鲜花迎向衣带玉佩，
松阴溪边缕缕柳丝逗笑纤长黛眉。
明媚春光随着流淌溪水渐行渐远，
高天春日度入锦绣彩云又攘又熙。
拾得一枚翡翠玉钿女伴争相询问，
我含羞回答所拾只是一首翠钿诗。

【赏析】

### 复得翠钿巧应答

张玉娘这首诗描述自己在春游途中所见美丽风光和自己复得信物翠钿并巧妙应答的情景，表达出初恋少女怀春之情。

　　"侍儿传野约，趣伴出邻姬。"交代结伴的情形，破题"春游"。"侍儿"，即侍女、婢女。"野约"，此指到野外春游的邀约。"姬"，古代对妇女美称，如张耒《京师废宅》诗："艳姬驸马知何处，独有庭花独自荣。"

　　诗句大意是：我的婢女出去传达到野外春游的邀请，有兴趣结伴出游的女子都是左邻右舍青年男子的妻子。

　　前句中的"传"字表明，张玉娘是这次野外春游的发起人和组织者。后句中的"趣伴""邻姬"表明，左邻右舍嫂子们很看重张玉娘这位未出闺的小妹子，从而都对邀约感兴趣。由此可见，她尽管是官家闺秀，却无官家小姐娇气傲气，在少女时期就很有人缘，并具有号召能力和组织能力。

　　"竹外花迎佩，溪边柳笑眉。"描写近处美景。"竹外"，此指竹林之外。"佩"，此指佩饰品。"柳"，此指柳树的枝条。

　　诗句大意是：走出篁竹林子，那鲜艳红花正在迎向我的衣带玉佩。漫步松阴溪畔，那缕缕纤长柳枝似在逗笑我的细长黛眉。

　　"花迎佩"，赋予鲜花以温柔女子的人情味。而其实应当是，戴佩饰的游人迎向鲜花前行。张玉娘却说鲜花在前迎接戴佩饰的游人，多有情趣！"柳笑眉"，赋予柳条以轻佻女人的调情味。而其实应当是，游人那细长黛眉下的目光看着缕缕纤长柳条。而张玉娘却说缕缕纤长柳条挑逗游人细长黛眉，又是多么有情趣！

　　"春随流水远，日度锦云熙。"描写远处美景。"春"，多义字，此指春光。"度"，多义字，此指考虑、打算，如成语"置之度外"。"锦云"，即"彩云"。锦，本指有彩色图文的纺织品，引申形容华美，如范仲淹《岳阳楼记》："沙鸥翔集，锦鳞游泳。""熙"，多义字，通"嬉"，嬉戏，如《晏子春秋·内篇杂下》："王笑曰：'圣人非所与熙也。'"

诗句大意是：放眼望去，那明丽的春光随着松阴溪水越流越远；那和煦的春日想与彩云一起嬉戏玩乐。

颈联描写对象是"行云流水"（成语）。前句表现春光映入溪水随波逐流的景象。春日阳光照射溪水成为光波流淌是一种自然现象。张玉娘用一个"随"字，即赋予春光以人的随和心理，平添诗句的趣味性。"流水远"，则表达出她对春天的留恋之情。后句表现春日与彩云熙来攘往的景象。太阳与行云相向而动也是一种自然现象。张玉娘用一个"随"字，即赋予春日以人的趋众心理；用一个"熙"字，即赋予彩云以人的贪玩心理。由于拟人笔法用到极致，一对联句画意盎然，妙趣迭出。

"拾翠人争问，含羞独有诗。"描述拾翠情景。"拾翠"，意为拾得翠玉。"翠"，一指翠绿色；一指翡翠鸟，俗称"夫妻鸟"；一指翡翠色玉石，如翠钿、翠镯等。

诗句大意是：我拾到一枚翡翠色的玉钿，嫂子们便争相追问：你捡到什么？我含羞作答：唯独一首诗，没有他物。

前句中的"人争问"表明，嫂子们只看见张玉娘弯腰"拾翠"的动作，却未看清什么东西，便问个明白。后句"含羞"表明，也许张玉娘认定所拾翠玉正是自己的定情信物（注：《与诸妇石榴亭夜酌》诗有"双蛾失翠钿"句，张玉娘在这次春游中所"拾翠钿"，很可能就是她在上年夏天与诸妇"夜酌"时丢失的翠钿），由于"人争问"而难为情；"独有诗"表明，张玉娘在"含羞"之余想把"拾翠"之事搪塞过去，便急中生智，说只是一首诗。诗文活灵活现地表现出作为妙龄少女的张玉娘在定亲初恋时期既心爱信物又不敢公开信物的羞怯心理，十分生动。

这首《春游》是叙事诗，叙述了"传野约"—"竹外"道上—溪边—"拾翠"的游览过程。叙事妙句在于颔联颈联。律诗最忌颔联颈联写作角度、表现方式雷同。张玉娘《春游》诗的颔联描写近景——红花、绿柳，恰好是成语"花红柳绿"，颈联描写远景——流水、行云，恰好是成语"行云流水"。由此可见，她在少女时期就能别出心裁选择吟咏对象，从而使两联不仅工整对仗、平仄合韵、情趣兼备、朗朗上口，而且景物有远有近，呈现层次美。

# 从军行

二十遴骁勇，从军事北荒。
流星飞玉弹，宝剑落秋霜。
画角吹杨柳，金山险马挡。
长驱空朔漠，驰捷报明皇。

## 【译文】

他二十岁那年遴选为骑兵师骁勇，
入伍从军后役事于北方旷漠大荒。
他甩起流星来链锤疾如白玉飞弹，
舞起宝剑来寒光闪烁如降落秋霜。
画角声声传恰似那急风劲吹杨柳，
他在金山险关立马横刀将敌阻挡。
他长驱直入犹如进入空旷的荒漠，
且径自策马驰捷呈报圣明的君皇。

## 【赏析】

### 从军建功新战士

"从军行"，古乐曲之一，用于表现戍边将士杀敌立功、保家卫国。

张玉娘这首《从军行》记述一位血气方刚的青年接受遴选，参军戍边、训练武艺、杀敌立功的成长历程，塑造出一位英雄战士可亲可爱的艺术形象。

全诗八句，按成长进步经历可分为四个层次。

"二十遴骁勇，从军事北荒。"描写小青年参军戍边。"遴"，谨慎小心地挑选。"骁勇"，矫健勇猛的士卒。"从军"，也称"从戎"，指参军。"事"，从事，此指服兵役。"北荒"，此指北疆荒漠。

诗句大意是：小青年二十岁被选为骁勇，从军北疆戍边卫国。

前句一个"遴"字表明，新战士经过严格挑选，好中取优，综合素质高。"骁勇"二字表明，新战士最大优点是勇气过人，从而被派往防御力量薄弱的北方荒漠地带戍边。诗文言简，却将新战士长处与特点交代得清清楚楚。

"流星飞玉弹，宝剑落秋霜。"描写新战士刻苦训练。"流星"，此指流星锤，古代一种兵器，其形制为在一条绳或链条的两端各系一铁锤，其一为正锤，用以飞击敌人；另一为救命锤，提于手中用以自卫。

诗句大意是：这个新战士甩起"流星"这种兵器来，链锤飞舞势如玉弹飞射；舞起宝剑来，寒光飒飒就像秋霜降落。

作者用"飞玉弹""落秋霜"两个喻体分别比喻"流星"甩得好、宝剑舞得好，以暗示新战士军事训练之刻苦之得法，勾勒出一幅军训练武的图景。

"画角吹杨柳，金山险马挡。"描写新战士一夫当关。"画角"此指敌军的号角声。"金山"，在今内蒙古通辽的东面，古时为军事要塞。"险马"，意为凭险立马，实指守关人自置险处誓死挡敌。

诗句大意是：金山关下，号角声声，敌军攻势汹汹；金山关口，新战士立马横刀，凭险死守，挡住敌人。

作者在"画角"后置"吹杨柳"三个字，将敌军号角声夸张为能吹动杨柳的疾风,极度渲染敌军气焰嚣张,以反衬新战士沉着守关,力阻敌军之功,勾勒出一幅守关阻敌的图景,令人联想到诗仙李白"一夫当关,万夫莫开"的千古绝唱。

"长驱空朔漠,驰捷报明皇。"描写新战士杀敌立功。"空朔漠",典出南宋抗金名将岳飞《归赴行在过上竺寺偶题》诗"兵威空朔漠,法力仗瞿昙"句。"朔",旧指北方沙漠地区,如《尔雅》:"朔,北方也。""驰捷",驰马报捷。"明皇",此指明君。

诗句大意是:一声令下,我军发起攻击,新战士冲锋在前,长驱直入旷漠;不久,他策马驰捷,径直向皇帝献上敌酋首级。

作者着力表现新战士年轻气盛、无惧无畏、冲锋陷阵、杀敌立功的勇气,又表现出新战士少不更事,径自报捷的稚气,显得十分可爱可亲。

在中国古代边塞诗中,有不少《从军行》,各有千秋。作为后人,张玉娘要写出有别于前人《从军行》的佳作,难乎其难。她似乎觉察到前人《从军行》大多内容限于从军生活片段,缺乏从军后一路行来的踪迹。于是别出心裁,独辟蹊径,不仅以"从军行"为诗的标题,还要以从军后的成长过程为内容,运用叙述的笔法,终于创作出了从遴选—参军—戍边—军训—守关—冲锋—杀敌—立功—报捷这样一种史诗般的《从军行》佳作,给人一种一步一个脚印、不断成长进步的行迹感,从而成为一首名副其实的《从军行》。

## 夏夜园亭纳凉

南园有凉气,移席散余情。
新月隐修竹,清风开小亭。
冰骨静香汗,霜纨扑乱萤。

忽然微雨至，爽籁拂檐楹。

## 【译文】

由于南面园子里尚有凉爽空气，
我便移去席子以消散充沛愁情。
新出眉月渐渐隐入青翠的修竹，
清新和风徐徐吹开精巧的小亭。
冰冷沁骨终于静止流淌的香汗，
雪白纨扇不停扑打流光的乱萤。
忽然间毛毛细雨随风飘零而至，
恰逢箫管乐音轻拂屋檐与柱楹。

## 【赏析】

### 新月隐竹怎纳凉

在这首诗中，张玉娘描述自己听到暮鼓声，即移席南园对竹纳凉，待到五更时分新月升起，却因"隐修竹""微雨至"而无以拜月寄情的情景，委婉地表达纳凉不成、余情难消的悲伤之感情。

"南园有凉气，移席散余情。"描写移席南园纳凉的情景。"席"，此指篾编竹席，俗称"凉席"。"余情"，充沛状态情绪。

诗句大意是：这个夏日之夜，由于南面竹园里夜气凉爽，我便将竹席移到那里去，以便消散那些充沛饱满的情绪。

张玉娘为什么要移席南园？从前句的"有凉气"三个字来看，是为了纳凉；而从后句的"散余情"三个字来看，却不是为了纳凉，而是为了调适心情，以降低体温。她为何将"纳凉"与"余情"挂钩？也许由于"余情"而心烦意闷，由于心烦意闷而热血沸腾，由于热血沸腾而感到心里闷热，由于心里闷热而认为天气闷热，由"天气闷热"而移席"纳凉"。这样一来，她"纳凉"便无关乎天气而有关乎心情。

"新月隐修竹，清风开小亭。"描述纳得清凉未了余情的情景。"新月"，月初眉月，显现于东方黎明前的黑暗，天亮变淡不显。

诗句大意是：五更之末，新月只是在修竹之间隐约显现，看不清楚，那就等到月上竹梢再拜吧！这时，一阵强劲清风推开小亭的栅门。

张玉娘用一个"隐"字将"新月"与"修竹"联系起来，以示自己向东望去，由于竹林相隔，那刚刚出山的新月隐现于修竹之间，从而妨碍拜月。前句具有多重意义：其一，"新月"表明，张玉娘在借口"南园有凉气"到五更一直在"纳凉"；其二，她一夜"纳凉"，其实一直待月；其三，她一夜待月，为了跪拜新月，祈求团聚；其四，"隐修竹"表明，此时此刻她尚不得拜月寄情，从而"余情"仍旧，心里闷热仍旧。后句的"开"字，赋予"清风"以双手开门的动作。

"冰骨静香汗，霜纨扑乱萤。"描写"纳凉"情景。"冰骨"，洁白纯净的骨架，此指冰凉彻骨。"香汗"，对女子汗水的美称，语出晚唐牛峤《菩萨蛮·玉炉冰簟鸳鸯锦》："玉炉冰簟鸳鸯锦，粉融香汗流出枕。""霜纨"，细致洁白的薄绸，如《说文解字》："纨，素也，从糸，丸声，谓白致缯，今之细生绢也。"此指白色细绢做的团扇。

诗句大意是：由于"新月隐修竹"，不能拜新月、寄相思。失望令我身心冰凉，终使汗水静止流淌，从而可以用白绢团扇去扑打那些扰乱人的萤火虫。

在前句，张玉娘用"静"字将"冰骨"和"香汗"联系起来，意在表明，她"静香汗"的原因并非夜气清凉，而是由于心灰意冷。

后句中的"扑乱萤"表明，她在"静香汗"前一直用"霜纨"团扇扇风纳凉而顾不上驱赶萤火虫，"静香汗"之后可以用"霜纨"团扇驱赶萤火虫而不用扇纳凉。由此可见，在这个五更之夜，她只求拜成新月寄去相寄以"散余情"，而"纳凉"只是一个借口而已。

"忽然微雨至，爽籁拂檐楹。"描述拜月不成的情景。"爽籁"，多义词，此指清风，如宋代苏舜钦《依韵和伯镇中秋见月九日遇雨之作》："最怜小雨洒疏竹，爽籁飒飒吹醉腮。""楹"，楹柱，堂屋前部的柱子，常用于贴楹联，故名。

诗句大意是：正当新月升上竹梢，老天忽然下起毛毛细雨，只听到清风声声拂动房檐和楹柱。

前句写毛毛细雨"忽然"而至，意味着张玉娘"拜新月"彻底落空。后句一个"拂"字赋予清风以人之玩物之性，颇有情趣。她搁笔于风雨声"拂檐楹"，暗示不能如愿"消余情"。

北宋大文学家欧阳修《醉翁亭记》："醉翁之意不在酒，在乎山水之间也。"说的是本意不在此而在别的方面。张玉娘"夏夜园亭纳凉"，意不在"纳凉"而在于"拜新月""消余情"。自古心病无药治。她离愁充沛，心情烦躁，血压升高，感到闷热，纳凉岂能济事？只要离愁充沛，就只能"余情"—纳凉—"余情"—纳凉恶性循环下去。如此新颖文思，别开"纳凉诗"之生面。

# 春　睡

绣倦南窗下，翛然睡思催。
红日过墙去，清风入幕来。
幽梦迷庄蝶，荒云隔楚台。
觉来香缕在，虚室绝尘埃。

## 【译文】

我绣花绣得疲倦在南面窗台之下，
感到有些翛然自在睡意却来相催。
鲜红太阳跨过庭院围墙朝西而去，
清新春风穿入帷幕缝隙向里而来。
隐约梦境里我迷恋庄周所梦彩蝶，
荒野云雾中我被隔楚王合欢阳台，
一觉醒来沉香的缕缕青烟仍然在，
而空虚的闺房已经断绝外界尘埃。

## 【赏析】

### 春睡然后绝尘埃

在这首诗中，张玉娘描述自己在梦里迷恋成双彩蝶、远隔合欢阳台，借以表达极度孤苦之情。

"绣倦南窗下，翛然睡思催。"写入睡时的情景。"翛然"，无拘无束、自由自在、超脱貌。如《庄子·大宗师》："翛然而往，翛然而来，而已矣。""睡思"，即睡意。

诗句大意是：在南窗下，我尽管绣花绣得疲倦，却如释重负，觉得悠然自在，随之而来的是浓浓睡意频频相催。

前句交代"春睡"的地点——南窗下和原因——绣倦，后句交代入睡时的精神状态——由于绣罢而"翛然"，由"翛然"而"睡思催"，从而破题"春睡"：第一，张玉娘是在白天"春睡"；第二，她白天"春睡"并非懒人贪睡，而是由于"绣倦"；第三，她绣后身体疲倦，却精神"翛然"，可见所绣之物可以消忧化愁，也许是诸如鸳鸯、双蝶、明月等象征美满幸福、可以寄托情感、具有精神慰藉作用的东西;第四,她之所以"绣倦",也许是为了摆脱某种愁情。

"红日过墙去,清风入幕来。"描述入睡时的景象。"幕",此指遮蔽门窗用的窗帘。

诗句大意:在睡意蒙眬中,我依稀看见,红彤彤的太阳越过墙头朝西而去;隐约感到,一阵清凉的春风吹入帘幕里面。

由"红日过墙"可知,张玉娘这次"春睡"的入睡时间应该在中午过后。由"清风入幕"可知,张玉娘入睡前天气凉爽宜人。

"幽梦迷庄蝶,荒云隔楚台。"描述梦幻景象。"幽梦",多义词,此指隐约的梦境,如李商隐《赠从兄阆之》:"怅望人间万事违,私书幽梦约忘机。""庄蝶",出自《庄子·齐物论》:"昔者庄周梦为蝴蝶,栩栩然蝴蝶也,自喻适志与!不知周也。俄然觉,则蘧蘧然周也。不知周之梦为蝴蝶与,蝴蝶之梦为周与?周与蝴蝶,则必有分矣。此之谓物化。"后遂以"庄周梦蝶"为典,简称"庄蝶",亦比喻虚幻事物。"荒云",多义词,此指弥漫的云雾。

诗句大意是:在隐隐约约的梦境中,我迷恋上昔日庄周梦见的那对翩翩飞舞的彩蝶;在弥弥漫漫的云雾中,我由于遭遇阻隔而不能到达巫山神女与楚王朝暮合欢的阳台。

前句中,张玉娘梦见自己做了一个"庄周梦蝶"之梦——像庄子那样梦中迷恋一对彩蝶。但她依稀知道,"庄周梦蝶"比喻虚幻事物,可能会梦里美满,梦外骨感。果不其然,在后句中,张玉娘梦见自己来到湘楚大地寻找心上人,就不能像巫山神女那样达到楚王台。一次"春睡"两场梦,美梦为虚,噩梦为实,都是"有情人终成眷属"。这对她这个离愁缠身的人来说,该是多么沉重的双重的精神打击!

"觉来香缕在,虚室绝尘埃。"描写梦醒后孤寂心情。"香缕",

袅袅升腾的香烟。如陆游《遣兴》诗："汤嫩雪涛翻茗椀，火温香缕上衣篝。"

诗句大意是：一觉醒来，那袅袅升腾的香烟仍然在袅袅升腾，我这空荡荡的闺房从此与世间红尘相隔绝。

前句"觉来"证实上述内容为梦境，"香缕在"则表明，张玉娘这次"春睡"两场梦总共不足一炷香的时间，还表明，她这次"春睡"应在未婚夫病亡之后的"七七"吊丧期内（南宋咸淳七年腊月二十五日至咸淳八年二月二十四日）的某个春日，从而闺房灵堂终日香烟缭绕。若果真如此，那么，她所理解的梦意应当是生前死后皆为"有情人不能成眷属"，从而倍增孤苦与绝望。于是，她在后句表示从此改变生活方式，终日垂帘，独守闺房，足不出户，自我封闭、与世隔绝。

这首诗描述"春睡"情景有条有理。所谓"有条"，就是按照时间顺序叙述"春睡"这件事情，即由"绣倦"而"睡思"、由"睡思"而"幽梦"、由"幽梦"而"觉来"、由"觉来"而欲"绝尘埃"，先因后果，逐步推进，井然有序。所谓"有理"，就是遵循事物的道理叙述"春睡"这件事情。鲁迅在《坟·我们现在怎样做父亲》一文中说："凡有所说所写，只是就平日见闻的事理里面取了一点心以为然的道理。"张玉娘在叙述"春睡"中说出了这件事情的道理，即缘由，那就是"庄周梦蝶"和"隔楚台"两个梦境所反映的她生前死后都不能"有情人终成眷属"。不幸婚姻是她"绣倦""睡思""幽梦""绝尘埃"的总事由。

# 新夏纳凉

薰风初转夏，绿树老春莺。

暗溜穿花入，溪云隔竹生。

倚凉欹画扇，拭泪听秦筝。

素袜香尘暗，槐阴树下行。

## 【译文】

熏人的东南风刚将暮春转为初夏，

绿树荫里躲藏着一只醉醺的黄莺。

暗淌的水溜儿穿过花丛向土渗入，

溪面的白雾儿隔着竹林向上腾升。

背倚凉风我倾斜放置绘画的团扇，

拭去清泪我侧耳聆听悲凉的秦筝。

洁白罗袜一前一后带起尘埃阴暗，

那是我在苍老槐树绿荫下独自行。

## 【赏析】

### 纳凉不成怨秦筝

在《新夏纳凉》诗中，张玉娘描述自己在初夏高湿大旱的日子里纳凉不得，耳闻秦筝伤心不已，花间独行倍感孤苦。

这首诗可分两个部分。

第一部分为前四句："薰风初转夏，绿树老春莺。暗溜穿花入，溪云隔竹生。"描写新夏天气炎热景象。"薰风"，温暖的东南风。

据三国王肃《孔子家语·辩乐》，昔日舜弹五弦之琴，造《南风》之诗曰："南风之熏兮，可以解吾民之愠兮。"《吕氏春秋·有始》云："东南风曰薰风。""老春"，释义指醇酒、好酒。唐时多称酒曰"春"，如李白《哭善酿纪叟》诗："纪叟黄泉里，还应酿老春？""暗溜"，隐蔽的流水。"溜"，小股水流，如《灵枢·九针十二原》："所出为井，所溜为荥，所注为腧，所行为经，所入为合。""溪云"，此指溪面上的雾气。

诗句大意是：热气熏人的东南风刚刚吹来，暮春时节顿然转换为初夏，由于天气闷热，躲在绿树浓荫里的黄莺干渴得昏头昏脑就像酒醉一般。暗自流动的水穿过花丛就完全渗入土壤，溪流上面的白雾隔着一片竹林向上升腾。

好一派初夏天气炎热的景象！第一句表现春夏之交天气变化——由温转热；第二句表现黄莺躲进树荫避暑纳凉，还是干渴得像酒醉似的昏昏欲睡；第三句表现一股暗流一穿过花丛就全部渗入干燥的土里；第四句表现傍晚大溪水汽蒸发，形成白雾并且隔着竹林向上升腾。这些景物无一不由炎热引起。由微知著，这个新夏天气骤热，万物干渴，旱情严重，人们自然会提前纳凉。

第二部为后四句："倚凉欹画扇，拭泪听秦筝。素袜香尘暗，槐阴树下行。"描写女主人公纳凉的情景。"倚"，依靠、凭借。"欹"，倾斜。如杜甫《奉先刘少甫新画山水障歌》："欹岸侧岛秋毫末。""秦筝"，古时秦地一种弦乐器，似瑟，传说为秦国大将蒙恬所创制。岑参《秦筝歌送外甥肖正归京》："汝不闻秦筝声最苦，五色缠弦十三柱。"可见秦筝音调悲凉。"素袜"，洁白的袜子，此指双脚。"素"，本指未染色的绢，此指本色白色。《说文解字》："素，白致缯也。"

诗句大意是：由于倚靠清凉空气，我便将那把彩绘图画的团扇倾斜靠壁放置，然后迎着阴暗夜色，朝着筝声，在槐树绿荫下踽踽而行，那洁白袜子一前一后轻移步子带起尘埃。

第一句描写主人公纳得清凉，表现在"倚凉"和"欹画扇"两个方面。第二句描写主人公丧失凉意，表现在"听秦筝"后"拭泪"——也许秦筝声悲，听者体悟弹者悲伤随之伤心流泪，就会热血翻滚，体温上升，从而纳凉失效。第三句第四句描写主人公心事重重，表现在独自"树下行"。作者自述步行状态，不写双脚行走带起"香尘"，而是写"素袜"行走带起"香尘"，看似有违事理，其实更符事实。因为她与"香尘"接触的不是裸足而是裸足所穿白袜。

张玉娘这次"新夏纳凉"的生活背景应当与《听琴》《闻笛》创作背景一样，都是在她与沈佺的婚姻受挫以后至沈佺被迫外出求学之前。这一时期，她处于严禁与沈佺交往的孤苦状况，只能以音乐传情。于是，"听秦筝"成为全诗的"诗眼"，她不论天热纳凉而纳不得清凉，还是处于清凉而纳不得清凉，原因都在于她与未婚夫处于被迫分离状况，近在咫尺相思长。纳凉诗而意在纳凉之外，应该是这首纳凉诗的标新立异之处。

# 清　昼

昼静春偏远，诗成兴转赊。
看山凭画阁，问竹过邻家。
摘翠闲惊鸟，烧烟晓煮茶。
无端双蛱蝶，绕袖错寻花。

【译文】

白天宁静因为春天偏偏还很遥远，
一诗吟成即将诗兴转为诗债欠赊。

眺望远方群山凭借画栋雕梁高阁，

探问劲节修竹经过四邻八舍人家。

趁闲摘下一片翠叶惊醒树上小鸟，

拂晓烧起几缕炊烟煮沸壶中绿茶。

可笑那一双无缘无故的彩色蝴蝶，

绕我衣袖也许是错误认为寻到花。

## 【赏析】

### 宜将诗兴转诗债

这首《清昼》诗既描写一个"清昼"的风光风情，又描述《清昼》诗的创作过程，并用这一事例论证一个吟咏道理：只要怀着诗债必偿的创作热情，积极主动地发掘创作题材，就能不断创作出好诗。因此，《清昼》貌似风景诗，实是文论诗。

所谓"诗债"，指他人索诗或要求和作而未及酬答，如同负债。唐代诗人司空图云："此生只是偿诗债，白菊开时最不眠。"说的是他这一生都是因他人索诗或要求和诗，由于来不及酬答而背负诗债，其中白菊盛开时节诗债最多，彻夜不眠。古代还有"诗债换酒钱"之说。

关于"诗债"问题，张玉娘自有主见，且看《清昼》如何说吧。

这首诗可分两个部分。

第一部分为前两句："昼静春偏远，诗成兴转赊。"描述"清昼"吟诗留诗债的情形。"昼静"，宁静的白天。"兴"，多义字，此指诗兴。"赊"，本义"赊欠"，即买货延期交款。《说文解字》："赊，贳买也。"段注："贳买者，在彼为贳，在我则为赊也。"《说文解字》："赊，不交钱而贾曰'赊'。"

诗句大意是：白昼气氛安宁静谧，只是距离春天还很遥远，因此，我吟成一首诗就觉得没有什么可吟了，便将剩余的诗兴转为诗债，暂时欠赊着。

前句中的"春偏远"表明，这个"清昼"在冬天。由于冬天草木枯萎，景象萧条，一般人都会感到无可吟咏。后句中的"诗成""兴转赊"表明，张玉娘清早吟成一首诗，诗兴犹浓，却因一时无题材可写而将"诗兴"转为"诗债"，暂且赊账。由此可见，张玉娘这个"诗债"并非赊欠别人的人情债，而是自赊债，作为继续吟咏的原动力。这是多么自觉、多么强烈、多么紧迫的创作欲望！她如何"诗债"必偿？且看下文。

第二部分为后六句："看山凭画阁，问竹过邻家。摘翠闲惊鸟，烧烟晓煮茶。无端双蛱蝶，绕袖错寻花。"既描写在清昼的所见所为，又描述《清昼》的创作过程。"画阁"，彩绘阁楼。"摘翠"，摘绿叶。"翠"，代指绿叶。"无端"，没有缘故。"端"，多义字，此指事物、事情的端的、缘由。

诗句大意是：为了偿还诗债，我登上绘彩的高楼，眺望远山风景；绕过左邻右舍家门口，去探问究底劲节修竹的风致；随手采摘绿叶时，防止惊动树上宿鸟；回家生火，晓煮泡茶；两只蝴蝶无缘无故飞绕衣袖，误认为花。

由"凭画阁""看山"可以知道，张玉娘为了描写冬日清昼风景登高远望；由"过邻舍""问竹"可以知道，她为了考修竹质性劲节，经过四邻八舍走了很多路；由"闲惊鸟"可以知道，她"摘翠"不忍心惊动宿鸟；由"晓煮茶"可以知道，她勤劳敬老；由"绕袖""错寻花"可以知道，她当时身穿宽袖花衣衫。尤其"错寻花"三个字赋予蝴蝶以人的判断力和喜好性，饶有情趣。她将"诗成""兴转赊""登画阁""看山""过邻舍""问竹""摘翠""闲惊鸟""烧烟""晓煮茶""双蝶绕袖""寻花"诸景物事情作为题材，采用五律体裁，创作成为《清昼》诗。

哦！原来《清昼》诗是这样吟成的。它既是叙事诗，又是文论诗。作为叙事诗，它呈现了张玉娘在这个"清昼"创作《清昼》的过程，有始有终，有因有果。作为文论诗，它论述了吟诗之法，暗示人们：作为诗人，要有"诗债"理念、偿"债"意识。只有这样，才有创作激情，不断发掘创作题材。可以说，"诗成"等于"诗兴"加"勤奋"。

# 元　日

瞳日破寒云，红光生紫烟。
诗情归草梦，春色染桃笺。
眉月添明镜，梅妆靓翠钿。
堂开诸弟集，相对笑迎年。

## 【译文】

瞳瞳旭日冲破东方寒天的阴云，
红红光焰生发色彩紫红的霞烟。
昨夜诗情已经归于草民的美梦，
今朝春色正在染抹桃花的锦笺。
描画新月眉毛添加光亮于明镜，
额头装点梅花扮靓华丽于翠钿。
厅堂大门开启诸位弟妹齐聚集，
互相作揖对拜喜笑颜开迎新年。

## 【赏析】

### 辞旧迎新入诗笺

"元日"，指农历正月初一日，为新年第一天，又称"元旦""元朔""元正""正旦""端日""岁首""新年""元春"等。《书·舜典》："月正元日，舜格于文祖。"孔传："月正，正月；元日，上日也。"《文选·张衡·东京赋》："于是孟春元日，群后旁戾。"薛综注："言诸侯正月一日从四方而至。"

张玉娘这首《元日》诗描述正月初一日清晨迎新年的情景，不仅反映出松阳地方春节习俗气氛和姐弟亲情，还流露出心系人民、情系民生的思想感情。

"曈日破寒云，红光生紫烟。"描写春节早晨的祥瑞景象。"曈日"，形容太阳刚出的样子。"曈"，天色微明初升太阳光亮的样子。"寒云"，寒天阴云。

诗句大意是：真是天公作美，元日之旦，曈曈旭日终于冲破了年前延续下的寒天阴云，它那红彤彤的光辉催生出了紫红色的朝霞。

前句"曈日"表明，元日天气晴朗，阳光灿烂；而"破寒云"则表明，年前阴云密布，天气寒冷。后句"生紫烟"表明，在阳光照耀下，朝霞紫红明丽。古人认为，红色紫色象征吉祥喜气。真可谓天遂人愿。张玉娘先从好天气着笔，营造出节日喜庆气氛。

"诗情归草梦，春色染桃笺。"描述作者本人迎新之事。"草梦"，即平民梦。"草"，多义字，此指草野、荒野，引申为在野、民间，如"草莽""草寇""草贼""草民"等。"桃笺"，即桃红色的纸张，又称"薛涛笺"。据传唐代女诗人薛涛退隐成都西郊浣花溪。当地纸幅大，薛涛惜大张纸作小诗太浪费，因命匠狭小之，又性喜红色，乃用胭脂掺水制出桃红色小彩笺，用于题诗。时人莫不以得一诗笺为荣，故称"桃花笺"。

诗句大意是：今日一早，我已将诗情归入平民百姓除夕之夜的美好梦想，而明媚春色还在濡染我所珍惜的桃红锦笺。

前句立意高远在于，将父老乡亲除夕之夜辞旧岁、盼新年的情景入诗。后句寓意深刻在于，将父老乡迎新年、表心意的情景入诗。由此可见，她作为大家闺秀心系人民，情系民生。

"眉月添明镜，梅妆靓翠钿。"描述梳妆情景。"眉月"，指眉毛像又细又弯的新月。"梅妆"，即梅花妆。《太平御览》云："武帝女寿阳公主，一日卧于含章簷下，梅花落于公主额上，成五彩之华，拂之不去，皇后留之。此后有'梅花妆'，又称寿阳妆。""梅花妆"式样：在额上画一圆点或多瓣梅花图形。由于蜡梅不是一年四季都开，因此，女子往往用金箔剪成梅花瓣形，贴在额上。"翠钿"，一种用翡翠鸟羽毛做的首饰，插于发髻；或是用翡翠玉雕制的花朵形首饰。

诗句大意是：我吟毕，即梳妆，先用黛粉将眉毛描得又弯又细，就像月初的新月，似乎为明镜添加了光亮。然后将蜡梅花瓣贴在额头中央，感到云髻上的翠钿更加靓丽。

前句"眉月"，比喻女子细眉。说细眉添光明镜，显然不符事理。而张玉娘将细眉描如新月，再说添光明镜，就符合事理。后句讲额上梅花"靓翠钿"，似乎太夸张，却艺术地表现出张玉娘精心梳妆的情景，从点上反映出元旦佳节的喜庆气氛。

领联描述情系民生，颈联描述精心梳妆，反映出张玉娘"先天下之忧而忧，后天下之乐而乐"的家国情怀。

"堂开诸弟集，相对笑迎年。"描述家人齐集迎新年的情景。

诗句大意是：梳妆完毕，正好大堂门开，我和弟弟妹妹聚集一起，相互对拜，迎接新年。

　　前句"诸弟"表明，张玉娘有几个弟弟。据《和谪弟三一〈三峡晓征〉寄四韵》，她有一个弟弟，小名三一，当时未参军。据《新燕——忆女弟京娘》，她有一个妹妹，名叫京娘。妹妹，也称女弟，如《说文解字》："妹，女弟也。"在这个元日，京娘未出嫁，三一未参军，故称"诸弟集"。后句"相对"之后省略"拜"字，然而行"对拜礼"的意思明了，表现出同胞之间礼貌相处、水乳相融的亲情。

　　在这首《元日》诗中，张玉娘并没有描写元日一整天过节的情景，只是描写拂晓迎新年的情景，却反映出祥和喜庆的节日气氛，表达了情系民生的亲民忧民思想和姐弟友爱的浓浓亲情。按时间顺序叙述，使诗文如行云流水自然顺畅，浑然一体。

## 石榴亭与诸妇夜酌

永漏报高阁，榴亭出夜筵。

紫檀熏宝鼎，银烛散青烟。

灵籁生修竹，香风入夏弦。

露浓罗袖重，歌遏酒杯传。

诸妇酣春梦，双蛾失翠钿。

玉山推不倒，看月背花眠。

【译文】

　　漏壶那悠长的滴水声报到相邻高阁，

　　石榴树旁凉亭里摆出一席宵夜酒筵。

　　含紫檀的炷香熏染着三足精美炉鼎，

　　银白色的蜡烛散发出几缕青色轻烟。

　　悠扬的天籁之音生自于茂盛的修竹，

浓郁的芳香之风进入了伴诵的夏弦。

雾露渐渐浓重绫罗衣袖也渐渐沉重，

歌声戛然遏止盛酒杯盏则依次相传。

诸位妇人酣然入睡做起了甜蜜美梦，

一位蛾眉忽然发觉丢失了翡翠玉钿。

尽管玉体稳如山强劲酒力也推不倒，

她终究眼看明月背靠石榴花树入眠。

## 【赏析】

### 夏夜榴亭文化筵

这是一首五言排律，亦称"长律"。排律，是超过八句四联的律诗，格式不拘泥，但同样要严格遵守平仄、黏对、押韵、对仗等规则。

在这首五言排律中，张玉娘描述一个夏夜自己与"诸妇"在文娱晚会上祈祷、奏乐、诵诗、唱歌、传杯、罚酒、沉醉的情景，透露出浓郁的地方文化气息。

"永漏报高阁，榴亭出夜筵。"描述晚会准备工作的情景。"永漏"，指漏壶（古代的计时器）滴水声音长，表明入夜时分漏壶装满水。

诗句大意是：入夜时分，装满水的漏壶那悠长的滴水声将开晚会的时辰传达到邻近人家，诸妇闻声来到石榴树旁的凉亭，先摆好宴席。

这两句写晚会的二项准备工作：其一通知，不过张玉娘不说通知之事，而是用漏壶"报高阁"代之；其二备宴，不过张玉娘未说如何准备筵席，而是只用"出夜筵"了之。这里的"出"字，显然是"摆出"的意思。

"紫檀熏宝鼎，银烛散青烟。"描述晚会第一项议程的情景。"紫檀"，紫檀树，此指含有紫檀粉末的竹芯条香。

诗句大意是：筵席摆好后，大家一个接一个地将焚烧的竹芯条香插在三足香炉上，然后点燃银台蜡烛，青烟缭绕。

这两句明写焚条香点蜡烛的情景，暗示举行拜天地、敬神灵的祷告仪式。这也许是当时举办文化娱乐活动的一种相沿成俗的必要程序，其目的不外乎祈求神灵保佑、预祝晚会成功吧。张玉娘写焚香，只用"熏宝鼎"三个字就表现出炷香之多、烟雾之浓；写点烛，只用"散青烟"三个字就表现出现场灯火之旺。所有这一切都在表明"诸妇"参与晚会的心愿多么虔诚。

"灵籁生修竹，香风入夏弦。"描述晚会第二项议程的情景。"灵籁"，自然界悦耳之音，此指竹林风声。"夏弦"，典出《礼记·文王世子》："春诵夏弦，大师诏之。"郑玄注："诵，谓歌乐也；弦，谓以丝播诗也。"据传说，"春诵夏弦"是古人学诗的两种方法，即春天学诗，宜采取先唱歌后朗诵的方法；夏天学诗，宜采取丝弦乐器伴奏朗诵的方法，也许与春天高湿容易困盹、夏天炎热容易疲乏有关。

诗句大意是：当修竹林里吹来"飒飒"响的悦耳风声，石榴花的香气进入琴瑟，于是丝弦之声与那朗读诗歌的琅琅书声响成一片。

这两句表现晚会第一个节目诗歌朗诵。不过，张玉娘不说"诗歌朗诵"，而是说"夏弦"。由于"夏弦"乃夏季读诗以丝弦伴奏之意，因此，提及"夏弦"，必及诗歌朗诵。况且这个"诗歌朗诵"节目并不是主持人说开始那么简单，而是在夹带着石榴花香气的"飒飒"竹林风声、琴瑟丝弦的交响之中隆重登场。在这个节目中，张玉娘作为既懂诗又会琴的多面手，应当时而操琴、时而朗诵，忙前忙后，不亦乐乎。

"露浓罗袖重，歌遏酒杯传。"描述晚会第三项议程的情景。"酒杯传"，即传杯送盏，一种类似"击鼓传花"的酒宴游戏，如清代洪升《长生殿·惊发》："喜孜孜驻拍停歌，笑吟吟传杯送盏。"

诗句大意是：直到夜深雾浓，我的绫罗衣袖由于露水淋湿而沉重起来。这时，一阵歌声戛然而止，一只盛着酒的杯盏在人们手中依次传递。

这两句表现晚会第二个节目传杯送盏。"露浓"和"酒杯传"表明：其一，诗歌朗诵节目大约从二更初直到半夜三更前，在这么长时间内，应当有多人朗诵，也许还有集体朗诵，抑或二者兼有，形式不会单一；其二，即使时值半夜三更、露湿罗袖，大家热情不减、兴致犹盛，从而接着进行"传杯送盏"。至于游戏方法，据后句"歌遏酒杯传"，当是以歌为号，歌起杯停，歌停杯传，杯子止于谁手，就罚谁喝尽杯中酒，并罚唱一首歌，歌声停止，再传酒杯，如此循环往复，传杯罚酒、罚酒传杯，即诗题所谓"夜酌"。

"诸妇酣春梦，双蛾失翠钿。"描述晚会后的情景。"春梦"，此指美梦。"双蛾"，一指美女两条蛾眉，如南朝沈约《昭君辞》："朝发披香殿，夕济汾阴河，于兹怀九逝，自此敛双蛾。"一借指美女，如唐代陈子昂《感遇》诗之十二："瑶台倾巧笑，玉杯殒双蛾。"

诗句大意是：诸位妇女都酒醉入睡，有的还做起美梦，这样一来，"传杯送盏"节目就不宣而止，唯有一位蛾眉美女独醒，因为她丢失一枚翠翡玉钿，正当心急如焚。前句中的"酣春梦"表明，传杯送盏节目也进行了很长时间，与会者都不止一次被罚唱、罚酒，且都酩酊大醉。前句中的"失翠钿"表明，张玉娘因急于寻找刚丢失的信物翠钿而暂时不在醉人之列。由此可知，本诗所述的"失翠钿"，也许正是五律《游春》诗所述的"拾翠"。

"玉山推不倒，看月背花眠。"描写双蛾醉态。"玉山"，形容仪容美好，典出南朝刘义庆《世说新语·容止》："嵇叔夜（嵇康）

之为人也，岩岩若孤松之独立；其醉也，傀俄若玉山之将崩。"后以"玉山倾倒"形容喝醉酒，如李白《襄阳歌》："清风朗月不用一钱买，玉山自倒非人推。"

诗句大意是：我由于丢失翡翠钿而焦躁胜于醉意，一时玉体如山推不倒，然而终究不胜酒力，后来还是眼看明月，背向花丛，渐渐入睡。前句反典故"玉山倾倒"而化用之，以"推不倒"之姿表现张玉娘在"失翠钿"之后强打精神。后句中的"背花眠"表明，张玉娘作为大家闺秀并不特殊，在"夜酌"中被"诸妇"罚唱多首歌、被罚喝多杯酒。此时此刻，她的情绪应当错综复杂，既有娱乐之后的快意，又有夜酌之后的醉意，还有丢失信物之后的歉意……

这是一首典型的叙事诗，具备记叙文的六个基本要素：时间——从夏日入夜（"永漏报高阁"）到入眠（诸妇"酣入梦"、玉娘"背花眠"）；地点——"石榴亭"；人物——张玉娘、紫娥（婢女）、霜娥（婢女）、"诸妇"；事情——"夜酌"（含祭祀、诗朗诵、传杯递盏）；过程——从"出夜筵"到烧香点灯、到吟诵诗歌、到传递酒杯、直到酒醉入眠；结果——张玉娘"失翠钿"。记叙方法，按时间顺序即事件发生、发展的先后顺序娓娓道来，条理清晰，有动有静、有声有色，饶有趣味，可使今人仿"夜酌"而行之。作者的思想感情寓于景物、事件之中，极其含蓄，深藏不露，非细心品赏，则不可感之。

## 咏夏雨

头上云俱黑，一片雨浪浪。
惨淡隐高树，霏微迷绿杨。
泠泠添涧水，点点落危檐。

帘卷山流翠，郊虚草自香。

静嫌声间竹，醉爱爽凝觞。

殿阁闲罗扇，池亭送嫩凉。

荷珠圆复碎，兰芷脆还芳。

拂埃乱天际，度云喧草堂。

乘空曳经练，向晚洗炎光。

幽径荒苔滑，短檐飞鸟忙。

湛湛翻萍影，溶溶浸柳塘。

无心留石洞，有梦恼襄王。

暝色欺明月，高飙透薄裳。

入更生阒寂，欹坐讶清商。

润气侵湘簟，徘徊怯绣床。

## 【译文】

头顶上空阴云密布皆为一色乌黑，

一片云雨倾盆而下到处流水浪浪。

惨淡阴暗天色里隐蔽着参天大树，

细雨白雾弥漫中迷蒙着新绿垂杨。

流水泠泠作响增添声势于山涧水，

雨水点点滴落白帆悬挂在高桅樯。

窗帘卷起只见重峦叠嶂流淌青翠，

城郊荒墟飘来碧绿芳草自吐芳香。

心静时我嫌怨喧闹之声间隔修竹，

陶醉时我爱好爽口之物凝结壶觞。

此刻大殿高阁应该闲置绫罗团扇，

因为小池长亭自会送去柔嫩清凉。

荷叶中央溜圆水珠恢复成为琐碎，
兰草旁边松脆芷草还在倾吐芬芳。
忽然狂风大作拂荡尘埃搅乱天际，
传来雷声轰鸣飞渡云层喧扰草堂。
我乘长空拽住闪电恰似引经编练，
将近傍晚蓝天万里终于洗尽炎光。
清幽小路上荒枯的苔藓复还溜滑，
低矮屋檐下乱飞的鸟儿重新繁忙。
湛湛清池水轻轻翻弄着浮萍形影，
溶溶月光波柔柔浸染着岸柳水塘。
此时我无心留意那高人隐居石洞，
此刻我有意梦见那神女恼恨楚王。
暮色昏暗似在成心欺负皎洁明月，
高天来风像是故意穿透轻薄罗裳。
夜深入更四周生出太多冷静死寂，
倾身独坐十分惊讶古老琴曲清商。
湿润雾气侵入泪痕斑斑的湘竹簟，
几度徘徊总是羞于面对单人绣床。

## 【赏析】

## 夏雨见证忧民心

这是一首三十二句十六联的五言排律。

在这首诗中，张玉娘以忧愁缠身的寂寞人身份，时而为夏雨及时解除旱情而喜悦，时而为防止夏雨成灾而抗争，表达出与天下劳苦大众同忧乐、共命运的思想感情。

按照夏雨发生的时间顺序，全诗可分为三个部分。

第一部分为第一句至第十四句，描写在第一场夏雨中的表现。

"头上云俱黑，一片雨浪浪。"描写大雨滂沱的景象。"浪浪"，形容水流不止的状况，又作象声词，形容大水流动的声音，如韩愈《别知赋》："雨浪浪其不止，云浩浩其常浮。"

诗句大意是：头顶上空的云层全是黑漆漆的，一片云雨倾盆而下，随即处处大水流淌不止，响声浪浪。

这两句破题"夏雨"。前句以"云俱黑"形容下雨前的气象征兆，前句以"雨浪浪"形容大雨滂沱、流水汹涌的景象，有色有声、淋漓尽致地将这场"夏雨"呈现在人们眼前。

"惨淡隐高树，霏微迷绿杨。泠泠添涧水，点点落危樯。"这四句描写大雨变小的景象。"惨淡"，形容天色阴暗惨淡，如欧阳修《秋声赋》："夫秋之为状也，其色惨淡，烟霏云敛。""霏微"，迷蒙貌，如李煜《采桑子》："细雨霏微，不放双眉时暂开。""泠泠"，声响词，形容声音清越，如罗含《湘中记》："衡山上悬泉，滴沥岩间，声泠泠如弦音。""危樯"，高耸的桅杆。危，高耸貌，如《庄子·田子方》："尝与汝登高山、履危石。"

诗句大意是：一阵大雨过后，细雨纷纷扬扬，阴暗惨淡的天色将高大的树木隐蔽起来，迷蒙的雾气似乎迷恋那青绿的杨柳，"泠泠"作响的雨声使得深山涧水平添声势，点点水珠滴落在高耸桅杆的挂帆上。

前两句以"惨淡"天色、"霏微"雨雾表现第一场大雨已经转为毛毛细雨，并且以"隐高树""迷绿杨"加以证明，从而描绘出一幅天色蒙蒙、雨雾霏霏的水墨画图。

"帘卷山流翠，郊虚草自香。静嫌声间竹，醉爱爽凝觞。殿阁闲罗扇，池亭送嫩凉。荷珠圆复碎，兰芷脆还芳。"描写雨后的景象。

"郊虚",郊外废墟。"间",多义字,此指间隔。"爽",多义字,此指爽口之物美酒。"兰芷",兰草和白芷草。

诗句大意是:我卷起窗帘,只见群山处处流淌青翠之色,闻得郊外山丘青草自有一种清香。由于雨后清静,我嫌弃喧闹声将自己和竹林间隔开来;由于为雨后美景所陶醉,我爱上那凝聚在酒杯中的爽口之物。此时此刻,想必大殿高阁里的女人已经闲置绫罗团扇,因为池边亭子会送去柔嫩的凉风;想必荷叶中央的水珠溜圆破碎、细碎复圆;想必干枯得松脆的兰草白芷吸收雨水后还会喷吐芬芳。

前两句以"山流翠""草自香"表现雨过天晴。这是因为,只有雨过天晴,山才能翠绿欲滴,山峦叠翠就像绿波起伏流淌;也只有雨过天晴,久旱的野草才会自吐芳香。

后十句从多个方面描述愉悦心情。其一,享受雨后清静,讨厌喧闹纷扰。其二,欣赏雨后美景,便要举杯畅饮。其三,联想旱灾过后,景象将会美好,如人们闲置团扇、荷叶水珠溜圆、兰草白芷重吐芬芳。所有这一切,都是由于这场"夏雨"解除旱情而带给诗人的好心情。由此上推,诗人在"夏雨"之前应当曾为大旱而忧心。于是,她将写景和抒情结合起来,浓墨重彩地将这场"及时"的"夏雨"描绘得声势浩大,将雨后景象描绘得情趣盎然,借以一吐心中之快。

第二部分为第十五句至第二十六句,共十二句,描写在第二场夏雨中的表现。

"拂埃乱天际,度云喧草堂。乘空曳经练,向晚洗炎光。"描写制服暴雨的情景。"草堂",草庐,常指隐者所居的简陋茅屋,也指文人雅士的书斋,此指张玉娘闺房。"乘空",多义词,此指凌空、腾空。《列子·黄帝》:"乘空如履实,寝虚若处床。""曳",多义词,通"拽",指拖住、牵引,如《诗经·唐风》:"子有衣裳,弗曳弗娄。""经练",布经线编织白练。

诗句大意是：正当傍晚炎光如洗，突然狂风大作，刮起尘埃，纷乱天际。目睹风云突变，暴雨来临，我腾空而上，一把拽住那纵向垂地的一道闪电，就像平常在织机上牵引经线编织白练那样简单，制服了雷电，从而消除暴雨灾难。待到将近傍晚，夕照光焰明净如洗。

前两句先以扰乱天空的"拂埃"和喧嚣闺房的"度云"表现第二场"夏雨"即将来临时的景象，然后以"乘空""拽经"两个动作表现制服雷电，并以"炎光"明净如洗景象表明暴雨短暂，没有酿成灾难，可谓用墨不多描写简洁而不失精彩。尤其诗人以丰富多彩的想象力，将这场制服雷电的高危难"战斗"比作牵经织练，十分形象，浪漫有趣，生动地展现出一幅与天抗争、制服雷电、为人民消灾的壮丽画卷。

"幽径荒苔滑，短檐飞鸟忙。湛湛翻萍影，溶溶浸柳塘。"描写第二场"夏雨"过后的景象。"湛湛"，清明澄澈貌，如晋代庾肃之《水赞》："湛湛涵渌，清澜澄溶。""溶溶"，明净洁白貌，如唐代许浑《冬日宣城开元寺赠元孚上人》诗："林疏霜槭槭，波静月溶溶。"

诗句大意是：在幽静的小道上，那些由于荒旱而干瘪的苔藓在雨水滋润下恢复肥厚溜滑；在短促的屋檐下，那些受惊的鸟儿重新自由飞翔，显得忙忙碌碌；在平静的水塘里，清清湛湛的漪涟轻轻翻弄浮萍的身影，滟滟溶溶的月波浸透杨柳岸塘。

前句写入夜之前小路上苔藓由干瘪恢复溜滑，屋檐下鸟儿重新飞忙，表明暴雨没有成灾；后句写入夜后水塘水波翻弄浮萍、月波浸染杨柳，展现安宁、祥和、美好气氛，都是为了表明，"夏雨"解除干旱，雷电暴风雨也没有酿成灾难。因此，"乘空曳经"者功不万没。其何许人？且看下文。

第三部分为第二十七句至末句，共八句，描写夏雨过后的孤苦寂寞处境。

"无心留石洞，有梦恼襄王。"表达相思之情。"石洞"，洞府，常指仙人道人处所。"襄王"，此指春秋时期楚襄王。传说高唐女子爱慕襄王，愿化作朝云暮雨相伴。

诗句大意是："夏雨"过后，我已无心当隐士留居石洞，却有梦想为高唐女子而恼恨那负心的楚襄王。

前句表明，这场"夏雨"之前，张玉娘曾有厌世脱俗当隐士的念头；经过"夏雨"的洗礼，她放弃当隐士的念头，直面现实，报效社会。后句所借用的典故表明，张玉娘一旦面对现实，就禁不住思念远在异乡的恋人，就像恼怒负心楚王的巫山神女。

"暝色欺明月，高飙透薄裳。入更生阒寂，欹坐讶清商。润气侵湘簟，徘徊怯绣床。"描述孤独寂寞处境。"暝色"，昏暗的夜色。"高飙"，高天来风。"阒寂"，幽静、寂静无声。"清商"，比"商"音高半个音的曲调，悲伤哀婉。

诗句大意是：当夜幕降临，那昏暗夜色似乎在欺蒙皎洁的明月，那高天来风凉透单薄衣裳。到了初更，由于周围生出寂静，我便歪斜而坐，惊讶地倾听那"清商"音调的哀婉乐曲。当湿润的雾气侵入湘竹簟子，我徘徊踱步，怯生生地面对那绣花床。

这三句在时间上从入夜写到入更及其之后，在内容上分别通过描述"暝色"欺月、"高飙"透衣，渲染昏暗、凄凉气氛；通过描述"生阒寂""讶清商"，渲染死寂、哀婉气氛；通过描述"侵湘簟""怯绣床"，渲染孀居、孤寂气氛，从而传达出"乘空曳经"人的孤苦处境和寂寞人身份。

如果单纯按"咏夏雨"的要求就事论事探讨写作问题，那么，这首诗第三部分八句诗文似乎都因为与"夏雨"无关而成为多余文字。然而，事由人所为，叙事为写人——抒发人的思想感情。从这个角度而言，这首诗第三部分八句诗文就显得很有必要，因为其所描述的寂寞人尽管处于孤寂孤苦境地，却心系人民、情系民生，在第一场"夏雨"中为干旱解除而喜悦，在第二场"夏雨"中为消弭灾害而做出"乘空曳经"，制服雷电的壮举，从而使《咏夏雨》既有事情，又有人物，既有血肉，又有灵魂，闪烁出一位诗人忧民所忧，乐民所乐，为民所为的思想光芒。

"咏夏雨"这件事，其实平常而简单，就是寂寞人张玉娘在闺房里凭窗眺望，看到遍地尘埃飞扬、天空黑云密布、大雨滂沱、小雨霏霏、雷电骤起、暴雨骤降、雨后天晴、重归寂寞、秉笔记述。平常，这首诗既清丽婉约，又气势磅礴。她却凭借着丰富的想象力和传神的表现力，将"夏雨"吟咏得一波三折、精彩纷呈，也将自己对第一场解除旱情的"及时雨"的喜爱之情抒发得淋漓尽致，对第二场可能酿成灾难的"雷电雨"的斗争精神表现得酣畅淋漓，造成一种与人民共忧乐的意境。

# 七　律

## 塞下曲

寒入关榆霜满天，铁衣马上枕戈眠。

秋生画角乡心破，月度深闺旧梦牵。

愁绝惊闻边骑报，匈奴已牧陇西还。

【译文】

寒风刚刚吹入边关榆林就白霜铺地满天，

他身披铁甲竟然在马背金鞍上枕戈而眠。

秋风生发的画角声将他回乡的心事打破，

明月从深闺上空度过将我思夫旧梦萦牵。

正当我忧愁至极惊闻边关飞骑驰传捷报，

告知匈奴停止向南放牧陇西郡业已归还。

【赏析】

### 边关深闺共梦萦

　　这是一首六句三联的七言小律。张玉娘作为大家闺秀，没有军旅生活经历，也未见过边塞风情，更无夫妻生活体验，竟然借用古代琵琶套曲之一"塞下曲"为标题，作七言小律为歌词，并以军队凯旋的行进节奏谱成乐曲，用笛曲吹奏，热情讴歌一对戍边军人夫妻为了保家卫国而长期两地相思，相互魂牵梦萦的感人事迹和崇高情怀。

全诗可分为两个部分，以一位戍边军人妻子（不妨称"军嫂"）的角度诉述梦萦前线的情景。

第一部分为前三句："寒入关榆霜满天，铁衣马上枕戈眠。秋生画角乡心破。"描写戍边丈夫雪夜备战的情景。"关榆"，即边关，古代边疆屯兵地往往大面积种植生命力极强的榆树林，以防风沙，故称之。"铁衣"，即铁甲、铠甲。"画角"，古代管乐器，出自西羌，一般用晚秋时砍伐的竹木、剥离的牛马皮制成，形似牛角，外加彩绘，故称"画角"。画角声音哀厉高亢，军中用以警昏晓、发号令。"乡心"，即回乡的心事，此指思乡梦。

诗句大意是：我梦见秋风一吹进边关榆树林就遍地白霜皑皑，夫君与将士们一样，身穿铠甲衣，在金丝马鞍上枕戈而眠，严阵以待，忽然号角声起，急促嘹亮，似乎秋风是从画角里生出来一样。画角声打破他的回乡梦，便策马扬鞭，冲锋陷阵。

军嫂梦见前线的情况有背景、有人物、有事情，历历在目。背景，就是"寒入关榆""霜满天"这样一种北疆典型的恶劣天气。人物，就是包括她丈夫在内的身穿"铁衣"这样典型的将士形象。事情，就是"马上枕戈眠"这样典型的严阵以待和"画角乡心破"这样典型的战斗。"乡心破"，不仅表达出前方戍边丈夫心系家乡、情系妻儿的心事，也表达出后方军嫂梦里体认到前方丈夫想回家的心事，可谓两地相思情长，心心相通相印。

第二部分为后三句："月度深闺旧梦牵。愁绝惊闻边骑报，匈奴已牧陇西还。"描述军嫂思夫无归的情景。"愁绝"，忧愁到极点。"绝"，通"极"。"已牧"，停止放牧，此指匈奴军停止向南侵略。"已"，停止、结束，如"死而后已"。"牧"，放养牲畜，引申意治理、管理。"陇西"，在今甘肃东南部。

诗句大意是：当前方号角声打破夫君思乡梦缓缓飞渡而来，明月牵引起我的思夫梦。当我忧愁至极时，惊闻边关骑兵来报，说是匈奴军队已经停止向南侵略，陇西一带也已归还，反侵略战争取得胜利。

与上文所述戍边丈夫"乡心破"相对应，前句描述后方军嫂又将"旧梦牵"起，由于有"月度深闺"二字而显得因由充足，自然而然。因为正是"月度"可以突破空间限制，将家乡、边关联系起来，照见思妇人，照见思夫人，两地同相思。这是多么凄美的意境！中间句的"惊闻"，上连"旧梦牵"起的"愁绝"，会使军嫂添愁还是消愁？下连"边骑报"，将使军嫂是喜还是忧？她面临两个悬念，必将一度心情复杂，无所适从。末句道明"匈奴已牧""陇西还"两大喜讯，却一字不提夫君，其实暗示她夫君阵亡，聪慧军嫂必在欣喜之余悲痛欲绝，这种悲喜交集，何等壮怀激烈！直将一位为国家、舍小家的军嫂形象亭亭玉立于人们眼前。

这首诗尽管篇幅短小，却展现出从前线边关到后方闺房的广阔场面。如何将二地情景连接起来？张玉娘别具匠心，巧借"月度"作为媒介，即让一轮明月充当摄像机，由边关扫描到家乡，将军人梦和妻子梦联系起来，显得珠联璧合、天衣无缝。她这种文字技巧，就像摄影大师在高空用摄像机向下扫描"千里相思共明月"的壮观景象。

清顺治间松阳县训导孟称舜所刊《兰雪集》表示，《塞上曲》《塞下曲》《幽州胡马客》《从军行》为"凯歌乐辞"。"凯歌乐辞"，简称"凯乐"，是古代军旅乐队演奏战事胜利、凯旋的一种乐歌曲。晋代崔豹《古今注》："短箫铙歌，军乐也……《周礼》所谓'王大捷则令凯乐，军大献则令凯歌'。""塞上曲""塞下曲"均属唐代诗人创立的"新乐府辞"，分别由"出塞""入塞"演变而成，适用于创作边塞诗。制作"凯歌乐辞"，要先写反映战事胜利、军队凯旋情景的歌词，再将歌词谱曲，然后组织演奏。由此推想，张玉娘作罢这四首诗，也就是塑造出新战士、老将军、军人军嫂、边疆民兵的英雄形象后，如愿释怀，说："以上凯歌乐词俱闲中效而不成者也。丈夫则以忠勇自期，妇人则以贞节自许，妾深有意焉。"确实如此，"凯歌乐词"中的三位男主人公个个都是"以忠勇自期"的好汉子，一位女主人公军嫂则是"以贞节自许"的好妻子。这就表明，她这四首诗既是献给四位男女英雄的——纵情讴歌他们的爱国主义精神；又是写给未婚夫沈佺的——希望他像诗中的三位男女英雄那样"以忠勇自期"，报效国家；也是用于鞭策激励自己的——我虽然只是沈佺的未婚妻，但在内心已将自己当作他的妻子，也会像军嫂那样"以贞节自许"，当好贤妻，守家迎候。

在封建礼教大行其道的社会环境中，张玉娘提出"丈夫则以忠勇自期，妇人则以贞节自许"，高屋建瓴，足可分别作为她那个时代男女国民的道德标准和座右铭，也足以见她堪为巾帼豪杰、女中丈夫的飒爽风范。如果她为男子之身，定当"以忠勇自期"，尽忠报国。然而，由于男尊女卑，她作为知识女性只能以笔作剑，用自己擅长的方式，精心塑造一组"以忠勇自期"的戍边英烈艺术形象与"以贞节自许"的军嫂艺术形象，致以敬意，予以歌颂。如此炽热豪放的家国情怀多么令人景仰！

# 咏竹四首

## 风

满庭修竹动秋风，掠地无痕一径通。
影弄绿窗金琐碎，声归宝瑟玉玲珑。
流云不碍湘妃珮，隔水还疑蔡女桐。
曲罢岂知鸾鹤在，翠霞飞去石台空。

## 【译文】

长满庭院的修竹用力搅动阵阵秋风，
秋风掠地无痕将一条小径一扫而通。
竹影戏弄绿窗留下光点如金片琐碎，
风声进入琴瑟发出乐音似玉音玲珑。
流动行云不碍文英获得舜帝赠玉珮，
相隔远水却使曹操心疑蔡琰弹古桐。
一曲罢了岂能知道乘鸾骑鹤人何在？
一旦翠霞飞去这张石桌将人去空空。

## 【赏析】

### 竹风宝瑟诉殉情

这首七言律诗吟咏风中之竹，其实吟咏竹中人——张玉娘在萧萧秋风竹林中决意以身殉情。

全诗可分为两个层次。

第一层次为前四句。

"满庭修竹动秋风，掠地无痕一径通。"描述风中竹。"一径"，整条小路。"一"，最小的整数，引申义"全""满""整条""整个"等，如"一生""一地水"。

诗句大意是：秋风强劲，庭院里的修竹摇曳着梢头，在我看来，就像摇曳不停的修竹梢头在搅动秋风，阵阵秋风从地面掠过，没有留下一丝儿痕迹，就将一条幽雅的石道一扫而通。

按常规，应当是秋风吹动修竹。张玉娘却让修竹充当起"搅局者"的角色，去搅动秋风。不过，看那竹梢摇曳，还真像大扇子扇风，于是令人觉得修竹真能"动秋风"。正是由于风因竹而"动"，因此可谓"竹风"。接着，她从"掠地无痕"与"一径通"两个方面吟咏"竹风"强劲，以证明竹梢摇曳的力量之大。这比按照常规描写强劲秋风吹得竹梢摇曳要生动、有趣得多。

"影弄绿窗金琐碎，声归宝瑟玉玲珑。"描述竹中人。"影"，此指竹梢阴影。"金琐碎"，指金黄色光点，语出唐代韩愈、孟郊《城南联句》："竹影金琐碎，泉青玉琮净。""玉玲珑"，玉石碰击声。"玲珑"，声响词，音色清越，语出汉代班固《东都赋》："凤盖棽丽，和銮玲珑。"

诗句大意是：阳光下，竹梢的阴影戏弄绿色窗纸，留下斑斑光点，就像细碎的金子；竹风的声音进入精美琴瑟，琴声风声交响成"玲珑"之音，就像玉石撞击声。

前句中的"弄"字，赋予修竹以戏谑情调；"金琐碎"，极其形象地表现出竹影光点斑斓的状态，令人赏心悦目。后句中的"玉玲珑"，则令人如闻其声，清脆悦耳。那么"声归宝瑟"演奏出来的"玲珑"交响音乐究竟是什么曲子？且看下文。

综上所述，可以知道，张玉娘从秋风的强劲、竹风的成因、竹影的动态、竹声的优美等四个方面吟咏修竹与竹风，将风中竹描绘得婀娜多姿、富有活力。

第二层次为后四句。

"流云不碍湘妃珮，隔水还疑蔡女桐。"表达对情郎的坚信与殉情之意。"流云"，本意为流动的云，即行云，在此喻指不断消逝的光阴。"湘妃珮"，此指虞舜赠给尧帝的女儿娥皇、文英的定情物玉珮。《史记·五帝本纪》："帝尧考察虞舜为人，以二女妻舜以观其内，使九男与处以观其外。"传说舜帝治水，溺水湘江。其妃文英赴湘江悼念，痛哭而死。天帝分别封为"湘水男神""湘水女神"，结为"湘水夫妻神"，故称"湘妃"。"蔡女桐"，指蔡琰弹奏桐木琴。蔡琰，字文姬，陈留人，蔡邕之女，博学多才，通音律。初嫁河东卫仲道，夫死归娘家。汉末大乱，蔡琰为董卓部将所虏，归匈奴左贤王。十二年后，曹操统一北方，花费重金将蔡琰赎回，念蔡邕栽培之恩，欲命蔡文姬续《汉书》。

诗句大意是：未婚夫沈郎尽管先我而去，然而过去的时光并不妨碍我死后再次获得他的爱情，与他结为夫妻，就像流云不妨碍"湘妃"文英再次获得已故虞舜的定情玉珮，结为"湘水夫妻"。由于阴阳相隔，我不知道沈郎人在何处，在干什么，就像当年曹操由于远水相隔而心疑蔡文姬弹奏古桐琴。

张玉娘借典故"湘妃珮"，即用文英死后仍然获得溺亡夫君舜帝信物而成为"湘妃"之事，说自己尽管时过数年，仍然能获得已故沈郎的爱情，显然存殉情之意；借典故"蔡女桐"用曹操由于相距遥远而不能确定蔡文姬弹琴之事，说自己由于阴阳两隔而不知道沈郎所弹的琴声，显然有来世再成知音，结为连理之意。这些典故化用贴切，足以表达生者对死者的坚贞，也足以构建神奇高妙的意境，显示出高超的表现艺术。

"曲罢岂知鸾鹤在，翠霞飞去石台空。"表达失望之情。"鸾鹤"，即鸾鸟与仙鹤，相传为仙人所乘，如南朝汤惠休《楚明妃曲》："骖驾鸾鹤，往来仙灵。""石台"，石桌、石筑的台。

诗句大意是：琴曲弹奏完了，我岂能知道乘鸾鸟骑仙鹤的人在哪里？一旦翠色云霞离我飞去，眼前这张石桌的主人将会离去而空空如也。

前句中的"曲罢"承接上文"声归宝瑟"演奏出来的曲子，一是与典故"湘妃珮"相关的古琴曲《湘妃怨》；一是与典故"蔡女桐"相关的古琴曲《胡笳十八拍》。张玉娘弹罢这两首曲子，由于不知"鸾鹤在"何处而想离去追寻。尾联营造出一种闺中女子孤立无伴的空虚意境，表达出闺中女子急于殉情的强烈意愿。

这首诗的标题是"风"。由"咏竹"这个总标题所决定，张玉娘先咏修竹"搅"秋风，再咏竹风"一径通"、竹影"弄"绿窗、竹声"归"宝瑟，从而引出竹风中的弹琴人，层层推进，步步有序，可谓咏竹不惜墨，精彩而有趣味。由咏庭院竹到咏挥泪湘竹的"湘妃"，过渡自然，借助"湘妃"——为舜帝殉情的文英，就可以读懂竹中人的殉情之情。由此可见，这首诗的"诗眼"就是"湘妃珮"。

烟

数枝潇洒碧溪寒，水气冥冥日欲昏。
青玉案前双翡翠，紫丝帐里万琅玕。
湘江旧事迷归梦，陆海春阴无羽翰。
晚来独倚阑杆望，暝色连天何处村？

## 【译文】

数枝风姿潇洒的修竹迎立于碧溪风寒，
溪上水气迷蒙阴暗使得太阳欲睡昏昏。
曾在青玉案前共读发髻摇曳犹如比翼翡翠，
曾在紫纱帐里同枕双双梦入万千仙树琅玕。
而今文英赴死湘江事迷住我的回归梦，
而今沈郎空有陆海才春阴时节无书翰。
当傍晚来临我独自倚栏极目远方张望，
难道暮色阴暗天使他不知何处是乡村？

## 【赏析】

### 欲随君去因无信

这首诗吟咏烟中之竹，其实吟咏竹中人——张玉娘在昏暗暮色竹林中因无消息而苦苦等待未婚夫归来。

这首诗可分两个层次。

第一层次为前四句。

"数枝潇洒碧溪寒，水气冥冥日欲昏。"描写烟中竹的风度。"潇洒"，既指行为自然大方，神采风度翩翩，又指坦诚、率真、超然、独韵的心境。"冥冥"，昏暗迷茫貌。

诗句大意是：溪水澄碧，溪面风寒，水雾腾腾，暗淡迷蒙，连斜照夕阳也被遮蔽得朦朦胧胧，似乎昏昏欲睡；而岸上几枝翠竹临风招展，英姿潇洒。

诗文宛如一幅可名为"烟中竹"的水墨画。为了吟咏烟中竹，张玉娘将夜色昏暗、烟雾迷蒙环境中的修竹、夕阳两种事物加以对比，用夕阳精神不振来彰显修竹气度超然脱俗。用"潇洒"二字形容修竹，十分恰当，可以说难以用其他词汇代替。这"烟中竹"，何尝不是"烟中人"？因为张玉娘就置身其中，迎候归来人。

"青玉案前双翡翠，紫丝帐里万琅玕。"回忆美好的童年生活。"青玉案"，多义，此指青玉案几，如李白《忆旧游寄谯郡元参军》："琼杯绮食青玉案，使我醉饱无归心。""翡翠"，此指"翡鸟""翠鸟"。《鸟纲》有"翡翠属"。王逸注："翡翠，翡鸟雄，翠鸟雌。"古人以翡翠鸟比喻夫妻。"紫丝帐"，紫色丝帐。"琅玕"，神话中的仙树。此指翠竹，亦形容竹之青翠，如杜甫《郑驸马宅宴洞中》："主家阴洞细烟雾，留客夏簟青琅玕。"仇兆鳌注："青琅玕，比竹簟之苍翠。"

诗句大意是：回想当年方交总角，我俩一起在青玉案前同声诵读诗书，头顶那高高竖立的发髻摇曳晃动，就像一对眷恋的翡鸟翠鸟比翼齐飞；一起在紫纱帐里共枕睡眠，双双梦入成千上万仙树琅玕一般美好的翠竹林间。

张玉娘在吟咏"烟中竹"之潇洒时，也许联想到未婚夫的潇洒风度，于是回忆起童年时期刻骨铭心的两件事：其一是同案共读，同学关系如同翡鸟、翠鸟"夫妻鸟"亲密；其二是同床共眠，都做象征成才的"琅玕梦"，表亲关系犹如同胞般亲密。可以设想，她的回味是甜蜜的、有趣的，羞涩的，是"青梅竹马，两小无猜"的佐证，也是日后情投意合，化为爱情的基因。

第二层次为后四句。

"湘江旧事迷归梦，陆海春阴无羽翰。"表达爱意和怨意。"湘江旧事"，即妃子文英赴死湘江、与亡夫舜帝结为"湘水夫妻"的故事。"陆海"，一指物产丰饶的地区，如《汉书·地理志下》："（秦地）有鄂杜竹林、南山檀柘，号称陆海，为九州膏腴"；一指晋代文学家陆机，因南朝钟嵘称其"陆才如海"。"羽翰"，即"羽书"。古时征调军队，在文书上插羽毛，表示紧急，必须速递。如杜甫《秋兴》诗："直北关山金鼓振，征西军马羽书驰。"翰，文书、书信。

诗句大意是：如今，我被文英赴死湘江、殉情舜帝的旧事迷住心窍，以至于不愿从梦里醒来；而你沈佺空怀"陆海之才"，这个春天没有寄来插羽毛的书翰。

张玉娘借典故"湘水夫妻"说自己为文英赴死湘江的旧事所着迷，以示对未婚夫的爱情至死不渝；借典故"陆海"说沈佺有才学却没有寄来书信，显然希望得到未婚夫的信息。她又爱又怨，交织于心。

颔联写青梅竹马幸福甜蜜，颈联写离情别绪，爱怨交织，对比强烈，大起大落，起伏跌宕，扣人心弦。

"晚来独倚阑杆望，暝色连天何处村？"描述等归未果。"暝色"，昏暗的夜色，如杜甫《光禄坂行》："树枝有鸟乱鸣时，暝色无人独归客。"

诗句大意是：夜幕降临，我回到家门口，独自倚靠栏杆张望，却不见人影，难道他是由于夜色昏暗迷蒙而不知何处是村庄吗？

张玉娘在前句描述自己傍晚独自倚栏等待张望的情景，在后句自问沈郎为何未归来，自答由于"暝色连天"不知"何处村"，将未归的原因全归于客观因素，表明她心存一线希望，还要等待。

这首诗标题是"烟"。然而，由"咏竹"这个总标题所决定，这首《烟》诗吟咏烟中之竹。张玉娘用"溪寒""冥冥""欲昏""暝色"等词咏烟，可谓浓墨重彩。她先咏溪畔竹之潇洒，再咏梦中翠竹胜"琅玕"，后咏梦中文英挥泪斑竹赴死湘江，将竹咏得精彩纷呈。由此引出坚贞爱情，自然而然。可见"湘江旧事"是窥探这首诗的诗情的"诗眼"。

## 雪

冻雪霏霏堕九皋，竹枝垂地翠旋销。
玉龙战退飞鳞甲，青凤翻成白羽毛。
岁晚余寒知劲节，梦回佳兴讶清标。
隔云谁弄柯亭笛，落尽梅花风韵高。

【译文】

冻云成雪霏霏扬扬降落于九曲泽皋，
竹枝梢头垂伏倒地青翠颜色旋即销。
雪片纷飞犹如白龙战败飞溅残鳞甲，

　　翠竹素裹就像青凤翻身换成白羽毛。
　　岁末之时剩余之寒知道修竹之劲节，
　　梦醒之时高雅之兴惊讶沈郎的清标。
　　隔着云层不知谁在吹弄那柯亭竹笛，
　　似要吹落全部梅花以显示风韵清高。

## 【赏析】

### 谁弄柯笛落梅花

　　这首诗表面上是在吟咏雪中竹，其实在吟咏雪地竹中人——张玉娘的未婚夫沈佺相貌英俊，气节刚劲，风韵高雅。

　　这首诗可分两个层次。

　　第一层次前四句。

　　"冻雪霏霏堕九皋，竹枝垂地翠旋销。"描述大雪重压翠竹的景象。"冻雪"，犹冰雪，俗称"雪珠""雪沙"。"霏霏"，形容雪片盛密貌，语出《诗经·小雅·采薇》："今我来思，雨雪霏霏。""九皋"，曲折深远的沼泽，如《诗经·小雅·鹤鸣》："鹤鸣九皋，声闻于天。"郑玄笺："皋，泽中水溢出所为坎，自外数至九，喻深远矣。""旋销"，旋即消失。"旋"，一会儿，如《后汉书·董卓传》："卓既杀琼、珌，旋亦悔之。""玉龙"，白龙。玉，喻白。"青凤"，青羽毛的凤凰。

　　诗句大意是：大片雪花夹杂着雪沙霏霏而下，降落在九曲沼泽地上，压得竹梢垂伏倒地，翠青之色旋即消失殆尽。

　　前句中的"冻雪""霏霏"表明，经过"冻雪"，天空下起雪沙，接着下起雪花，纷纷扬扬，飘落在沼泽地上。"霏霏"二字，形象地表现出雪片密集的状况。一个"堕"字，将原本轻飘的雪花表现得沉重。后句表明，下雪不久，竹子就被压倒垂地，就被白色覆盖。"垂地"二字，彰显出积雪压力之大，"翠旋销"三个字，形象地表现出竹子积雪之快、轻装素裹的状况。用"翠旋销"表现。

"玉龙战退飞鳞甲，青凤翻成白羽毛。"描述雪花纷飞的景象。"玉龙"，本指传说中的神龙，如宋代刘克庄《清平乐·五月十五夜玩月》："醉跨玉龙游八极，历历天青海碧。"也喻雪，如唐代吕岩《剑画此诗于襄阳雪中》："岘山一夜玉龙寒，风林千树梨花老。""青凤"，鸟名，传说中的五色凤之一，如《禽经》："凤有青凤、赤凤、黄凤、白凤、紫凤五色。"也喻绿竹，如宋代朱敦儒《感皇恩·游□□园感旧》词："日斜青凤舞，金樽倒。"

诗句大意是：雪花漫天飞舞，就像白色蛟龙战败以后鳞甲飞溅一样，又像青凤凰倒翻身子变换成白羽毛一样。

前句化用宋代张元《雪》诗"战退玉龙三百万，败鳞残甲满空飞"句，以"玉龙"战败鳞甲飞溅的惨象比喻大雪漫天飞舞的纷乱景象，十分生动，进一步强化前述的下雪盛况。后句以"青凤"喻雪，表现竹子轻装素裹如轻风翻身显现腹部显现白羽毛，从而强化前述的积雪迅速的状况。

"岁晚余寒知劲节，梦回佳兴讶清标。"这两句吟咏修竹品格。"岁晚"，岁末、年底。"余寒"，大寒之后尚未回暖时的寒气，为一年残余之寒。"劲节"，此指强劲的竹节，引申为人的强劲气节，如南朝范云《咏寒松》："凌风知劲节，负雪见贞心。""节"，竹草茎秆分枝长叶的部分。

诗句大意是：大雪压竹，竹子承受得了吗？莫担心！这年尾岁末的剩余之寒知道竹子茎节强劲。梦醒时候，我以上佳的兴致向外张望，果真惊讶雪中修竹那么清秀标致。

后句"梦回"表明，本诗前五句所述下雪、积雪和大雪压竹的景象都是梦境。也许这个"岁晚"之时天下大雪，雪压翠竹的景象，张玉娘历历在目，从而夜有所梦。她赞美雪中竹之清标，赞颂雪中竹之"劲节"，表明崇尚傲雪之气节、抗压之风骨。如此吟咏雪中竹，情景交融，富含哲理。

"隔云谁弄柯亭竹，落尽梅花风韵高。"描述竹管之声，吟咏吹笛之人。"柯亭"，语出晋代伏滔《序》："初，邕（蔡邕）避难江南，宿于柯亭。柯亭之观，以竹为椽。邕仰而眄之，曰：'良竹也。'取以为笛，奇声独绝。"又据说，蔡邕拆"柯亭"第十六根竹制笛，其音色优美。后人遂称好笛为"柯亭笛""柯笛"。

诗句大意是：不知是谁隔着云层吹奏蔡邕用柯亭竹制作的笛子；那《梅花落》笛声从天而下，就像梅花落下，显得风韵高雅。

前句表现空中传来的竹笛声。张玉娘设想吹笛人在云层之上，所用竹笛为汉代著名音乐家蔡邕的柯竹笛，如此笛声自是天籁之音，美妙无比。她想象力之丰富、之奇妙，令人拍案叫绝！后句暗示所奏曲名，她用"吹落梅花"，寓指西汉李延年笛曲代表作《梅花落》，既形象又贴切。松、竹、梅为"岁寒三友"。咏竹兼咏梅，表明她既崇竹之劲节，又尚梅之高雅。咏竹又咏吹笛人，表明吹笛人是她的"知音"——未婚夫沈佺。也许他这个"岁晚"大雪天就在小楼上吹奏《梅花落》，正如七绝《闻笛》"小楼吹夜笛声飞，暗度梅花入翠帏"句所云。

上述表明，张玉娘这首诗借助吟咏雪中竹，赞美未婚夫英俊清爽、气节刚劲，风韵高雅。小诗内涵丰富、精彩纷呈，格调清新，近乎完美。

# 月

幽幽万籁竹千竿，凉夜宜从月里看。

翠节参差邀玉兔，金波晃漾浴青鸾。

半檐苍色催诗思，一径寒辉醒醉魂。

吹彻霓裳清露下，嫦娥犹自对芳樽。

【译文】

幽微幽美的声音发自那翠竹千竿，

在这凉爽之夜宜从月中向下俯瞰。

翠竹节符参差竞相邀请月宫玉兔，

金黄光波荡漾正在沐浴神鸟青鸾。

半照檐下苍青色彩催生吟诗情思，

一条路上清冷月辉搅醒醉人梦魂。

笛声吹彻《霓裳》伴随清露飘下，

寂寞嫦娥还在独自面对芳香酒樽。

【赏析】

## 翠节相邀不下界

这首诗表面上在吟咏月下竹，其实在吟咏月下人——张玉娘在月色竹林中孤单寂寞的境况。全诗可分两部分。

第一部分为前四句。

"幽幽万籁竹千竿，凉夜宜从月里看。"描述月下竹音。"幽幽"，形容光线阴暗、声音微弱，此指后者。"万籁"，泛指自然界万物发出的响声，此指竹林风声。

诗句大意是：更深人静，从竹林里吹来微弱动听的风声。在这凉爽之夜，要全景观赏月下竹，最宜从月宫里居高临下看。

前句中的"幽幽"与"万籁"，简明精当地表现出竹风轻拂声音微弱的氛围。后句中的"宜从月里看"表明，咏竹人想象自己的视角移上月宫，俯瞰天下。看到什么？

"翠节参差邀玉兔，金波晃漾浴青鸾。"描述月下竹。"翠节"，一种带有翠绿色羽毛的节符。节符，古代帝王授予使者的信物，如唐代沈亚之《西边患对》："盖天子之忧甚勤，与师长分节符，给所用，以事边，何因？""参差"，形容错落有致的样子。"玉兔"，白兔，此指嫦娥，如晋代傅咸《拟天问》："月中何有？玉兔捣药。""金波"，多义词，此指月光，如《汉书·礼乐志》："月穆穆以金波，日华耀以宣明。"颜师古注："言月光穆穆，若金之波流也。""青鸾"，传说是常伴西王母的一种神鸟，赤色为凤，青色为鸾。

诗句大意是：那万竿翠竹，参差错落，林立向上，就像无数使者双手高举翠羽节符，竞相邀请月中嫦娥，那团团月光，遍洒翠竹，就像金色水波晃晃荡荡，沐浴青鸾。

在前句，张玉娘用带有翠羽的节符比喻梢头青翠的竹子，贴切生动；用"参差"形容翠节之多，从而表现邀请规模之宏大、景象之壮观。在后句，张玉娘用金波晃荡沐浴青鸾比喻月光洒翠竹，也是贴切生动，恰到好处，显示出神奇的艺术想象力和高超的艺术表现力。

第二部分为后四句。

"半檐苍色催诗思，一径寒辉醒醉魂。"吟咏月下人。"半檐苍色"，指月光斜照屋檐的上半面，使屋檐下半面及墙面上部颜色苍青，下部墙面由于受光而颜色苍白。"苍色"，本指青绿草色，也指深青色。

汉时奴仆包头巾皆以深青色，称"苍头"，故代指老年人。"寒辉"，冬日微弱阳光或清冷月光，此指后者。如潘漠华《秋末之夜》："寂寞凄凉的心底，禁不住月光的寒辉。"

诗句大意是：当我将视角从月宫移回庭院，只见月光照在屋檐上半面，屋檐下面颜色深青，显得苍老，令我催生诗情。然而，小路上的清冷月光将我从沉醉梦中冻醒。

前句"半檐苍色"表明，张玉娘作为观景人，视角已从月中下移至庭院，从而看见屋檐下面阴暗的"苍色"。由于"苍色"显得苍老，因此，她不禁伤感，催生诗兴。后句"醒醉魂"表明，前述"从月里看"到的"翠节参差""邀玉兔""金波晃漾""浴青鸾""半檐苍色"等都是梦里所见之景，催生的"诗兴"却由于被月亮"寒辉"冻醒而中断。

"吹彻霓裳清露下，嫦娥犹自对芳樽。"交代"邀玉兔"未果。"霓裳"，即唐玄宗专为宠妃杨玉环作的《霓裳羽衣曲》。"芳樽"，指精致的酒器。

诗句大意是：我从梦中醒来后，听到《霓裳羽衣曲》的乐音响彻云天，然后随着清露飘零而下。寂寞嫦娥受邀因被囚禁而未能下凡，这样一来，我只好独自面对精美的酒杯。

张玉娘有意营造一种事与愿违的意境：《霓裳羽衣曲》吹彻云天的杨贵妃不请自来，被盛情邀请的寂寞嫦娥失去自由来不了，从而令人间寂寞人大失所望，孤单仍旧、寂寞仍旧，凄楚仍旧。

这首诗吟咏月下竹，创意新颖，意境奇妙。观赏月下竹的地点选在月宫，非常人所能想象。将翠竹设想为邀嫦娥的"翠节"，再用"翠节"邀嫦娥，也非常人所能想象。将"罪人"嫦娥设想为竞相邀请的嘉宾，将贵妃杨玉环设想为不请自来的俗妇，有尊有鄙，爱憎分明，更非常人所能想象。梦赏月下竹，诚邀月中人；梦断诗人兴，独对芳樽酒，如此自我吟，吐露真性情，谁能不动容？堪称孤寂之绝唱。

# 咏案头四俊

## 马肝砚

一贡西支路八千，端溪无石玉还坚。
龙媒带雨滴秋月，霜兔和云染翠烟。
凤咮山荒幽草合，雀台春老野花妍。
丹砂不用医繁鬓，留尔芸窗勖草元。

## 【译文】

这件贡品来自西域郅至国行程里数八千，
就连端溪也无此等美石它比玉石还要坚。
注水砚池显示图纹犹如龙媒带雨滴秋月，
蘸墨笔毫呈现色彩就像白兔白云染翠烟。
凤咮砚产地凤咮山由于废弃而茂草覆合，
铜雀砚藏处铜雀台每当暮春就野花争妍。
珠麝墨含丹砂无须医治黑白相间的双鬓，
留存书房以资勉励后人效杨雄著《太玄》。

## 【赏析】

## 忍痛割爱留后人

"案头四俊"，顾名思义，案头四件俊品，指"文房四宝"。"四俊"，本指上古时期四大贤臣皋陶、后稷、殷契、仓颉。如《淮南子·修务训》：

"今无五圣之天奉，四俊之才难。"高诱注："〔四俊〕谓皋陶、稷、契、史皇。"按：《春秋元命苞》"仓帝、史皇氏名'颉'，姓'侯冈'"。张玉娘以四位古贤臣比喻自己的文房四宝，可见她对读书写作多么重视。

马肝砚，用马肝石制作的砚台。马肝石的主要用途：一可以制砚，如苏轼《孙莘老寄墨》诗之一："溪石琢马肝，剡藤开玉板。"赵次公注："端州深溪之石，其色紫如马肝者为上"；二可以入药，是传说中的药石名，如《洞冥记》："元鼎五年，郅支国贡马肝石百斤，常以水银养之，半青半白，如今之马肝，春碎以和九转之丹，服之弥年不饥渴也，以之拂发，白者皆黑。"

张玉娘家藏一方马肝砚，故有条件吟咏之。她借助于吟咏马肝砚的珍稀名贵、精美好使、神奇功效，表达出一种忍痛割爱背后的绝望之情。

"一贡西支路八千，端溪无石玉还坚。"描述马肝砚的珍稀。"一贡"，意为"一件贡品"。"西支"，汉代西域匈奴部落郅支国的简称。"端溪"，在今广东省肇庆市高要区内，所产石头称"端石"，所制砚台称"端砚"。溪底深处产马肝石。

诗句大意是：这方马肝砚，是一件贡品，来自西域郅支国，经历了八千多里行程；著名的端石产地端溪深处也没有这么好的马肝石，其坚硬胜过玉石。

在张玉娘的笔下，这方马肝砚具有贡品的名贵、八千里行程的难得、好于端砚的优质、胜于玉石的坚硬。这四大因素构成这方马肝砚的珍稀珍贵，价值连城，可谓"稀世之宝"！

"龙媒带雨滴秋月，霜兔和云染翠烟。"颔联描述马肝砚的神奇。"龙媒带雨"，指天马行空带来雨水，典出《汉书·礼乐志》："天马徕，龙之媒。"颜师古引注应劭云："言天马者，神龙之类。今天马已来，此龙必至之效也。"后称骏马为龙媒。由于传说龙会带雨吐水，古人每逢旱灾，便求龙王。"霜兔"，白兔，此指传说中的月宫玉兔。"霜"，比喻白色，此指用白兔毛制作的笔毫。

诗句大意是：向圆形砚池里注入清水，就出现天马行空，带来雨水，滴落清秋圆月的图案。将笔毫蘸上墨水，就像月宫白兔连同白云一起染上翠烟之色。

注水研墨，毫蘸墨水，平常不过，谁曾渲染？在张玉娘的笔下，注水研墨而现"天马行空""雨滴秋月"之奇景，毫蘸墨水而现玉兔白云"染翠烟"之奇观，能不引人入胜？使用这方马肝砚有如此美好观感，能不令人惜之？她想象力如此丰富奇妙，能不叫人叹服？

"凤咮山荒幽草合，雀台春老野花妍。"颈联描述马肝砚的名贵。"凤咮"，凤咮山，即北苑龙焙山，山形似凤头朝下饮水，故名。所产石料苍黑坚硬，可制砚台，称凤咮砚。苏轼有《凤咮砚铭》序："北苑龙焙山，如翔凤饮下之状，当其咮，有石苍黑，致如玉。熙宁中，太原王颐以为砚，余名之曰凤咮。""幽草"，幽深地方的草丛。"雀台"即铜雀台，在今河北省临漳县邺城西北隅。汉末曹操所建，以便自己死后妻妾观望西陵。因铸铜孔雀于楼顶而得名。历经兵燹，铜雀台毁，有人取遗址瓦砾研制砚台，称"铜雀砚"，曾是名砚之一。"春老"，春深。"老"，多义字，此指深度。

诗句大意是：由于出产凤咮砚的凤咮山已经荒芜得为深深野草所覆合，因此，久负盛名的凤咮砚失传了；由于出产铜雀砚的铜雀台遗址在此春末之际只有野花在竞相争妍，因此，久负盛名的铜雀砚也失传了。

对于凤咮砚、铜雀砚失传，张玉娘作为文学家，决不明言直说，而是艺术表现，说出产凤咮砚的凤咮山"幽草合"，说出产铜雀砚的铜雀台"野花妍"，从而富含诗意。她写凤咮砚、铜雀砚失传，反衬出马肝砚的历史沧桑，更加彰显马肝砚的名贵。

"丹砂不用医繁鬓，留尔芸窗勖草元。"尾联描述遗赠马肝砚的情景。"丹砂"，汞，性剧毒，在中医学上用作治疗恶疮、疥癣。此指马肝砚所含丹砂。"繁鬓"，黑白混杂的鬓发，即花白鬓发。繁，混杂，如《楚辞·九歌·东皇太一》："五音纷兮繁会。""芸窗"，书房、书斋。古人常在书房放置芸香防止虫蛀书籍，故名。芸香草，别名"臭草""牛不吃"，气味特异，用于杀虫或作消毒剂，而其挥发油可制香精。"勖草元"，应为"勖草玄"，意谓鼓励后人像杨雄那样著《太玄》。"勖"，勉励，如《诗经·邶风·燕燕》："以勖寡人。""草玄"，指汉代杨雄起草《太玄》。杨雄，西汉文学家、哲学家、语言学家，仿《易经》而创制哲学著作《太玄》，提出以"玄"作为宇宙万物根源的学说，驳斥神仙方术迷信思想。《汉书·杨雄传》载："哀帝时，丁、傅、董贤用事，诸附离之者或起家至二千石。时杨雄方草《太玄》，有以自守，泊如也。"。

诗句大意是：马肝砚呀，你所含的丹砂不必用于医治我这繁杂的花白鬓发了，那就将你留在书房，以勉励后人效法杨雄著作《太玄》吧。

前句"医繁鬓"三字表明，张玉娘爱用马肝砚，不仅在于其优良的研墨功效，还在于其医治白发的药用功效。后句"留尔芸窗"四字表明，她要弃用名贵的马肝砚，那该是下了多么大的决心才作的艰难抉择啊！该是多么难承受的忍痛割爱啊！这方被遗赠的马肝砚寄托着她多少殷切的期望啊！这番诀别话，饱含悲酸，语重心长，亲切感人。

这首诗作为咏物诗，用六句吟咏马肝砚，从多个角度，用质朴的语言、贴切的典故、丰富的想象、生动的比喻，咏出了马肝砚的丰富特质，令人对马肝砚的不凡来历、珍稀名贵、奇特功效等留下深刻印象。作为抒情诗,尽管只有两句遗赠感言,却让人深深感知到她道别马肝砚的痛惜之情,感知到她诀别人生的绝望之情,感知到她寄托厚望的勉励之情,感知到她善良、真诚、纯洁的心灵之光。读着这样的诗篇,谁人不为马肝砚失去这么好的女主人而万分惋惜、潸然泪下?

## 凤尾笔

近来觅得管城子,修竹枝头彩影高。
气挟风云驱阵势,光摇文采动旌旄。
诗成览德三书俊,梦入生花五色豪。
圣代秖今皆有象,晴窗处处凤凰毛。

【译文】

近来觅得一支插有凤尾毛的管城子,
宛若凤凰亭亭玉立翠竹梢头彩影高,
提起笔一股浩气挟带风云驱策阵势,
挥动毫一道灵光摇晃文采舞动旌旄。
诗歌吟成必定在览得三书五经之后,
江淹梦入深处方得能够生花五彩毫。
从孔圣那代至今皆有读书成才偶像,
只要长夜明窗就处处子弟麟角凤毛。

## 【赏析】

# 读书成才是正道

凤尾笔，顾名思义，是一种笔杆上端装饰凤凰尾羽的毛笔。而凤凰只是神话传说的一种美丽神鸟，人间哪有凤尾笔？

也许，张玉娘在笔管上端插一根雉鸡尾羽就戏称凤尾笔吧。其实她的笔是否凤尾笔无关紧要，重要的是她借凤尾笔批评妙笔生花，说出一番劝学道理，揭示一条成才规律，大力提倡读书。

"近来觅得管城子，修竹枝头彩影高。"首联描述凤尾笔的形象特征。"管城子"，笔的别称，也叫"管城侯"。唐代韩愈《毛颖传》："秦皇帝使恬（蒙恬）赐之（毛颖）汤沐，而封诸管城，号'管城子'。"

诗句大意是：近来，我到处寻寻觅觅，终于得到一支好笔，笔杆上头插饰一根凤凰尾羽毛，就像一只凤凰亭亭玉立在修竹梢头，使得凤凰的彩色身影显得高昂。

前句"觅"字表明，"凤尾笔"稀有，得之不易，弥足珍贵。后句"枝头彩影高"，破题"凤尾笔"，惟妙惟肖地表现出"凤尾笔"的形象特征。

"气挟风云驱阵势，光摇文采动旄旌。"描述"凤尾笔"的神奇魔力。"阵势"，军队作战的阵容布置，如韩愈《喜雪献裴尚书》："阵势鱼丽远，书文鸟篆奇。""文采"，本指事物错杂艳丽的色彩，多指文章表现出来的典雅艳丽的风格和令人赏心悦目的文采。"旄旌"，古代竿头上饰有牦牛尾的旗帜，如《书经·牧誓》："右秉白旄以麾。"

诗句大意是：觅得好笔就试用。我提起笔来，感到身上涌动一股挟带宇宙风云、驱策阵容威势的浩然之气；我挥笔书写，觉得眼前出现一道摇晃绚烂文采吹动旌旗的神灵之光。

为了表现凤尾笔之好用，张玉娘通过提笔和挥毫的第一感觉"气挟风云""驱阵势"和"光摇文采""动旌旄"，暗示凤尾笔能给人以精神力量和创作灵气，简直把凤尾笔渲染得神乎其神，似乎凭借这支凤尾笔，谁都能吟出好诗篇，写出大文章。

"诗成览德三书俊，梦入生花五色豪。"论述吟咏之道、文章之法。"览德"，意谓"览得"。"德"通"得"，如王念孙《读书杂志·荀子七》："德道，即得道也。"三书俊"，应为"三书后（后）"。"三书"，即《论语》《孟子》《大学》三部古典经书的合称，也泛指儒家经典著作。"五色豪"，典出南朝梁江淹，少时梦人授以五色笔，故文采俊发。后以"梦笔"比喻才思敏捷，文章华美。《南史·江淹传》："梁人江淹善诗。夜里梦见一位男子，自称郭璞。他对江淹说："吾有笔在卿处多年，可以见还。江淹即从怀里取出五色笔归还。从此作诗便无佳句，时人便说'江郎才尽'。""豪"，通"毫"，如《隋书·许善心传》："文不加点，笔不停豪，常闻此言今见其事。"

诗句大意是：凭借一支好笔就能写出好诗吗？不。吟成好诗的时间，必定在全部览读完毕《论语》《孟子》《大学》等儒家经典著作之后，否则是不可能的；入梦才有笔下生花的"五彩毫"，不现实。

在前句，张玉娘从正面讲述作文之道，阐明"诗成"必在"览得三书后"，昭示人们：只有博览群书、多读经典、积累知识、学富五车，才能写出好文章。在后句，张玉娘从反面讲述作文之道，阐明"梦入生花五色豪"只能在"梦入"之时，而无现实可能，昭示人们：要写出好文章，就不要幻想生花之笔。既论证读书的重要性，又揭穿"梦笔生花"的荒唐性，可谓循循善诱、劝学得法。

"圣代秖今皆有象，晴窗处处凤凰毛。"尾联阐述古今人才成长之路。"圣代",古人对于当代的谀称。南朝萧统《〈文选〉序》:"故与夫篇什,杂而集之,远自周室,迄于圣代,都为三十卷,名曰《文选》云耳。""象",多义字,与"像"字混用,此指偶像。"凤凰毛",比喻珍奇而不可多得的人或事物,如《南史·谢超宗传》:"超宗殊有凤毛。"

诗句大意是:从孔孟那代圣人到如今,年年岁岁都有读书成才、值得崇尚的偶像。事实证明,只要寒窗苦读,通宵明亮如同晴天,就会处处涌现堪称凤毛麟角的优秀人才。

前句列举"圣代"以来"偶像"人物作为事实论据,用以论证论点——重视读书,令人信服,无可辩驳。后句指明人才成长的一般规律——读书成才,令人信服,不容置疑。如此说理,"妙笔生花"之谬可以休矣!而"晴窗处处凤凰毛"之说必将大行其道。

张玉娘这首《凤尾笔》是咏物诗,将凤尾笔的特征描述得形象生动、活灵活现;将试用、体验凤尾笔的感受描述得神差鬼使、生灵得气一般,令人难忘。这首《凤尾笔》又是哲理诗,然而,她吟咏凤尾笔的笔锋所及不是最终停留在状物上,而是延伸转到说理上,即从正反两个方面、理论和事实的结合上阐明了作文之道、成才之路,从而又是一首精彩的哲理诗。

## 锦花笺

薛涛诗思饶春色,十样鸾笺五采夸。
香染桃英清入砚,影翻藤角眩生花。
涓涓锦水涵秋叶,苒苒刽波漾晚霞。
却笑回文苏氏子,工夫空自废韶华。

【译文】

薛涛诗情丰饶犹如万紫千红春色，
创制十种锦笺需要用五彩笔赞夸。
芳香浸染粉红桃花全部映入石砚，
波影翻动翠青藤角令人目眩生花。
涓涓流淌锦江水涵溶清秋的树叶，
苒苒浮泛剡溪波荡漾傍晚的彩霞。
却笑那编织回文图的苏蕙女夫子，
所花工夫白白浪废多少韶光年华。

【赏析】

## 因为惜纸创锦笺

"锦花笺"，简称"锦笺"，一种精致华美、幅面较小、专供题写诗歌、信笺等短小文书的纸张，正如元代郭钰《和寄龙长史》诗所云："锦笺传草春词好，银烛烧花夜枕安。"相传由唐代著名女诗人薛涛流寓蜀地锦江之畔时创制，故名。

张玉娘这首《锦花笺》诗描述薛涛创制小幅锦纸用于写诗，引出苏蕙用绫罗绸缎编织爱情诗歌，不同行为，相互对比，有褒有贬，表达出尊重劳动人民、珍惜劳动成果的思想感情。

"薛涛诗思饶春色，十样鸾笺五采夸。"盛赞薛涛吟诗才高、创笺功高。薛涛，字洪度，长安（今西安市）人。唐代女诗人，诗作颇丰。幼年随父入蜀，后为乐妓，尤善吟诗，时称"女校书"。元和初流寓浣花溪（即今成都市西郊），因用大张纸写诗太浪费，遂引锦江水制深红小笺，时称"薛涛纸""浣花笺""锦笺"。"饶"，多、丰富。"鸾笺"，古代一种隐现形似鸾鸟图纹的纸。如宋代苏易简《文房四谱·纸谱》："蜀人造十色纸，凡十幅为一榻。每幅之尾必以竹夹夹之，和十色水，逐榻以染。当染之际弃置捶埋，堆盈左右，不胜其委顿。逮干，则光彩相宣，不可名也。然后逐幅于方版之上研讶，用卵形或孤形的石块碾压或用皮革、布帛摩擦，使密实而光亮之，则隐起花木麟鸾，千状万态。"

诗句大意是：薛涛吟诗的思路之丰富，就像春天千红万紫；她创制十种带有凤鸾图纹的锦花纸之功劳，该用当年江淹梦中所得的那支能够生花的五彩毫笔大加赞夸。

一年四季春多彩。张玉娘用多彩的"春色"形容唐代"四大女诗人"之一的薛涛诗思之丰饶，可谓点赞至极；用典故"五彩毫"夸奖薛涛爱惜纸张的优秀品质和创制"十样鸾笺"的杰出贡献，可谓实至名归。由此可见，她对薛涛人品、才华、贡献赞不绝口、钦佩至极。

"香染桃英清入砚，影翻藤角眩生花。"描述薛涛用锦笺写诗的情景。"桃英"，桃花，如陶潜《桃花源记》："落英缤纷。""清"，多义字，此指全部、一点不留，如"清算""清扫"等。"藤角"，青藤上的豆角形果实，在此代指青藤纸的原料青藤。

诗句大意是：薛涛铺开桃花笺，那沾染芳香的桃花全部溶入砚台池水，仿佛清波光影翻弄着青藤的豆角，令人目眩眼花。

前句描述薛涛用桃花笺写诗时的美好感觉——仿佛闻到桃花笺上精致的桃花图案散发桃花芳香气味，后句描述薛涛用青藤纸写诗时的美妙联想——似乎出现造纸工人使劲搅动池中青藤的劳动景象，从而巧将薛涛惜纸原因和盘托出，那就是尊重劳动者的劳动成果。张玉娘如此赞赏薛涛的惜纸品质，也将自己珍惜劳动成果的思想品质流露以尽。

"涓涓锦水涵秋叶，苒苒剡波漾晚霞。"描述薛涛制作锦笺的情景。"剡波"，剡溪水波。"剡溪"，曹娥江的上游，在今浙江省嵊州市境内，古代以产藤纸、竹纸著名。"锦水"，锦江，流经成都平原。

诗句大意是：为了创制小笺，薛涛开凿渠道，使锦江水涓涓流入池内，以涵盖浸泡深秋树叶，就像剡溪人引入菁菁流淌的剡溪清波荡漾池中的晚霞。

前句写薛涛造锦笺的主要工序。其一，用好水造好纸。开渠引锦江好水，是谓"涓涓锦水"。其二，为了防止虫蛀，必须水浸秋木过冬。此谓"涵秋叶"。由此可见薛涛造纸十分注重用水质木质。后句写剡溪人引剡水浸泡青藤，表明薛涛借鉴仿效剡人造纸术，也许暗示薛涛造纸的意义可与剡人造纸相提并论。

"却笑回文苏氏子，工夫空自废韶华。"借"贬"苏蕙以褒薛涛。"回文"，也称"回环"，一种倒读顺读都成章的诗体。"苏氏子"，意谓"苏氏夫子"，此指东晋女诗人、前秦秦州刺史窦滔之妻苏蕙。她由于思念流放在外的丈夫，将无限情思写成八百余字，并按一定的规律排列起来，然后用五彩丝线绣在锦帕之上，成为纵横反复，皆成章句的《回文璇玑图诗》，流传千古。"韶华"，常指春光，比喻美好青春时光，如白居易《香山居士写真》诗："勿叹韶华子，俄成皤叟仙。"

诗句大意是：对比薛涛创制锦笺，那位编织《璇玑回文图》的苏蕙氏女夫子却是可笑啊！因为她这样做不仅白花功夫，而且浪费了美好青春年华。

张玉娘称苏蕙为"苏氏子"，以表尊崇敬仰之义；又予"却笑"，以示对苏蕙将绸缎当纸用的行为持批评意见，尽管《璇玑回文图》有一定的文学价值。不惜用贬苏褒薛的方式反衬薛涛惜纸如金的品质，可见她对薛涛多么崇敬。

这首《锦花笺》是咏物诗，又是咏史诗。作为咏物诗，描述了"锦花笺"的特色、创制及其动因、使用的美好感受，令人随之而生惜纸之情。作为咏史诗，由物及人，由人及思及情，赞美薛涛由写诗而惜纸、由惜纸而制纸，并从历史观的高度上给出了薛涛之所以惜纸造纸的正确答案：尊重劳动人民的辛勤劳动，珍惜劳动人民的劳动成果，从而立意高远，思想深刻。

## 珠麝墨

兰煤薰透漏星房，苍壁无痕晕漆光。
万杵龙颔凝海水，十分麂泪泣元霜。
松烟入砚还矜色，江雨翻云别有香。
风静月林秋气逼，满天诗思动清商。

## 【译文】

兰煤烈焰斑斓浓烟薰透漏星光的工房，
四壁苍黑无底色痕迹墨工晕于漆光。
万次杵捣取自骊龙颔下珍珠尚凝海水，
十足成分小麂泪水悲于清秋初次下霜。
松烟墨进入砚池还在显示矜持的本色，
江上雨翻弄云雾总是飘逸别有的芳香。
风儿静明月夜清秋寒气却偏偏严相逼，
我要用充满天空的诗情拨动琴曲清商。

## 【赏析】

## 清商颂歌制墨人

"珠麝墨",名墨之一,由松烟粉、珍珠粉、麝香等原料和水压制而成,质地光润,墨水溢香。如王勃《秋日饯别序》:"研精麝墨,运思龙章。"韦伯将《墨方》曰:"合墨法,以珍珠一两,麝香半两,皆捣细,后都合下铁臼中,捣三万杵,杵多愈益,不得过二月、九月。"元代张弘范《墨竹》诗:"麝墨芸香小玉丛,澹烟横月翠玲珑。"马祖常《礼部合化堂前后栽小松》诗之二:"微风吹几帏,砚池麝墨香。"

张玉娘这首《珠麝墨》诗描写制墨工场的环境恶劣、制墨劳动的艰辛、"珠麝墨"的名贵配料和优良品质,是一首献给制墨工人的赞歌。

"兰煤薰透漏星房,苍壁无痕晕漆光。"描写制墨工场的情景。"兰煤",即"兰炭",利用优质侏罗精煤块烧制的碳素材料,因炭色深蓝而名,如秦观《沁园春·锦里繁华》:"愁绝处,又香销宝鸭,灯晕兰煤。"此指斑斓烈火将松木焚烧成烟粉。"煤",此指烟气凝结的黑灰,为制墨的主要原料,如沈括《梦溪笔谈·杂志一》:"试扫其煤以为墨,黑光如漆,松墨也。""薰透",熏透。"薰","熏"的异体字。"漏星",指房顶瓦破透光。"苍壁",应为"苍壁",指苍黑色的墙壁。

诗句大意是:斑斓的兰煤烈火焚烧松木产生的松烟粉尘熏透那透漏星光的破败工房;由此,工房四壁一色苍黑,毫无墙壁本色的痕迹,而苍黑壁色与漏星光芒融合成的漆光,则使制墨工人如同晕漆一般,感到头昏目晕。

由于珠麝墨的主要成份是松烟粉,因此需要介绍松烟粉来之不易。作者用"兰煤薰透"表现煤炭焚烧松木的火焰之烈、温度之高、烟雾之浓;用"苍壁无痕"表现松烟粉尘薰透工场的效果——四壁漆黑,没有它色痕迹;用"漏光"表现工场破败不堪;还用'晕漆光'表现松烟粉尘不但熏透工场,而且薰透制墨工人——吸入松烟粉尘如同油漆中毒头晕目眩。从而足见制墨生产环境多么恶劣!制墨劳作多么艰辛!

"万杵龙颔凝海水,十分麂泪泣元霜。"颔联具体描述制墨的情景。"万杵",即用杵棒捶捣上万次。"杵",一头粗一头细的圆木棒槌。"龙颔",即骊龙下巴,此指龙颔下的珍珠,如《庄子·列御寇》:"河上有家贫,恃纬萧而食者,其子没于渊,得千金之珠。其父谓其曰:'取石来锻之。夫千金之珠,必在九重之渊,而骊龙颔下,子能得珠者,必遭其唾也。使骊龙而宿,子尚奚微之而有哉。'"故有"探骊得珠"之说。"十分",此指"十成",即百分之一百。"麂",俗称"麂子",体小腿细,善于跳跃,天性胆小,反应敏捷,难以捕捉。"元霜",指深秋初次降霜。

诗句大意是:制墨工人把取自骊龙颔下、还凝结着海水的珍珠投入石臼,再用杵棒捣击上万次,然后将小麂入秋后初次下霜时因冻啼哭滴落的纯度百分之百的泪水倒入石臼,搅拌混合,压制成墨。

前句"龙颔凝海水"表明,珠麝墨所用的珍珠为龙颔珠,很稀罕珍贵,来之不易;"万杵"表明,捣碎捣细龙颔珠的劳动强度很大。后句"麂泪泣元霜"表明,珠麝墨所用的水分是麂泪——不是其他时节的麂泪,而是唯独入秋后初霜的麂泪,十分难得;"十分麂泪"表明,珠麝墨所用麂泪不掺水,纯度百分之百。从而将珠麝墨用料之讲究、用工之繁多、制作之方法、劳动之强度完整呈现纸上,令人印象深刻。由此可知,张玉娘所用的每一字、每一词,无一闲置,都在为表现珠麝墨极其珍贵、极其难制而发挥各自作用。她如此大肆渲染珠麝墨的珍贵和难制，在笔者看来，旨在大肆渲染制墨工人巨大的劳动价值——凝结于珠麝墨的汗水、泪水、血水、贡献。

"松烟入砚还矜色，江雨翻云别有香。"颈联描述使用珠麝墨的美好感受。"松烟"，此指松烟墨，即珠麝墨。"矜色"，多义词，此指贫穷可怜人的神情，如《说苑·修文》："善者必先乎矜寡孤独。"又如《诗经·小雅·鸿雁》："爰及矜人，哀此鳏寡。"毛传注："矜，怜也。"

诗句大意是：将墨入砚时，我仿佛看见，松烟墨还在显示制墨工人制成好墨后的骄矜神色；将墨研磨时，我仿佛看见，墨水流转如同江上烟雨翻弄云雾，飘溢一种别样的芳香。

多么奇妙的研墨体验！前句"还矜色"三字赋予珠麝墨以劳动人民以劳动为荣的骄傲神情，拟人极致。后句用"江雨翻云"形容墨水在砚池里流旋之状，比喻形象；"别有香"则表现出"珠麝墨"以香悦人的特色。以上种种，无一不在表明作者研墨用心之多，用情之深，似在告诫其他珠麝墨的持有者们：当你享用珠麝墨时，千万不要忘记制墨工的辛勤付出。

"风静月林秋气逼，满天诗思动清商。"放歌制墨工人。"清商"，古乐府曲名，声调比较清越，故名。

诗句大意是：享用珠麝墨过后，外面已是风儿静、月儿明、秋气逼，而我仍然诗情满天，于是不顾秋气凉，无心赏明月，连夜将《珠麝墨》诗谱上清越嘹亮的古乐府《清商曲》，放声高唱。

前句"月夜""秋气逼"表明，张玉娘于某年秋日白天创作《珠麝墨》。后句"动清商"表明，她于创作《珠麝墨》的当天晚上，将《珠麝墨》诗文谱上古乐府"清商"曲调，纵情歌唱。因此，这首有词有曲的《珠麝墨》是张玉娘敬献给制墨工人的颂歌。

持墨犹思墨坊黑，挥墨敬礼制墨人。张玉娘创作这首《珠麝墨》，颇有"饮水思源""知恩图报"的用心。这种"用心",就是她作为文学艺术家的良心。这种"良心",就是在心底确立劳动者作为社会财富创造者和"衣食父母"的崇高地位予以铭记和尊崇。具有这种"良心",就是她作为人民文学艺术家的根本条件,驱动她为劳动人民鼓呼、立传、放歌。

## 灯夕迎紫姑神

淑气回春雪渐融,星河天上一宵通。
芙蕖万点交秋月,鼓角三更度晓风。
烛影晕迷光绰约,帘环声彻佩玲珑。
不妨鸟篆留仙迹,凤辇殷勤出紫宫。

### 【译文】

神灵仙气将春天送回大地冰雪渐消融,
天上繁星汇成河汉使得整个夜晚明通。
万点荷花彩灯好似交相辉映清秋明月,
三更鼓角声音意欲一直闹到拂晓清风。
烛光灯影昏暗迷蒙紫姑现身光彩绰约,
宫帘吊环响声彻天紫姑佩玉响声玲珑。
不妨用鸟篆文字先行留下仙女的行迹,
然后殷勤簇拥凤辇缓缓驶出紫微仙宫。

### 【赏析】

## 讨还尊严为紫姑

诗题"灯夕迎紫姑神",顾名思义,灯节之夕迎接紫姑神。"灯夕"，《金瓶梅词话》第二四回："话说一日，天上元宵，人间灯夕，西门庆在厅上张挂花灯，铺陈绮席。"元宵，取一年中第一个圆月夜之义，指农历正月十五日元宵夜。元宵，又称"灯节"，人们张灯游乐，相沿成俗。迎"紫姑神"，也称"接三坑姑娘"。"紫姑神"的前身，为唐朝寿阳刺史李景之妾何媚，字丽卿，年轻貌美。李景的结发妻子（俗称"大妇"）曹氏因妒忌而起杀心，便在一个元宵之夜将何媚推进粪坑溺死。上帝可怜何媚之死，命为"厕神"。后人便元宵节日作其像，夜置于厕，占卜祈愿。

也许张玉娘认为，因被大妇葬身粪厕、受到极大的人身伤害和人格侮辱的何媚死后被封"厕神"，管粪厕，还是备受侮辱，应当还之以尊严。于是，她于元宵盛情迎接紫姑下凡，并吟诗记之，以示尊重。

"淑气回春雪渐融，星河天上一宵通。"描述紫姑下凡的背景。"淑气"，温和之气，如晋陆机《悲哉行》："蕙草饶淑气，时鸟多好音。""星河"，指银河。

诗句大意是：那温和之气将春天送回来了，于是冰雪渐渐消融；那星光灿烂的银河将整个九霄一贯而通。

按气候规律，农历正月，天气寒冷。而这个年份元宵日，气候温暖，冰雪消融，星光灿烂。这种"一反常态"似乎是天公有意成人之美——那温暖的"淑气"要为紫姑驱寒，"星河"的灿烂要为紫姑照明。这番生动描述为紫姑下凡做好先声夺人的背景铺垫。

"芙蕖万点交秋月，鼓角三更度晓风。"描述迎接紫姑的盛况。"芙蕖"，即荷花，此指荷花灯。

诗句大意是：人间万盏荷花灯密密麻麻呈繁星点点之状，犹如万朵荷花辉映秋月，从半夜三更开始敲锣打鼓吹号角一直闹到拂晓风起。

前句"芙蕖万点"交"秋月"，景象十分壮观，却似乎不合元宵节时宜,因为农历正月地球北半球不开荷花。其实,张玉娘是借"芙蕖"替代荷花灯,借"秋月"替代元宵明月,而将荷花灯和元宵明月隐去,旨在造成一种秋荷反季节开放迎紫姑的神奇景象,为迎宾气氛平添情趣。后句写鼓角通宵达旦,则显示欢迎盛况。民间举行如此盛情盛大的欢迎,当可维护紫姑的尊严,能使紫姑有宾至如归之感。

"烛影晕迷光绰约,帘环声彻佩玲珑。"描述紫姑现身的情景。"绰约",柔婉美好貌,如《庄子·逍遥游》:"肌肤若冰雪,绰约若处子。"又如白居易《长恨歌》:"楼阁玲珑五云起,其中绰约多仙子。""帘环",用铁丝弯成的用于悬挂窗帘门帘的吊环。

诗句大意是:在盛情欢迎下,紫姑从昏暗迷离的烛光灯影中走出来,身段多么柔婉,容貌多么姣美!接着门帘上的吊环之声响彻夜天,犹如玉佩"玲珑"之音。

前句"烛影晕迷"表明,何媚死后当了"厕神"紫姑,其住处烛灯昏暗,生活境况寒碜;"光绰约"表明,紫姑的身段容貌仍旧保持前身何媚那种柔婉姣美、光彩绰约的模样。后句"帘环声彻"如玉佩之音表明,紫姑作为神仙却无玉可佩,如前身何媚一般地位卑微,生活穷困。这种生前卑微受凌辱,成了神仙还不得翻身,是多么不公!这也许是张玉娘迎"紫姑"下凡的原因吧。"帘环声彻"表示,"紫姑"应邀就要离开天堂那种大神欺小神的地方。

"不妨鸟篆留仙迹,凤辇殷勤出紫宫。"描述"紫姑"下凡的情景。"鸟篆",篆体古文字,形如鸟爪,故称。《晋书·索靖传》:"仓颉既生,书契是为科斗鸟篆,类物象形。"李贤注:"八体书有鸟篆,象形以为字也。""仙迹",仙人的遗迹或行踪,如北魏郦道元《水经注·庐江水》:"山四方周四百余里,叠鄣之岩万仞,怀灵抱异,苞诸仙迹。""紫宫",神话中天帝的居室,此指"紫姑"住处。

　　诗句大意是：紫姑欲掀开门帘起程，张玉娘连忙说：紫姑，请别急，不妨让我先用鸟篆体文字留下紫姑在紫宫生活的足迹作为纪念，然后殷勤护送您乘坐那辆装饰翠凤的辇车驶出紫宫。

　　为了记下紫姑紫宫生活踪迹，张玉娘选用鸟篆体文字书写颇有深意。这是因为：其一，鸟篆体是中国最古老的文字；其二，鸟篆体是中国最早的官方文字，一般用于铭、鼎等贵重器物、庄重场所、官方文书；其三，鸟篆体文字难以书写，需要精深功力和相当功夫；其四，鸟篆体文字风格特别，引人注目，令人描摹。她用鸟篆体文字为紫姑留下"仙迹"，以示对紫姑的极其尊重。后句"殷勤"二字本应置于"凤辇"二字之前，为了平仄对应而置于"凤辇"二字之后。她对"凤辇"献"殷勤"，以示对紫姑的极其尊重；"凤辇"二字表明，凡人还借用、派出皇后专用车辆去迎接，让紫姑享受女人的最高礼遇，以示对紫姑的极其尊重。神格备受侮辱的紫姑受到凡人如此高规格的尊重，也许一旦下凡就乐不思蜀，无意回天。

　　这首诗浓墨重彩地描写迎接紫姑下凡，可谓在"迎"字上做足了文章，将迎接事项铺叙得进展有序、层层叠加、高潮收尾。为了迎接卑微"厕神紫姑"，张玉娘用神来之笔，搬出"天公"有意作美，特供宜行好天气；搬出"花神"有意成全，令莲荷反季节开放。她将自己列入欢迎的队伍，用鸟篆体文字为紫姑立传，亲自扶紫姑乘凤辇出宫。一幕幕宏观景象恢宏壮丽，一桩桩微观事件细节清晰，都闪烁着作者神思的灵光。

　　笔者读罢《灯夕迎紫姑神》，犹如身临其境、如闻其声、如见其人，感到紫姑第一次获得了应有的真正的尊严。诗作思想性艺术性俱佳，对于唤起妇女觉醒、维护妇女的权益、还弱者以尊严，具有积极意义。

# 春 夜

松花香度漏初沉，人静庭空落暗金。

一枕嫩风清晓露，半窗凉月弄轻阴。

坐移十二阑干曲，兴入千层积翠深。

弹罢云和重问夜，蔷薇影里复长吟。

## 【译文】

松花芳香度入闺房漏壶滴声刚刚沉，

夜深人静庭院空明月投落暗淡碎金。

一枕柔嫩和风清除了拂晓的白雾露，

半窗清凉月光玩弄着轻淡的绿树荫。

已将座椅移遍雕花栏杆十二道弯曲，

又将诗兴引向重叠翠色上千层纵深。

弹罢琴瑟重新询问婢女此刻几时夜，

看来还得在蔷薇阴影下长叹复长吟。

## 【赏析】

### 长夜难度离愁长

在这首诗里，张玉娘自述一个暮春之夜漫长难度的情景，借以表达缠绵无限、难以解脱的忧愁之情。

全诗可分两个部分。

第一部分为前四句："松花香度漏初沉，人静庭空落暗金。一枕嫩风清晓露，半窗凉月弄轻阴。"描述春宵五更时的情景。"松花"，又叫"松黄"，系松树雄枝抽新芽时的花骨朵，一般农历二月底三月初开花，金黄色，花期长。"漏初沉"，指旧时计时器漏壶滴水声微弱低沉。"暗金"，古代将比金色淡一点的颜色称暗金色，比金色深一点的颜色称"纯金色"。"嫩风"，微风，如唐代刘宪《奉和圣制立春日侍晏内殿出剪彩花应制》："色浓轻雪点，香浅嫩风吹。""清"，多义字，此指清除。"凉月"，指秋月，也是农历七月的异名。"清"，多义字，此指清除。"轻阴"，多义，此指疏淡的树荫，与浓荫相对。

诗句大意是：夜深人静，我忽然闻得松花浓浓香气，听到漏壶的滴水声音开始低沉下来，便从床起来，凭窗张望，看见月光穿过树荫洒落点点色度比金稍淡的光斑，又见微风吹满一枕后似乎要返回清除拂晓的露水，而斜照半窗的月光却在玩弄地上疏淡的树荫。

首联中的"松花香"表明，这个春夜当在农历三月暮春时节；"漏初沉"表明，女主人公闻香梦醒之时当在五更时分；"落暗金"将月光照耀绿树洒落点点光斑的景象描绘惟妙惟肖，且将光斑的淡金色度也分辨清楚，可见作者观察之细致、描写之细腻。颔联中的"清"字赋予风以人的清扫多余东西的思想意识与行为能力，"弄"赋予月光以人的玩弄调情的意识与行为能力，都很生动有趣。

第二部分为后四句："坐移十二阑干曲，兴入千层积翠深。弹罢云和重问夜，蔷薇影里复长吟。"描述长叹忧伤的情景。"十二""千层"，均非实数，只是形容多。"云和"，古地名，因产琴出名而代称琴瑟乐器，语出《周礼·春官·大司乐》："云和之琴瑟。"

诗句大意是：我从闺房来到庭院，坐在椅上凭栏赏月，却心神不安，移动椅子，从而坐遍栏杆各个弯曲处；又想对月吟诗寄情，可是那诗兴却进入山岚叠翠的千层深处，从而转向弹琴；弹琴完毕，再问夜里几时？当听说时间还早，只好独自在蔷薇树影底下一次再次长吟叹息。

颈联工整对仗、音韵合律、文字优美，且以事表情恰到好处，如"坐移十二阑干"表现女主人公凭栏等人等得不耐烦便老是移动座位，能给人以视觉动感，这比直说"等得不耐烦"要好得多；又如"兴入千层积翠"表现女主人公赏月寄情失望便转移注意力，也比直说"赏月很失望"要好得多。尾联中的"重问"表明，女主人公在此之前曾经"问夜"，"复长吟"表明，女主人公在此之前曾经长叹。总之，在这个春夜，女主人公由于难以入眠，就开始"问夜"，"问夜"后"长叹"，"长叹"后又"问夜"，"问夜"后"复长吟"，可见离情之重、忧愁之多。

张玉娘这首诗描述自己在一个春夜的别离之情。其实，她笔下的春夜不过是一段五更时分，是以五更漫长反映春夜更漫长。人们常说春宵苦短，她为何觉得春夜漫长？具体原因没有明说，只是用"复长吟"三个字令人遐思无穷。笔者根据张玉娘的身世推测，想必她是由于伤感春天、别离相思而感到长夜难熬。春夜长，实为相思也。春夜难熬，实为相思难熬也。

## 晚楼凝思

鸳鸯绣罢阁新愁，独抱云和散画楼。
风竹入弦归别调，湘帘卷月笑银钩。
行天雁向寒烟没，倚槛人将清泪流。
自是病多松宝钏，不因宋玉故悲秋。

【译文】

绣罢鸳鸯总算搁置新近产生的忧愁，

于是独抱琵琶将琴声洒满绘画阁楼。
竹林清风进入琴弦归并为别种曲调，
湘竹窗帘卷起明月嘲笑那银色挂钩。
行天鸿雁偏偏向寒气烟雾渐渐隐没，
倚栏人儿默默将清澈泪珠簌簌淌流。
自是心病多手臂又宽松于精美玉钏，
不是因为读宋玉悲秋赋而伤感清秋。

## 【赏析】

### 鸿雁飞离悲清秋

在这首诗中，张玉娘自述在一个秋日傍晚，由于绣完鸳鸯而暂时搁置了新生离愁，却因盼来的传书秋雁偏偏飞离而引起新的离愁，伤感不已，从而营造出一种离愁层叠、不可摆脱的新奇意境。

全诗可分为两个部分。

第一部分为前四句："绣罢鸳鸯阁新愁，独抱云和散画楼。风竹入弦归别调，湘帘卷月笑银钩。"描述搁置"新愁"的情景。"阁"，多义字，通"搁"，如"搁置"（放置）、"搁笔"（停笔）、"搁压"（搁置积压）等。"云和"，此指琴瑟等弦乐器，语出《文选·张协〈七命〉》："吹孤竹，拊云和。"李周翰注："云和，瑟也。""银钩"，多义词，此指一种银质钩状的女子首饰，如《棹歌行》："棹女饰银钩，新妆下翠楼。"

诗句大意是：我绣罢鸳鸯图案，觉得可以搁置那些新添的离愁，便独自怀抱琵琶上楼，将欢快的乐音洒满绘彩的阁楼；这时，竹林吹来一阵清风进入琵琶琴弦，使得原本欢快的曲子改变成为别的调子；于是，我放下琵琶，随手将湘竹窗帘向上卷起，正巧看见明月在嘲笑我发髻上的银钩。

首联前句将"绣罢鸳鸯"与"阁新愁"联系起来，可以表明：其一，女主人公曾在锦上绣了一对鸳鸯，以便获得与心上人在一起的满足感，颇有一种"画饼充饥"的自欺意味！却真实地反映出她对未婚夫的相思之苦和对美满婚姻的向往之情；其二，女主人公身陷"愁城"不能自脱，便用绣鸳鸯来消磨时间、排遣离愁。因此，她绣鸳鸯不单纯为办嫁妆，而主要为了"阁新愁"。这种释愁方法显得有些愚昧，却能使她为绣鸳鸯而心无旁骛时忘却"新愁"，从而如释重负。如此看来，诗句描述尽管有"离谱"之嫌，却因符合常人心理而显得真实感人。后句"独抱云和"表明，女主人公因心上人远在他乡而孤单寂寞，"云和散画楼"表明，女主人公"阁新愁"后心情愉悦。颔联前句将"归别调"的原因归于"风竹"，显然不合事理，其实应当是女主人公"阁新愁"不彻底，弹琴仍受"新愁"干扰，从而走调；后句"月笑银钩"，赋予明月以小女人惯于讥谑的劣性，生动有趣。"笑银钩"？那笑者不是太傻了吗？其实是笑发髻插银钩的女主人公——由天生丽质变为瘦削憔悴。由此可知，女主人公绣鸳鸯的时间应当在与未婚夫分别已久。

第二部分为后四句："行天雁向寒烟没，倚槛人将清泪流。自是病多松宝钏，不因宋玉故悲秋。"描述重添"新愁"的情景。"宝钏"，精美珠玉镯子。"钏"，用珠子或玉石等串起来做成的镯子，如金钏、玉钏。"宋玉"，又名子渊，战国时鄢（今湖北襄阳宜城）人，因父子矛盾出走楚国，为屈原弟子、辞赋家、中国"悲秋文学"创始人。《汉书·艺文志第十》载录十六篇，其中《九辩》《风赋》《高唐赋》最负盛名。"悲秋"，为萧瑟秋景而伤感，语出《九辩》："悲哉！秋之为气也。萧瑟兮，草木摇落而变衰。""寒烟"，寒冷的烟雾，如南朝颜延之《应诏观北湖田收》诗："阳陆团精气，阴谷曳寒烟。"

　　诗句大意是：行天而来的传书鸿雁却偏向飞离，朝着清寒的烟雾渐渐隐没，使得我这个正在倚栏等待他音讯的人儿只好默默地将清澈的泪珠簌簌流淌。自是由于心病太多，我感到套在手臂上的精美镯子更加宽松了。我为此而伤感清秋，这不是由于读了宋玉清秋赋的缘故。古代交通闭塞，"鸿雁传书"是传递信件的方式之一。颈联前句描写鸿雁从天边飞来又飞离去，后句描写女主人公伤心流泪，这就表明，她"绣罢鸳鸯"一直在等待远方人的书信。而鸿雁飞来又飞离，她怎能不悲观失望清泪流？尾联前句紧承颈联之意，进一步表达悲伤心情，表达方式是描述"松宝钏"——手臂更细瘦，"宝钏"更宽松。由此可见，焦急等待却收不到信件所致的精神打击多么沉重。句后紧承前意，确认这次秋日伤感由秋雁未传信所致，而不是读宋玉悲秋赋的原因。由此看来，女主人公悲秋比宋玉悲秋更悲伤。

　　综上所述可以看出，这首诗有一条文思线索贯穿始终，即"鸳鸯绣罢"——"阁新愁"——"雁向寒烟没"——"人将清泪流"——"病多松宝钏"——"悲秋"，简而言之，就是"鸳鸯绣罢"聊以"阁新愁"，"雁向寒烟没"重添"新愁"。如此循环往复，"新愁"没完没了，层层叠加，正如北周诗人庾信《愁赋》所云"攻许愁城终不破。"张玉娘的"愁城"应当就是这样垒成的吧。

## 春妆凝思

春来常是见花羞，终日帘垂懒上钩。
淑气熏人绕旧梦，柳条萦带绾新愁。
情归野草泥寒雨，目断长江送去舟。
笑比南金身自许，镜鸾独抱下妆楼。

## 【译文】

入春以来经常一见鲜花就觉得害羞，
一天到晚窗帘低垂懒得收拢至挂钩。
温柔春风芳香熏人缠绕我旧时美梦，
嫩绿柳条盈盈如带绾结新生的忧愁。
记得那天我将爱情归野士身泥寒雨，
未忘那天我将双目望断长江送去舟。
你笑嘻嘻自比江南五才俊自我赞许，
我则独自怀抱青鸾明镜跑步下妆楼。

## 【赏析】

### 愁来常悔送去舟

在这首诗中，张玉娘自述今春伤感乃由去岁送别未婚夫引起，隐隐流露出"早知今日、何必当初"的懊悔之意。

全诗可分为两部分。

第一部分为前四句："春来常是见花羞，终日帘垂懒上钩。淑气熏人绕旧梦，柳条萦带绾新愁。"描述"春妆"情景。"熏人"，释义拒绝别人，如《诗经·桑柔》云："'反予来赫'。传云：'炙也。'笺云：'口拒人为赫。言汝反来赫我，出言悖怒。'"按：《诗经·大雅·桑柔》郑玄笺："口距人谓之'吓'。我恐女见弋获，既往覆阴女，谓启告之以患难也。女反赫我，出言悖怒，不受忠告。""萦带"，多义词，此指旋曲的带子，如袁山松《宣都记》："人自山南至顶，俯临大江如萦带。""绾"，多义字，此指把长条形的东西盘绕起来打成结，如"绾结""绾起头发"。拒绝别人。

诗句大意是：自从入春以来，我每一次看见鲜艳花朵都觉得害羞。

于是，我整天将窗帘低垂，也懒得将布帐拢入挂钩，足不出户。那温和的春风不仅将我熏蒸，还扰乱我的旧时美梦。那新绿柳条就像细弯的带子，绾结住新生的忧愁。

首联以"羞见花"表达伤春之情。人们常以"花容月貌"形容美貌女子，美貌女子自然更加爱花惜花。张玉娘入春以来却是羞于见春花，可见她花容不再；整天垂帘拒绝春花，可见她多么伤感春天。按常人心理，"见花羞"自然会羞见人。由此推测，她失去美貌该多么悲伤，多么孤独。颔联"淑气""绕旧梦"和"柳条""绾新愁"表达伤春之情。"淑气"温和宜人，而张玉娘却觉得如受熏蒸一般，为何有此感受？原因在于逢春伤感。"柳条"纤长，袅娜多姿，乃春天美景之一。张玉娘却反感"柳条"，原因在于它成了"绾新愁"的带子。四句咏春皆伤春，一句比一句伤心。

第二部分为后四句："情归野草泥寒雨，目断长江送去舟。笑比南金身自许，镜鸾独抱下妆楼。"描述当年送别未婚夫的情景。"草野"，野外小草，比喻乡间平民。"泥"，此作动词用，泥抹。"南金"，指南方荆（荆州）、扬（扬州）之地出产的金子，语出《诗经·鲁颂·泮水》。后来引申为南方的优秀人物。唐代房玄龄《晋书·薛兼传》称，薛兼等五人号为五俊，初到洛阳。司空张华见而奇之，曰："皆南金也。""自许"，自夸，自我赞许。如《晋书·殷浩传》："温既以雄豪自许，每轻浩，浩不之惮也。"

诗句大意是：提到"新愁"，其实起因已久。去年春天的一天，已将爱情所归、身上泥抹春寒雨水的那位草野人士走了，我极尽视力所及，目送他所乘坐的客船渐行渐远。而那天一早他来家辞行时，还笑嘻嘻地自比"江南五俊"，挺直身子自我赞许。我一闻声，立即独自手抱青鸾镜，跑步奔下梳妆楼。

颈联上句"情归野草"表明，张玉娘未因沈家家道中落、家父悔婚毁约而改变爱情归属，执意许身沈佺这个草野寒士；"泥寒雨"表明，沈佺离家外出求学那天春寒料峭，细雨霏霏、一路泥泞，身沾泥水。下句"送去舟"表明，沈佺启程走水路；"目断长江"中的"长江"，非指中国第一大河长江，而指作者所在地松阳县第一大河松阴溪；"目断"表明，张玉娘亲自送沈佺上船，一直目送至看不到客船为止。尾联上句中的"笑比南金"表明，沈佺离家时已经摆脱"家道中落"的背景阴影和"乘龙快婿"的精神压力，显得自信满满，立志争气；下句中的"独抱下妆楼"表明，沈佺一早来家辞行时，张玉娘正在对着青鸾镜梳妆打扮（浓妆盛装情况可详见《川上女》），当她闻声，来不及放下手中妆具鸾镜，就兴冲冲地急速下楼。

　　这首诗题为"春妆凝思"，名副其实。这是因为，张玉娘用倒叙笔法将两次"春妆凝思"串在一起。首联颔联先描述后一个春日张玉娘梳妆时的情景。这次"春妆"借由"柳条"替代描绘柳眉点出。这次"春妆"之"凝思"，就是伤感这个春天。为了表现伤春之情，她以充分、奇妙的想象力，将自己对于这个春天的伤感移情于各种可以调用的事物。于是，美丽春花成了惹人害臊的傲物，温和春风成了熏人的蒸气、干扰美好旧梦的妖风，就连借代之物"柳条"也成了"绾新愁"的带子，从而串成奇妙的伤春意境。颈联尾联全是回忆内容，描述一年前那个春日张玉娘梳妆时的情景。那次"春妆"由"鸾镜独抱""下妆楼"点明。那次"春妆"之"凝思"，就是离情别绪，诸如"情归草野""目断长江""独抱下妆楼"都是"凝思"之表现。如果把前后两次"春妆凝思"的内在逻辑联系破译出来，那就是：早知今日离愁多，何必当初送沈郎！正如王昌龄《闺怨》诗所云："忽见陌上杨柳色，悔教夫婿觅封侯。"她当时虽然在名分上尚未成为沈佺妻子，但心里头早已许为沈佺妻子，从而自然会心生懊悔之意。

# 海棠月

永夜无人玉漏迟，团团月上海棠枝。
月留凉露芳尘暗，花弄清辉淑影移。
粉黛三千春对镜，银波万顷晓凝脂。
深闺为尔牵愁兴，坐问容光强赋诗。

## 【译文】

漫漫长夜寂静无人饰玉漏壶报时钝迟，
团团明月冉冉升上参天海棠树的梢枝。
月光留下清凉露水芬芳落于尘土阴暗，
花瓣飘舞戏弄清辉淑影轻将细步慢移。
三千粉黛春宵良辰仰对明月权当明镜，
万顷光波春晓美景洒向佳丽供奉凝脂。
深闺女子正是为了你而牵动心中愁兴，
便坐问镜中人凭此容光可否勉强赋诗？

## 【赏析】

### 海棠月色牵愁兴

"海棠"，又叫"虎耳海棠"，观赏类花木，聚生花朵，鲜艳绚丽，有"国艳""贵妃花""富贵花"之誉，也有"苦恋花""断肠花"之称。大凡名花多传说。古代一位名叫海棠的美貌姑娘与一男青年相爱后，常在固定地点约会。一天，海棠又在该地久久等待，却等不到恋人，无比伤心。从此以后，她数年如一日地在该地等待，积忧成疾，终于愁死。不久，在她等待恋人的地方长出一株树，花香色艳。人们认为这是海棠姑娘的心血育成的，就取名"海棠花"。于是，海棠花成为苦恋的象征。

在这首诗中，张玉娘以明月留下清凉露水欺压海棠树，海棠花落沦为尘泥自比爱情坚贞却婚姻受挫，委婉地表达出自己作为与当年海棠姑娘相似的"苦恋人"的幽怨之情。

"永夜无人玉漏迟，团团月上海棠枝。"描述明月照海棠的夜景。"永夜"，即长夜，如《列子·杨朱》："肆情于倾宫，纵欲于永夜。""玉漏"，古代计时漏壶的美称，如唐代苏味道《正月十五夜》诗："金吾不禁夜，玉漏莫相催。"

诗句大意是：也许由于春夜太漫长，那只精美的漏壶便报时迟钝，而那轮团团圆圆的月亮冉冉升上海棠树梢头。

上句，张玉娘将"永夜无人"与"玉漏迟"搭配，形成一种因为"永夜无人"所以"玉漏迟"的因果关系，从而赋予"玉漏"以懒汉不催不动的惰性，很有趣味；下句破题"海棠月"，描绘出一幅月明花妍的"月下海棠图"。根据海棠清明节后开花的习性，这夜"团团月""上枝头"的时间应当在清明节后农历三月十五日半夜时分。

"月留凉露芳尘暗，花弄清辉淑影移。"描述月下女子的情累。"芳尘"，多义词，指落花，如唐代司空曙《送高胜重谒曹王》："想君登旧榭，重喜扫芳尘。""淑影"，指美貌贤惠女子的身影。

诗句大意是：高高悬挂在海棠树上空的明月在洒下清朗光辉的同时，还留下清冷露水，淋湿海棠花纷纷落下化为泥土，而海棠花飘落又好似戏弄月光，羞得树下淑女轻轻移步离开。

上句中的"月留凉露"，赋予月亮以有意使坏的行径。由于"月留凉露"于海棠树，使之落花，也就等同"月留凉露"于海棠树下的"淑影"，使之移步。这样一来，"留凉露"的"团月"就成为加害者，海棠树下女子就成为受害者。下句中的"花弄清辉",赋予海棠落花以轻薄男儿的轻佻之举,颇有趣味;"淑影移"表明,海棠树下女子是本分人,看不惯调情之举,无愧于"淑女"称号。

"粉黛三千春对镜,银波万顷晓凝脂。"描述"明月"奉承粉黛的情景。"粉黛三千",化用白居易《长恨歌》"回眸一笑百媚生,六宫粉黛无颜色"及"后宫佳丽三千人,三千宠爱在一身"句。"粉黛",搽脸的白粉和画眉的黛墨,语出《战国策·楚策》:"彼郑、周之女,粉白黛黑,立于衢间,非知而见之者,以为神。"后人以"粉黛"比喻美女。"镜",比喻圆月。"银波",此指月光。

诗句大意是:月亮欺压我,却对"粉黛三千"百般奉承,在春宵良辰甘当镜子以供照容,在破晓之时将"银波万顷"作为脂粉以供涂抹。

上句描述"月亮"甘当明镜供"粉黛三千"使用,下句描述"月光"甘为脂膏供"粉黛三千"化妆,从而将"月亮"的奴颜媚骨揭露以尽;再联系前述明月"留凉露"、落芳花、欺"淑影"的行径,从而将明月恃强凌弱、欺软怕硬的丑恶嘴脸暴露无遗;总而括之,和盘托出了明月的两面派形象。如此丑化"月亮",可见"月亮"欺人太甚、"淑影"被欺太甚,令人怜悯。

"深闺为尔牵愁兴,坐问容光强赋诗。"描述苦恋情景。"深闺",在此应理解为"深居闺房的女子"。"愁兴",忧愁起来,忧愁兴起。"兴",《说文解字》:"兴,起也。""强",多义字,此指勉强,如《素问·热论》:"诸遗者,热甚而强食之,故有所遗也。"

诗句大意是:趁着月亮奉承粉黛,独自深居闺房的女子正在因为你而牵动忧愁兴起,于是一边坐问镜中人:凭这副容光还能勉强吟诗吗?

上句"为尔"之"尔"字,应当指"淑影"之恋人;"愁兴"

二字表明，"淑影"在"月亮"顾不上欺压自己的时候，想起恋人，便为之忧愁起来。这也就表明："淑影"忧愁的原因是离情别绪。下句"坐问容光"之"容光"二字，代指"镜中人"，因此，"坐问容光"应理解为"坐问镜中人"；"强赋诗"之"强"字，指勉强。因此，"强赋诗"表明，"淑影"已容颜憔悴，体质虚弱，吟诗成了勉为其难之事。不过，为了摆脱"愁兴"，她硬是撑着才勉强地吟就这首诗——《海棠月》。

张玉娘写这首诗，按照"淑女"观赏月上海棠反而与海棠一起遭到"月亮"欺压、嘲讽"月亮"奉承粉黛、为恋人"愁兴"、勉强赋诗的思路谋篇布局、有序展开，通过揭示"月亮"与海棠、淑女之间的欺压与被欺压的不正常关系、"月亮"与粉黛之间奉承与被奉承的不正当关系，衬托淑女与恋人之间的纯洁爱情，塑造出一位"海棠"式的"苦恋人"艺术形象。其中的淑女、"苦恋人"，就是作者本人。她以这首"强赋"之诗，犹如诗化的诉讼状，代表天下"苦恋人"的意志，对坏"月亮"所代表的危害极大的封建礼教及其婚姻制度予以愤怒控诉和严正声讨，具有深刻的思想性。

## 和谪弟三一《三峡晓征》寄四韵

鸟道萦纤入剑门，谪居惟汝独怜恩。

锁天烟黑疑无地，隔树人言知有村。

听雨不生池草梦，看云应断故乡魂。

平安日问南归雁，三峡清秋依晓猿。

【译文】

鸟篆笔画似的羊肠小道弯弯曲曲入剑门，

由于谪居在外唯独你最得家人怜惜垂恩。

烟雾锁天一片黑或许怀疑脚无立足之地，

相隔树林听人言方才知道近有投宿之村。

听到雨声你不要萌生思念亲人的池草梦，

看见云朵你应当断绝回到老家的故乡魂。

祝你平安我将日日问讯南方飞归的鸿雁，

值此三峡清秋你要依顺拂晓觅食的猴猿。

## 【赏析】

### 唯将怜恩寄谪弟

"四韵"，指八句为一首的律诗，因四句押韵而名，亦称"四韵诗"，包括五言、七言律诗。语出王勃《秋日登洪府滕王阁饯别序》（简称《滕王阁序》）："敢竭鄙怀，恭疏短引。一言均赋，四韵俱成。请洒潘江，各倾陆海云尔。"

由本诗标题可知，张玉娘有一个弟弟，因取"精""神""气"三者合一之意而小名"三一"，参军战败，贬谪入川，于在羁押途中写信给姐姐玉娘，并附七律《三峡晓征》。玉娘回信并和诗，字里行间洋溢对弟弟的千种怜惜，万般垂爱，演绎一段姐弟千里和唱的亲情佳话，令人动容。

全诗可分两部分。

第一部分为前四句："鸟道萦纡入剑门，谪居惟汝独怜恩。锁天烟黑疑无地，隔树人言知有村。"描述蜀道艰险，表达怜爱之情。"鸟道"，指又高又窄又弯、好似鸟篆体文字笔画的崎岖山路。"萦纡"，曲折崎岖，如旋绕弯曲。如唐代元稹《酬乐天东南行诗一百韵》："肺肝憎巧曲，蹊径绝萦纡。""剑门"，即剑门关，位于陕西长安通往四川成都的秦蜀古道（简称蜀道）的南端。

诗句大意是：惠信收悉，得知你在鸟篆体文字笔画一样弯曲萦回的山路上风雨兼程，开往剑门关，实在辛苦。由于你一人被贬谪在外，因此，家人唯独对你最为怜惜垂爱。前方征程仍将险象环生，云雾遮天锁日会使你眼前一抹黑，行走不踏实，仿佛脚下没有土地，只有当你隔着茂密树林听到有人讲话时，方才知道附近有村庄。

首联前句描述征途状况。"鸟道"二字应当理解为与鸟篆体文字笔画相似的山道，这是因为鸟儿飞行没有定向定型的道路，而崎岖山路弯弯曲曲确实形似鸟篆体文字笔画。因此，张玉娘用"鸟道"比喻弯扭山路，实乃神奇想象，妙不可言；后句表达手足情深。她用"独怜恩"三个字将对服刑弟弟的万千关爱概括以尽。颔联描述征途荒凉景象也是想象神奇，精彩迭起。前句用"疑无地"这种心里的空虚感去反映浓雾蔽日、天昏地暗的严重程度，后句用"知有村"这种心中的踏实去反映深山老林只闻其声、不见其人的荒芜程度，都显得十分真实可信，令人如临其境、感同身受。

第二部分为后四句："听雨不生池草梦，看云应断故乡魂。平安日问南归雁，三峡清秋依晓猿。""池草梦"，典出《谢氏家录》："康乐每对惠莲，辄得佳句。后在永嘉西堂，他思诗竟日不就，寤寐间忽见惠莲，即成'池莲生春草'句。故云：'此语有神助也，非吾语也。'"后人借此典比喻思念兄弟、牵挂亲人。"故乡魂"，即思乡梦。"三峡"，长江瞿塘峡、巫峡、西陵峡的总称，位于重庆、恩施、宜昌境内，西起白帝城，东至南津关，全长193千米。

诗句大意是：三一贤弟，家人一切都好，切莫牵念。因此，当你听到下雨的声音时，不要做思念姐姐的"池草梦"；当你看到飘飞的彩云时，应断绝想回家的"故乡魂"。为了你的平安，我将日日问讯从南方飞归的传书鸿雁，同时希望你在过三峡时要处处依顺那些拂晓出来觅食的猴猿，千万不要惹恼它们。

颈联前句所用典故"池草梦"，寓意兄弟姐妹之间相互思念。张玉娘叮嘱弟弟三一"不生池草梦"即不要思念自己，是怕他伤心难过，从而是一种关爱。后句叮嘱弟弟三一"应断故乡魂"，即不要思念家乡，也是怕他伤心难过，从而也是一种关爱。尾联前句"日问南归雁"之"日"字，应理解"日日""每天"。张玉娘要日日向南归鸿雁问询弟弟是否平安，言语平淡，情义浓郁。在后句，张玉娘嘱咐弟弟过三峡要一路小心，就连"依晓猿"这样的细节也不放过，可谓关怀周全，无微不至。三声叮嘱，一句祈愿，言语殷殷，体贴温馨，关怀入微，情深谊长，将张玉娘对弟弟三一的"独怜恩"体现得真真切切。

确实如此，这首诗所表达的全部情感都交集于"独怜恩"三个字。不论是对征途荒凉景象的想象性描写，还是劝慰三一不要思亲想家殷殷叮嘱；不论是日日问平安的由衷祈愿，还是"依晓猿"的温馨提醒，都是"独怜恩"的延伸展开和具体表现，并用诗化的家常话娓娓道来，给人以亲切感，从而具有强烈的感染力。

根据张玉娘和诗《和谪弟三一〈三峡晓征〉寄四韵》，三一诗《三峡晓征》应当与玉娘和诗同押"村"字韵，其首联、颔联、颈联、尾联的内容应当与玉娘和诗大体对应，其情感应当与玉娘和诗相劝相嘱之意相异即思亲想家，而祈愿之意相仿。可喜玉娘和诗感人，可惜三一唱诗不存。如有好事君子才子能顺着玉娘和诗的文思，反向吟出仿如三一《三峡晓征》的唱诗，也是一件很有意义的事情。

# 新 燕

## ——忆女弟京娘

三月江南绿正肥，阴阴深院燕初归。

乱衔飞絮营新垒，闲逐花香避绣帏。

却笑秋风红楼在，独怜旧事玉京非。

兰闺终日流清泪，愧尔双飞拂落晖。

## 【译文】

阳春三月江南大地碧草嫩绿正当肥，

庭院幽深厅堂阴暗南来燕子刚飞归。

忙乱之间衔住飞絮用以营造新巢垒。

空闲之时追逐香花总是避开绣花帏。

却笑秋风乍到认为红楼主人仍然在，

独怜姐妹旧事可是玉京燕侣今已非。

兰闺女儿终日暗自流淌清亮的珠泪，

羞愧面对燕子双飞拂落夕阳的余晖。

## 【赏析】

### 女弟燕尔吾羞愧

诗题"新燕·忆女弟京娘"，意为"在新燕初归之时思忆京娘妹妹"。由此可知，张玉娘不仅有一位小名叫"三一"的亲弟弟，还有一位名字叫"京娘"的亲妹妹。"女弟"，妹妹。《尔雅·释亲》："夫之庶母为少姑，夫之兄为兄公，夫之弟为叔，夫之姊为女公，夫之女弟为女妹。"又如《史记·春申君传》："乃出李园女弟，谨舍而言之楚王。"

也许上年春天燕子初归时京娘出嫁，这年春天燕子初归时京娘出嫁满周年，张玉娘作诗思忆京娘妹妹，既表达出姐妹手足之情，又表达出对妹妹美满婚姻的羡慕之情，还流露出作为姐姐还是闺中女的羞愧之情。

全诗可分为三个部分。

第一部分为前四句："三月江南绿正肥，阴阴深院燕初归。乱衔飞絮营新垒，闲逐花香避绣帏。"描述春燕初到时的情景。"三月"，此指农历三月。"垒"，本意指军壁、防护军营的墙壁或建筑物，也指用砖、石等堆砌起来。此指筑巢垒窝。

诗句大意是：阳春三月暖意融融，江南大地绿草丰肥，深幽幽阴森森的庭院里，一对燕子比翼齐飞。它们在忙乱时叼衔飞絮，用于在原址上新垒巢窝；在空闲时，悠闲地追逐红花，却总是回避那顶帏帐。

"绿正肥""燕初归""乱衔飞絮""营新垒""闲逐花香"，构成了一幅生机勃勃、情趣盎然的"春燕归来图"。颔联上句将"乱衔飞絮"与"营新垒"搭配，既表现出燕子的机灵敏捷，又道明燕子勤劳的目的性；下句将"闲逐花香"与"避绣帏"搭配，既表现出燕子悠然自得的神色，又表现燕子想前往陪伴闺中人却不敢冒犯，似乎都有人性而显得生动有趣。在双燕比翼的美景中，隐匿着一位孤苦人，"阴阴深院"既表张家庭院幽深阴浓，又寓闺中人深居简出，羞于见人；"避绣帏"明写燕子畏避闺中人，暗示闺中人终日帏帐"懒上钩"。因此，颔联是一副写景生动、抒情含蓄、情景交融的绝佳对联。上述燕子初归情景，是张玉娘思忆京娘时的春天美景。那双燕子"乱衔飞絮"的筑巢劳动情景、"闲逐花香"的休闲娱乐情景，正是代指京娘夫妇恩爱、同甘共苦的婚姻生活。

第二部分为第五第六两句："却笑秋风红楼在，独怜旧事玉京非。"追述京娘出嫁后的情景。"红楼"，泛指华美的楼房，犹"红闺"，即少女居所，如唐代王诇《后庭怨》："君不见红闺少女端正时，夭夭桃李仙容姿。""玉京"，语出唐代李延寿《南史·李义传》："姚玉京嫁兖州小吏卫故瑜。卫溺水而死，玉京守志养舅姑，常有双燕巢梁门，一日为鸷鸟所获，一孤飞而逃，至秋栖于玉京之臂。玉京以红缕系其足为伴侣，秋去冬来凡六七年。玉京病亡，燕归悲鸣，至坟上也死。"后人以此典喻深情厚谊。

诗句大意是：去年春天，京娘出嫁。当春去秋来，却是可笑——那秋风竟然认为红楼小主人还在。而其实我最为怜惜的旧事当事人之一京娘就像典故中的玉京一样不在了。

颈联上句"却笑秋风"，省略主语"我"（张玉娘），应理解为"我却笑那秋风"；"秋风红楼在"，"秋风"后"红楼"前省略动词"认为"，"红楼"后省略名词"人"。因此，上句应理解为"我却笑那秋风认为红楼人还在"，显然赋予了秋风以人的认知能力。下句中的"独怜旧事"，就姐妹而言，应当是朝夕友好相处的往事，而"独怜"二字，恰到好处地表达出最高程度的珍惜；"玉京"，一语双关。其一，指典故"玉京燕侣"，即借古人"玉京"替代今之"玉娘"，借玉京臂上"燕子"替代今之"京娘"，示意玉娘对于京娘出嫁就像当年玉京失去朝夕相伴的燕子一样，从而既表明玉娘对妹妹的深情厚谊、难舍难分，又表明京娘对姐姐的情深谊长、相敬相爱。其二，"玉京"恰好是玉娘京娘名字中的相异字，从而"玉京非"寓意当年玉娘京娘姐妹朝夕友好相处的日子不存在了。这段关于红楼物是人非的生动而深情的描述，给人一种颇为凄凉的沧桑感。

第三部分为最后两句："兰闺终日流清泪，愧尔双飞拂落晖。"

表达对京娘出嫁的感受。"兰闺"，对女子居室的美称，此指住在兰闺里的人。"落晖"，夕照，即日落时的光辉，如东晋陆机《拟东城一何高》诗："三闾结飞辔，大鬻嗟落晖。"

诗句大意是：每当想起京娘出嫁，只好整天任由清泪暗自流，然而，我作为姐姐却还是兰闺中人，从而深感羞愧于你，因为你与夫君婚姻美满，就像一对燕子比翼齐飞拂动落日余晖那样浪漫幸福。

尾联上句表明，张玉娘对于京娘出嫁，心情复杂，作为亲姐姐，为妹妹离开而"终日流清泪"，表达难舍难分的眷恋之情；作为姐姐和闺中人而深感"愧尔"——明指"双飞"（燕子），暗指京娘夫妇。言下之意是：京娘婚后夫妇恩爱、生活幸福，我作为未能出嫁的姐姐，既羡慕又羞愧。换言之，每当看见燕子"双飞拂落晖"，我就羞愧难当，因为妹妹先我婚姻美满。"愧尔"之"尔"，明指"双飞"（燕子）。旧时，对婚姻也讲究"长幼有序"。张玉娘由于家父悔婚毁约而不能出嫁，是沉重的精神打击，不得已由妹妹先嫁，又是沉重的精神打击，怎能不伤心流泪？怎能不自卑自愧？

这首诗的写作方法很特别，从表面文字看，主要篇幅描写"双飞"燕子，抒发感情也似乎针对"双飞"燕子。然而，由诗题"新燕·忆女弟京娘"所决定，这首诗的第一主人公是京娘，第二主人公是玉娘，而不是"双飞"燕子。"双飞"燕子只是充当借代物的角色。如果将借代物"双飞"燕子隐去，置换成被借代的人，那么，这首诗呈现如下情景：

去年暮春，绿草正肥，燕子初归阴阴庭院，京娘出嫁了。婚后，京娘夫妇就像衔絮营垒、闲逐花香的双燕那样相互恩爱，一起劳动，一起休闲，共苦同甘，生活幸福。却是可笑，当年秋风误认为红楼小主人京娘还在，就"窜"了进去。它哪里知道，我所怜惜的姐妹朝夕相处已成往事，正如典故中陪伴玉京的燕子不在了。

于是乎，每当忆起京娘出嫁及其美满的婚姻生活，我作为姐姐，真是难舍难分，只能"终日流清泪"。

于是乎，每当看见燕子"双飞拂落晖"，就联想到京娘夫妻恩爱，我作为未出嫁的姐姐，真是既羡慕又羞愧！

由此可见，张玉娘这首诗是成功运用借代笔法的杰作之一。

# 闺情四首

## 卜 归

南浦萧条音信稀，百劳东去雁西飞。
玉钗敲断灯花冷，游网乘空蟢子非。
沉水斋心燃宝鼎，金钱纤手卜灵龟。
数期细认先天课，甲乙爻加归未归。

【译文】

城南浦口景象萧条来往行人音信稀，
候鸟百劳向东飞去鸿雁却是向西飞。
敲盏折断碧玉钗油灯火花显得清冷，
巡游捕食蛛丝网吉利蟢蛛昔是今非。
我手持沉香以斋戒之心点燃香炉鼎，
又添黄纸钱用纤巧手指占卜神灵龟。
几次仔细辨认能够先天行事的起课，
甲爻乙爻相加结果却是归来或不归。

## 【赏析】

### 卜归卜得归不归

"闺情"，兰闺女子相思之情，如《初刻拍案惊奇》卷十一："艳质娇姿，心动处，此时未免露闺情。"

"卜归"，占卜归人能否归来。甲骨文"卜"字的形状好像龟甲烧过后出现的裂纹。中国古人最初用火灼龟甲形成的裂纹预测吉凶，称"卜"。故"卜"字偏旁的文字大多与占卜有关。占卜方式诸多，如"卜卦"，即占卦象（古代用来占卜的符号），以视吉凶；又如"卜甲"，即占卜龟甲裂纹，以视吉凶；"卜课"，也称"起课"，即用掐指、摇铜钱等方法占卜，以视吉凶。

张玉娘自从送别未婚夫外出求学，数年日思夜想，却是杳无音讯，预计将要归来，却又久等不归，便从俗问卜。在这首诗中，她自述在渡口未能等到未婚夫，便去寺庙占卜，得到相互矛盾的结果，加剧离情之苦，倍增团聚之切，也揭穿了封建迷信的欺骗性。

"南浦萧条音信稀，百劳东出雁西飞。"描述渡口黄昏的荒凉景象。"南浦"，此指松阳县城南门码头。"百劳"句，化用南朝萧衍《东飞伯劳歌》："东飞伯劳西飞燕。""百劳"即"伯劳"，一种候鸟，入秋往南飞，春来往北飞。

诗句大意是：我估计未婚夫近期归来，便傍晚来到南门码头等待，但见景象萧条、行人稀少、音信稀疏，就连候鸟伯劳和鸿雁也各自东西飞，令人孤苦伶仃。

上句所述南浦"萧条""音信稀"等景象表明，张玉娘这次又是空等一场。下句所述天上"百劳东""雁西飞"的景象，寓意"劳雁分飞"，兆头不祥，会使她担心未婚夫能否安全归来，从而为下文问卜做好铺垫。

"玉钗敲断灯花冷，游网乘空蟢子非。"描述寺庙荒凉与不祥之兆。"游网乘空"，此指蜘蛛网凌空悬挂。"乘空"，多义词，此指凌空、腾空，如《列子·黄帝》："乘空如履实，寝虚若处床。""蟢子"，蜘蛛的一种，身体细长，脚很长，暗褐色，能吐丝结网、捕食飞虫。古人因其网络酷似八卦图而认为是喜气的兆头，故称"喜（蟢）子""喜蛛"。民间更有"甘鹊噪而行人至，蜘蛛集而百事喜"的传说。唐代嫔妃还将夜见蜘蛛视为皇帝亲幸之兆。

诗句大意是：我来到寺庙，只见灯光昏暗，就从头上取下玉钗，去拨油灯的灯芯。由于敲击过重，玉钗折断，灯花仍旧清冷。我抬头看见，横梁间凌空悬挂一张蜘蛛网，却无蟢子"坐帐"网中。

额联描写卜占前的不祥之兆。其一，张玉娘进寺庙点灯，在拨灯草时，玉钗"敲"到灯盏盘而折断，从而觉得不顺心，运气差。其二，张玉娘抬头看见梁上有一张蜘蛛网，却不见寓意吉祥的蟢蛛，又觉得预兆不祥，运气不好。这对于张玉娘更加急于卜归做好非常重要的心理铺垫。

"沉水斋心燃宝鼎，金钱纤手卜灵龟。"着重描写卜甲的准备工作情景。"沉水"，是指该沉香密度比水大，可以沉入水底，说明其含香量丰富，就同重量同香味的沉香相比较，可沉水的必定比不可沉水的品质要好。"斋心"，祛除杂念，使心神凝寂。《列子·黄帝》："退而闲居大庭之馆，斋心服形。""宝鼎"，指三足鼎立的精美香炉。"金钱"，指祭祀用的金黄色纸质"冥钱"。"灵龟"，语出《尔雅·释鱼》："一曰神龟，二曰灵龟。龟甲可以卜。"

诗句大意是：我的品质原本就好，堪比能够沉水的沉香木心，现在神灵面前反省以祛杂念，清心以求服形，再点燃那精美的鼎立香炉，然后添加金色纸线，用纤巧的手指占卜能够显灵的龟甲。

颈联描述卜甲的准备工作，可谓精神、物质"双管齐下"，重在"清心"。在精神上,张玉娘首先自信本质好,认为自己的思想道德品质就像用能够沉在水里的沉香木心研制的沉香粉,比不能沉在水里的一般沉香木研制的沉香粉要好得多。在此基础上,她自省去杂念,以达到"清心服形"的境界。在物质上,张玉娘点燃香炉后,不断添"金钱"。她充分表明虔诚后才伸手取龟甲卜归。结果如何?未予言明,不言而喻。

"数期细认先天课,甲乙爻加归未归。"描述数次卜课结果相矛盾。"先天课",是根据伏羲《先天八卦图》制作的一种所谓"能先天行事"的课单。据此占卜,称"卜课"。"课",一种记录卜辞的纸条。"甲乙爻",指《先天八卦图》分为"阳爻(甲)""阴爻(乙)"两大类。"爻",是构成《易》卦的基本符号,符号"—"为阳爻,符号"– –"为阴爻,表示阴阳纵横交错和变动发展的意义,决定"卦"的变化。每三爻合成一卦,可得"八卦",俗称"八卦符号"。

诗句大意是:我任意取了数张"八卦"课单,然后一遍遍细心辨认卜辞,并将甲爻卜辞的意思与乙爻卜辞的意思叠加起来,结果却是"归不归"。

与颈联描述卜甲重过程、略结果不同,尾联描述卜课略过程、重结果。"数期细认"表明,张玉娘为了精准解爻,十分细心,辨认多遍,怕出差错。"归不归"表明,两次卜卦结果相互矛盾,不能确定归不归。连神灵都不能卜归,想必她当时无所适从,伤心不已,陷于绝望。

这首诗紧紧围绕"卜归"这个主题,叙"卜归"之事,抒"卜归"之情,达到叙事抒情紧密结合,融合一体。为此,张玉娘巧妙构思,精心设计"卜归"的布局和程序,由南浦"萧条""音信稀"和劳雁"东西飞"引发"卜归"念头,十分自然。由"卜归"念头引发去寺庙"卜归",

顺理成章。由"卜归"情切而"玉钗敲断",由"蟢子非"而感到兆头不祥,平添"卜归"之情。由"卜归"情切而"虔心"敬香烧纸钱,进而先后卜卦,最终结果"归不归"。这种由盼归之情推动"卜归"之事步步发展,由"卜归"之事步步加深盼归之情的文思脉络,总使事与情难分难舍、形影相随、高度融合于一体,从而给人以格外深刻的"卜归"印象和强烈的心灵震撼。

## 倦　绣

绿窗春睡起常迟,绣罢鸳鸯听子规。

斜倚睡屏闲怅望,慵临鸾镜独支颐。

工余彩线日空永,愁伴珊瑚梦已违。

细数目前花落尽,伤心都付不言时。

## 【译文】

人言绿窗女子春眠不觉晓起床经常迟,
其实我绣完鸳鸯在倾听啼声发自子规。
身子斜靠睡屏趁着空闲惆怅向外张望,
慵懒临近鸾镜独自双掌支撑托住颔颐。
绣后多余彩线恰似剩余日子空自久永,
忧愁相伴珊瑚犹如梦中景象总与愿违。
我细数眼前花儿一朵接一朵凋落以尽,
且将伤心全部付诸自己不能言语之时。

## 【赏析】

### 绣罢鸳鸯唱挽歌

在这首诗中，张玉娘自述一个春日因绣鸳鸯而疲乏困盹，浑身无力，感到气数将尽；再面对那剩余线头，更是触景生情，叹喟余日不多，如花凋谢。诗作宛如一曲生命挽歌，催人泪下。

"绿窗春睡起常迟，绣罢鸳鸯听子规。"描述绿窗女子"春睡"之谜。"子规"，即杜鹃鸟，又名"布谷鸟""催归"。它总是朝着北方鸣叫，六、七月鸣叫更甚，昼夜不止，声音极其哀切，犹如盼子回归，所以有"杜鹃啼归"之说，寓悲凉之情。

诗句大意是：也许是"春眠不觉晓"的缘故，近来经常起床很迟，今早又是到现在还没起来，其实呀，我已经绣完一对鸳鸯，此时此刻正在侧耳倾听子规那悲伤的啼鸣声。

上句以描述听到窗外人议论的语气交代绿窗女子起床晚，给人以"为何起常迟"的悬念。为何"起常迟"？外人归因于"春睡"——"春眠不觉晓"。下句以绿窗人的语气更正——原因是"绣罢鸳鸯"，从而破题"倦绣"。绿窗女子为何清早"绣鸳鸯"？也许是昨晚做了个美妙的"鸳鸯梦"吧！从而早起赶做嫁妆——绣"鸳鸯枕"。"听子规"则暗示绿窗女子心情悲伤。

"斜倚睡屏闲怅望，慵临鸾镜独支颐。"描述绿窗女子春晓慵困状态。"睡屏"，旧式木板床内侧挡板。"慵"，本义懒惰、懒散，如《封神演义》："行旅畏威慵举步，佳人怕热懒登台。"

诗句大意是：绿窗女子绣罢鸳鸯，先是身子倾斜背靠睡屏，倾听子规悲切啼鸣的声音，趁着子规啼叫的空闲时间，不时地以惆怅的目光向外张望，然后懒洋洋地临近青鸾镜，独自用手托住下巴，凝视镜中人。

颔联细致刻画人物神态："斜倚"示意绿窗女子体质虚弱，软弱无力；"闲怅望"示意绿窗女子忧郁惆怅，六神无主；"慵临"示意绿窗女子疲乏困倦，慵懒散闷；"独支颐"示意绿窗女子姿态不振，神情颓丧，从而将绿窗女子的举止行为、精神面貌表现得形神兼备、惟妙惟肖。

"工余彩线日空永，愁伴珊瑚梦已违。"描述绿窗女子哀叹人生苦短。"工余彩线"，指绣完鸳鸯剩余线头。"空永"，白白长，即不久长。"珊瑚"，珊瑚花，一种装饰品。

诗句大意是：绿窗女子不忍相看镜中人，便转过头来，看见地上彩色线头，下意识地感到自己气数将尽，剩余生命犹如绣后线头一样短，更何况仍然孤苦伶仃，忧愁缠身，只有珊瑚为伴，即便所做梦也与心愿相违背。

颈联暗示人生余日不多："工余彩线"的数量少，长度短，用于比喻"日空永"很贴切。因此，绿窗女子目触"工余彩线"之景而生"日空永"之情就显得自然而然；"愁伴珊瑚"的生活自是孤单孤寂，反映为思想感情则自是孤苦孤戚，伤心不已；"与梦违"表明，绿窗女子昨夜做过美满幸福的"鸳鸯梦"，并感到眼前这种"愁伴珊瑚"的现实生活与"鸳鸯梦"相违。犹如"工余彩线"的残余人生，"愁伴珊瑚"孤苦生活，"鸳鸯梦"的召唤引诱，也许足以促成绿窗女子为亡人殉情。

"细数目前花落尽，伤心都付不言时。"描述绿窗女子最终决意殉情。"不言时"，不言语的时候，代指死时。

诗句大意是：我细心数点眼前那株蜡梅树上的花儿一朵一朵飘落以尽，不由得将满腹伤心全都付诸自己不能言语的时候。

尾联宣言殉情。"细数"二字表明，"绿窗女子"心定气闲，从容镇定；"伤心都付""不言时"表明，这次"伤心"是"绿窗女子"最后一次伤心，这次"都付"之后，再无伤心可付。因为她从此进入"不言时"——死。啊！这岂不是张玉娘的临终感言？抑或还是一篇殉情宣言！试想，在这个春日，张玉娘细数落花于死前、总付伤心于死时，该是何等程度的伤春？

由此，笔者斗胆：《倦绣》诗是张玉娘自拟之人生挽诗。挽诗，本是一种生者哀悼、祭奠死者的诗，一般与死者身份、生平相关，以抒情为主，以情感人，如汉代丧歌《薤露》《蒿里》，又如三国缪袭《挽歌》揭示生死不可逃离的自然规律，见解通达。后有生者为自己逝世作诗，称"自挽诗"，如晋代陶渊明《挽歌诗》指出"有生必有死""枯形寄空木"，"得失""是非""荣辱"不足惜，"但恨在世时，饮酒不得足"。张玉娘这首自挽诗不像自挽前辈那样侧重于生平事迹、得失荣辱、诲勉后昆等，而是把"倦绣"作为人生的终点，把"工余彩线"比作人生最后一段长度，把"细数落花"作为人生最后一次行为，把"伤心都付"作为人生的最终结局，别出心裁，感天动地，扣人心弦。

## 沐 发

腻滑青螺宝髻黏，金盘香水吸寒蟾。
指尖巧弄琅玕影，楚发轻披云母帘。
掠雾暗疑星点点，拂波深见玉纤纤。
起来乱绾慵双凤，熏彻沉檀强自添。

【译文】

腻滑青螺将精美的发髻牢牢地粘黏，
金盘香水引来广寒宫里寒碜的玉蟾。

用纤纤指尖巧弄琅玕般的翠竹倒影，

将楚楚秀发轻披琉璃饰的水中门帘。

掠去雾气暗疑晶亮水珠似繁星点点，

拂拭水波只见深处手指如白玉纤纤。

我起头胡乱绾住那玉钗与慵懒金凤，

待沉香熏彻闺房方得强将精神增添。

## 【赏析】

## 沐发难使精神爽

在这首诗里，张玉娘描述自己在家门口对竹洗发的情景。她以神来之笔，将常人司空见惯的事物、行为演绎得无比奇妙，融汇于一盆水中，给人以美的艺术享受。

"腻滑青螺宝髻黏，金盘香水吸寒蟾。"描述沐发前的发型和盘中景物。"青螺"，螺的一种，壳形椭圆，表面稍暗，杂有斑纹，带有黏液，肉可食。此指形似青螺的发髻，如宋代颜瑞《鹧鸪天·杨兰》词："两两青螺绾额旁，彩云齐全下巫阳。""宝髻"，精美的发髻。"金盘"，金黄色的铜盆，常用于形容圆月。"寒蟾"，寒碜的蟾蜍（蛤蟆）。传说嫦娥偷食不老药受罚而成蟾蜍，故代指月亮。

诗句大意是：我把盛有香水的脸盆端到门口，准备洗发，低头一看，只见水里倒映一只精美发髻，活似一只腻滑的青螺；又见金色圆形盆底犹如一轮被香水吸引来的明月。

女子沐发，得先解发髻。张玉娘在解髻前，看到"青螺髻"就像头顶黏着一只带有腻滑黏液的青螺。用"腻滑青螺"比喻"青螺髻"，不仅形似，而且神似。一只圆底铜盆，家常用品，但在张玉娘看来，那金色圆底仿佛一轮明月，而且是被"金盘香水"吸引来的。"吸寒蟾"中的"吸"字，赋予香水多么优秀的品质、多么浓郁的芳香、多么强大的引诱力，又赋予"寒蟾"多么强烈的趋香特性。一只发髻、一只铜盆、一盆香水、一轮明月，常人可能是熟视无睹，然而在张玉娘的笔下，竟然显得如此妙趣横生，足见其表现力之不同凡响。

"指尖巧弄琅玕影，楚发轻披云母帘。"描写洗发时的盆中景象。"琅玕"，珠玉仙树，也喻翠竹，如杜甫诗句"留客夏簟青琅玕"。"楚发"，即秀发。"云母帘"，装饰云母的门帘。

诗句大意是：在梳理头发时，我看见指尖巧弄那倒映盆中的翠竹，就像在抚摩琅玕玉树。在洗发时，我看见楚楚秀发轻轻地披散在倒映的装饰云母的门帘上。

颔联中的"琅玕影""云母帘"表明，张玉娘沐发时间为白天，天气晴朗；地点在大门口与庭院竹林之间。在沐发前，诸如"楚发""指尖""琅玕""云母帘"都能倒映于盆中水。于是，她在梳理头发时，就映现出"指尖巧弄"翠竹、"楚发"披散于"云母帘"等离奇景象。秀发、指尖、修竹、门帘，谁说不是寻常事物？然而在张玉娘的笔，竟然显得如此不同寻常，足见其笔法之出神入化。

"掠雾暗疑星点点，拂波深见玉纤纤。"描述沐发景象。"掠雾"，即用手掌扇热气的动作。"拂波"，用手指轻拂水面试水温的动作。"星点点"，形容星星多，此指浮在水面的水珠子多。"玉纤纤"，洁白纤细貌，形容美女手指，如唐代白居易《奉和汴州令狐令公二十二韵》诗："发滑歌钗坠，妆光舞汗沾；回灯花簇簇，酒过玉纤纤。"

诗句大意是：一旦换用热水，顿时雾气缭绕。我便用手掌拂去雾气，只见盆中繁星点点，不禁暗自生疑。然而定神细看，原来是水珠点点晶亮；用手指拂水试温时，看见水深之处十指纤纤，犹如长条白玉。

　　颈联中的"掠雾"二字表明，张玉娘用香水洗发完毕，换用热水洗发。她在用手掌扇雾气的刹那间，看见水面上繁星闪烁（星点点），当即暗自疑心，定神细看，原来是晶亮水珠闪光点点；"拂波"二字表明，张玉娘还在用手指测试水温的刹那间，看见盆水深处有十根长条白玉（玉纤纤），定神细看，原来是十只手指细长。还是秀发、指尖，仍然寻常不过，然而在张玉娘洗发时的眼神里，又显现别样的不同寻常，显得神乎其神，足见其想象力之丰富多彩。

　　"起来乱绾慵双凤，熏彻沉檀强自添。"描述沐发后的表情。"乱绾"，胡乱地盘结。"绾"，系、盘结，如罗虬《比红儿》："青丝高绾石榴裙。""强自"，自我强制，如杜甫《九日蓝田崔氏庄》："老去悲秋强自宽，兴来今日尽君欢。"

　　诗句大意是：洗发完毕，我抬起头来，面对镜子，"绾结"一对"慵凤凰"，顿觉没精打采懒洋洋，便用沉香熏透闺房，强制自己添加精神。

　　沐发，不仅清洁头发，还使人容光焕发长精神。张玉娘沐发后却懒洋洋，为什么？也许是看见凤头钗，便睹物思人牵挂起在外求学的沈郎，似乎看到他也如"金凤凰"一般慵懒，不禁精神崩溃。上句中的"乱绾"二字，活灵活现出她心烦意乱，马虎绾髻的样子。下句中的"熏彻沉"与"强自添"搭配，形成一种条件与结果的关系，一味强调外部刺激作用，即只有"熏彻沉檀"才能"强自添"精神。张玉娘用一支慵凤钗、一个"乱绾"动作、一次"熏彻沉檀"以及"强自添"精神，就将自己满腔离愁的精神世界裸露无遗，且显得如此诗意盎然，也足见她沐发后心情仍然多么沉重，多么悲伤。

　　这首诗的前三联六句描写"沐发"的准备和过程。然而，张玉娘的落笔点并不在如何准备、如何洗发等具体事务上，而在于看到了什么。也就是说，她深谙吟咏之法，不落于就事论事之俗套，着力于通过盆中呈现的景象来表现"沐发"，从而生动有趣，也更耐咀嚼品味。总体而言，所述之事物景物诸如"青螺宝髻""金盘香水""指尖""琅玕影""楚发""云母帘""星点点""玉纤纤"等均为美好事物，所述之事诸如"巧弄琅玕影""轻披云母帘""掠雾""暗疑""星点点""拂波""深见""玉纤纤"等等事均带浪漫色彩，基本情调愉悦欢快。而到结尾，基本情调来了一个一百八十度的大转弯，借"慵双凤"述别离之事，诉别离之苦。前后意境对比强烈、反差鲜明，从而抒发出沐发可以洗尽头发上的污秽却洗不尽心中的离愁这样一种无奈之情和主题思想。

## 秋 千

瘦腰春病不成围，闲逐秋千荡画衣。
香散天风兰佩堕，声遥环玉彩绳飞。
飘摇似跨双鸾去，闲雅疑从月殿归。
无力尚怜扶不起，翠蛾犹蹙怨斜晖。

【译文】

由于相思病久我腰肢细瘦不成双臂之围，
趁着忧愁空闲我逐乐秋千任风飘荡彩衣。
高天来风散发兰香随着纫兰的玉佩坠落，
环形玉片传声遥远萦绕彩色的吊绳翻飞。
凌空飘摇时恰似一对夫妻共跨双鸾而去，
低回闲雅时怀疑一位寡女单从月殿而归。
待到软弱无力我方自怜惜是一个扶不起，
只是两条翠黛蛾眉还在怨恨斜照的余晖。

## 【赏析】

### 唯有秋千可解忧

"秋千"，一种游戏器具，将长绳系在架子上，下挂蹬板，人随蹬板来回摆动。秋千的起源，可追溯到上古时代人们为了采摘野果或猎取野兽而抓住藤条摆荡上树或跨越沟涧的劳动行为。春秋时期，我国北方有了皮绳上悬于木架、下拴踏板的秋千，初称"千秋"，后改为"千秋"，为军训项目，传到民间成为寒食节、清明节的习俗。汉武帝祈千秋之寿，为避讳忌，改称"秋千"。唐人高无际《汉武帝后庭秋千赋》云："秋千者，千秋也。"荡秋千有利于强身健体，从而千秋流传。

张玉娘也爱好荡秋千。在这首诗中，她自述在一次忧愁的间隙去荡秋千，获得一种超脱世尘、夫妻跨鸾畅游月宫的合欢快感，一旦下秋千就重新忧愁不堪，从而表达出难以排遣的孤独处境和忧伤心情。

"瘦腰春病不成围，闲逐秋千荡画衣。"交代荡秋千的原因。"春病"，一指春季发生之病，二指相思之病，如苏曼殊《断鸿零雁记》第二五章："女弟此言非确，实则人传彼姝春病颇剧耳。""闲"，空闲，此指间隙时间。"画衣"，此指花衣裳。

诗句大意是：由于相思病的折磨，我的腰肢已经细瘦得不能合成双臂之围，便趁着忧愁的间隙去荡秋千，好让凉爽的清风荡涤一回多彩的花衣裳。

上句以"不成围"形容"瘦腰"，以表现"春病"之严重，给人以相思女子骨瘦如柴的直观印象，这比直说"春病严重"有效得多。后句中的"闲逐"二字意味深长，表明相思女子重重忧愁波波接踵，只能在短暂的忧愁间隙去荡秋千。"荡画衣"，此指荡漾女子的花衣裳。"画衣",代指女子。据上所述,相思女子趁愁之闲去荡秋千,不是为了"闲逐"寻欢,而是为了排解忧愁。

"香散天风兰佩堕, 声遥环玉彩绳飞。"描述荡秋千的情景。"兰佩",纫兰结佩。古人服装上系佩带,佩带上纫兰草,表示高洁,如宋代赵子发《南歌子》词:"人有纫兰佩,云无出岫心。""堕"字,疑有误,应为"坠"字。"环玉",中间有孔的圆形玉片。

诗句大意是:缝纫在衣带上的"秋兰"尽管将芳香飘散在高天来风里,然而最终随着"兰花"玉珮的坠落而飘落;佩戴在衣裳上的环形玉片尽管将响声传播遥远,然而最终随着秋千彩绳的飞摆而飞扬。

上句中的"兰佩"表明,张玉娘尽管忧愁缠身,却注重衣带纫兰,以明心志,一直秉持兰心蕙性。她用"香散天风"形容纫兰之"香",似要让人觉得纫兰真有香气而且非常浓郁。"兰佩坠"表明,她荡秋千用力大,从而荡得高,落差大,犹如坠落一样。下句中"声遥""彩绳飞"表现出"环佩"响声萦绕近、传播远音的双重效果。

"飘摇似跨双鸑去,闲雅疑从月殿归。"描述荡秋千的感受。"双鸑",两只鸑鸟,比喻夫妻。"鸑",鸟名,凤凰属,《毛诗·草虫经》:"雄曰凤,雌曰凰,其雏曰鸑。""月殿",指月亮。

诗句大意是:当我随着秋千向上飘摇时,好似与沈郎一起跨上双鸑去游月宫。当秋千停摆稍有闲雅时,我怀疑自己好像孤单单地从月宫里返回来。

上句描写秋千高荡则有"跨双鸑"这样一种"有情人终成眷属"的合欢感,下句描写秋千停摆则有"独自月殿归"这样一种"有情人不成眷属"的悲离感, 巨大的情感落差,表明荡秋千只能解一时之愁。要彻底解愁,就得不停地荡秋千,但这是不可能的。

"无力尚怜扶不起,翠蛾犹蹙怨斜晖。"描述荡秋千后的情景。

"扶不起"，比喻扶持不起来的人，典出"扶不起的阿斗"。"阿斗"，三国蜀主刘备之子刘禅的小名，史称其庸碌无能，连诸葛亮也"扶不起"。"翠蛾"，一指美女，一指妇女细长弯曲的黛眉，如唐代薛逢《夜宴观妓》诗："愁傍翠蛾深八字，笑回丹脸利双刀。"

诗句大意是：我从秋千板上下来，浑身软弱无力，婢女相扶也站不起来。即便如此，两条蛾须似的翠黛细眉还在怨恨那斜照夕晖来得太早。

在上句，张玉娘化用三国名人阿斗"扶不起"的典故表现自己软弱无力，不能自立的状态，能给人以格外深刻的印象。在下句，张玉娘用"怨斜晖"一方面表明自己是因为傍晚入夜而无奈下秋千，另一方面表现自己一下秋千就重添忧愁，即便"扶不起"也要再荡秋千，从而怨恨太阳太早西下。埋怨夕阳，岂不可笑？然而，这正是她身陷"愁城"的一种近乎怪异的心理反应。

张玉娘写这首《秋千》所传达的内心信息，正如三国时期政治家、文学家曹操《短歌行》中的名句："慨当以慷，忧思难忘。何以解忧？唯有杜康。"她似乎在说："慨当以慷，忧思难忘。何以解忧？唯有秋千。"她在忧愁之间的闲时，去荡秋千，离开地面，一时忘却忧愁，还有"共跨鸾""游月殿"的合欢美好，怎能不流连！然而荡秋千的人终究要回到地面，一时解脱的忧愁必定重新缠身，这样一来，"何以解忧？唯有秋千"，就是一句空话。这正是她的爱情悲剧之所悲也。

# 游　春

护槛花浓梦欲欹，五更清露锁寒扉。

明朝恐负寻芳约，拂晓平瞻霁影依。

贴翠自怜羞舞镜，送春无奈听啼规。

金莲破藓留芳迹，梨萼翻风作雪飞。

沙上晴凫窥浅渚，松边黄蝶绕疏篱。

催吟片雨云俱黑，狂絮欺人故点衣。

心事肯随流水尽，新愁不与酒樽宜。

青梅已结梢头实，驿使难传陇外枝。

笑折野花轻插鬓，却嫌溪柳妒修眉。

因过竹院参禅意，觅得云林旧日诗。

听彻游郎歌古调，停看渔父下台矶。

紫山迢递行应好，苍磴萦回出每迟。

罗袖翩翩香气满，绿荫冉冉鸟声微。

等闲无限伤春思，芳草天涯肠断时。

## 【译文】

护栏里鲜花浓艳梦里所现却意欲斜欹，

五更时清冷白雾封锁着贫寒人家门扉。

生恐辜负游览近郊提前发出寻芳邀约，

趁着拂晓平视远方雨后天晴景象仍依。

脸紧翠钿自觉可怜因为羞于翩舞明镜，

送别春天感到无奈由于闻得啼哭子规。

金莲小脚践踏苔藓留下一行女子足迹，

梨花瓣儿翻弄春风化作满天飞舞白雪。

沙滩上白毛野鸭窥视着浅露的小沙渚，

松林边金色蝴蝶翩舞于稀疏的长篱笆。

同伴催我吟咏一片雨云飞来颜色漆黑，

狂风飞扬柳絮一位女子硬被妆点罗衣。

心间情事宁肯伴随流淌春水荡涤以尽，

新生忧愁不愿付诸洁净酒杯共处相宜。

葱绿青梅长出果子悬挂梢头又密又实，

驿站信使难传梅花送达陇外一叶一枝。

有人笑我折两枝野花分别轻斜插双鬓，

我却讨嫌那一行杨柳老是暗嫉妒修眉。

路过翠竹大院从而产生参拜禅师之意，

寻觅隐士居处得以诵读上古年代之诗。

忽然听到江湖游子正在放歌古老曲调，

停步一看溪岸渔父已经走下台状石矶。

紫山小路遥远艰险你一路行来应还好？

苍苔石阶萦绕曲折你每次出发尽量迟。

绫罗衣袖翩翩飞舞因为春花香气鼓满，

绿树阴影渐渐淡化时值宿鸟鸣声低微。

寻常日子尚且满腹都是伤感春天情思，

他在天涯处处芳草更是我痛断柔肠时。

## 【赏析】

### 送春反而更伤春

这是一首七言排律。张玉娘描述自己怀着送别春天的目的，组织并参与一次郊外春游，却由于触目春天美景而心生伤悲之情、想起远道征人而引起相思之苦，从而更加伤感春天，表达出难以排解、挥之不去的别离之苦、牵挂之情。

按照"春游"这件事情的前、中、后阶段，这首诗可分为三个部分。

第一部分为前六句："护槛花浓梦欲欹，五更清露锁寒扉。明朝恐负寻芳约，拂晓平瞻霁影依。贴翠自怜羞舞镜，送春无奈听啼规。"描述春游前的情景。"护槛"，护栏。"槛"，栏杆。"寒扉"，贫寒人家门扇，如陶潜《癸卯十二月作与从弟敬远》诗："荆扉昼常闭。""寻芳"，游赏美景，如朱熹《春日》："胜日寻芳泗水滨，无边光景一时新。""平瞻"，平视。"霁影"，雨过天晴的景象。"影"，通"景"，如《诗经·邶风·二子乘舟》："二子乘舟，汛汛其影。"疏："景，指舟影。""贴翠"，将脸贴近翠钿。"翠"，此指翡翠玉钿。"规"，此指"子规鸟"，即"杜鹃鸟"。

诗句大意是：护栏里的浓艳鲜花昨夜进入梦境却是东倒西歪意欲倾倒，使我五更惊醒就起床，只见浓浓白雾还在封锁着贫寒人家的门扉；恐怕辜负明天早上到郊外春游的邀约，我天刚破晓就平视远方，只见一派雨后放晴的景象，于是赶紧洗漱梳妆；当我在梳妆台前将心爱的翡翠钿紧贴着脸颊，不禁自我怜悯起来，更羞于在镜前翻舞，因为今天要无奈地送别春天，却又听到子规鸟的啼鸣声，真令人伤心！

这三句按时间顺序分层次描述春游前的情景。第一句写五更梦里梦外情景：张玉娘梦见庭院的浓艳鲜花被摧残得七倒八歪、一片狼藉，从而梦醒，即向窗外望去。鲜花入梦，表明她惜花。梦见花残，她必定伤心。本诗开卷借梦境自然而然托出伤春主题，手笔不凡。第二句写天气适宜春游。"恐负寻芳约"表明，张玉娘是一个讲诚信、守约定、严律己的本分女子。第三句写梳妆时的情景。张玉娘用"贴翠"的动作，生动地表达出自己对信物的珍惜之情和对爱情的珍重之情；用"羞舞镜"的表情，生动地表现出自己初别暗相思的心理活动；用"送春"二字，表明自己春游目的不在于游赏春天美景，而在于送别令人伤感的春天；用"无奈"二字，表明自己原本不想游春，只是送别春天才不得已而为之。至于"送春"的日子，应当是暮春最后一日即"立夏"的前一日。

第二部分为第七句至二十四句，可分为两个层次。

第一层次为第七至第十八句："金莲破藓留芳迹，梨萼翻风作雪飞。沙上晴凫窥浅渚，松边黄蝶绕疏篱。催吟片雨云俱黑，狂絮欺人故点衣。心事肯随流水尽，新愁不与酒樽宜。青梅已结梢头实，驿使难传陇外枝。笑折野花轻插鬓，却嫌溪柳妒修眉。"描述春游途中触美景生离情的情形。"金莲"，语出《南史·齐废帝东昏侯本纪》："凿金为莲以帖地，令潘妃行其上，曰：'此步步生莲华也。'"后称女子缠过的脚为金莲。"梨萼"，梨花花瓣外面的一圈绿色叶状薄片。"萼"，又称"花萼"，托住花瓣的一圈绿叶状薄片。"凫"，水鸟，形似鸭，俗称"野鸭"。"樽"，酒杯，如李白《前有樽酒行》："春风东来忽相过，金樽渌酒生微波。""驿使"，古代驿站传送公文、书信的信使。"陇外枝"，典出南朝陆凯《赠范晔》："折梅逢驿使，寄与陇头人。江南无所有，聊赠一枝春。"话说江南陆凯思念在长安做官的好友范晔，恰逢驿使，便折一枝梅花寄去以报春。后以"折梅"表示思念友人。

诗句大意是：出发后，女伴们走在前面，一双双小脚踏碎苔藓，留下一个个脚印。她们看到，梨花瓣儿连同花萼在风中翻飞，竟然疑作雪花飞扬；沙滩上有几只伫立的白色野鸭，正在窥视浅露水面的土渚；松林旁有一群金黄色的蝴蝶环绕着稀疏的篱笆翩翩飞舞，便催促我吟诗赞美春色。这时，恰巧飞来一片全黑的雨云，随之刮起狂风，飞舞柳絮点染衣裳，似乎故意欺人。接着下起大雨，我真愿意将满腹心事随同流水荡涤以尽，而不希望新生的忧愁再与满盛美酒的酒杯同处相宜。看到青梅梢头果子密密实实，我便想起陆凯折梅寄情的轶事，可悲自己却不能寄梅花给远道奔波人，便顺手折了两枝野花，轻轻地插在双鬓上，而溪边新绿柳条竟然妒忌起我的修长眉毛，真令人嫌弃！

　　张玉娘先以一路芳迹、盛开梨花、窥伺野鸭、翩跹蝴蝶等生机勃勃的美好景物引出女伴们"催吟"。她吟出的却不是什么好心情，而是刮风时感到"狂絮欺人"；下雨时宁肯"心事"随水流尽、"新愁"无须用酒解；青梅开花结果时能有"驿使"送梅传情；闲暇时可以双鬟插野花，用不着嫌恶"溪柳妒"。而"溪柳妒"表明，张玉娘初别未婚夫，尽管相思苦，然而天生丽质尚未减损，依然花容月貌。综上所述，可以知道，女伴们眼中的暮春美景，在张玉娘眼中却是牵动"心事""新愁"的诱因，从而吟出一大串离情别绪、孤苦相思。张玉娘七律《春妆凝思》有"情归野草泥寒雨，目断长江送去舟"句，记录了她几天前送别未婚夫的情景，从此陷入离愁相思之苦，并埋怨春天、伤感春天、恨不得早一刻送别春天。也许正是这个原因，她这次春游是带着"心事""新愁"上路的，可以说名为"游春"实为"送春"。

　　第二层次为第十九句至第二十四句："因过竹院参禅意，觅得云林旧日诗。听彻游郎歌古调，停看渔父下台矶。紫山迢递行应好，苍磴萦回出每迟。"描述春游途中见近人思远人的情形。"参禅"，参究禅理，指习禅者为求开悟而向各处禅师参学，这是佛教禅宗的修炼方法之一。"云林"，代指隐居之所，如金代张斛《还家》诗："云林无俗恣，相对可终老"。"听彻"，听得透彻，"彻"，通达之意，如《国语·楚语下》："其聪能听彻之。"可译为："他听觉敏锐，能够听得很透彻。""台矶"，泛指台阶。"矶"，突出江边的岩石，如"燕子矶"。"紫山"，此指今安徽省歙县城南之紫阳山。据元人方回有《紫阳书院记》，宋代大儒朱熹之父朱松曾在此读书并中进士，后人建紫阳书院，系两宋"五大书院"之一。"苍磴"，青石台阶。

诗句大意是：因为路过寺庙的竹园，我便产生参究禅理、以求开悟的意念。问禅之后，我有幸在隐士居处得到古时候遗留下来的好诗篇。走出寺庙，我听透彻了那位江湖游郎高唱的古老曲调，还看见一位渔父健步走下台的岩石。每见近在身边的男子汉意气风发的样子，我不禁想起那远道奔波人：沈郎，你跋涉在遥远的紫阳山道上，一路行程应当好吧；沈郎，那苍青石级道路弯弯曲曲、崎岖不平，你可要出发时间尽量迟些。

张玉娘以所闻所见所为表达出复杂的思想感情。第一句中的"参禅意"表明，她除了参究禅理，以求开悟，应当还有祈愿未婚夫一路平安之意。第二句中的"听彻"和"停看"表明，她对"歌古调"的"游郎"与"下台矶"的"渔父"专注入神，从而为过渡到牵挂远道人作好铺垫。第三句中的"紫山"表明，沈佺外出求学的目的地是安徽五大书院之一紫阳书院；"行应好"和"每出迟"则传达张玉娘深深牵挂的衷心、殷殷叮嘱的深情。由此可见，她的"心事""新愁"来自远在紫山跋涉之人。

第三部分为第十二至第十三句。"罗袖翩翩香气满，绿荫冉冉鸟声微。等闲无限伤春思，芳草天涯肠断时。"表达"春游"之后的伤春之情。"冉冉"，也作"苒苒"，柔弱貌，如曹植《美女篇》："柔条纷冉冉，叶落何翩翩。""等闲"，寻常、随便。

诗句大意是：我这绫罗衣袖翩翩飘舞，是因为衣袖里鼓满了香气；绿荫惨淡柔弱，是因为现在已经是宿鸟鸣声轻微的入夜时分。以往平常时候我尚且满腹都是无限伤感春天的情思，而今他在天涯之远，处处芳草萋萋春意浓，就更是我痛断柔肠的时候了。

前句描述春游归来时的情景，"绿荫冉冉"与"鸟声微"示意夕阳下山，夜幕降临，飞鸟归巢。后句抒发伤春之情。春末之日过去，就算送走春天，张玉娘为何还要伤春并且痛"断肠"？也许她想，今天我"送别"了松阳的春天，却"送别"不了松阳之北的紫阳书院的春天。沈郎作为天涯人，目睹处处芳草萋萋、春意盎然，能不伤感春天吗？他伤春，我能不痛断肠吗？

　　《兰雪集》（松本）之《游春》诗有眉批："联中律而不律，俱见疏宕之气。"所谓"律而不律"，是指这首律诗在平仄音韵方面有出律之处。也许，《兰雪集》（松本）编辑先生凭想象认为张玉娘用"平水韵"写诗，便对照"平水韵"查出这首诗中的"不律"之处。张玉娘果真用"平水韵"写诗吗？众所周知，南宋以前韵书有多部，著名者有三国李登《声类》、晋代吕静《韵集》、隋朝陆法言《切韵》、唐版《切韵》、北宋陈彭年《广韵》。南宋通用《广韵》，不乏沿用其他。南宋末期，山西平水人刘渊刊行《壬子新刊礼部韵略》，即"平水韵"。清康熙年间刊行《佩文韵府》，"平水韵"真正大行其道、广为流传。所以，张玉娘写诗最有可能用《广韵》。如此看来，"律而不律"之说未必妥当。而"俱见疏宕之气"，实属真知灼见！所谓"疏宕之气"，乃放达不羁、抑扬顿挫、流畅奔放、恬淡隽永之气也。诵读《游春》，首先会感受到一种放达不羁的意识流。试问史上世上，谁人曾将"游春"当"送春"？谁人又曾送别春天还伤春？倘若她墨守成规、沿袭俗套，岂能有"游春"为"送春"这样一种别出心裁的新颖文思？岂能有"送春"更"伤春"这样一种别具一格的奇妙意境？至于文气"流畅奔放"、音韵抑扬顿挫、韵味恬淡隽永，也是本诗的重要特点。

# 法曲献仙音·夏夜

天卷残云，漏传高阁，数点萤流花径。立尽屏山。无语新竹，高槐乱筛清影。看画扇罗衫上，光凝月华泠。夜初永。问萧娘，近来憔悴？

思往事，对景顿成追省。低转玉绳飞，淡金波，银汉犹耿。簟展湘纹，向珊瑚，不觉情倦。任钗横鬓乱，慵自起来偷整。

## 【译文】

天风舒卷残余之云，漏壶的滴水声传到高阁，数点萤光穿流于野花交夹的幽径。我已站遍西屏山。默默无语面对新生的翠竹，高大的槐树胡乱地筛下清晰的叶影。看到绘彩的团扇和绫罗的衣袖上，单单凝满月光的清泠。入夜之初就感到夜长。似乎有人在问：萧娘，你为何近来憔悴？

我回思往事，那种两人面面相对的温存情景顿然成为追忆反省。"玉绳"七星围绕北斗低回飞转，月亮逐渐淡去金波，银河繁星仍然灿烂光明。我将簟席展开，看到湘竹的泪痕斑纹；再面向珊瑚花，不禁觉得愁情缱绻。任凭玉钗横斜、鬓发蓬乱吧。那可不成，我便懒洋洋地起来偷偷梳整。

## 【赏析】

### 登高近月愈情倦

词牌"法曲献仙音"，源于乐曲，东晋南北朝时称"法曲"，兴于唐代，用于宫廷娱乐，因具有飘飘欲仙的超逸之美，故名。双调，上片八句三十九字，下片九句五十三字，共九十二字，用仄声韵。

张玉娘用词牌"法曲献仙音"吟咏一个夏夜登临西屏山近距离对月寄情的情景，回忆往昔与未婚夫面面相对、惺惺相珍的温存幸福，表达怀哀婉的别离之苦和缠绵的相思之情。

上片描述"我"入夜登临西屏山、对月寄爱情的情景。

"天卷残云，漏传高阁，数点萤流花径。"描写入夜时的景象。"萤流"，此指萤火飞来飞去所现的流光。

其大意是：由于高天来风卷走残余云朵，从而天色一片晴朗；漏壶滴水声将入夜的时辰传到高高楼阁，我即出发；在两旁野花交杂的山路上，闪耀着萤火虫飞动的流光。

张玉娘深谙诗词借用景物说事言情的表现艺术，讲天气晴朗不用"天气好"之类的抽象的气候概念，而用"天卷残云"这种具体的气象现象表现出来；讲入夜时分不用"傍晚"之类的抽象的时间概念，而用"漏传高阁"——入夜时漏壶水满滴声响传得远传得高——这种具体的报时现象表现出来；讲萤火虫多不用"上千只萤火虫"之类的抽象的数字概念，而用"萤流花径"这种具体的自然现象表现出来，从而给人以身临其境的感受。上述情况表明，张玉娘入夜时分出发上山。

"立尽屏山。无语新竹，高槐乱筛清影。"描述赏月的情景。"立尽"，站了个遍。"屏山"，即"西屏山"，松阳县"十景"之一，在县城西面一里处。"清影"，此指槐树的清晰阴影。

词文大意是：我这里站一会儿，那里站一会儿，竟然将西屏山顶站了个遍。对于那些新生的翠竹，我无话可说，只是眼睁睁地看着高大的槐树胡乱地筛下一大片清晰的叶影。

"立尽"二字，传神地传达出"我"心神不安、站立不定、不知所措的心理状态。"无语"二字，将"我"孤苦伶仃、无人相语的孤寂心情概括以尽。"乱筛"二字，赋予槐树以意乱的情态，也许是作者心烦意乱的转移。"清影"二字表明，这个夏夜系圆月之夜、月光皎洁。上述情况表明，张玉娘本想登高近距离对月寄情，上西屏山后却站立没有定点，不仅对竹无语，而且对月也无从说起。为什么？且看下文。

"看画扇罗衫上，光凝月华泠。"表达对月失望之情。"光"，此指"只""单单"，如"光靠少数人是不行的"。"月华"，月光、月色，如张若虚《春江花月夜》："此时相望不相闻，愿逐月华流照君。"

词文大意是：我看到，手中的彩绘团扇和身穿的罗衣袖子，只是凝结着月光的清冷。

"月华泠"，一语双关，既指月光清冷，又指月亮公公冷酷。按照常理，夏夜的月光不会清冷。因此，张玉娘明是明说月光清冷，暗怨月亮公公冷酷。这也许与她第一次公开地托月亮公公寄情（《山之高三章》）以及之后不断寄情皆失望有关吧。这个夏夜，月亮公公赐予的又只是"月华泠"，寄不了情，她就只好无言以对明月。

上片完整地记述了从入夜出发、攀登山路、立尽屏山、无言对月，直到心灰意冷的全过程，表达了浓郁的孤苦心情。

下片描述"我"下山后在闺房辗转反侧、难以入眠的情景。

"夜初永。问萧娘，近来憔悴？思往事，对景顿成追省。"描述长夜怀旧的情景。"夜初永"，长夜开始。夜永，夜长、夜深，多用于诗中，如戴叔伦《白苎词》："美人不眠怜夜永，起舞亭亭乱花影。""萧娘"，与"萧郎"对应，是唐时对女子的泛称，后沿用，如周邦彦《夜游宫》词："有谁知，为萧娘，书一纸。""对景"，此指男女面对面的情景。"追省"，追忆省悟。

　　词文大意是：长夜之初，有人曾问："萧娘，你为何近来容颜憔悴？"这一声问，令我想起往日与沈郎面面相对的温馨情景，却顷刻之间成了追忆、省悟的东西。

　　"近来憔悴"表明，张玉娘离愁缠身时间不长，容颜初显消瘦。由问"憔悴"引出她"思往事"，由她"思往事"引出以往她与恋人"对景"的情景，由"对景"的情景引出她如今只能"追省"往事，思维活动一环接一环，显得十分自然，同时也就近距离托月寄情。

　　"低转玉绳飞，淡金波，银汉犹耿。"描述五更时分的星象情景。"玉绳"，星名，北斗星座七星中第五颗星，也指北斗星座仿佛北斗星座，如《文选·张衡〈西京赋〉》："上飞闼而仰眺，正睹瑶光与玉绳。"李善注引《春秋元命苞》曰："玉衡北两星为玉绳。""金波"，形容月光浮动，如《汉书·礼乐志》："月穆穆似金波。"颜师古注："言月光穆穆，若金之波流也。""耿"，光明。

　　词文大意是："追省"完毕，我抬头仰望北斗星座，只见"斗柄"上的"玉绳"等七颗星星正在围绕"北极星"向下低转旋飞，金波一般的月光逐渐昏暗，而银河繁星仍然光辉灿烂。

　　张玉娘化用苏轼《洞仙歌》"金波淡，玉绳低转"句表现月光渐渐暗淡和北斗星座"斗柄"诸星向下运行，以示时值夜将尽、天将明的五更。这就表明，她下山后至五更一直在"思往事"、望星空、辨月色，通宵不寐。

　　"簟展湘纹，向珊瑚，不觉情倦。任钗横鬓乱，慵自起来偷整。"描述忧愁情倦状态。"湘纹"，湘竹斑纹，指典故"斑竹泪"。

　　词文大意是：五更时分，方有睡意。我展开簟席，看见湘竹泪痕的斑纹，立即心生悲伤，便将头转向珊瑚花，看着看着，不禁神情困倦。那就任由发髻上的玉钗横生、双鬓的头发蓬乱吧。可转念一想自己还是闺中女子，便懒洋洋地起来、悄悄地梳妆整齐。

张玉娘的"情倦",乃离情缠倦也。她多管齐下,将"情倦"表现得活灵活现。其一,"簟展"见"湘纹",并借用典故"斑竹泪",以示"情倦"之因是离愁。其二,"任钗横鬓乱",不想梳妆,以示"情倦"之形象。其三,"慵自起来",以示"情倦"之神态。其四,用"偷整"之举动,掩饰"情倦"之实质,从而将自己复杂多变的心态披露无余。

张玉娘这首词描述自己是怎样度过这个"夏夜"的。这个"夏夜"的时间跨度是入夜到五更,所为之事是寄情明月不成而彻夜难眠,事发地点是西屏山和闺房,所表达的思想感情是离愁"情倦"。由于离愁情倦,她上山就近托明寄情。也由于离愁情倦,她"立遍屏山"却无语明月,从而寄情不成。由于寄情不成,她下山回家,"追省"与恋人"对景"往事,并以望北斗、辨月色熬过长夜还是由于离愁情倦,她展簟伤心,不思梳妆,"偷整"以掩饰"情倦"。词作文思清晰,结构严谨,主题集中而高远。

## 苏幕遮·春晓

月光微,帘影晓。深沉庭院,宝鼎余香袅。浓睡不堪闻语鸟。情逐梨云,梦入青春杳。

海棠阴,杨柳杪。疏雨寒烟,似我愁多少。谁唱竹枝声缭绕?欲语临风,自诉东风早。

## 【译文】

月光微弱,竹帘影子透出晓色。幽深沉静的庭院里,那鼎立的精美香炉余烟袅袅。睡意浓浓人不堪忍受絮语禽鸟。便像当年王建做梦那样让心情追逐梨花云,果然不知不觉进入青春梦境,却又瞬息化为空香。

海棠枝叶繁阴沉，杨柳枝梢分明。那梳齿般的丝丝雨线、冷清清的缕缕云烟，就像我的愁绪多多少少。谁在放声歌唱古曲《竹枝子》，且声调那么缭绕人心？我要对春风说，将以自诉方式控告你来得太早。

## 【赏析】

### 控诉春风因伤春

词牌"苏幕遮"，语出宋代王明清《挥麈录》："妇人戴油帽，谓之苏遮幕。"少数民族龟兹人引为歌舞曲名。唐代传入中原，用作词牌。双调，六十二字，上下片各四仄韵，押仄韵。

在这首词中，张玉娘自述经过彻夜悼念，五更困倦，梦见青春已失，梦醒忧愁不堪，愤而诉讼春风的情景，表达对封建婚姻制度的反抗之情。

上片描述春晓悼念困倦入梦的情景。

"月光微，帘影晓。深沉庭院，宝鼎余香袅。"描述春晓悼念情景。

词文大意是：此时此刻，月光已经微弱，竹帘刚透晓光。在幽深沉静的庭院里，一只三足香炉青烟袅袅。

前句以月光之"微"和竹帘透"晓"两种光色现象交代时值五更之末，后句以"宝鼎"和"余香袅"两种事物景象表示悼念祭祀之事，都比直说"破晓""祭祀"更能给人以现场感。上述情景表明，张玉娘通宵达旦炷香烧纸应该是悼念未婚夫。

"浓睡不堪闻语鸟。情逐梨云，梦入青春杳。"描述困盹入梦的情景。"梨云"，即梨花云，指梦中恍惚看见如云似雪的缤纷梨花，典出唐代王建《梦看梨花云歌》："薄薄落落雾不分，梦中唤作梨花云。

瑶池水光蓬莱雪，青叶白花相次发。"后用为状雪景之典。"青春杳"，意为不见青春的踪影。杳，空杳、无踪影。

词文大意是：待祭祀完毕，我睡意浓浓，真是忍受不了鸟儿叽叽喳喳絮语不休。于是，我任由心情去追逐当年王建梦中所见的梨花云，果然不知不觉地进入梦乡，却未见到梨花云，而是看到自己青春容颜杳无踪影。

张玉娘描述自己由于彻夜祭悼而"睡浓"，由"睡浓"而"不堪闻语鸟"，由"不堪闻语鸟"而"情逐梨云"，由"情逐梨云"而"梦入青春杳"，入梦过程如此细致有序，且伴随频繁变化的心理活动，若非亲历，绝对不能。正是由于细致有序、事情交融而显得逼真传神。对鸟儿的鸣叫感到厌烦，便设法转移注意力，改而仰望白云，看着看着，眼睛疲劳人打盹，从而入眠做梦。这种情形谁都经历过。"梦入青春杳"暗示：其一，她青春年华花容不再；其二，她做噩梦会很快醒来，悲伤不已。

下片描述积愁为怒、控告春风的情景。

"海棠阴，杨柳杪。疏雨寒烟，似我愁多少。"描写春晓烟雨树影景象。"杪"，树枝的细梢，《说文解字》："杪，木标末也。"

词文大意是：我醒来时，天刚破晓，庭院海棠树下显得阴沉，而溪边的杨柳树由于尚未长叶而显得枝梢分明。那梳齿般密集的丝丝细雨和寒冷的缕缕烟雾就像我的愁绪之多多少少。

前句描述梦醒时的天气，张玉娘不是直说"天气如何如何"，而是借用近处海棠之"阴"，以示天色阴暗；借用远处杨柳之"杪"——枝梢分明，以示天亮。这种半明半暗或似明似暗，正是拂晓天色。后句表达忧愁心情，她也不是直说"忧愁有几多"，而是借用密集的梳齿和缕缕的烟雾来表现，也就是说，梳齿多么密集，忧愁就多么稠密，云雾有几多，忧愁就有几多，那就表明忧愁无限，不可计数。

这种夸张描写，却因联想自然、比喻形象而显得真实可信，实乃绝妙之笔。精彩的忧愁咏叹，为下文做好充分的铺垫。

"谁唱竹枝声缭绕？欲语临风，自诉东风早。"抒发愤慨之情。"竹枝"，此指乐府曲名《竹枝词》，刘禹锡改作新诗，以歌咏三峡风光和男女恋情。此后历代诗人写《竹枝词》，大多吟咏男女爱情。皇甫松和孙光宪将《竹枝词》用为词牌，名《竹枝子》。"自诉"，法律术语，即受害人以自己的名义提起诉讼，追究被告人的刑事责任。"东风"，指北半球春季东南信风，也称"春风"。

词文大意是：我原本由于婚姻受挫而在心中淤积了太多忧愁，不知哪位男子竟然唱起表现男女爱情的古曲调《竹枝子》来缭乱人心，还想要我和唱？不，我现在就要对春风宣言："将以自诉的形式控告：春风，你来得太早，使我这么早就伤感不已。"

在前句，张玉娘借助皇甫松和孙光宪《竹枝子》词之意表明自己已与爱情无缘。皇甫松和孙光宪多首《竹枝子》词均表现男女爱情，每以"竹枝"为唱词、以"女儿"为和声。这对于爱情受挫、失去情郎的张玉娘来说，无疑是一种缭乱之音，自然不想和唱。后句中的"欲语临风"表明，她要直接对"春风"发布宣言；"自诉"表明，她要原告身份亲自起诉、出庭，以示态度严正、坚决；"东风早"表明：被告人是"春风"；起诉事由是春风来得太早，使人早伤心。寥寥五字，将起诉春风相关的若干法律问题表述得一清二楚，似乎减一字不可、加一字多余。

张玉娘将这首词写成诗化的"自诉状"，创意之新颖，也许史无前例，令人拍案叫绝。她之所以如此怨恨春天，尤其怨恨这年"春风早"，也许与未婚夫沈佺病故时间有关。《沈氏宗谱》记载，沈佺"南宋咸淳七年（1271）辛未十二月二十五日丑时终"。五天后就是壬申年正月初一日，既是春节，是"立春"日。"立春"日，公历一般是二月三日至四日，而农历"立春"日不固定，有的年份有一次"立春"，有的年份有两次"立春"，有的年份无"立春"。如果"立春"日在农历年底、次年春节之前，那就视为"提早立春"。在沈佺去世后的六年间，唯独癸酉年（1273）十二日二十四日"立春"，也就是沈佺忌日的前一天"立春"，于是，张玉娘咒之为"春风早"。由此可知，她在南宋癸酉年（1273）十二日二十四日和二十五日是控诉春风与忌日祭祀连轴转，愁上加愁，悲上加悲。

## 玉蝴蝶·离情

极目天空树远，春山蹙损，倚遍雕阑。翠竹参差，声戛环佩珊珊。雪肌香，荆山玉莹；蝉鬓乱，巫峡云寒。拭啼痕，镜光羞照，辜负青鸾。

何时星前月下，重将清冷，细与温存？蓟燕秋劲，沈郎应未整归鞍。数新鸿，欲传佳信；阁兔毫，难写悲酸。到黄昏，败荷疏雨，几度销魂。

## 【译文】

我身子靠着雕花栏杆，两条黛眉紧皱得容颜减损，还是极尽目力眺望前方，只见长天空空、树影遥远。大风吹得参差翠竹相互挤压发出"戛戛"声，吹得衣带所佩的环形玉片相互碰撞发出"珊珊"声。今天，我的肌肤芳香四溢、雪般洁白，好似荆山璞玉之晶莹；我的蝉翼般单薄鬓发零乱，就像巫峡云雾之散寒。我轻轻拭去啼哭之泪，仍然羞于镜前对照，难道辜负镜上"青鸾"？

到什么时候，我才能在星星面前、明月底下，重将冷清细腻地参与到温柔抚慰之中？此时此刻，也许燕州、蓟州一带秋风强劲，沈郎他应该尚未整好归骑马鞍。细数天空新来鸿雁，我有意托它传去好消息，却终于搁置那支兔毫毛笔，因为实在难以书写心中悲酸。黄昏时分，那梳齿般密集的雨点滴落在残败荷叶上，几度使我心疼得似乎灵魂消尽。

## 【赏析】

### 迎归为何人未归

"玉蝴蝶"，原为唐代乐曲名，后用作词牌，有小令和长调两式，均入"仙吕调"。小令为双调，四十一字，押七平声韵。长调为双调，九十九字，押十一平声韵。本词为长调，上片十句计四十九字，下片十一句计五十字，均押平声韵。

在这首词中，张玉娘描述自己在等待恋人落空后复杂多变的心理活动和思想感情，将离情别绪、相思愁苦抒发得波澜起伏、高潮跌宕。

上片描述盛情迎接、久等不归的情景。

"极目天空树远，春山蹙损，倚遍雕阑。"描写久久等待的形态神情。"极目"，极尽目力使劲地看，如王粲《登楼赋》："平原远而极目兮。""春山"，喻指女子黛眉，如元代刘昌龄《歌董秀才新欢·美妓》："秋波两点真，春山八字开。""蹙损"，紧皱眉毛损害脸形。

词文大意是：由于双脚站累了，我的身子几乎靠遍了雕花的栏杆，且不顾双眉紧皱有损于容颜，极尽目力使劲地向前看，结果却是只有长天空空、树影遥远，不见归人身影。

欧洲文艺复兴时期艺术大师达·芬奇说过："眼睛是心灵的窗户。"张玉娘自述等待未婚夫归来，首先将笔墨倾注于自己所能感知的眼部，用"极目"这种眼睛用力使劲的动作、"春山蹙损"这种眉毛紧皱改变容貌的形态，来表现看得专注、看得遥远；其次，将笔墨倾注于自己所能感知的方位变化，用"倚遍"栏杆来表现等待耐久、忐忑不安的情状，可谓眼力、足力、心力并用，动作、表情、心态俱显，非离情至深、盼归至切者绝无如此神来之笔。

"翠竹参差，声戛环佩珊珊。雪肌香，荆山玉莹；蝉鬓乱，巫峡云寒。"描述盛装盛情迎接的情景。"戛"，声响词，形容竹子折断之音。"珊珊"，声响词，形容玉片清脆之音，如杜甫《郑驸马宅宴洞中》："时闻杂佩声珊珊。""荆山"，在今湖北省西部，《汉书·地理志》称为"南条荆山。"荆山一带有"抱玉岩"，相传楚国卞和得一璞玉于荆山。"蝉鬓"，语出马缟《中华古今注》："琼树（莫琼树，魏文帝宫人）始制为蝉鬓，望之缥缈如蝉翼。故曰'蝉鬓'。"后来成为一种少女发式，即将两鬓头发梳成蝉翼形状，以显天真活泼。

词文大意是：为了迎接沈郎远归，我特意浓妆盛装。大风折断参差交错的翠竹，发出刺耳的"戛戛"声，吹得我随身佩带的环形玉片互相碰撞，发出悦耳的"珊珊"声。我的肌肤经过涂脂抹粉，飘散芳香、雪白柔润，犹如荆山"和氏璧"晶莹剔透。我蝉翼形的鬓发单薄，凌凌乱乱，就像那巫峡的云雾散发寒气。

前句中的响声词"戛"表明，翠竹由于大风而折断发声；响声词"珊珊"表明，玉片由于人走动位移而碰撞发声。而玉片"珊珊"又表明，张玉娘衣佩不少玉片饰品。后句中的"雪肌香""蝉鬓"表明，张玉娘早起梳妆，特地涂脂抹粉，还梳少女发型"蝉鬓"，以显示活泼可爱。她一改平时的素装淡妆为盛装浓妆，把自己打扮得美若天仙，不仅仅出于自己的爱美之心，更重要的是为了以美丽形象满足恋人的爱美之心。这种以浓妆盛装盛情迎候未婚夫的情景也曾出现在送别未婚夫的场面（见《川上女》），都是为了表示尊重和礼貌。

"拭啼痕。镜光羞照，辜负青鸾。"描述迎归未果的情景。"啼痕"，意谓啼哭流泪的痕迹，即泪痕。"青鸾"，青羽毛的鸾鸟，也指"青鸾镜"。相传罽宾王于峻祁之山，获一鸾鸟，饰以金樊，食以珍馐，但三年不鸣。其夫人曰："尝闻鸟见其类而后鸣，何不悬镜以映之？"王从其意，鸾睹形悲鸣，哀响中霄，一奋而绝。后以"青鸾"借指镜。

词文大意是：为什么等不到沈郎归来？我一边思忖一边擦拭刚才啼哭流下的泪水，便去对照青鸾镜，觉得羞惭不已，原来是自己由于美貌不再而辜负了镜面上的"青鸾"。

后句中的"羞照"二字表明，张玉娘原本天生丽质，现已花容不再，从而羞于照镜，心情该多么痛苦；"辜负"二字表明，对于自己经不起离情别绪、相思忧愁的折磨，是多么自责。辜负谁，她明指"青鸾"。那镌刻在铜镜上的"青鸾"有什么可辜负的？没有。她显然是借用"青鸾"替代恋人沈郎，认为自己容颜憔悴是对沈郎的辜负。

下片描述对重逢结婚的憧憬、对音信中断的痛苦，以表达离情之苦。

"何时星前月下，重将清泠，细与温存？"表达与恋人重逢成婚的渴望之情。"星"，此指"星郎"，典出《后汉书·明帝纪》："馆陶公主为女儿求郎，不许，而赐钱千万，谓群臣曰：'郎官上应列宿，出宰百里，苟非其人，则民受其殃，是以难之。'"后称"郎官"为"星郎"。"星"与"新"同音，遂引申为"新郎"，暗指结婚。"温存"，温柔抚慰。

词文大意是：我什么时候能于月光底下在新郎面前将今日的孤独冷清仔细地参与到温柔的抚慰之中并永久保存起来？

中国古人一般用"花前月下"形容谈情说爱的浪漫生活。张玉娘别出心裁，借用典故"星郎"，憧憬在"星前月下"这样一种谈情说爱的浪漫气氛中与新郎结婚，以温暖、抚慰清冷的心灵。这是她盛装盛情等候迎接的目的，也是她迎归未果伤心不已的原因。

"蓟燕秋劲，沈郎应未整归鞍。数新鸿，欲传佳信；阁兔毫，难写悲酸。"描述归人未归、杳无音信的情形。"蓟燕"，蓟县燕州，在今河北省、北京、天津一带。"阁"，通"搁"，搁下、搁置。

词文大意是：为什么沈郎未能归来？估计北方突然秋风强劲，他应当尚未整理好归骑的马鞍吧。于是，我只好仔细数点那些从南方飞来的新生鸿雁，想托它们替我传去好消息，却终究搁置兔毫笔，因为这支笔实难以书写那充塞满腹的悲痛和辛酸。

在前句，张玉娘用推测的口气表述分析未婚夫尚未归来的客观原因：蓟燕秋劲。"蓟燕"，泛指北方。由于她的未婚夫归时当在南宋都城临安礼试之后，因此，"蓟燕"代指临安，况且对松阳而言也是北方。"应未整归鞍"，颇有设身处地、宽容体谅的意味。后句为工整的对联。上联中"数新鸿"与"传佳信"搭配表明，她要挑选鸿雁送好消息。下联中"阁兔毫"与"写悲酸"搭配表明，她想不出好消息安慰未婚夫，而太多的悲伤和辛酸书写不尽，结果自然是音信不通、离情依旧。

"到黄昏，败荷疏雨，几度销魂。"表达对归途人的牵挂之情。"销魂"，即"消魂"。"销"，通"消"。

词文大意是：到了黄昏，梳齿一般密集的大雨敲击着残败的荷叶，这使我几度悲伤得几乎失魂落魄。

张玉娘将"疏雨"和"败荷"搭配使用，营造出一种恃强欺弱的意境。为什么雨敲残荷会使她"销魂"？也许她认为未婚夫已在归途，会遭雨淋，从而触景生情，感到大雨敲击着自己的心，既悲伤、牵挂，又担心、害怕。

张玉娘在这首词的标题中标明词作的主题思想为"离情"，更在正文中着力地、出色地演绎"离情",主要表现在两个方面。其一,她在演绎"离情"的时机上,不是按常规选择在别离时或别后相思时,而是选择在迎接未婚夫时,这也许是一个新突破。其二,她从多个角度表现离情:一是用"极目"、"倚遍"、皱眉等表示长久专注的动作表现离人情长,二是用"环佩""雪肌""蝉鬓"等表示盛情的装扮表现离人离情长,三是用"拭啼痕""镜光羞""辜负"等表示羞悲的心情表现人情长,四是用"星前月下""细与温存"等表示婚姻的美好想象表现离人情长,五是用"数新鸿""欲传佳信""难写悲酸"等表示相思的言行表示离人情长,六是用"疏雨败荷""销魂"等表示担心害怕的表情表现离人情长。总而言之,词作每字每句无不关乎"离情",从而使离情贯穿于迎候的全过程,显得内涵丰富、色彩斑斓。

## 玉楼春 · 春暮

凭楼试看春何处?帘卷空青淡烟雨。竹将翠影画屏纱,风约乱红依绣户。

小莺弄柳翻金缕,紫燕定巢衔舞絮。欲凭新句破新愁,笑问落花花不语。

## 【译文】

依凭那高高的楼阁,我试探地寻看春天在何处?似乎,卷起窗帘卷入了天空的蔚蓝天色,只见远处淡淡烟雨。春光将修竹的翠绿身影子画在屏风的轻纱上,清风邀约的乱舞的落花依附在闺房的窗户上。

小黄莺正在戏弄嫩黄的柳条就像在翻动金色的丝缕，紫燕子选定了巢位之后就去叼衔那飞舞的柳絮。我伤春不已，想凭借优美的诗句破除那新近产生的忧愁，便笑问落花"可否？"落花沉默不语。

## 【赏析】

### 春在就难破新愁

"玉楼春"，词牌名，又名"木兰花""西湖曲""归朝欢令""呈纤手""春晓曲""惜春容"等。以顾敻词《玉楼春·拂水双飞来去燕》为正体，双调五十六字，前后段各四句三仄韵。另有双调五十六字，前段四句三仄韵，后段四句两仄韵等变体。本词为正体，上下片一、二、四句押仄声韵。

在这首词中，张玉娘描述暮春将尽而春色不肯离去，惹人伤春而生忧愁，表达出一种自己的命运不如禽鸟的厌世之情。

上片描述暮春时节春意盎然景象。

"凭楼试看春何处？帘卷空青淡烟雨。"描述寻觅春色的情景。"空青"，一种碳酸盐类矿石，色蓝，故名。在此喻指蓝天。

词文大意是：我凭倚高楼，尝试着远看春天到底在何处。似乎窗帘卷走了蓝天，我只见到淡淡的烟雨，哪里有什么春天的身影？

春天为四季之首。春天，万物复苏，草木繁荣，百花盛开，万紫千红，生机勃勃，都是客观存在。然而，如果撇开具体的景物景象，那么，春天是一个抽象概念，无形无影。张玉娘竟然要寻找春天的落脚、藏身之地，岂不傻乎？然而，正是这种"春何处"的傻问，传神地表现出她被春天伤感得近乎丧失理智的严重程度。"帘卷空青"，赋予窗帘以人"卷"的动作，并表明天气不晴。她只看到"淡烟雨"，意味着没有找到春天，或许会认为春天走远了。

"竹将翠影画屏纱，风约乱红依绣户。"描述闺房春色。"乱红"，乱舞的红色花瓣。"红"，喻指红花，如龚自珍《己亥杂诗·其五》："落红不是无情物，化作春泥更护花。"

词文大意是：当我环顾庭院，看见春光将翠竹的翠影画在屏风的纱布上，春风相约乱舞的落花依附闺房窗户上。

"竹"画"翠影"，"风"约"乱红"，分别赋予"竹""风"以人的描绘技能和结伴友情。而"竹"的绘画动作、"风"的邀约行为，皆源于春风之力。如果不吹春风，那就"竹"不动，何以"画翠影"？如果不吹春风，"乱红"何以"依绣户"？这就回答了"春何处"的问题，即春天近在身边。

下片描述禽鸟欢愉人愁苦的情景。

"小莺弄柳翻金缕，紫燕定巢衔舞絮。"描述莺闲燕勤。"金缕"，金黄色的丝线，喻指新发嫩黄芽叶的柳条。

词文大意是：学飞的小黄莺正在戏弄那绿黄色的缕缕柳条，小紫燕选定巢后忙于叼衔那飞舞的杨柳白絮。

前句中的"弄"字，赋予小黄莺以人的戏耍秉性，生动地表现出它们自在无忧、悠闲愉悦。后句中的"定"字"衔"字，赋予小紫燕以人的谋划智慧，准确地表现出它们的生活安定、勤劳无虑。如果说，仅凭无形无影、看不见摸不着的春风就说春天就在身边还是显得空洞抽象的话，那么，凭借春天出生的小黄莺戏弄新绿柳条和小紫燕飞衔白色柳絮说春天就在身边，则显得具体实在。

"欲凭新句破新愁，笑问落花花不语。"描述暮春落幕还添新愁的情景。"新句"，诗文中清新优美的语句。唐代张籍《使回留别襄阳李司空》诗："回首吟新句，霜云满楚城。"此指本诗。

词文大意是：面对这到了末日还不甘愿离去的春天美景，我伤感不已，便笑嘻嘻地询问那飘落的花瓣：我想发挥自己的特长和优势，凭借吟咏清新优美的诗句来破解新近添加的忧愁，行吗？落花却不言不语不作答，从而使我大失所望。

由"笑问落花"可知，其一，"欲凭新句破新愁"句是询问、讨教解愁办法的话语。解愁之法，有"借酒消愁""以茶消愁""忙事忘愁""恸哭稀释"等。张玉娘想用诗句"破新愁"，尽管显得有些傻气，却不失为一种创新，也许是没有办法的"办法"；其二，她孤独凄苦，只有落花相伴，也就只好傻乎乎地"问落花"。"花不语"表明，她没有获得解愁之法，从而只好忧愁下去。

这首词的上下片各为两对工整联句。如果四联合一，则可视为一首押仄声韵的七言律诗。如果作为一首律诗来欣赏，那么，首联上句的"试看春何处"是"纲"，下文逐步寻找"春何处"则是"目"，依次分别为：远处"淡烟雨"，似乎没有春天；近处庭院，有"画"翠影的春光和"约乱红""依绣户"的春风；有"弄柳"的小莺、"定巢衔舞絮"的紫燕。春天在张玉娘的眼里从无到有、从虚到实、从抽象到具体，层次推进，直至确认春天还赖在身边，从而为尾联描述伤春不已、新愁难破做好厚实的铺垫。因此，词作的创意新颖、构思巧妙、文路流畅，加上语言精美，所以意境非常优美。

在这首词中，张玉娘将拟人的修辞方法用到了极致的程度。一首八句的短词，运用拟人竟然有五句之多，频率颇高。春光"画"翠影于屏纱，春风"约乱红""依绣户"，小莺"弄柳"，紫燕"定巢衔舞絮"，"花不语"等，为词作平添了浓郁的人情味。"试看春何处""笑问落花"，显得傻气，隐含无奈，饶有情趣。

## 玉女摇仙佩·秋情

霜天破夜，一阵寒风，乱渐入帘穿户。醉觉珊蝴，梦回湘浦，隔水晓钟声度。不作高唐赋。笑巫山神女，行云朝暮。细思算，从前旧事，总为无情，顿相辜负。正多病多愁，又听山城，戍笛悲诉。

　　强起推残绣褥，独对菱花，瘦减精神三楚。为甚月楼、歌亭花院，酒债诗怀轻阻？待伊趋前路。争如我，双驾香车归去。一任他，春融翠阁，画堂香霭，席前为我翻新句。依然京兆成眉妩。

## 【译文】

　　秋日入夜时分，一阵寒风夹着乱哄哄的"淅淅"声音，吹入门帘，穿过绣户。我在醉迷中幻觉一枝珊瑚花，随即从湘江港浦的梦境中醒来，恰逢隔江寺庙的报晓钟声飞渡。这样一来，我不仅无意吟咏宋玉《高唐赋》那样的诗歌，而且嘲笑巫山神女过于痴迷爱情，甘愿化作行云，陪伴朝暮。我还细心地盘算，从前那些旧事，总是由于没有情缘致张沈两家犹如顿相乐器的杵舂相互辜负。正当我多病多愁，听见山城戍楼胡笳声悲。

　　我强行撑起身躯，却因用力过猛推破绣花被褥。当我独自面对菱花镜，发现自己因过分消瘦而减损精神，恰似三分楚国。为什么有人在月下琼楼、歌亭花院里负债喝酒、吟诗抒怀却只敢轻声谈论阻敌？待到他们小步快走，怎么比得上我与沈郎共乘双马并驾的"阿香雷车"？待凯旋，我将任由他在春光融融的翠玉阁、雾霭芳香的绘彩殿堂、丰盛的宴席前，为我反复咏唱清新诗句，就像当年京兆尹张敞为妻子描绘妩媚的黛眉。

## 【赏析】

### 功业成全婚姻梦

　　"玉女摇仙佩"，词牌名，又名"玉女摇仙辈"。调名咏郑交甫遇汉江二妃解佩事。西汉刘向《列仙传》记载，周朝时，郑交甫于汉之湄遇江妃二女，见而悦之，遂向二女索要随身之玉佩。当郑交甫接过玉佩走没多远，随即发现佩与二女都失去了踪影。以柳永词《玉女摇仙佩·佳人》为正体，双调一百三十九字，上片十四句六仄韵，下片十三句七仄韵。另有变体，双调一百三十九字，上片十四句七仄韵，下片十三句七仄韵，以朱雍《玉女摇仙佩·灰飞嶰谷》为代表。

张玉娘这首《玉女摇仙佩·秋情》词属正体，描述自己通宵达旦想方设法解脱不幸的婚姻悲剧带来的痛苦，一旦闻得元军兵临城下，便不顾多病多愁，投笔从戎，与恋人一起驾车在前，并肩杀敌，凯旋，隆重完婚的情景。她那优美的艺术虚构彰显出拳拳服膺的家国情怀。

上片描述梦里未见已故未婚夫和梦醒得闻宋军阻击战号令的情景。

"霜天破夜，一阵寒风，乱淅入帘穿户。"描述入夜时分的景象。"霜天"，深秋天气，指秋日，如北周庾信《和裴仪同秋日》："霜天林木燥，秋气风云高。"霜，年岁的代称，指秋季。"破夜"，与"破晓"相对，指入夜时分。

词文大意是：一个秋日的入夜时分，一阵寒风夹带着乱哄哄的"淅淅"声音，胡乱地窜入窗帘、穿透门户。

张玉娘首先采取"借代"的修辞方法，借"霜天"以代指秋天或秋日，然后以"寒风"的"淅淅"声音、"入帘穿户"的走向具体表现入夜时的天气，给人以现场真实感。

"醉觉珊瑚，梦回湘浦，隔水晓钟声度。"交代彻夜长梦湘江。"湘浦"，即湘江港浦。

词文大意是：我在醉迷时生出珊瑚花的幻觉，然后进入梦乡，来到湘江某个港浦，醒来时，正巧隔江对岸寺庙早晨钟声飞渡传来。

张玉娘写梦循序渐进，先写醉态时幻觉，后写从湘浦梦中醒来，省略"湘浦"梦境。她之所以要省略"湘浦"梦境，是因为典故"湘浦"乃为妃子文英寻找溺死湘江的夫君舜帝之事，借典说事就是暗示她梦寻已故沈郎到达湘浦，所以不必多费文字明说。"晓钟声度"表明，她的"湘浦梦"从"破夜"时的"醉觉"一直做到破晓时钟声，可谓通宵达旦、长梦彻夜。梦里找到沈郎没有？她未说明，且看下文。

"不作高唐赋。笑巫山神女，行云朝暮。"表示从此不信爱情典故。"高唐赋"，春秋楚国诗人宋玉所作，由序和正文构成。正文内容有三：一、讲述高唐神女故事，宣扬交媾致雨的宗教观念；二、云雨之后山河更加宏伟壮丽，万物充满勃勃生机；三、鼓励襄王往会神女，通过交欢生云雨，给国家和人民带来福祉。"高唐"，位于山东省西北部，春秋时期为齐国之一邑，今属聊城市。

词文大意是：我从"湘浦梦"里醒来以后，就再也没有宋玉作《高唐赋》那样的诗兴了，并嘲笑"巫山神女"由于痴情楚王而"自荐枕席"，化作云雨朝暮相伴。

前句表明，也许张玉娘在"湘浦梦"里没有找到已故沈郎，从而对于宋玉的《高唐赋》所述的神女故事不再相信。后句表明，也许张玉娘本想也凭一颗痴心在梦里寻找沈郎，却未能如愿以偿，从而嘲笑"巫山神女"。由此可知，张玉娘彻夜都在想方设法排解不幸的婚姻悲剧所造成的悲伤。

"细思算，从前旧事，总为无情，顿相辜负。"这四句总结不能成婚的教训。"细思算"，细心地思量筹划，如宋代杜安世《凤栖梧》词："闲把浮生细思算。百岁光阴，梦里销除半。""无情"，此指没有情缘。"顿相"，古代乐器"舂牍"的别名，即用杵棒顿地发出的声音调节音乐节拍，犹如杵棒捶顿石舂。《旧唐书·音乐志二》："舂牍，虚中如筒，无底，举以顿地如舂杵，亦谓之顿相。

相，助也，以节乐也。"

词文大意是：由"湘浦梦"里找不到沈郎这件事推开来，我细心反省思量从前婚事不顺的那些往事，应该都是由于没有姻缘情分，张沈两家才犹如乐器顿相中的舂杵那样彼此辜负。

"无情"二字表明，张玉娘经过"细思算"，终将自己的婚姻悲剧归咎于没有姻缘命。她借用古代顿奏体乐器杵舂相顿现象比喻原本十分亲近的张沈两家相互辜负，十分贴切，且很形象。多怪自己没有姻缘，这应当是所谓"秋情"之一吧！

"正多病多愁，又听山城，戍笳悲诉。"描述兵临城下的情景。"山城"，此指松阳县城，因所在的松古盆地四面环山，故称。"戍笳"，边防驻军吹奏胡笳，此指南宋松阳驻军吹奏胡笳。"笳"，中国古代北方民族胡人卷芦叶为笳，吹以作乐，后以竹为管，饰以桦皮，上有三孔，两端加角，刁斗笳吹。

词文大意是：正当我由于多愁而多病之际，听到南宋松阳山城驻军吹奏的胡笳声，音调悲哀凄凉，似在哭诉战事失利。

"戍笳悲诉"二字表明，南宋松阳驻军阻击元军的战事失利、松阳县城失守，张玉娘为"山城"陷落而悲伤。据史载，南宋德祐二年（1276）二月，都城临安沦陷。同年十一月，元将阿剌罕攻陷处州。不久，松阳沦陷。由此可知，张玉娘这首词应当作于殉情之日即景炎二年丁丑（1277）正月十六日前夕。

下片描述自己振作精神、杀敌建功、圆梦完婚的情景。

"强起推残绣褥，独对菱花，瘦减精神三楚。"这三句承接上文，写"山城"失守后的表情。"推残"，推破。"三楚"，秦汉时分战国楚地为三楚。《史记·货殖列传》："淮北沛、陈、汝南、南郡，此西楚也；彭城以东，东海、吴、广陵，以东楚也；衡山、九江、江南、豫章、长沙，是南楚也。"

词文大意是：我一听到"戍笛悲诉"声，立即强打精神撑起身，由于双脚用力过大而踢破绣花被褥；当我对着菱花镜整装待发时，发现自己由于听到"戍笛悲诉"声而又容颜消瘦许多，精神大为减损，就像秦汉时期楚国地盘被一分为三那样。

应当注意，"强起"二字不可以将其理解为"勉强起来"，而应理解为"强打精神起来"。为了表现"强起"的程度，张玉娘用"推残绣褥"形容之，以使人加深印象。她"强起"干什么？不单为了"独对菱花"，参照下文，应当为了整装出征。在"独对菱花"时，她发现自己听到"戍笛悲诉"后又消瘦了。为了表现"瘦减"的程度，她用"三楚"即楚国一分为三的历史事件比拟之，以使人加深印象。如果说，由于"无情"（没有姻缘）而不能梦见已故未婚夫使得她"多病多愁"，那么，"戍笛悲诉"则使她既"强起"又"瘦减三楚"，足见松阳沦陷对她的精神打击之大和精神振作力之大。面貌还是比此前减了许多，可见"戍笛悲诉"对精神的摧残力之大，从而表明她家国情怀之深。这也许就是"秋情"之二吧。

"为甚月楼、歌亭花院，酒债诗怀轻阻？待伊趋前路，争如我，双驾香车归去。"描写投笔从戎的情景。"为甚"，为什么。"诗怀"，诗人的情怀，如五代齐己《新秋雨后》诗："夜雨洗河汉，诗怀觉有灵。""待伊"，等待他。"伊"，多义字。作为代词，是第三人称"他"或"她"的代称。"趋"，此指短而多的步子快步而行。"香车"，泛指女子乘坐的车辆，此指神话中的雷车"阿香车"，典出《太平御览》卷十三引晋代干宝《搜神记》阿香，"义兴人。周永和出行，因日暮，路旁小屋中有女子留宿。一更后有唤：'阿香！'女应诺。'官唤汝推雷车。'女遂辞。周云：'有官事须去。'俄而大雷"。雷车，比喻战车。

词文大意是：在家乡沦陷的情况下，为什么还有人在月下琼楼里、歌亭里、花院里赊账饮酒以表诗人情怀却只是轻声议论阻敌？待他们小步快行向前赶路，怎么比得上我和沈郎乘坐二马并驾的"阿香车"归向部队？

在前句，张玉娘将"酒债""诗怀""轻阻"三个词连用，简明扼要地点明松阳沦陷之后一些社会文人乘着酒兴空谈轻言抗敌保国的典型状况。在后句，她用"双驾香车归去"六个字点出她与已故未婚夫并驾齐驱战车，参军杀敌。前后句形成两种反衬关系：其一，用社会文人借酒抒情、轻言抗敌作为氛围背景，衬托她作为诗人投笔从戎之义举；其二，用一般人"趋前路"衬托她与沈郎并驾战车参军杀敌之义举，还用"争如我"表达自己恐后争先的自豪感，从而深化忧国情怀，报国之情，这应当是"秋情"之三吧。

"一任他，春融翠阁，画堂香蔼，席前为我翻新句。依然京兆成眉妩。"描述圆梦功成完婚的情景。"春融"，春气融和。语出唐代罗隐《春日湘中题岳麓寺僧院》诗："春融只待乾坤醉，水阔深知世界浮。""翠阁"，翠玉砌成的楼阁。翠，一种绿色的宝石。"香蔼"，指云气，如谢惠连《雪赋》："于是河海生云，朔漠飞沙，连氛累蔼，掩日韬霞。""翻新句"，反复咏唱新句。翻，反复。"京兆眉妩"，典出《汉书·张敞传》："敞为京兆……又为妇画眉。长安中传张京兆眉妩。"

词文大意是：一旦建功立业，我俩就可以结婚。待到那春光融融之时，我将任由沈郎将婚礼安排在翠玉砌成的阁楼里，还是香烟缭绕的绘彩厅堂里，听他在宴席前为我反复咏唱清新诗句，我则紧紧依偎着他，就像当年京兆尹张敞为怀中妻子描画妩媚的眉毛。

"翻新句"表明，张玉娘期待殉情后与已故未婚夫沈佺成为诗歌唱和型夫妻。"京兆眉妩"表明，张玉娘还期待殉情后与已故未婚夫沈佺成为温柔恩爱型夫妻。她所描述婚礼情景尽管只是虚构、想象，却是真情流露，应当是"秋情"之四吧。

这首词所表达的"秋情"内涵丰富，色彩斑斓，既有爱情，又有爱国情。在爱情方面，既有不幸婚姻的伤痛，又有解脱婚姻痛苦的希图，还有对于死后完婚的美好憧憬。在爱国情方面，既有大敌当前时的精神振作，又有敢为人先的投笔从戎、驾车冲锋、杀敌建功。爱情和爱国情就像两条红线贯穿全文，其中爱情是基线，却是副线，爱国情是主线，高于爱情。张玉娘将这两条线巧妙地结合起来，以自己的不幸婚姻和松阳沦陷、国难当头为背景，以"多病多愁"的身份尽"匹夫之责"，在爱国、忧国、报国中圆梦完婚，文气自然流畅。上片侧重于不幸爱情，下片侧重于尽责报国，通过"戍楼胡笳"联系起来，使上片成为下片的必要铺叙，下片成为上片的必然发展，结构严谨，无缝连接。

## 卖花声·冬景

衾重夜寒凝。幽梦初醒，玉盘香水彻清冰。起向妆台看晓镜，蹙损梅英。

门外六花零。香袂棱棱，等闲斜倚旧围屏。泠沉宝奁脂粉懒，无限凄清。

## 【译文】

用大被重压身子，只因整夜寒气满凝。当我从充满忧愁的梦中醒来，玉盘香水已经结成清澈的冰。我起身走向妆台，只见那晓光初照的明镜反映出由于眉毛紧皱而受损的容颜与蜡梅红英。

闺房门外，六棱雪花纷纷飘零。我的双臂在香染的衣袖里凸起，显得瘦骨嶙峋，趁着空闲斜靠于陈旧围屏。由于清冷沉浸妆盒，我懒得开启盒盖取用脂粉，那是因为心中有无限多的凄清。

## 【赏析】

### 为伊消得人憔悴

"卖花声"，词牌名，又称"浪淘沙""过龙门"等。唐代刘禹锡、白居易并作七言绝句体，为教坊曲名。五代起，流行长短句双调小令，咏江浪淘沙，五十四字，上下片各二十七字，押四平声韵。

在这首词中，张玉娘借助于描述自然界"冬景"表述心境的"冬景"，将宋代著名词人柳永《蝶恋花》词中的名句"衣带渐宽终不悔，为伊消得人憔悴"演绎得形象逼真、惟妙惟肖。

上片描述冬夜情景。

"衾重夜寒凝。幽梦初醒，玉盘香水彻清冰。"描述冬夜闺中人怕冷多愁梦。"幽梦"，多义词，此指多愁之梦，如唐代杜牧《郡斋独酌》诗："寻僧解幽梦，乞酒缓愁肠。"

词文大意是：由于夜里寒气凝滞闺房，我将沉重的棉被压在身上；我从多忧多愁的梦中醒来，看见盘子里的香水已经冻结成为清澈彻底的冰。

这里的"衾重"不仅证明"夜寒凝"，而且暗示闺中人体弱怕冷；"彻清冰"进一步证明"夜寒凝"，从而简明地描写出闺房的"冬景"。张玉娘在这个隆冬寒夜做"幽梦"（忧愁之梦），可谓"雪上加霜"！

"起向妆台看晓镜，蹙损梅英。"描述闺中人冬晨愁容满面。"晓镜"，晓光照射镜子。"蹙损"，因紧皱眉头而损容貌，形容忧伤之甚，如白居易《如梦令》词："说著暂分飞，蹙损一双眉黛。"蹙，眉毛紧皱貌。"梅英"，即梅花，宋赵令畤《商调蝶恋花》词："媚脸未匀新泪污，梅英犹带春朝露。"

词文大意是：既然梦醒，我立即起床，走向梳妆台，看见晓光初照的明镜反映出二道紧皱的眉毛、为皱眉所损的容颜、素雅的梅花。

在张玉娘的笔下，那同映镜中紧皱的愁眉、因皱眉而损的愁容、素雅梅花形成了一道特别的闺房"冬景"。然而眉毛岂能损坏梅花之美？她将"蹙损"搭配"梅英"，丑美立判，相形见绌，自卑自悲，自然而然。

下片描述冬晨情景。

"门外六花零。香袂棱棱，等闲斜倚旧围屏。"描述闺中人倚屏赏雪。"六花"，雪花，因雪片呈六边形而名。"袂"，衣袖。"棱棱"，形容物体边角棱线锋利，如元代刘壎《隐居通议·诗歌六》："病骨棱棱瘦欲飞，业根犹堕爱梅非。""围屏"，一种可以折叠的屏风。一般有四、六、八、十二片单扇配置连成。因无屏座，放置时分折成锯齿形，故别名"折屏"。屏扇、屏芯装饰一般有素纸装、绢绫装和实心装，又有书法、绘画、雕填、镶嵌等表现形式。

词文大意是：门外六棱雪片纷飞飘零。闺中女子的衣袖隐现棱棱瘦骨，正在趁着愁闲将身子倾斜靠着可折叠的屏风，愣看雪景。

张玉娘能看清雪片"六棱"，表明雪下得很大。因此，"六花零"平添一笔"冬景"。她描述自己瘦削，不是利用诸如"瘦骨如柴"之类词汇直接明说，而是用衣袖凸处隐现的双臂瘦骨棱线表现出来；描述自己虚弱，也不是利用诸如"软弱""无力"之类词汇直接明说，而是用"斜倚旧围屏"表现出来，给人以深刻印象。她善于用身上和身边的事物表现自己，由此可见一斑。

"泠沉宝奁脂粉懒，无限凄清。"描述闺中人慵懒凄苦。"泠"，此指冷气。"凄清"，凄凉冷清。晋代潘岳《秋兴赋》："月朦胧以含光兮，露凄清以凝冷。"

词文大意是：由于寒气沉滞精美妆匣，我懒得动手打开梳妆匣盖、涂抹脂膏香粉。其实是，心里充满无限多的凄凉之情。

晨起先梳妆，乃女子生活之常规。在这个冬晨，张玉娘"脂粉懒"。究其原因，先说是"泠沉宝奁"这个客观因素，后说是"无限凄清"这个主观因素。两相比较，显然前者带有表象性，后者具有本质性。因为正是由于爱情悲剧带来"无限凄清"，才使她瘦骨棱棱，体弱无力，不胜清冷，懒动"泠沉宝奁"。因此，"无限凄清"才是她心中的"冬景"。

这首词以"冬景"为题，名副其实。"夜寒凝""彻清冰清""六花零""泠沉宝奁"等，构成一道自然界的"冬景"。"衾重""蹙损""香袂棱棱""斜倚旧围屏""脂粉懒"等，构成一道闺中人身上"冬景"。镜中"蹙损梅英"则是融合自然界的"冬景"和闺中人身上"冬景"的一道独特的"冬景"。"无限凄清"则是闺中人心头的"冬景"。如果说前三种"冬景"是画意，那么，第四种"冬景"即"无限凄清"就是诗情，从而可以说这首词画意诗情兼备并茂。

## 念奴娇·中秋月　次姚孝宁韵

冰轮驾海，破寒烟、万点苍山凝绿。清逼嫦娥秋殿静，桂树香飘金粟。万顷琉璃，一天素练，光澈飞琼屋。楚云无迹，梦断潇潇银竹。

都胜三五寻常，夜高河新泻，雪波霜瀑。臂冷香销成独坐，顾影愁增千斛。燕子楼空，凤箫人远，幽恨悲黄鹄。夜阑漏尽，梅花声动湘玉。

## 【译文】

天上圆月皎皎，宛如冰玉轮盘冲破寒冷云烟凌驾海上。地上苍山点点，如凝翠绿。可恨明月单逼嫦娥，平添广寒宫几分寂静，就连桂花香气也只飘到金粟似的灯花。万顷蓝天似琉璃，一天星汉如白练，清澈月光飞泻琼楼玉屋。正当楚天行云无踪迹，我梦断了，只因月下银竹风声潇潇。

不论哪天，都胜过八月十五寻常日子，因为这天无非夜空高些、银河新些、泻下月光似雪波霜瀑。我臂冷香消，成天独坐，回看子影，愁增千斛，便思忖：燕子楼已空，凤箫台人远去，陶婴藏恨《黄鹄歌》。长夜过去、漏壶滴尽，唯有《梅花落》笛声搅动江中明月。

## 【赏析】

### 离人中秋莫赏月

"念奴娇"，词牌名，因唐代天宝年间著名歌女念奴音调高亢、声出朝霞之上而名，又称"百字令""大江东去""酹江月""壶中天"等。双调一百字，押仄声韵，也有用平声韵者。仄韵格以苏轼"凭空眺远"词为正体，一百字，上片四十九字，下片五十一字，各四仄韵。平韵格，以陈允平词为正体。

姚孝宁，生卒不详，会稽人，宋徽宗宣和年间太学士，有诗集词集传世，其中以《念奴娇·咏月》著名，认为应当看重中秋赏月寄情。其词云：

### 念奴娇·咏月

素娥睡起，驾冰轮，碾破一天秋绿。醉倚高楼风露下，凛凛寒生肌粟，横管孤吹，龙吟风劲，雪浪翻银屋。壮游回首，会稽何限修竹。

今夜对月依然，尊前须快泻，山头鸣瀑。明此清光倾肺腑，洗我明珠千斛。只恐婵娟，明年依旧，衰鬓先成皓。举杯相劝，为予且挂团玉。

姚词标题为"咏月"，乃咏"中秋月"。上片自述中秋之夜不顾风露、醉饮月下、横笛引歌，邀赏明月的情景。下片阐述观点，认为中秋夜可以面对明月倾吐心声，皎洁月波能使人洗亮眼睛；为免妻子相思苦，自己则劝进圆月高挂，以便遥寄相思之情。

鉴于姚孝宁十分看重中秋赏月并力劝明月高挂，张玉娘以《念奴娇·中秋月》和之，一反其意，认为八月十五寻常日子、中秋赏月寄情是枉费心机。

上片。

姚孝宁词文："素娥睡起，驾冰轮，碾破一天秋绿。"描写嫦娥行空。

张玉娘词文："冰轮驾海，破寒烟、万点苍山凝绿。"描写圆月行空。"冰轮"，比喻皎洁圆月，如陆游《月下作》："玉钩定谁挂，冰轮了无辙。""寒烟"，寒冷的烟雾。南朝颜延之《诏观北湖田收》："阳陆团精气，阴谷曳寒烟。"

词文大意是：皎洁圆月凌驾海上，冲破寒色云烟，照耀着绿色凝滞的群山。

同样写"冰轮"，姚词描写嫦娥驾驭明月（冰轮）行空，张词描写明月（冰轮）凌驾海上行空。"万点苍山"，从月亮远照的角度看颇具视觉真实感。

姚孝宁词文："醉倚高楼风露下，凛凛寒生肌粟，横管孤吹，龙吟风劲，雪浪翻银屋。"描写月下景象：畅饮美酒、感受秋爽、吹笛自娱，沐浴月光。

张玉娘词文："清逼嫦娥秋殿静，桂树香飘金粟。万顷琉璃，一天素练，光澈飞琼屋。"也描写月下景象。"清逼"，单逼、光逼、只逼。"清"，多义字，此指单纯不杂，如"清唱""清茶""清坐"等。"秋殿"，冷落的宫殿，秋日殿堂，此指月宫或广寒宫，如唐代李华《长门怨》："鸦鸣秋殿晓，人静禁门深。""金粟"，金色的粟穗，也用于比喻灯花，如唐代韩愈《咏灯花月候十一》："黄里排金粟，钗头缀玉虫。""光澈飞"，月光像开水沏茶那样飞泻而下。

词文大意是：在这个秋日之夜，明月单单逼迫被幽禁在寂静的广寒宫里的寂寞嫦娥，就连那桂花树也只将芳香飘到宫灯烛花，不给嫦娥分享。在这个秋日之夜，万顷碧空如铺琉璃，一天繁星犹如素练，月光却像热气腾腾的开水沏泡茶叶那样飞泻在琼屋闺房上。

与姚词所述月下饮酒吹笛、沐浴月光的情景不同，张玉娘描述明月欺负自己。她先写明月单单逼迫寂寞嫦娥以及桂花不给嫦娥分享香气，后写月光倾泻闺中人，借以表明自己与嫦娥一样，都是明月欺负的对象；明月专事欺负寂寞离人，可恶至极。

姚孝宁词文："壮游回首，会稽何限修竹。"回忆当年回家壮游会稽。"回首"二字表明，姚词上片前述内容是姚孝宁当年在家过中秋节的情景。

张玉娘词文："楚云无迹，梦断潇潇银竹。"描述梦断楚地游。"楚云"，楚天行云，此指巫山神女甘愿化为云雨朝暮陪伴楚王的爱情传说。"潇潇"，风雨急骤貌，如《诗经·郑风·风雨》："风雨潇潇，鸡鸣胶胶。"毛传："潇潇，暴疾也。""银竹"，银白色的竹子，常比喻大雨，如李白《宿虾湖》："白雨映寒山，森森似银竹。"

词文大意是：正当楚地上空行云无影无踪，突然下起森森似银竹的潇潇大雨，于是我从梦中醒来。

与姚词所述故乡壮游的情景不同，张玉娘描述自己梦游楚地未能如愿。她梦中的异乡楚地景象是先晴后雨，晴时"云无迹"，雨则潇潇如风声、森森如银竹。尽管梦幻景象，却表达出离人相思之苦。

下片。

姚孝宁词文："今夜对月依然，尊前须快泻，山头鸣瀑。"描述自己仍将明月奉为尊长顶礼膜拜。

张玉娘词文："都胜三五寻常，夜高河新泻，雪波霜瀑。"论说中秋月之平常。"三五"，指农历每月十五日，《古诗十九首》："三五明月满，四五蟾兔缺。"此特指农历八月十五日。"夜高河新"，此指夜空显得高、银河显得新。

词文大意是：其实，八月十五日是一个随便哪一天都胜过它的平常日子，只不过由于秋高气爽而夜空显得高一些、银河显得新一些、飞泻而下的月光犹如洁白如雪的波浪、晶莹如霜的瀑布罢了。

与姚孝宁将中秋月奉为尊长予以崇拜不同，张玉娘认为农历十五日是寻常日子，从而八月十五也是一个寻常日子，中秋月也就寻常不过了，至于八月十五日"夜高河新"、月光如"雪波霜瀑"，那是自然气候现象。"三五寻常"，是符合客观情况的论断，因为农历八月十五日只不过是一年三百六十天之一，中秋圆月只不过是一年十二次圆月之一，没有什么特别之处。

姚孝宁词文："明此清光倾肺腑，洗我明珠千斛。只恐婵娟，明年依旧，衰鬓先成皓。"描述中秋夜万众洗目赏月倾诉衷肠、自己生怕妻子又有所衰老。

张玉娘词文："臂冷香销成独坐，顾影愁增千斛。燕子楼空，凤箫人远，幽恨悲黄鹄。"描述自己像古代贞妇那样在中秋夜因孤独而增添离愁。"顾影"，回看身影。"千斛"，形容数量多。斛，古代一种容器，口小底大，呈方形。原来一斛为十斗，后来改成一斛相当于五斗。"燕子楼"，楼名，在今江苏省徐州市。相传唐贞元时尚书张建封终老在外，其妻关盼盼十年独守燕子楼。旧时常以燕子楼代指寡妇居处。"凤箫人"，指萧史、弄玉。据《列仙传》，民间艺人萧史吹笛声如鸾凤之音，能引来凤凰。秦穆公的女儿喜欢萧史，虚心求教。秦穆公便将女儿下嫁萧史，并筑"凤凰台"供居之。数年后，萧史乘龙，弄玉乘凤，升天而去。"黄鹄"，指《黄鹄曲》。汉代刘向《列女传》："陶婴少寡养孤，鲁人闻其义，将求焉。婴闻之，乃作歌明己之不更二也。歌中有'悲黄鹄之早寡兮，七年不双'句。"

词文大意是：夜深月凉，我感到双臂冰冷，沉香散尽当就成了独坐人；我回过头去，只见孤独身影，顿时增添离愁千斛之多。燕子楼寡妇关盼盼十年独守房、少寡养孤的贞女陶婴含恨悲书《黄鹄曲》，都是中秋明月添忧愁的例证。凤凰台秦弄玉与萧史的美满婚姻以及后来一起远走高飞在于秦穆公开明，而与月老无关。

与姚孝宁先写天下人中秋赏月，后写自己担心妻子未老先衰不同，张玉娘先写自己中秋夜受冻添愁："臂冷"——备受月光清冷；"独坐"——孤独寂寞；"顾影愁增"——增添忧愁。后以"燕子楼""黄鹄曲"等典故人物关盼盼、陶婴忧愁终生故事佐证月老从来失职、中秋赏月不能使离人团聚，还以"凤凰台"典故人物萧史、秦弄玉的美满婚姻佐证明月老不如秦穆公那样开明。她要以亲身经历为主证，古代贞归思妇为旁证，阐明一个道理：中秋赏月大可不必。

姚孝宁词文："举杯相劝，为予且挂团玉。"描述自己举杯劝进中秋圆月高挂中天的情景。

张玉娘词文："夜阑漏尽，梅花声动湘玉。"描述自己用笛曲声音搅碎沉江圆月的情景。"夜阑",黑夜将尽。语出三国蔡琰《胡笳十八拍》:"夜阑更秉烛,相对成梦寐。""梅花",此指李延年创制汉乐府笛曲《梅花落》。"湘玉",此指倒映湘水中的月亮。玉,温润光泽的美石,常比喻雪、冰、酒、竹、月等。

词文大意是,在长夜将尽、漏壶沙尽之时,我让古笛曲《梅花落》的哀婉声去搅动湘江水中的月亮。

与姚孝宁劝进明月高挂中天以便赏月寄情不同,张玉娘用哀婉笛声搅动倒映江中的明月,使之破碎。这最后的一笔表达出对于中秋月无比憎恨。

对于姚孝宁词《念奴娇·咏月》,张玉娘《念奴娇·中秋月》反其意而和之,不仅表现主题不同——前者奉明月为尊长,劝"挂团玉";后者怨明月"愁增千斛",要"声动湘玉",而且在具体内容上一概反向对应,可谓"应付裕如"。由此可见,她对姚词琢磨得多么细致透彻,创新立论多么富有主见!词作结构严谨。上片多角度描述中秋明月冷酷无情,为下片提出"三五寻常"、反对中秋赏月作厚实的铺垫。下片描述赏月痛苦,赏月无用,以论证"三五寻常",可谓相辅相成、相得益彰。她提出"三五寻常",质疑中秋赏月,并非一般意义上的否定、反对、挑战中秋节传统习俗文化,而完全出于自己婚姻受挫后乞求明月成全未果的特殊情况下的一种逆反思维的结果,倒也可以推知她离愁多么沉重!

## 水调歌头·次东坡韵

素女炼云液,万籁静秋天。琼楼无限佳景,都道胜前年。桂殿风微香度,罗袜银床立尽,冷浸一钩寒。雪浪翻银屋,身在玉壶间。

玉关愁,金谷怨,不成眠。粉郎一去,几见明月缺还圆。安得云鬟香臂，飞入瑶台银阙，共兔鹤清全？窃取长生药，人月两婵娟。

## 【译文】

秋日天上万籁俱静，只见嫦娥炼云母美酒。都说今夜月中琼楼，风光无限胜过前几年。当桂花殿香气微微传来，我这穿着罗袜的双脚已将一圈井栏站立以尽，身子就像沉浸水里，缩成镰钩状还是觉得冷。月光却偏偏雪浪般地翻滚而下银白色的闺房，我就像置身于月宫的清冷之中。

明月照耀着玉门关外忧愁人、金谷园里抱怨人，他与她都未能成眠。沈郎这一去，月亮已经几度由残缺还复团圆。我怎样才能凭着漂亮的云髻或鬟髻，伸展两臂，飞入瑶台月宫，请长寿仙鹤、捣药白兔共治愈病体？如果不能的话，那我只好窃取长生药，以求与天上明月美好相处。

## 【赏析】

### 无奈人兔共婵娟

"水调歌头"，词牌名。《乐苑》云："旧说《水调》《河传》，隋炀帝幸江都时所制。"唐人演为大曲，分散序、中序、入破三部分。凡大曲有"歌头"，遂名"水调歌头"。双调，九十五字。上片四十八字，下片四十七字，均押平声韵。此调佳作繁多，而苏东坡《水调歌头·明月几时有》乃首屈一指之。

#### 水调歌头·明月几时有

明月几时有？把酒问青天。不知天上宫阙，今夕是何年？我欲乘风归去，又恐琼楼玉宇，高处不胜寒。起舞弄清影，何似在人间。

转朱阁，低绮户，照无眠。不应有恨，何事长向别时圆？人有悲欢离合，月有阴晴圆缺，此事古难全。但愿人长久，千里共婵娟。

苏东坡这首词创作于被贬谪密州期间。上片开卷借问明月，流露出重回朝廷的意愿；接着描写自己"欲乘风"去"天上宫阙"，却又恐"高处不胜寒"；最终以"何似在人间"表明安心谪居，苦中取乐。下片开卷描写月亮运行而照两地无眠人，借以表达对亲人的思念之情；接着借问月亮为何偏偏"别时圆"以表埋怨之情，以天晴天阴、月缺月圆、悲欢离合"古难全"的大道理安慰亲人，并祝愿天下离人：只要"人长久"就能"共婵娟"。词作构思奇巧、气度豪放、情调浪漫、哲理深刻。

也许张玉娘十分欣赏苏东坡这首杰出词作，便跃跃欲试应和，却由于身世经历、生活处境的不同而咏出了一番别样的心情。

上片。

苏东坡词文："明月几时有？把酒问青天。不知天上宫阙，今夕是何年？"自述月出前独自以酒消愁，醉得连"明月几时有""今夕是何年"这种原本不是问题的简单问题都要询问青天、宫阙。

张玉娘词文："素女炼云液，万籁静秋天。琼楼无限佳景，都道胜前年。"描述嫦娥在月宫佳景中辛劳酿酒的情景。"素女"，此指嫦娥，别名素娥，娥即美女。《文选·谢庄〈月赋〉》："集素娥于后庭。"李周翰注："嫦娥窃药奔月，因以为名，月色白，故云素娥。""云液"，本指古代扬州名酒，泛指美酒，如白居易《对酒闲吟赠同老者》："云液洒六腑，阳和生四肢。"

词文大意是：明月出来时，万籁俱静。今夜月宫风光无限，人们都说佳景胜过往年。我却专注于寂寞嫦娥酿制美酒。

与苏东坡自述月出前独自以酒消愁的情景不同，张玉娘自述月出后的所见所闻，既写赏月的人们对于月宫佳景所作的"胜前年"的赞美，又写自己不关注月宫"佳景"，而只专注在月宫"佳景"中酿酒的嫦娥，以表明自己作为离人的与众不同的心情，同时表示对同为寂寞人嫦娥的同情。

苏东坡词："我欲乘风归去，又恐琼楼玉宇，高处不胜寒。""琼楼玉宇"，双关语，代指月宫，暗指朝廷。高处之"寒"，双关语，明指月宫自然气候寒冷，暗指朝廷政治气候寒冷，联系苏东坡的贬谪处境，他所谓的高处之"寒"的内涵应当是钩心斗角、尔虞我诈、诬陷诽谤、残酷迫害的官场风气。他以描述自己想乘风飞上月宫却又生怕受不了广寒宫之寒，来掩盖自己既想回到朝廷，又怕遭受不了官场斗争的政治寒流这样一种进退两难、纠结复杂的心情。

张玉娘词文："桂殿风微香度，罗袜银床立尽，冷浸一钩寒。"描述月下之寒。"桂殿"，指月宫。传说月宫里有桂花树，故名。"银床"，此指水井围栏。"一钩"，一个钩子，亦用于形容新月，如唐代韩偓《雨村》诗："雁行斜拂雨村楼，帘下三重幕一钩。"宋代惠洪《秋夕示超然》诗："一钩窥隙月，数叶搅眠秋。""玉壶"，冰壶，谓壶水成冰，形容寒冷。玉，喻冰。

词文大意是：当月宫吹出的风带来微微桂花芳香飞渡，我这穿着绫罗袜子的双脚已将一圈井栏站遍，冻得我感觉就像沉浸在冷水里，身子骨蜷缩成镰钩状的残月。

与苏东坡自述欲上天上宫阙，又怕"高处不胜寒"不同，张玉娘认为低处（民间）也是"不胜寒"——她列举自己独自站遍井栏一圈，感到身子就像浸在冷水里，从而蜷缩起来，犹如一弯镰钩形状的残月。她用"冷浸"传达自己挨冻的感觉，令人感同身受；用"一钩寒"形容自己挨冻的样子，可谓惟妙惟肖。联系张玉娘婚姻受挫，久别离长相思的处境，她所谓的低处之"寒"的内涵应当是封建礼教下的不自主的包办婚姻制度。

苏东坡词文："起舞弄清影，何似在人间。"认为还是生活在民间好。

张玉娘词文："雪浪翻银屋，身在玉壶间。"描述闺房之寒。"雪浪"，在此形容皎洁的月光。"银屋"，在此形容月光照耀的银白色房屋。"玉壶"，多义词，此喻明月，如唐代朱华《海上生明月》："影开金镜满，轮抱玉壶清。"

词文大意是：洁白月光犹如波浪在银白色的闺房顶上翻滚，致使闺中人仿佛置身于广寒宫的清冷之中。

与苏东坡认为朝廷政治生态不如民间社会生态的观点不同，张玉娘认为民间并非"起舞弄清影"这般美好，而是与"天上宫阙"同样冷酷，令人难以承受。她列举自己站在外面看到"银屋"（闺房）上面"雪浪翻"，回到银屋（闺房）里就像置身于"玉壶"（冰壶）之中，冷得难以承受，从而大大充实、加强了自己的低处"不胜寒"之说。

下片。

苏东坡词文："转朱阁，低绮户，照无眠。不应有恨，何事长向别时圆？"描述明月运行、共照两地无眠人，责问明月为何仅限于"别时圆"。

张玉娘词文："玉关愁，金谷怨，不成眠。粉郎一去，几见明月缺还圆。"描述明月共照两地无眠人，回想别后明月几度圆而人不得团聚。"玉关"，玉门关，即今甘肃省玉门市，出关即为塞外。"金谷"，指金谷园，相传晋代巨富石崇以珍珠换取美女绿珠后，筑金谷园藏娇。"粉郎"，典出《世说新语·容止》："何平叔，美姿仪，面至白。魏明帝疑其傅粉。正夏月，与热汤饼。既啖，大汗出，以朱衣自拭，色转皎然。"后用作女子对丈夫的昵称。此指沈佺。

词文大意是：今夜，明月照耀着身在异乡的愁男、身在闺阁的怨妇这两个不眠之人。沈郎他那天一去，我已经好几回看见月亮由缺复圆，人却不能团聚。对于这种长别离，我不应记恨，因为他也是被逼无奈。

与苏东坡用叙述语言描写明月同时照耀两地无眠人不同，张玉娘借用象征别离的"玉关"地名和"金谷藏娇"典故描述月亮同时照耀两地无眠人——暗指自己与未婚夫沈佺。与苏东坡用反问的口气来抱怨、责怪月亮为了"何事"专门选择我与亲人"别时圆"不同，张玉娘则用自己和沈佺分别后月亮几度圆的事实来抱怨、责怪月亮专门选择我与亲人"别时圆"，更显得言之凿凿。

苏东坡词文："人有悲欢离合，月有阴晴圆缺，此事古难全。但愿人长久，千里共婵娟。"用规律性常识性的道理劝慰亲人莫为别离而悲伤，并祝愿天下离人永远美好。

张玉娘词文："安得云鬟香臂，飞入瑶台银阙，共兔鹤清全？窃取长生药，人月两婵娟。""安得"，怎么才能、岂能。"云鬟"，头发卷曲如堆云的"云髻"和头发盘旋如玉环的"鬟髻"两种发式。"银阙"，多义词，此代指明月，如苏轼《中秋见月和子由》："一杯未尽银阙涌，乱云脱坏如崩涛。""兔鹤"，白兔和仙鹤。传说月中白兔捣药，仙鹤长寿。"清全"，释义为"医治痊愈"。清，清理、治理。"全"，通"痊"，如《周礼·天官·医师》："岁终则稽其医革治其食，十全为上。"注："全，犹愈也。""婵娟"，美好貌，如孟郊《婵娟篇》："花婵娟，泛春泉。竹婵娟，笼晓烟。"

词文大意是：我怎样才能凭借高耸的云髻、旋环的鬟髻、芳香的双臂，飞到瑶池，请寿星仙鹤治病；如果还不成功的话，那我只好仿效嫦娥窃取不老药。这样一来，我就可以和月亮美好相处在一起了。

与苏东坡先用月之圆缺、人之离合"古难全"的道理劝慰亲人，后祝福天下离人生活美好不同，张玉娘则奇妙地想象自己浓妆艳抹，飞到瑶台请寿星仙鹤诊治，飞到月宫请药师白兔捣药，一起治愈相思病；又想象自己仿效嫦娥窃取王母娘娘的长生不老仙药，可以与嫦娥一起过美好日子。如此奇妙的想象，是她对于离愁的不同寻常的反映，表明她为消解别离愁，相思苦已经想尽了一切办法。

对比分析张玉娘、苏东坡《水调歌头》词可以知道，张玉娘不仅在音律上采用"次韵"形式即采用苏词同样的韵脚字，在内容上与苏词一样吟咏中秋夜对月寄情，却表达出不一样的意境和思情。在意境方面，针对苏东坡认为"高处（暗指朝廷、官场）不胜寒"，"何似在人间"（可谓"低处"）的观点，张玉娘从低处（人间或民间）与"高处"一样"不胜寒"，并以自身所处的环境和亲身感受作为例证。在思情方面，针对苏东坡从宏观视角表现中秋之夜明月光照包括他与亲人在内的天下两地离人，并用自然界"阴晴圆缺"人类"悲欢离合"自古"难全"的大道理加以劝慰，最后祝愿天下离人只要"人长久"，就会共同美好，张玉娘则从微观视角表现中秋之夜明月光照自己与未婚夫一对两地离人，讲述自己请天上神医也医不好相思病，只能效法嫦娥窃药飞天与明月共同美好，表达出无比凄惨别离苦、相思愁。

对比分析张玉娘、苏东坡《水调歌头》词不仅可以知道张玉娘与苏东坡在中秋月夜寄托离情之所不同，还可以学到十分重要的诗词和唱知识，即"和者"不仅要用"唱者"诗词的押韵字或押韵音，更要注重在内容、意境、思情的对应，一定要与"唱者"诗词有同有异，同中见异。如果和诗（词）与唱诗（词）之间没有"同"，那二者之间就没有关联，就谈不上相和。如果和诗（词）与唱诗（词）只"同"

无"异,那就成了"人云亦云",毫无新意。和者要在真正读懂唱者作品的基础上,先求"同"——想清楚和诗(词)与唱诗(词)的共同要素是什么,再求"异"——构想出与唱诗(词)不同的若干要素,以表现出与唱诗(词)不同的意境,表达出与唱诗(词)不同的思想感情,给人对应相和,丝丝入扣的艺术美感。由此可见,选准对应点,咏同要见异,对于诗词唱和多么重要。

## 蕙兰芳引·秋思

星转晓天,戍楼听、单于吹彻。拥翠被香残,霜杵尚喧落月。楚江梦断,但帐底、暗流清血。看臂销金钏,一寸眉交千结。

雨阻银屏,风传锦字,怎生休歇?未应轻散磨,多恐宝簪将折。玉京缥缈,雁鱼耗绝。愁未休,窗外又敲黄叶。

## 【译文】

我仰望斗转星移直至拂晓天色,才看见他在戍楼里细听匈奴司号兵将《单于》军歌吹彻九霄,又见自己从楼里抱出带有残香的绿被,并用白色杵棒捶洗,响声喧落明月。楚江会情郎的美梦虽已中断,我却仍在帐底下暗流清泪。再看手臂细瘦得要从金钏圈里消失,我愁得寸眉交织上千结。

由于暴雨阻挡在银屏之外,只好托长风传递情书,岂可休息?我不应当轻轻磨拭那精美发簪,因为生怕信物断折。眼看北面京都方向虚无缥缈,也许足系书信的鸿雁、腹藏帛书的鲤鱼耗尽力气了吧。心中忧愁尚未休止,窗外雨点又在敲击枯黄树叶。

## 【赏析】

### 杳无音信添忧愁

"蕙兰芳引",词牌名,又名"蕙兰芳",调名本意即以引曲的形式歌咏蕙兰花的芳香。调见《片玉词》,以周邦彦词《蕙兰芳引·仙吕》为正体,双调八十四字,上片八句四十四字,下片九句四十字,押四仄声韵。另有吴文英词《蕙兰芳引·空翠染云》等代表作品。

张玉娘这首《蕙兰芳引·秋思》属本调正体。她借助描述一位思妇在战乱中思念、寻找出征的丈夫却音讯不通的故事,表达自己对远在异乡的情郎苦苦相思之情。

上片写思妇因美梦中断而忧愁不堪。

"星转晓天,戍楼听、单于吹彻。拥翠被香残,霜杵尚喧落月。"描述思妇梦境。"单于",匈奴语为"广大"的意思,也是对匈奴君主的称呼,此指匈奴军歌《单于》,如前蜀韦庄《绥州作》诗:"一曲单于暮烽起,扶苏城上月如钩。""霜杵",白色杵棒。霜,喻白色。杵,一头粗一头细的圆木棒。

词文大意是:我梦见星移斗转,直到显露拂晓天色,才看见他在哨楼上细听匈奴军歌《单于》曲响彻云天;我梦见自己从楼里抱出翠绿被单,用银白色杵棒捶打,响声还喧扰得明月西落。

前句描写思妇经斗转星移到拂晓天色的长时间寻找,终于看见在戍楼上值勤的丈夫。"单于吹彻",既表明思妇寻夫来到前线,且临近敌阵,又表明匈奴即将发动侵略战争,军情万分危急。后句描写思妇在军营里尽妻子责任——洗被单。"喧落月"三字,既赋予明月怕吵闹的习性,生动有趣;又表现"思妇"使劲用力。

"楚江梦断,但帐底、暗流清血。"描述思妇梦醒后的情景。"楚江",古代楚国境内江河的统称。如李白《望天门山》诗:"天门中断楚江开，碧水东流至此回。""清血"，指眼泪。如杜牧《杜秋娘》诗："清血洒不尽，仰天知问谁。"

词文大意是：我梦见夫君，就像高唐女子化作楚王台上朝云暮雨的楚江梦，可惜中断了。我只好在帐底下暗自流淌眼泪。

"梦断"二字表明，前述思妇看见夫君"戍楼听、单于吹彻"、思妇"拥翠被"、霜杵"喧落月"等都是美好梦境。一个夫妻相会的美好梦境竟然使思妇"暗流清血"，可见现实生活中的思妇离愁多么沉重、思夫多么情切。

"看臂销金钏，一寸眉交千结。"描述"思妇"消瘦和多愁。"钏"，用珠子或玉石串起来做成的镯子，如金钏、玉钏，套于手臂，《通俗文》："环臂谓之钏。"后来将金银条捶扁，盘绕成螺旋圈状，称"缠臂金"。"销"，多义字，古同"消"，消散、消失之意。

词文大意是：自从"楚江梦断"，我发现自己的手臂细瘦了许多，仿佛要从手镯环圈中消失，便不由得一寸眉毛顿时交集上千个结子。

用手臂对于环圈周长不变的金钏由宽松适度到宽松过度的变化来表现身体消瘦，能给人以真实感，从而很有说服力。用"一寸眉"对应"交千结"的高比例示意眉结的高密度，十分形象地呈现出"思妇"的愁容，可谓绝妙佳句。

下片写"思妇"因难传相思而苦恼不堪。

"雨阻银屏，风传锦字，怎生休歇？"描写思妇托风捎信的情景。"银屏"，镶银的屏风，如白居易《长恨歌》："揽衣推枕起徘徊，珠箔银屏迤逦开。""锦字"，织在锦缎上的字，后用以指妻子寄给丈夫的书信，如李白《久别离》："况有锦字书，开缄使人嗟。"

词文大意是：大雨阻挡镶银屏风后面的人出行，显然难请驿使送信，那就请疾风带信吧！风无形无知，岂能带信？女词人笔下的"思妇"却要托风传信，从而将其思夫之情切张扬到不择手段的地步，可谓匠心独运。

"未应轻散磨，多恐宝簪将折。"描述"思妇"自责的情景。"轻散磨"，懒散地轻磨。"宝簪"，精美的发簪。簪，古人用来插定发髻的一种长针。

词文大意是：我不应该轻率地懒散地用手磨拭那枚发簪针，就因为生怕它会变细断折。

前句表现思妇对于磨拭发簪行为的自责，后句表明思妇自责的原因。女子出于珍惜而抚摸、擦洗发簪之类信物实属正常，无可厚非。这位思妇却认为"未应"并自责。这一细微之处细腻地刻画出思妇无比珍惜爱情的心理活动。

"玉京缥缈，雁鱼耗绝。"描述"思妇"与夫君失联的情景。"玉京"，指帝都，如孟郊《长安旅情》诗："玉京十二楼，峨峨倚青翠。""缥缈"，隐隐约约，若有若无的样子。"雁鱼"，代指书信，典出《汉书·苏武传》："教使者谓单于，言天子射上林中，得雁，足有系帛书。"

词文大意是：我托风寄去锦书，不知传达没有，只好等他的家书。可是，北边帝都方向隐隐约约，也许那足系书信的鸿雁、腹藏帛书的鲤鱼体力耗尽，导致杳无音讯。

借用"雁鱼"典故配以动词"耗绝"，简洁、巧妙地表明思妇收不到郎君的书信，从而会忧愁不堪。

"愁未休，窗外又敲黄叶。"描述"思妇"埋怨秋雨。"黄叶"，枯黄的树叶，亦借指将落之叶，此指秋叶。

词文大意是：我忧愁尚未休止，窗外的雨点又在敲打秋叶。

"愁未休"，上承"雁鱼耗绝"所致的心情。"窗外又敲黄叶"句在"窗外"与"又敲黄叶"之间虽然省略"雨点"二字，但能使读者理解窗外下雨的意思。"敲黄叶"三个字，令人感到雨滴有力，令人如闻雨滴响声，令人觉得黄叶备受摧残。对于"愁未休"的"思妇"而言，那雨点就像在敲打她的心房，因为大雨会阻断通信，从而增添忧愁，更加牵挂。

张玉娘这首《蕙兰芳引》以"秋思"为题，表明她在秋日思念一个人。由此可见，词作的女主人公思妇正是她的化身，思妇梦见情郎、梦醒暗流清泪、托风传锦书、料想"雁鱼耗绝"、听雨"敲黄叶"而忧心牵挂的情景正是她对久别的未婚夫苦苦思念的真实写照。这就是"秋思"的内涵和真谛。

## 如梦令 · 戏和李易安

门外车驰马骤，绣阁犹醺春酒。顿觉翠衾寒，人在枕边如旧。知否，知否，何事黄花俱瘦？

## 【译文】

门外车辆疾驰、骏马急骤，而闺房中人还酣醉于美酒。而她每闻车马声就顿然觉得翠绿被里刺骨寒。为什么？原因在于一个人躺在枕边的情形依然如旧。知道不，知道不，什么事情使得我整个儿如黄花般憔悴消瘦？

## 【赏析】

### 离愁消得"黄花"瘦

"如梦令"，词牌名，原名"忆仙姿""宴桃源"。相传为五代时后唐庄宗所作。因词中有"如梦，如梦，残月落花烟重"句，乐府遂取"如梦"二字名之，后人改为"如梦令"。单调七句三十二字，仄韵，第五、六句为迭句。宋代著名女词人李清照为该调词作代表人物之一。

李清照（1084—1155），号易安居士，济南章丘人。宋代女词人，婉约词派代表，有"千古第一才女"之称。前期多写悠闲生活，后期多叹坎坷身世，情调感伤。善用白描手法，自辟新奇途径，语言柔美清丽，论词强调协律，提出词"别是一家"之说。感时咏史，则情辞慷慨。有《易安居士文集》《易安词》，已散佚。后人辑集《漱玉词》，其中有《如梦令·昨夜雨疏风骤》。

### 如梦令·昨夜雨疏风骤

昨夜雨疏风骤，浓睡不消残酒。试问卷帘人，却道海棠依旧。知否，知否？应是绿肥红瘦。

张玉娘久仰李清照其人，欣赏李清照其词。也许对《如梦令·昨夜雨疏风骤》情有独钟，遂作《如梦令·戏和李易安》与之相和。

李清照词文："昨夜雨疏风骤，浓睡不消残酒。"描述昨夜门内外情景。

张玉娘词文："门外车驰马骤，绣阁犹醺春酒。"描述白天门内外的情景。"马骤"，马奔驰。骤，疾驰。《诗经·小雅·四牡》："载骤骎骎。"陈奂传疏："载骤，犹载驰。""绣阁"，闺楼，指闺中人。"醺"，酒醉貌。"春酒"，一说冬酿春熟之酒，如《周制》："盖以冬酿经春始成，因名春酒。"一说春酿冬熟之酒，如李善注："春酒，谓春时作，至冬始熟也。"

词文大意是：门外马车急骤奔驰，闺中人醉了还喝。

与李词描述暴风骤雨和闺中人由于睡意浓而剩余美酒不同，张词描述门外车水马龙、急驰奔忙，闺中仍然酒气熏天。"车驰马骤"，示意白天。"绣阁犹醺春酒"，其实是指"绣阁"里的女子"犹醺春酒"，即酒醉不停杯。这样就形成白天与"昨夜"的时间对应，"绣阁"与"浓睡"人的对象对应、"车驰马骤"与"雨疏风骤"的景象对应、"犹醺春酒"与"不消残酒"的行为对应，从而造成不同意境。"车驰马骤"意味着来往人多，却无人归"绣阁"，闺中人借"犹醺春酒"消愁就显得自然而然。

李清照词文："试问卷帘人，却道海棠依旧。"描述主仆对话。

张玉娘词文："顿觉翠衾寒，人在枕边如旧。"描述闺中人枕边醉卧怕冷。"衾"，大被，如《说文解字》："衾，大被。"段注："寝衣为小被（夹被），则衾是大被（棉被）。"

词文大意是：酒醉初醒，我顿时觉得身盖翠绿大被还是太冷，再定神一看，原来我躺卧在枕头旁边的身体姿势如旧未变。

与李词描述女主人试探性提问和仆人回答"海棠依旧"的对话情景不同，张词描述闺中人独醉睡卧枕边、酒醒觉得被冷。"人在枕边如旧"表明，她由于醉酒而头不着枕，也顾不上盖被子，直到酒醒还保持着醉倒在枕头旁边的睡眠姿势，从而觉得"翠衾寒"。用"人在枕边"表现酒醉程度深，角度新颖，生动形象，令人难忘。

李清照词文："知否，知否？应是绿肥红瘦。"描述女主人否定婢女的答话。

张玉娘词文："知否，知否，何事黄花俱瘦？"描述女主人再问自己消瘦的原因。"黄花"，一指黄花菜，又名忘忧菜，春季开花，可供观赏，秋收干花，可作菜肴。一喻未出嫁的少女，有"黄花闺女"之称。

词文大意是：知不知道，我为了什么事情才落得个与黄花一般俱瘦？

与李词描述女主人先连问婢女"知否"，后自认为"雨疏风骤"

过后应当"绿肥（绿叶油肥）红瘦（红花干瘦）不同，张词先自问"知否"，后自问为何消瘦。连用"知否"，将闺中人急于知道实情的焦躁情绪表现得淋漓尽致。"何事黄花俱瘦"，一语双关，明问黄花由于何事而干瘦，此为虚，理由在于前文缺乏摧残作为植物的"黄花"的自然因素或人为因素；暗问闺中人因为何事而消瘦，此为实，理由在于前文具有"车驰马骤"却未载人归的引愁因素。也就是说，司空见惯"车驰马骤"不载情郎归致使这位"黄花闺女"日渐消瘦。因此，借用别名"忘忧草"的干黄花菜替代消瘦的闺中女子，不仅贴切，而且能将闺中女子是忧愁女子且由愁致瘦的意义自然而然地寓托其中。

如果说李词从描述女主人昨夜耳闻"雨疏风骤"却浓睡而未及光顾海棠花，到早起急问海棠花如何、最后断定"绿肥红瘦"，成为"惜花"的名篇，那么，张词从描述女主人公白天耳闻目睹门外"车驰马骤"，却不见情郎归，从而愁得"醺春酒"，醉得"人在枕边"，醒来自问为何瘦如干黄花菜，成为"怜玉"佳作，堪称"姐妹篇"。张玉娘将创作这首词称为"戏和李易安"，有人便说这是"模仿易安体"，并断定"远不及李词"。自充"裁判"，贬此褒彼，很不妥当。首先，张玉娘这首和词咏唱与原词相同的人、物、事，用与原词相同的词牌、相同的片数、相同的句数、相同的字数、相同的音律、相同的声韵乃至相同的押韵字，此乃遵循和唱格律规矩，可谓"同工"，并非模仿。再则，张玉娘这首和词咏出了与原词不同的画意、诗情、主题、思想，此乃推陈出新、标新立异，可谓"异曲"。由此可见，张词李词，形式相仿无须品评，各有千秋才是公论。

# 忆秦娥 · 咏雪

天幂幂，彤云黯淡寒威作。寒威作，琼瑶碎剪，乘风飘泊。

佳人应自嫌轻薄，乱将素影投帘幕。投帘幕，不禁清冷，向谁言著？

## 【译文】

天空仿佛被大巾覆盖，乌云阴沉天色昏暗，寒风凛冽，淫威大作。寒风凛冽，淫威大作，犹如无数剪刀将漫天白玉剪成碎片，乘着风力，四处漂泊。

作为才情女子，我应当自觉嫌恶轻薄习气，偏偏雪地反光乱将月影投射于帘幕。乱将月影投射于帘幕，我不禁冷清凄惨，又能向谁人诉说来着？

## 【赏析】

### 自嫌轻薄方自洁

"忆秦娥"，唐代诗人李白创制，因有"秦娥梦断秦娥月"句而名之。双调四十六字。上下片各五句二十一字。各片第一、二、三句押仄声韵，其中第二、第三句叠韵。

张玉娘这首词咏雪明志：自嫌轻佻，洁身自好，无愧"佳人"名声。

上片咏雪——描述下雪的过程与景象。

"天幂幂，彤云黯淡寒威作。"描写下雪前的天气。"幂幂"，用巾覆盖。如《周礼》："以巾覆物曰幂。"因此，前面的"幂"

字应理解为"巾"，后面的"幂"字应理解为"覆盖"。"彤云"，指红云、彩云，也指下雪前密布的浓云。如唐代宋之问《奉和春日玩雪应制》："北阙彤云掩曙霞，东风吹雪舞山家。""寒威"，寒风发威。

词文大意是：就像大巾覆盖一般，天空乌云笼罩，天色阴暗，寒风凛冽，大发淫威。

"幂幂"，比喻乌云笼罩天空，形象生动；"寒威作"，赋予寒风以凶神恶煞的淫威，这些都是下雪的征候、下雪的前兆。

"寒威作，琼瑶碎剪，乘风飘泊。"描写下雪的景象。"琼瑶"，皆为美玉。玉，形容洁白，如玉瑰，比喻皎洁明月；也比喻雪，如玉屑，比喻洁白的雪花。"飘泊"，同"漂泊"，比喻东奔西走、行止无定。

词文大意是：寒风淫威大作，犹如无数剪刀将满天琼玉剪成碎片，纷纷扬扬，飘舞不定。

叠用"寒威作"，以加重的语气张扬寒风的威势，其实是诅咒寒风恶行。将下雪比喻为寒风剪玉片，又将雪片比喻为白玉碎片，既表现出"寒威作"的气势，又将下雪的现象形象化。

下片抒情——表达洁身自好、有苦难诉之情。

"佳人应自嫌轻薄，乱将素影投帘幕。"描述闺中女子自嫌轻薄反被轻薄骚扰。"佳人"，多义词，此指有才情的美貌女子。"自嫌"，自己不满自己或自觉地嫌恶什么，如陆游《法云僧房》诗："自嫌尚有人间念，却为春寒怯夜长。""素影"，月影，唐代范荣《残雪赋》："杂凝花于春露，乱素影于夜月。"

词文大意是：有美貌有才情的女子应当自觉地嫌恶轻佻浮薄的习气，偏偏雪光反照，胡乱地将月公的身影投射在帘帐帷幕上。

"佳人"的标准是什么？闺中女子认为，除了美貌、才情，还"应自嫌轻薄"。一个"应"字，传达出她平时用"自嫌轻薄"严于律己的思想修养信息，是一位端庄大方、才情并茂的佳丽。"素影"（月影）投"帘幕"？一般不可能，因为月光只能直射，不能拐弯，它只有借助于其他反光物体的折射光才能将月影投射在闺房的帘幕上。由于下雪过后，大地白雪皑皑、天空朗月斜照，因此，"素影投帘幕"必然是雪光反照的结果，从而为上片咏雪增补了锦上添花的精彩一笔。"乱将"二字表明：一是闺中女子认为月亮公公的身影投错了地方，不应出现在独处女子的闺房；二是闺中女子对于"轻薄"秉持着"自嫌"的定力。

"投帘幕，不禁清冷，向谁言著？"描述孤独清冷、有苦难诉的心境。"言著"，"诉说来着"。"著"，多义字，用作助词，则同"着"字，表示动作、状态的持续性。

词文大意是：尽管"素影"投在帘幕上，却禁止不住冷落寂寞，我的苦楚能向谁人诉说来着？

迭用"投帘幕"，加重语气以张扬"素影"乱投。"不禁清冷"表明，"闺中女子"宁可独处寡居、孤寂孤苦也不愿与帘幕"素影"交结为伴，也许因为她要从一而终，也许生怕"寡妇门前是非多"吧。"向谁言著"，土言口语，俗中见雅，饱含悲酸，表明她孤独寂寞，对话无人。

这首咏雪词没有一个"雪"字，却将作下雪前的征候、下雪时的景象、雪光的投影等自然现象表现得生动逼真，同时将诅咒寒风、怨雪投影的情景和盘托出，也将一位体弱畏寒、自嫌轻薄、注重避嫌、坚贞从一，有苦难诉的闺中女子的形象活跃于字里行间。这位闺中女子便是寡居人、本词作者、堪称"佳人"的张玉娘的自我写照。

# 南乡子·清昼

疏雨动轻寒，金鸭无心爇麝兰。深院深深人不到，凭阑。尽日花枝独自看。

消睡报双鬟，茗鼎香分小凤团。雪浪不须除酒病，珊珊。愁绕春丛泪未干。

## 【译文】

梳齿似的雨线牵动微微春寒，金鸭子似的香炉无心点燃内含麝香兰草的竹签条香。由于庭院进深太深，他还未到来，我便等待，依凭雕花栏杆，结果却是整日里独自愣看那庭院花枝。

睡意消散的信息报给一双环状发鬟，三足鼎锅中的滚烫香气中间分开一块凤团茶。其实我无须用白浪茶水解除醉病，那就慢慢上。因为我心中的忧愁仍然环绕花丛，泪水也尚未流干。

## 【赏析】

### 无须茶酒解离愁

"南乡子"，词牌名，原为唐教坊曲名。分单调双调两体。单调二十七字或二十八字或三十字，先用二平韵，后转三仄韵。双调五十六字、或五十四字、或五十八字，押平声韵。本词为双调五十六字，上下片各五句二十八字，均第一、二、三、五句押平声韵。

在这首词中，张玉娘自述家父解除婚约后渴望约会未婚夫，却等不到他的到来，从而愁情难解、无比忧伤。

　　上片描写耐心苦等的情景。

　　"疏雨动轻寒，金鸭无心爇麝兰。"描写屋内外景象。"金鸭"，鸭形香炉。炉体长十六毫米，宽八点一毫米，紫褐色至紫黑色或绿褐色，略具金属光泽，触角黑，第四、五节基部淡黄褐，前胸背板前半绿黑，后半隐约有四条绿黑色纵纹。"爇麝兰"，点燃含有麝香和兰花的盘香。"爇"，点燃、焚烧，如《周礼·春官·菙氏》："凡卜，以明火爇燋。""麝兰"，麝香和兰花的合称。

　　词文大意是：屋外，梳齿般的雨丝拂动轻微寒风。屋内，金鸭形的铜香炉似乎没有心思点燃那含有麝香、兰香的竹签香。

　　"金鸭无心"，赋予香炉以人的百无聊赖心情，其实是指香炉旁边的人即张玉娘本人"无心"焚香。她为何"无心"？想必与"疏雨"有关。也许她认为大雨阻止归人行程，即便焚香祈愿也无济于事，从而认为不必"爇麝兰"。

　　"深院深深人不到，凭阑。尽日花枝独自看。"描述整天等待人未归的情景。对于"人不到"，张玉娘只讲客观因素——"深院深深"，人到要用很长时间要走很长的路。由此可见她对于未婚夫"人不到"多么宽容。"深院深深"，一句三个"深"字，似犯诗句重字累赘之忌，却又给人一种庭院特别幽静幽深的美感，便不禁要为她将三个"深"字用得恰到好处而击掌点赞。

　　下片描述等待落空后的忧愁情态。

　　"消睡报双鬟，茗鼎香分小凤团。"描述煮茶消睡的情景。"消睡"，消除睡意。"双鬟"，古时女子一种成双的环形发式，实指闺中女子。"茗鼎"，煮茶用的两耳三足鼎锅。"茗"，晋代郭璞注："今呼早采者为茶，晚采者为茗。""小凤团"，一种团状的茶饼，纸包装，印凤凰图纹，为宋代贡品。宋代张舜民《画墁录》卷一："先丁晋公（丁谓）为福建转运使，始制为凤团，后又为龙团，贡不过四十饼，专拟上供。"

词文大意是：我等着等着，不禁昏昏欲睡，便将消除睡意的想法通报两位梳着环形发髻的丫鬟。于是，三足圆鼎里的腾腾香气从中间分开凤团茶饼。

张玉娘将"消睡"的想法"报双鬟"，显然是将"双鬟"拟人化，也就是巧借"双鬟"替代两位梳鬟髻的丫鬟。这比直接说"丫鬟，设法为我消除睡意"来得诙谐有趣。"香分小凤团"，突显茶香之浓郁，张扬香气之有力，这比直接说"开水翻滚分开凤团茶饼"也要有趣得多。

"雪浪不须除酒病，珊珊。愁绕春丛泪未干。"描述且慢用茶解醉的情景。"酒病"，犹病酒，因饮酒过量而生病，如唐代姚合《寄华州李中丞》诗："养生非酒病，难隐题诗名。""珊珊"，形容女子缓慢移动的步态，如明代梅鼎祚《昆仑奴》第三折："步珊珊，环佩长；动霏霏，罗绮香。""春丛"，春日丛生的花木，语出南朝刘孝标《广绝交论》："叙温郁则寒谷成暄，论严苦则春丛零叶。"

词文大意是：茗鼎中的白浪啊，此时此刻，我无须用茶水解除酒醉之病，那你就姗姗来迟吧。因为我明白，由于醉得不够，忧愁仍然环绕春日丛生的花木，况且眼中泪水尚未流干呢。

前句中的"不须除酒病"表明，上文所涉及的睡意，原因酒醉。也许张玉娘久等不见人到，心生忧愁，便以酒消愁，酒醉睡，便想以茶消睡。"珊珊"表明，当煮好茶，她却不想以茶解醉。后句"愁绕春丛"表明，忧愁是她酒醉的原因，即为解忧而酒醉，以忘愁的醉迷取代知愁的清醒，正所谓"何以解忧，唯有杜康"；还表明，她怨恨春天、伤感春天，也许因为这个春天突发退婚风波，她与未婚夫近在咫尺而难以约会，痛苦不堪。

张玉娘这首词以"清昼"为题，上片描述自己苦苦等人的情景，那"无心爇麝兰"的"金鸭",那"人不到"的"深院深深",那"尽日""凭阑"看花枝的女子,构成一幅冷清清、凄凉凉的白昼图景;下片抒发自己忧愁难消的心情,那种既想"消睡"又要用茶解酒提神的矛盾心情、既想以酒解愁又要保持醉态以免忧愁困扰的矛盾心情,感人至深,仿佛一位"愁绕春丛泪未干"的大家闺秀就亭亭玉立眼前。

## 浣溪沙·秋夜

玉宇无尘雁影来,绕庭荒砌乱蛩哀。凉窥珠箔梦初回。

压枕离愁飞不去,西风疑负菊花开。起来清秋月满台。

## 【译文】

在明净无尘的天空,一只鸿雁影子徐徐而来,只是环绕庭院的荒废围墙,吓得蟋蟀胡乱啼哀。当我失望地窥视那串有珠玉金箔的窗帘,方才知道自己刚从梦乡返回。

由于别离之愁沉重地压在枕头上、不肯离去,于是,西方吹来的秋风竟然怀疑自己辜负了秋菊按时开花。当我从床上起来时,清秋明月早已将皎洁的光辉洒满楼台。

## 【赏析】

### 他不归来愁不去

"浣溪沙",词牌名,又名"浣溪纱""浣纱溪"。分平韵仄韵两体,均双调共四十二字。平韵体常见于唐人词,仄韵体始自南唐李煜，宋代周邦彦曾作《浣溪沙慢》，双调九十三字，仄韵。

张玉娘这首"浣溪沙"词为双调四十二字的平韵体。她从传信鸿雁不肯落地停留的梦境起笔，描述自己离愁深重的现实生活，表达对未婚夫的苦恋相思之情。

上片写梦内梦外景象。

"玉宇无尘雁影来，绕庭荒砌乱蛩哀。凉窥珠箔梦初回。"描述梦见雁不传信梦醒失望的情景。"玉宇"，明净的天空。如毛泽东诗句："金猴奋起千钧棒，玉宇澄清万里埃。""荒砌"，荒废的堆砌物。"凉窥"，失望地窥视。"凉"，多义字，引申比喻灰心、失望，如："听到这个消息，我的心凉了半截。"

词文大意是：我看见，万里长空澄碧明净，大雁身影徐徐而来，围绕庭院荒废的堆砌物旋了一圈就飞离了，吓得蟋蟀胡乱哀鸣。当我失望地窥视那装饰玉珠金箔的窗帘时，方才知道自己刚从梦中醒来。

前句中的"绕庭荒砌"表明，"雁影"只光顾不需要信的一堆废物，而不理不睬盼信的"等信人"。后句中的"凉窥"表明，"等信人"对于自己收不到信且被"雁影"冷漠，很是失望伤心；"梦初回"表明，前述之"玉宇无尘""雁影来""绕庭荒砌""乱蛩哀"等，都一场梦境。梦是虚幻的，然而，人在梦中的心理活动是实在的，与人清醒时的心理活动一样都是客观事物在人脑中的反映。因此，"等信人"这场雁不传信的梦境及其梦醒后的失望惆怅，正是她与未婚夫长期分别离、音信不通、离愁重重的现实生活的反映。

下片写离愁不去的原因。

"压枕离愁飞不去，西风疑负菊花开。起来清秋月满台。"描述离愁缠绵、反侧难眠的情景。"西风"，由于温带秋季盛行从西方吹来的风，因此指秋风。

词文大意是：我这个雁不传信的噩梦使得离别以来所积累的忧愁沉重地压在枕上、飞离不去，那西边吹来的秋风便怀疑自己有负于菊花按时开放而使爱菊姑娘伤心。当我起来看菊花时，那清秋明月也升起来了，已将皎洁光华洒满楼台。

前句中的"压枕"与"飞不去"，赋予"离愁"以重量、飞行能力和赖着不走的劣性，生动地反映出"等信人"忧愁难解的处境，情趣丰饶。其中的"压枕"二字，应理解为头枕枕头的人。"疑负"二字，赋予"西风"以人的疑虑、负疚、补偿心理，使之成为见证"等信人"不堪愁重的"证人"，可谓咏愁佳句。后句"起看""月满台"表明，"等信人"由于等不到信而想托月寄情。

这首词描述的"秋夜"，既有张玉娘梦见秋夜景物景色，又有她梦醒后所见的秋夜景物景色；既有张玉娘梦见自己等信不得的情景细节，又有她梦醒后灰心失望、忧愁重重、对月寄情的真情实感，以虚带实，虚实结合，互相映衬，从而相得益彰，意境多彩。

## 小重山 · 秋思

秋入瑶台玉簟凉，藕花香暗度，紫荷乡。软罗轻扇动清商。霜渐老，庭外菊花黄。

眉月画应慵。瘦癯羞对镜，怨容光。泪痕寒染翠绡裳。梧叶尽，疏影下银床。

## 【译文】

秋风吹入瑶台，使得精美的簟席随即转凉；藕花的芳香暗自度入佩带紫荷的大臣班列上朝的梦乡。他身着柔软绫罗、轻轻摇晃扇子以搅动秋风。就这样，他年纪渐老，就像那庭院外面的菊花日益枯黄。

当年我的眉毛新月一般细长，现在应当描得倦慵；身子瘦得干缩，便羞于面对明镜，只好抱怨容光，让泪痕的寒色染透翠绿的绫绡衣裳。此时此刻，梧桐树叶凋零以尽，将稀疏明晰的阴影投下井栏。

## 【赏析】

### 悔教夫婿觅封侯

"小重山"，词牌名，又名"小冲山""小重山令"等，双调五十八字，平韵，上片五句三十字，下片五句二十八字。唐人常用此牌诉述宫女的幽怨。

张玉娘上承唐人传统，用此调倾诉别离之苦，表达幽怨之情。

上片，想象描述未婚夫入朝为官的情景。

"秋入瑶台玉簟凉，藕花香暗度，紫荷乡。"描写宫廷气候和早朝盛况。"瑶台"，瑶玉砌成的楼台，代指朝廷宫殿。"玉簟"，精美的竹席。"紫荷乡"，喻指皇宫早朝仪式。"紫荷"，朝廷大臣官服肩部一种佩饰，标志高官。尚书令、仆射、尚书（朝服）肩上的紫夹囊，名曰"契囊"，世称"紫荷"。

词文大意是：寒冷的秋风吹进瑶台一般壮观的宫廷，仅仅使竹簟变得凉爽宜人。莲藕开花，荷花香气暗暗地飘入肩佩紫荷标志的大臣们班列早朝的宫廷。

在前句，张玉娘将"秋入瑶台"搭配"玉簟凉"，示意出寒冷的秋风对于皇宫气温影响极小，从而彰显出宫殿规模之宏大。后句中的"藕花香"表明，夏季开花的莲荷在皇宫里可以秋季开花，从而彰显出宫殿自成气候。"紫荷乡"，极其简洁且颇有象征性地呈现出大臣早朝盛况。她之所以要写早朝场面，也许认为考中榜眼的未婚夫沈佺就在早朝大臣的队列里。

"软罗轻扇清商。霜渐老，庭外菊花黄。"描述未婚夫的宫廷生活。"清商"，此喻秋风，如西晋潘岳《悼亡诗》："清商应秋至，溽暑随节阑。""霜渐老"，年纪渐老。"霜"，多义字，引申为年岁的代称，如唐代刘皂（一说贾岛）《旅次朔方》："客舍并州已十霜，归心日夜忆咸阳。"

词文大意是：早朝后，榜眼沈佺身着柔软的绫罗便服，轻轻地摇着扇子，扇动阵阵秋风。

张玉娘用"软罗"二字以示富贵，用"轻扇"二字以示悠闲，从而将未婚夫在宫廷里的休闲生活表现得惬意舒坦；再用"霜渐老"三个字以示未婚夫终生在朝为官，从而勾勒出一个沉湎富贵、乐不思蜀、背叛爱情的"负心郎"艺术形象，同时暗示女方遭到抛弃。

下片，自述"遭弃之痛"。

"眉月画应慵。瘦癯羞对镜，怨容光。"描写梳妆时的情景。"眉月"，比喻女子弯而细的眉毛。"瘦癯"，清瘦干缩。

词文大意是：当年，我的眉毛犹如新月又细又长，现在应将眉毛描得倦慵一些；身子也已消瘦得干瘪缩小，于是羞于面对明镜，只好抱怨容光。

如果说眼睛是心灵的窗口，那么，眉毛就是心理、体质的显示器。前句中的"画应慵"表明，张玉娘被"抛弃"以后心情慵倦。后句中的"瘦癯"表明，她被"抛弃"以后十分消瘦、憔悴不堪；"羞对镜""怨容光"表明，她过分瘦癯而不堪入目，却怨己不怨人。从而勾勒出一位忍受遭弃之痛的女子艺术形象。

"泪痕寒染翠绡裳。梧叶尽，疏影下银床。"抒发孤苦悲秋之情。"疏影"，稀疏而清晰的影子，如杜牧《长安夜月》诗："古槐疏影薄，仙桂动秋声。"

词文大意是：既然我只能"怨容光"，那么，就只好任由眼泪斑痕的寒色染抹那翠绿色绫绡衣裳。此时此刻，梧桐树由于叶子落尽而将稀疏明晰的阴影投落在水井围栏上。

前句中的"泪痕"与"绡裳"之间用"染"字连接，乃洒泪斑衣之意，与"挥泪斑竹"有异曲同工之妙。后句以"梧叶尽""疏影下"表现秋日萧条景象。她触景生情，当有悲秋之意。

据《沈氏宗谱》，张玉娘在开笄之年与同龄表哥沈佺订婚。后因沈氏家道中落，家父撕约悔婚，扬言"非乘龙不婿"。为了日后完婚，她鼓励沈佺外出深造，取得功名。沈佺不负期望，荣登"榜眼"，却因染疾数月未归。她盼归心切，难免猜疑多多，也许想到留京为官，荣华富贵，遂作此词。她先写宫廷气象、早朝盛况和沈佺"背叛"爱情、为官不归的情景，为下片作铺垫；后写梳妆情景，将自己塑造成为"眉慵""瘦癯""羞对镜"、泪染绡衣的遭弃女子和幽怨女子。全词以现实离愁为基础，以合理想象为衬托，前虚后实，前因后果，前后呼应，完美结合，可谓独辟蹊径，创意新颖。这也是被离愁逼出来的。

## 汉宫春 · 元夕　用京仲远韵

玉兔光回，看琼流河汉，冷浸楼台。正是歌传花市，云静天街。兰煤沉水，澈金莲，影晕香埃。绝胜□，三千绰约，共将月下归来。

多管是春风有意，把一年好景，先与安排。何人轻驰宝马，烂醉金罍？衣裳雅淡，拥神仙，花外徘徊。独怪我，绣罗帘锁，年年憔悴裙钗。

## 【译文】

借助明月折返之光，我仰望天空，看见琼液流淌的河汉和清冷沉浸的楼台。正当歌声传遍灯市，云彩静止于天街。我点燃兰煤焦炭，煮沸沉香水，沏泡金莲花茶。终于等到形影晕迷、移步带起香尘的翩翩仙女，那种美貌绝对胜过唐宫三千佳丽，一起从明月底下向我归来。

上述一幕，多半是春风有意把一年中的美好光景事先做好的安排吧。是谁，轻易地驰骋骏马，烂醉地举着印有云雷花纹的酒杯？是他，一身衣裳雅洁素淡，殷勤簇拥仙女，在花园外踱步徘徊。只能怪我，整天用绣花绫罗门帘将自己封锁，年复一年，终于成为憔悴裙钗。

## 【赏析】

### 他弃我去拥仙女

"汉宫春"，词牌名，又称"汉宫春幔""庆千秋"，有平声韵仄声韵两体。平声韵以晁冲词为正体，上下片各九句共九十六字。上片四十七字，下片四十九字，均第三、五、七、九句四押平韵。本词为平声韵体。

张玉娘这首词是对京仲远词《汉宫春·暖律初回》的和词。

京仲远，即京镗，字仲远，宋绍兴二十七年进士，官至少傅左丞相，封"翼国公"。他曾作平韵体《汉宫春·暖律初回》，又名《汉宫春·元宵十四夜作，是日立春》。

## 汉宫春·暖律初回

暖律初回，又烧灯市井，卖酒楼台。谁将星移点点，月满千街。轻车细马，隘通衢，蹴起香埃。今岁好，土牛作伴，挽留春色同来。

不是天公省事，要一时壮观，特地安排。何妨彩楼鼓吹，绮席尊罍。良宵胜景，语邦人，莫惜徘徊。休笑我，痴顽不去，年年烂醉金钗。

欲知京仲远词的内容，必须弄清几个关键词。"暖律"，古代以时令合乐律，故称温暖时节为"暖律"，一般指立春以后，因此，元宵节可称"暖律初回"。"烧灯市井"，形容灯市明亮如烧火。"轻车细马"，指艳越楚妃的吴姬。"细马"，指小马，如李白《对酒》诗："蒲萄酒，金叵罗，吴姬十五细马驮。""土牛"，我国古时有立春日鞭土牛、劝农耕的习俗。"邦人"，指家乡人。其词文大意是：立春暖季刚回来，我买来一壶酒，登上楼台，见市井花灯如火燃烧。不禁问道：是谁将点点繁星移来，又让月光洒满千街？是她，荆楚古国美女吴姬驾着轻车，骑着小马，从狭隘便道通往大路，蹴踏之间扬起芳香尘埃。今年可好，你有土牛做伴，可挽留同来春色。这不是下界视事的天公老爷要图一时壮观而特意做出的安排，为什么不登上彩楼使劲鼓吹、在细绢席上斟满酒杯？在这良辰胜景之时，我要对乡亲们说："明夜出来闹元宵吧，切莫因怜惜春天光阴而犹豫徘徊！但不要嘲笑我痴情冥顽不去逛灯市，因为我家中还有一位年年春宵独自烂醉的裙钗呢。"

张玉娘《汉宫春·元夕》词如何与京仲远词《汉宫春·暖律初回》相应和？且看分析。

上片，描述元宵佳节灯市繁华、仙女下凡的奇观景象。

京仲远词文："暖律初回，又烧灯市井，卖酒楼台。谁将星移点点，月满千街。"

张玉娘词文："玉兔光回，看琼流河汉，冷浸楼台。正是歌传花市，云静天街。"描述正月十五日元宵夜灯会盛况。"玉兔"，传说中月中有白兔，代指月亮，如傅咸《拟天问》："月中何有？玉兔捣药。""琼流"，琼液流淌。"河汉"，即银河，如元稹《秋夕远怀》诗："星繁河汉白，露逼衾枕情。""花市"，此指花灯街市。

词文大意是：借助明月照耀地球的折返光辉，我看见天上的银河流淌着琼浆玉液，楼台沉浸于清冷。民间歌声传遍灯市，而云彩静止于天街。

与京词以"暖律初回"交代立春节气，描述正月十四日立春之夜繁星点点、月光满街、灯火如烧的景象不同，张词以"玉兔光回"即月亮照射地球的折返之光交代正月十五日元宵佳节，又以"歌传花市"描述元宵夜灯市宛若花海的美丽景象，并与天堂"云静天街"形成一动一静的鲜明对比。

京仲远词文："轻车细马，隘通衢，蹴起香埃。"

张玉娘词文："兰煤沉水，澈金莲，影晕香埃。"描述恭候天仙下凡。"兰煤"，即兰炭，一种固体燃料。"金莲"，金莲花，泡沏饮用，清凉解毒。"晕影"，环绕形体的光晕，如日晕、月晕等。

词文大意是：我点燃兰煤炭，将含有沉香水煮沸，沏泡金莲花茶以候，只见一群天仙身影环绕光晕、移步带起香尘。

与京词描述楚国美女吴姬骑小马、驾轻车、走小路、通大道，一路香尘，款款而来不同，张词则描述自己恭候礼迎天仙下凡，有"兰煤"烧"沉水"，"澈金莲"等细节，描述天仙也有身形"影晕"，起行"香埃"等细节，给人以现场感。

京仲远词文："今岁好，土牛作伴，挽留春色同来。"

张玉娘词文："绝胜□，三千绰约，共将月下归来。"描述天仙之美。"三千绰约",意为三千佳丽,化用白居易《长恨歌》:"后宫佳丽三千人,三千宠爱在一身"和"楼阁玲珑五云起,其中绰约多仙子"句。

词文大意是:这些天仙容貌之美绝对胜过当年唐朝三千宫女,她们都从明月底下朝我归来。

与京词描述自己在迎春活动中与土牛为伴、劝农耕、兆丰年的情景不同,张词紧承前文"影晕香埃"之意,浓墨重彩描述天仙之美。张玉娘只"绝胜□"三个字,就营出一种天仙在与集"三千宠爱于一身"的杨贵妃的比美中胜出的情景,表现手法高超。同时点明,天仙归向自己,从而为下文埋下伏笔。

下片,京仲远吁请父老乡亲观赏灯市,自己独自思念妻子。

京仲远词文:"不是天公省事,要一时壮观,特地安排。"

张玉娘词文:"多管是春风有意,把一年好景,先与安排。"

词文大意是:正月十五日闹元宵是先期吹来的"春风"对一年之中最美好时光预先所做的安排。

京仲远说迎春活动壮观不是"天公"的安排,张玉娘说元宵活动壮观是"春风"的安排。"春风有意""先予安排",分别赋予春风人文情怀与谋划能力。

京仲远词文:"何妨彩楼鼓吹,绮席尊罍。良宵胜景,语邦人,莫惜徘徊。"

张玉娘词文:"何人轻驰宝马,烂醉金罍?衣裳雅淡,拥神仙,花外徘徊。"描述"他"不参与闹元宵而去伴随仙女。"宝马",指骏马。"金罍",古代一种刻有云雷花纹的金制酒器,圆形或方形,小口,广肩,深腹,圈足,有盖,肩部有两环耳,腹下有一鼻,用以盛酒盛水。

词文大意是:是谁如此轻率,竟然喝酒喝得烂醉还驰骋骏马,举着带有云雷花纹的金制酒器？是他，一身衣裳，雅洁素淡，在花园外面簇拥仙女，踱步徘徊。

与京仲远描述自己在彩楼上独自饮酒却又呼吁父老乡亲参与迎春活动，不要错失良机的情景不同，张玉娘描述"他"不参与闹元宵，还酒醉骑马，舍"我"而去拥簇仙女。前句表明，"驰宝马""醉金罍"者没有去闹元宵。后句表明，"驰宝马""醉金罍"者衣裳淡雅朴素，却生"花心"而迷恋美貌仙女，从而暗示"我"吃"醋"。那么，"何人"指谁？应当是"我"的情郎未婚夫。当然，以上所述"他"的不当行为纯属艺术虚构，不必当真。

京仲远词文："休笑我，痴顽不去，年年烂醉金钗。"

张玉娘词文："独怪我，绣罗帘锁，年年憔悴裙钗。""裙钗"，裙子与发钗，古代女子的服装首饰，因用为女子的代称。如《红楼梦》第一回："我堂堂须眉，诚不若彼裙钗。"

词文大意是："他"去拥簇美貌仙女，只怪我用绣花的绫罗门帘将自己封锁，如此生活年复一年，就成了憔悴不堪的丑陋老姑娘。

与京仲远说自己由于年年每逢佳节独自思念妻子时都饮酒致醉，这次又不能参加迎春活动则请乡亲们不要见笑的情形不同，张玉娘说"他"去拥簇仙女，只怪自己被孤苦相思折磨得容颜憔悴不堪入目。"独怪我"表明，她对于"他"去拥簇仙女一事，表示宽容、谅解，只是自责而已。"绣罗帘锁"表明，她没有参加闹元宵活动。"憔悴裙钗"，这次元宵之时她已花容不再。

张玉娘这首描述自己孤苦伶仃度元宵的《汉宫春·元夕》词既和应了京仲远描述自己独酌思亲度"立春"的词《汉宫春·暖律初回》，又从元宵夜未婚夫酒后变心、迷恋仙女的新角度表达了自怨自责之情，由此反映出对未婚夫的至真至爱之情，可谓别出心裁，令人耳目一新。

## 烛影摇红·又用张材甫韵

梅雪乍融，单于吹彻寒犹浅。夜从灯下翦春幡，笑罢椒盘宴。云母屏开帘卷，放嫦娥、广寒宫苑。星移银汉，月满花衢，绕城弦管。

铁马嘶风，谯楼一任更筹换。锦霞银树玉桥联，谁道蓬山远？可是紫箫声断，谩懊恨、春宵苦短。不堪回首，烛照芙蕖，断肠鸿雁。

## 【译文】

蜡梅树上白雪刚刚消融，春寒尚浅，匈奴号兵就将军歌《单于》吹彻云天。黑夜似乎顺从人意，我笑言罢用椒盘盛宴，在油灯下裁剪春旗。剪着剪着，我仿佛飞到月宫，先将装饰云母的屏障搬开，再将低垂幽闭的门帘卷起，终将嫦娥放出广寒宫苑。凯旋之时，点点繁星在银河里游移，皎洁月光洒满妓院集聚的柳巷花街，管弦乐音萦绕在昔日皇城。

元军的铁甲骏马迎风嘶叫，威势雄猛，于是城门上的瞭望楼任由外族人调换了报更用的竹筹。由于如锦云霞、银花高树仍与白玉天桥相连，因此，谁又能说这里距离蓬莱仙境遥远？可是，我族紫竹笙箫之音断绝了。不要再空自懊恼、抱怨什么"春宵苦短"。往事不堪回顾，目睹那烛光在内部照亮芙蕖灯，我柔肠痛断，为那不捎信来的鸿雁。

## 【赏析】

### 匡救归途话殷鉴

"烛影摇红"，词牌名，北宋王诜《忆故人》词中有"烛影摇红"

句而名之。周邦彦将王诜词略改字句，又在前面加一迭，成双调，共九十六字，上下片各九句四十八字，均第二、四、六、九句押仄声韵。

由"又用张材甫韵"可知，张玉娘这首《烛影摇红》词是她对张材甫《烛影摇红·上元有怀》的第二首和词。其第一首和词未能编入《兰雪集》，不知何故，甚为可惜。

张材甫，即张抡，自号莲社居士，开封人，曾侍奉宋徽宗、宋钦宗二帝，亲历靖康之变（宋钦宗靖康二年，1127 年）。南宋淳熙五年任宁武军承宣使。有著作《莲社词》。靖康之变第二年即宋高宗建炎戊申二年（1128）正月十五日元宵节，他作《烛影摇红·上元有怀》词，缅怀徽、钦二帝、悲叹山河破碎。

## 烛影摇红·上元有怀

双阙中天，凤楼十二春寒浅。去年元夜奉宸游，曾侍瑶池宴。玉殿珠帘尽卷。拥群仙、蓬壶阆苑。五云深处，万烛光中，揭天丝管。

驰隙流年，恍如一瞬星霜换。今宵谁念泣孤臣？回首长安远。可是尘缘未断。谩惆怅、华胥梦短。满怀幽恨，数点寒灯，几声归雁。

这首词的上片，张材甫以"侍奉"的视角扫描一年前大宋皇宫的琼楼玉阁、灯火辉煌、花苑美女、美妙歌舞、元宵盛宴这样一种国泰民安的升平景象；下片，他以"孤臣"的身份表达对被掳徽宗钦宗的怀念之情和亡国之痛，从而艺术地再现靖康之变——北宋灭亡的历史事件。

历史往往有惊人的相似之处。宋德祐二年（1276）三月丁酉日，元军攻占都城临安，伯颜掳宋恭帝、全太后及福王、芮王、沂王、猷王等北去，南宋王朝实际灭亡。关于北宋、南宋结局，历史演义作家蔡东藩指出："南宋覆灭，事事蹈北宋灭亡之辙。"

南宋重蹈北宋覆辙，为亲历南宋灭亡事件的女词人张玉娘应和张材甫词提供了绝佳的历史题材。

上片，描写春宵"备战""参战"的情景和皇城"歌舞升平"的景象。

张材甫词文："双阙中天，凤楼十二春寒浅。"

张玉娘词文："梅雪乍融，单于吹彻寒犹浅。"描写元军攻势。"乍融"，忽然消融。"乍"，刚才，如成语"初来乍到"。"寒犹浅"，寒冷程度不深。

词文大意是：蜡梅树上的积雪刚刚消融，元军《单于》军歌就响彻云天。

与张材甫描写北宋皇城宫宇豪华不同，张玉娘描写元军攻势。"梅雪"二字表明，元军这次发兵是在早春。"单于吹彻"，表现元军这次进攻声势浩大。

张材甫词文："去年元夜奉宸游，曾侍瑶池宴。玉殿珠帘尽卷。拥群仙、蓬壶阆苑。"

张玉娘词文："夜从灯下剪春幡，笑罢椒盘宴。云母屏开帘卷，放嫦娥、广寒宫苑。"描写"我"废寝忘食制作军旗、解救"嫦娥"的情景。"春幡"，古时立春日挂春幡于树梢，剪缯绡为小旗，连缀簪于头，以迎春归。《岁时风土记》："立春之日，士大夫之家，剪彩为小幡，谓之春幡。或悬于家人之头，或缀于花枝之下。""幡"，旗帜，此指战旗。"椒盘"，即"椒盘宴"，古人用盘盛椒花、酒中置椒花，故称。"云母屏"，镶嵌云母的屏风，语出李商隐《嫦娥》："云母屏风烛影深。"

词文大意是：立春日，黑夜顺从人意一来临，我就在灯下裁剪战旗；家人唤我用餐，我笑着说"罢用椒盘宴"。我做完战旗，乘风而上，搬开云母围屏，卷起门帘，将嫦娥放出广寒宫。

与张材甫描述自己于当年元宵节奉陪二帝巡游宫苑、侍候二帝享用"瑶池宴"的情景不同，张玉娘描述自己于立春之夜废寝忘食制作"战旗"、解救"嫦娥"。

"夜从灯下""笑罢椒盘"，寓意废寝忘食。"翦春幡""云母屏开""帘卷""放嫦娥"，描述从备战到救出"嫦娥"的"战斗"过程。鉴于张玉娘这首词要描述南宋灭亡的历史事件以应和张材甫词所描述的北宋灭亡的历史事件，显然采取了借代写法，用"春幡"代指军队军旗，用"云母屏""帘"代指监狱，用"嫦娥"代指被掳北去的宋恭帝、全太后及诸王。上述情景暗示，张玉娘有匡扶南宋王朝、拯救国难之心，只因一介女子而采取自己的独特方式"抗战救亡"。

张材甫词文："五云深处，万烛光中，揭天丝管。"描写元宵夜灯火辉煌乐音嘹亮的盛况。

张玉娘词文："星移银汉，月满花衢，绕城弦管。"描写"我"在归途中所看到的皇城景象。"花衢"，即花街，代指妓院聚集的大街。"弦管"，弦乐器和管乐器，比喻歌舞升平。

词文大意是：凯旋途中，我看到星斗游移于银河，月光洒满妓院聚集的大街，皇城萦绕管弦器乐之声。

与张材甫描述北宋灭亡前夕皇宫万烛灯火、乐音震天的景象不同，张玉娘描述自己凯旋时南宋灭亡前夕都城景象。"星移银河"寓意自然天象依旧，"月满花衢"寓意荒淫无耻的社会现象，"绕城弦管"寓意奢侈糜烂的社会现象，从一个侧面道明南宋灭亡的重要原因——贪图享乐。

下片。

张甫材词文："驰隙流年，恍如一瞬星霜换。"

张玉娘词文："铁马嘶风，谯楼一任更筹换。"描述改朝换代的情景。"谯楼"，古时建筑在城门上的瞭望楼，如周祈《名义考》卷三："门上为高楼以望为谯……古者为楼以望敌阵，兵列于其间，下为门，上为楼，或曰'谯门'，或曰'谯楼。'""更筹"，古代夜间计时报更的竹签，又名"更签"。

词文大意是：元军金戈铁马迎风嘶叫，攻下南宋都城临安，于是调换了谯楼的用于报更的签筹（指汉文更改为蒙文）。

与张材甫描述一年时间恍如瞬息却双鬓青丝换成白发的情景不同，张玉娘描述元军铁骑攻陷南宋都城临安即改朝换代。"铁马嘶风"，形容元军攻势凶猛。由于文化是每个民族、国家的"根"，因此，"更筹换"，象征蒙元帝国取代赵宋王朝。

张材甫词文："今宵谁念泣孤臣？回首长安远。可是尘缘未断。谩惆怅、华胥梦短。"注："华胥梦"，和平安宁的理想。"华胥"，华胥氏，风姓，上古时期华胥国的女首领，伏羲和女娲的母亲，炎帝和黄帝的直系远祖，誉为"人祖"，是中华文明的本源和母体、中华民族的"始祖母"。

张玉娘词文："锦霞银树玉桥联，谁道蓬山远？可是紫箫声断，谩懊恨、春宵苦短。"描述美景依旧、文化断脉、精神颓靡。"银树"，灯光照成白色的树，喻华灯明亮。"蓬山"，指蓬莱山，在山东省蓬莱市北部，有"蓬莱阁"，为我国古代传说中的"三仙山"之一。"紫箫"，紫竹制作的洞箫，汉族管乐器。"谩"，莫、不要，如董解元《西厢记诸宫调》："谩叹息，谩悒怏。"

词文大意是：鉴于护城河上的汉白玉石桥仍将锦绣般美丽的云霞与宫灯照白的树木连接起来，谁又能说此地与蓬莱仙境距离遥远呢？可是，汉族管乐紫箫的声音断绝了，就不要懊恼、怨恨"春宵苦短"了。

与张材甫描述自己面对故都开封，泣念徽、钦二帝，所幸南宋偏安延脉，不愁"华胥梦短"的情景不同，张玉娘描述故都美景仍旧、大宋国脉断绝，有人懊怨"春宵苦短"。前句描述故都临安宫苑仍然美如蓬莱仙境，以揭露南宋统治者为了贪图享乐而挥霍民脂、大兴土木。后句规劝前朝遗老遗少不要叹苦春宵太短，以揭露南宋统治者因贪图享乐而腐化堕落、废弛朝政。这就从更深层次上揭示了南宋覆灭的沉痛教训——资用不当、朝政废弛。

张材甫词文："满怀幽恨，数点寒灯，几声归雁。"

张玉娘词文："不堪回首，烛照芙蕖，断肠鸿雁。"抒发亡国之痛。"烛照芙蕖"，意为芙蕖灯里面的蜡烛光照亮灯罩。"芙蕖"，此指荷花灯，因灯罩绘有芙蕖图案而名。

词文大意是：南宋灭亡的往事不堪回首，当下南宋流亡朝廷就像眼前的风烛照败荷，令人柔肠痛断，只为那不传幼帝音信的鸿雁。

与张材甫描述自己满怀幽恨数寒灯、听雁声，探二帝消息的情景不同，张玉娘描述自己不堪回顾南宋亡国事件，且担忧流亡幼主。"烛照芙蕖"，一语双关，既指芙蕖灯，又喻南宋流亡朝廷风烛败荷般的处境，流露出浓郁的眷恋之情。按正统观念，这分明是一种殷殷爱国心、浓浓民族情。

张玉娘是一位生活在偏僻松阳山区的大家闺秀，由于受到性别、身份、地域等各种条件的限制，不可能像朝臣张材甫目睹"靖康之变"那样目睹元军掳走恭帝及其家族、重臣等这一南宋实际灭亡的历史事件。因此，她要和好张材甫词，难度很大。然而她自有办法运用丰富的想象、形象的比喻、贴切的借代、恰当的象征，从松阳县城这个点上元军"铁马嘶风"、谯楼"换更筹"的情景反映南宋灭亡事件，从"我"罢用"椒盘""灯下剪春幡""放嫦娥"的虚拟梦境，表达自己要投笔从戎，擎旗领兵，解救宋恭帝，挽救南宋政权的心愿，从南宋灭亡后故都宫苑美景如旧、人文丕变、前朝遗老恼恨忧伤、"春宵苦短"的情景总结出南宋灭亡的原因教训。如果说,读了张材甫词可以品味出一位侍官对于前朝君主犹如一个奴才或一只走狗对于主人愚昧的忠诚,那么,读了张玉娘和词可以品味出一位不让须眉的知识女子以自己的独特方式报效国家和民族的赤胆忠诚,显然境界高远许多。

这首词又为我们考证张玉娘的年龄提供了一个有力的佐证。关于她的年龄,有二十八岁之说,有二十二岁殉情之说,有二十七岁之说,如松阳《吴兴沈氏宗谱》记载"玉娘与公同庚同月同时午时生,于宋景炎元年正月十六日辰时卒",也属二十七岁之说。然而,由于南宋于德祐二年(1276)以宋恭帝、全太后及诸王被掳北上为标志实际灭亡,此后她才能以这一历史事件为题材填写此词以和张材甫词。因此,这个"正月十六日"不应在南宋德祐二年(1276),而应在南宋景炎二年(1277)。这一年正月十六日,她时年 28 岁。

# 跋：将书"读厚"的艺术

前些日子，陆宝良先生送来《张玉娘诗词赏析》书稿，并嘱我作跋，戏言要"讨还文债"。这部书是他加入兰雪诗社不久就动笔的，先"热处理"，一年完稿，后怕有差错误导人，做"冷处理"，弹指一挥十五年，所用功夫岂是"十年磨一剑"可形容！作为期待者，我对此书付梓感到由衷高兴，热烈祝贺！

我与陆先生有同乡、同学、同事、战友、邻居等多重关系，对其比较了解。了解之一是感到他会读书，他能将厚书读"薄"，善将薄书读"厚"。

20世纪90年代末，我第一次见识陆先生将厚书读"薄"的能力。当时，我的处女作章回体小说《张玉娘》脱稿，请他作跋。他很快将书读"薄"，概括出"诗小说"三个字，并就"诗小说"问题畅所欲言，高谈阔论，观点新颖，使我深受启发。此后，我相继推出《叶法善传奇》《长松桃花源》《韵语寸心》，都请他作跋。他从不推托，很快"交卷"，点评得当，精彩纷呈。由此可见，我欠他"文债"之多。

我最早见识陆先生善将薄书读"厚"，是在2000年4月。当时，松阳二中校刊发表他的应征文章《读〈龙鳞石〉》。《龙鳞石》是张玉娘的咏物诗，仅四句二十字。他通过解说"横""蛟""蟠""瘦甲动""余寒"等字词，详细分析张玉娘如何将龙鳞石的静态"龙"描绘得形似神似、惟妙惟肖；将动态"龙"描绘得活灵活现、栩栩如生，让我印象深刻。此后，我不断在他面前唠叨：解读张玉娘诗词，引导大家阅读。最近十几年来，他向《兰雪吟苑》投稿，大多是有关张玉娘的诗词赏析文章，目的是征求意见。作为刊物编辑，我自然是第一读者，深感他的将薄书读"厚"并非单纯增加文字，将短"拉"长，增加纸张厚度，而是在切实读懂原作的基础上，斟酌字词，琢磨句子，分析细节，综合概括，"读"出景物所蕴之情、事物所寓之理，"读"出人物所见所闻、所作所为、所思所想，如此撰为文章，自然内容充实，令人感到"丰厚"。在先睹为快的同时，我出于珍惜，也出于编辑的责任，认真查找"低级错误"，生怕瑕疵掩盖"美玉"。

读罢《张玉娘诗词赏析》书稿，我发现陆先生是按照一种固定套路将张玉娘诗词读"厚"的。这个"套路"就是"四步走"赏析方法。第一，原诗（词）后紧随"译文"。译文不仅将深奥难懂的原诗（词）翻译得通俗易懂，使人读后基本了解原作内容，而且讲究颇多。例如：译文保留原作形式，原作句子整齐则译文句子也整齐，原作长短句则译文也为长短句；译文保留原作某些特质，绝句原作四句"启承转合"则译文四句语意语气也"启承转合"，律诗原作中间对偶则译文也对偶；译文保留原作韵脚，原作每句末尾用何字，则译文每句的末尾也用该字。由于保留了原作的形式美、特质美、押韵美，译文不是诗（词），却似诗（词），朗朗上口，可读性强。第二，赏析文对原诗（词）中每句或每层次的生僻字、疑难词都作注解，力求不漏，尽量详细；从多义中选准一义，力求无误；所用典故，都作考证，剖析寓意，增加知识，以便彻底清除阅读障碍。第三，注解后紧随诗（词）文大意。诗（词）文大意既不超出字词原义又与原义同样出彩，使人读后对原作内容理解得更具体更深刻。第四，诗（词）文大意之后紧随分析点评，即从修辞手法、表现艺术、写作特点等方面入手，讲清诗（词）文大意是如何得出来的。分析之后综合点评，讲解结构形式、意境主题、文学价值、社会意义等，以加深读者理解。例如，四言古诗《鸣雁二章》八句三十二字，赏析文《劝耶慰耶皆善意》两千六百余字。行文表明，陆先生在文字、气象、古音、生理学方面做了大量考证，由"征""嗥"二字分别判断出小雁、老雁；由"白露既零""凉风飘摇"句判明小雁年轻气盛、单纯清矜、不顾危险、穿飞白雾，看清老雁年老体弱、不胜风力。张玉娘在赞美二者之余劝导小雁居安思危，劝导老雁积极乐观，也将自己至真至善至美的心灵显示出来。在此基础上，陆先生又点明《鸣雁二章》"重章叠句"的写作艺术、"字断意连"的语言艺术和类似《诗经》的古风韵味。对于和唱诗（词），陆先生采取二者对应"四步走"的赏析。例如赏析张玉娘和词《如梦令·戏和李易安》时，同步赏析李清照词《如梦令·昨夜雨疏风骤》，译文、注释、大意、点评对应俱全，提炼出李词主题思想是"怜花"、张词主题思想是"惜玉"（即惜人），并将二者合璧为"怜花惜玉"，指出二词堪称"姐妹篇"，收到既引导阅读原诗词又讲解和诗词技巧的双重效果。

综观一百多篇赏析文章，有长有短，短者千字，长者三千余字，平均两千余字。由此推算，陆先生将不足万字的薄书《兰雪集》两卷"读"成了一部三十四万字的厚书《张玉娘诗词赏析》。而我并不嫌其长，因为赏析得法，言之有物，内容充实，品之有味。

读罢《张玉娘诗词赏析》书稿，既感到欣喜交加，又觉得"文债"相逼。我固不才，岂可推辞？人情难却，"文债"必当偿还！于是将以上体会呈上，作为跋。

李德贵